Ralph Ostertag

**Supply-Chain-Koordination im Auslauf
in der Automobilindustrie**

Lieber Darko,

dieses signierte Exemplar meiner Doktorarbeit widme ich Dir als meinen besten Freund und natürlich auch als unserem Trauzeugen.
Wir sind einfach das beste Team überhaupt.

Dein Freund Ralph

GABLER EDITION WISSENSCHAFT
Produktion und Logistik

Herausgegeben von
Professor Dr. Wolfgang Domschke,
Technische Universität Darmstadt,
Professor Dr. Andreas Drexl,
Universität Kiel,
Professor Dr. Bernhard Fleischmann,
Universität Augsburg,
Professor Dr. Hans-Otto Günther,
Technische Universität Berlin,
Professor Dr. Stefan Helber,
Universität Hannover,
Professor Dr. Karl Inderfurth,
Universität Magdeburg,
Professor Dr. Thomas Spengler,
Universität Braunschweig,
Professor Dr. Hartmut Stadtler,
Technische Universität Darmstadt,
Professor Dr. Horst Tempelmeier,
Universität zu Köln,
Professor Dr. Gerhard Wäscher,
Universität Magdeburg

Kontakt: *Professor Dr. Hans-Otto Günther, Technische Universität Berlin, FG BWL – Produktionsmanagement, Wilmersdorfer Str. 148, 10585 Berlin*

Diese Reihe dient der Veröffentlichung neuer Forschungsergebnisse auf den Gebieten der Produktion und Logistik. Aufgenommen werden vor allem herausragende quantitativ orientierte Dissertationen und Habilitationsschriften. Die Publikationen vermitteln innovative Beiträge zur Lösung praktischer Anwendungsprobleme der Produktion und Logistik unter Einsatz quantitativer Methoden und moderner Informationstechnologie.

Ralph Ostertag

Supply-Chain-Koordination im Auslauf in der Automobilindustrie

Koordinationsmodell auf Basis
von Fortschrittszahlen
zur dezentralen Planung bei
zentraler Informationsbereitstellung

Mit einem Geleitwort von
Prof. Dr. Bernhard Fleischmann

GABLER EDITION WISSENSCHAFT

Bibliografische Information der Deutschen Nationalbibliothek
Die Deutsche Nationalbibliothek verzeichnet diese Publikation in der
Deutschen Nationalbibliografie; detaillierte bibliografische Daten sind im Internet über
<http://dnb.d-nb.de> abrufbar.

Dissertation Universität Augsburg, 2008

1. Auflage 2008

Alle Rechte vorbehalten
© Gabler | GWV Fachverlage GmbH, Wiesbaden 2008

Lektorat: Frauke Schindler / Jutta Hinrichsen

Gabler ist Teil der Fachverlagsgruppe Springer Science+Business Media.
www.gabler.de

Das Werk einschließlich aller seiner Teile ist urheberrechtlich geschützt. Jede Verwertung außerhalb der engen Grenzen des Urheberrechtsgesetzes ist ohne Zustimmung des Verlags unzulässig und strafbar. Das gilt insbesondere für Vervielfältigungen, Übersetzungen, Mikroverfilmungen und die Einspeicherung und Verarbeitung in elektronischen Systemen.

Die Wiedergabe von Gebrauchsnamen, Handelsnamen, Warenbezeichnungen usw. in diesem Werk berechtigt auch ohne besondere Kennzeichnung nicht zu der Annahme, dass solche Namen im Sinne der Warenzeichen- und Markenschutz-Gesetzgebung als frei zu betrachten wären und daher von jedermann benutzt werden dürften.

Umschlaggestaltung: Regine Zimmer, Dipl.-Designerin, Frankfurt/Main
Gedruckt auf säurefreiem und chlorfrei gebleichtem Papier
Printed in Germany

ISBN 978-3-8349-1290-9

Geleitwort

Ein wesentlicher Trend in der Automobilindustrie in jüngster Zeit ist die enorme Zunahme der Modellvielfalt, die jeder Hersteller anbietet, bei zugleich abnehmenden Lebenszyklen. Damit hat die Häufigkeit der An- und Ausläufe von Fahrzeugmodellen erheblich zugenommen, und das Management dieser Prozesse hat eine große Bedeutung gewonnen. Während der Anlauf neuer Modelle schon seit langem ein beliebtes Thema in der Forschung des Produktions- und Supply-Chain-Managements ist, ist der Auslauf noch kaum untersucht worden. Die vorliegende Arbeit ist diesem hochaktuellen und bisher vernachlässigten Thema gewidmet. Der Autor, der seit mehreren Jahren als Projektmanager im Bereich des Lieferanten-Managements von Daimler tätig ist, legt den Schwerpunkt auf die Materialbeschaffung in der Auslaufphase eines Fahrzeugmodells. Er betrachtet dabei nicht nur die direkten „First-Tier"-Lieferanten, sondern fragt nach der Koordination der Lieferanten im Auslauf über mehrere Stufen des Supply-Netzwerks.

Der Autor legt erstmals eine gründliche Analyse und systematische Strukturierung der Auslaufproblematik vor, wobei er seine große praktische Erfahrung einbringen kann.

Er hat außerdem ein gut durchdachtes Konzept zur Koordination der Lieferanten über mehrere Stufen entwickelt, das Freiraum für die dezentrale Planung der Lieferanten bietet und keine Weitergabe kritischer Daten erfordert. Und er hat dieses Konzept durch Simulation in einer komplexen realen Situation erprobt und bemerkenswerte Vorteile gegenüber der konventionellen Auslaufplanung aufgezeigt.

Ich wünsche der Arbeit eine weite Verbreitung in Wissenschaft und Praxis.

Augsburg, den 01.07.2008

Prof. Dr. Bernhard Fleischmann

Vorwort

Die vorliegende Dissertation ist das Ergebnis einer dreijährigen Zusammenarbeit zwischen der Daimler AG in Sindelfingen und dem Lehrstuhl für Produktion und Logistik der Universität Augsburg.

Mein ganz besonderer Dank gilt meinem Doktorvater Herrn Prof. Dr. Bernhard Fleischmann. Er hat mir ermöglicht, als externer Doktorand an seinem Lehrstuhl zu promovieren und mich während des gesamten Zeitraums des Dissertationsprojekts ausgezeichnet betreut. Seine freundliche Art, seine große Erfahrung und seine zahlreichen Anregungen machten die Gespräche mit ihm zu einer großen Bereicherung für mich. Weiterhin möchte ich mich ganz herzlich bei Herrn Prof. Dr. Robert Klein für die Übernahme des Zweitgutachtens sowie bei Herrn Prof. Dr. Axel Tuma als Vorsitzenden der Prüfungskommission bedanken. Ferner gilt mein Dank den Mitarbeitern des Lehrstuhls, die mich auch als externen Doktoranden herzlich aufgenommen und stets bei all meinen Fragen und Anliegen unterstützt haben.

Bei der Daimler AG möchte ich vor allem bei meinem ehemaligen Abteilungsleiter Herrn Matthias Eisenschmid bedanken, der mir das Tor zu einer berufsgleitenden Promotion bei Mercedes-Benz geöffnet hat. Herr Jürgen Riehl hat als mein Teamleiter ebenfalls einen großen Beitrag zum Entstehen dieser Dissertation geleistet, da er mir die eine sehr flexible Gestaltung meiner Arbeitszeit sowie die Durchführung einer Fallstudie mit einem großen Zulieferer ermöglicht hat.

Schließlich bedanke ich mich bei meiner Familie, wobei ich meine Frau Daniela besonders hervorheben möchte, da sie mich bei diesem Vorhaben immer unterstützt und mir durch ihre Liebe die nötige Kraft zum erfolgreichen Abschluss der Promotion gegeben hat. Dabei hat sie drei Jahre auf viele gemeinsame Wochenenden und Urlaubstage mit mir verzichten müssen und mich auch in schwierigen Phasen zum Weitermachen motiviert. Ferner möchte ich meinen Eltern den ihnen gebührenden Dank aussprechen für die Ermöglichung dieses Bildungsweges und die Fürsorge, die sie mir in all den Jahren zuteil werden ließen. Zum Schluß danke ich meinen Geschwistern Karin Bortmas und Werner Ostertag sowie meinen Tanten Viktoria Brenner, Philomena Boser, Theresia Tiefenbacher und Magdalena Schuster.

Stuttgart, den 01.07.2008

Dr. Ralph Ostertag

Inhaltsverzeichnis

Geleitwort	V
Vorwort	VII
Abbildungsverzeichnis	XIII

1 Einleitung   1
    1.1 Auslauf – Stiefkind der Automobilindustrie 1
    1.2 Aufgabenstellung 4
    1.3 Vorgehensweise 5

2 Supply-Chain-Koordination in der Automobilindustrie   9
    2.1 Grundlagen 9
       2.1.1 Begrifflichkeiten 9
       2.1.2 Bestandteile des Supply Chain Managements 11
       2.1.3 Supply-Chain-Typologie der Automobilbranche 15
    2.2 Planung in Supply Chains 21
       2.2.1 Planungsebenen des Supply Chain Managements 22
       2.2.2 Planungsaufgaben in Supply Chains 22
       2.2.3 Kurz- und mittelfristige Planung eines Automobilherstellers 23
       2.2.4 Verbindung der Planungsdomänen verschiedener Unternehmen . . . 27
    2.3 Informationsaustausch in Supply Chains 28
       2.3.1 Notwendigkeit, Glaubhaftigkeit und Wert 28
       2.3.2 Art der Informationsbereitstellung 30
       2.3.3 Hemmnisse für den Austausch von Informationen 30
       2.3.4 Informationsaustausch zwischen Automobilherstellern und -lieferanten 31
       2.3.5 Zusammenhang zwischen Unsicherheit und Informationen 33
       2.3.6 Bullwhip-Effekt 35
    2.4 Koordination in Supply Chains 40

		2.4.1	Definition und Notwendigkeit von Koordination	41

      2.4.2 Koordinationsprinzipien 41

      2.4.3 Zusammenhang zwischen Informationsbereitstellung und Koordinationsprinzip 42

      2.4.4 Sukzessive Planung in Supply Chains 43

  2.5 Supply Chain Management in der Praxis der Automobilindustrie 46

      2.5.1 Aktuelle Trends und Herausforderungen 46

      2.5.2 Praxisbeispiel: Supply Chain Management bei Daimler 50

3 Auslauf in der Automobilindustrie   55

  3.1 Grundlagen 55

      3.1.1 Begrifflichkeiten 55

      3.1.2 Produktlebenszyklusmodelle 57

      3.1.3 Fertigungszyklus aus Sicht eines Automobilherstellers 61

      3.1.4 Auslaufvarianten auf Teileebene 66

  3.2 Serienauslaufphase im Fertigungszyklus 69

      3.2.1 Literaturüberblick 69

      3.2.2 Kritische Würdigung 74

  3.3 Rahmenbedingungen aus Sicht eines Automobilherstellers 76

      3.3.1 Rahmenbedingungen im Beschaffungsnetzwerk 76

      3.3.2 Rahmenbedingungen des Marktes 78

  3.4 Grundproblematik im Auslauf 81

  3.5 Auslaufkosten 83

      3.5.1 Literaturüberblick 83

      3.5.2 Strukturierung der Auslaufkosten 84

      3.5.3 Stellhebel zur Reduzierung der Auslaufkosten 87

4 Supply-Chain-Koordinationsmodelle: Stand der Wissenschaft   89

  4.1 Schema zur Klassifizierung 89

      4.1.1 Klassifizierungsschemata in der Literatur 89

      4.1.2 Neues Klassifizierungsschema und Modellanforderungen 92

  4.2 Einordnung ausgewählter Modelle in das Klassifizierungsschema 102

  4.3 Beschreibung der Modelle 108

  4.4 Kritische Würdigung 120

5 Modell zur Supply-Chain-Koordination im Auslauf   123

  5.1 Eingrenzung der Aufgabenstellung 123

	5.2	Fortschrittszahlen als Basis für das Modell	124
		5.2.1 Grundlagen	124
		5.2.2 Einsatzgebiete von Fortschrittszahlen	133
		5.2.3 Anwendung des Fortschrittszahlenkonzepts auf Supply Chains	139
	5.3	Beschreibung des Koordinationsmodells	143
		5.3.1 Grundidee und wesentliche Merkmale	144
		5.3.2 Zentrale Bedarfsinformationen und Korridor	145
		5.3.3 Dezentrale Planung der Lieferanten	150
		5.3.4 Verschrottungskosten	153
6	**Simulationsstudie zur Bewertung des Koordinationsmodells**		**161**
	6.1	Grundlagen der Simulation	161
		6.1.1 Begrifflichkeiten	161
		6.1.2 Simulationsmodelle	163
		6.1.3 Ablauf einer Simulationsstudie	164
	6.2	Durchführung der Simulationsstudie	166
		6.2.1 Problemformulierung und Projektplanung	166
		6.2.2 Systemanalyse	169
		6.2.3 Modellkonzeption	177
		6.2.4 Modellimplementierung	184
		6.2.5 Verifizierung und Validierung	187
		6.2.6 Design des Experiments	188
		6.2.7 Durchführung des Experiments und Analyse der Ergebnisse	190
7	**Zusammenfassung und Ausblick**		**213**
	7.1	Zusammenfassung	213
	7.2	Ausblick	215
Literaturverzeichnis			**217**

Abbildungsverzeichnis

1.1	Entwicklung der Mercedes-Benz-Modelle von 1995 bis 2007	3
1.2	Aufbau der Dissertation	7
2.1	Schema einer mehrstufigen Supply Chain	10
2.2	House of SCM	12
2.3	Supply-Chain-Typologien	16
2.4	Standardbelieferungsformen in der Automobilindustrie	19
2.5	Supply-Chain-Planning-Matrix	23
2.6	Kundenbelegungsgrad in der Automobilindustrie	24
2.7	Kurz- und mittelfristige Planung in der Automobilindustrie	25
2.8	Verbindungen zwischen Planungsdomänen	28
2.9	Übersicht über die VDA-Abrufarten	32
2.10	Informationsaustausch zwischen OEM und Lieferant	33
2.11	Unsicherheiten vom Markt und in der Supply Chain	34
2.12	Supply-Chain-Struktur der Simulation von Forrester	35
2.13	Ergebnisse der Simulation von Forrester	37
2.14	Informationsbereitstellung und Koordinationsprinzip	43
2.15	Sukzessive Planung	44
2.16	Zulieferstruktur in der Automobilindustrie	47
2.17	Defizite bei der Informationsübertragung im Zuliefernetzwerk	49
2.18	Gesamtüberblick über das SCM-Portfolio von Daimler	50
2.19	Zeitliche Abgrenzung der Prozesse BBM, BKM und BKP	53
3.1	Klassisches Produktlebenszyklusmodell	57
3.2	Entwicklung des integrierten Produktlebenszyklusmodells	58
3.3	Integriertes Produktlebenszyklusmodell	59
3.4	Erweitertes systemisches Produktlebenszyklusmodell	60
3.5	Phasen des Fertigungszyklus	62
3.6	Marktzyklen ausgewählter Automobilserien	64

3.7	Übergang zwischen Serienauslauf- und Anlaufphase	65
3.8	Auslaufprozess in der Automobilindustrie	72
3.9	Leitlinien und Gestaltungsbausteine des Produktauslaufs	74
3.10	Zeitschiene bei einer 1+2-Abnahmeverpflichtung	77
3.11	Kategorien von Auslaufkosten aus Sicht eines Automobilherstellers	85
3.12	Überblick über die Auslaufkosten aus Sicht eines Automobilherstellers	86
4.1	Betrachtete Reviews über Supply-Chain-Koordinationsmodelle (Teil 1)	90
4.2	Betrachtete Reviews über Supply-Chain-Koordinationsmodelle (Teil 2)	91
4.3	Klassifizierungsschema für Supply-Chain-Koordinationsmodelle	93
4.4	Supply-Chain-Strukturen	94
4.5	Koordinierte Bereiche der Supply-Chain-Planning-Matrix	97
4.6	Klassifizierung ausgewählter Supply-Chain-Koordinationsmodelle (Teil 1)	104
4.7	Klassifizierung ausgewählter Supply-Chain-Koordinationsmodelle (Teil 2)	105
4.8	Klassifizierung ausgewählter Supply-Chain-Koordinationsmodelle (Teil 3)	106
4.9	Klassifizierung ausgewählter Supply-Chain-Koordinationsmodelle (Teil 4)	107
5.1	Fortschrittszahl als Funktion der Zeit	125
5.2	Kontrollblock und Blockverschiebezeit	127
5.3	Abbildung eines Unternehmens mit Fortschrittszahlen	127
5.4	Beispiel für Fortschrittszahlen als Hilfsmittel für Terminüberwachung	129
5.5	Bedarfsinformationen sowie Vorsprung und Rückstand	134
5.6	Soll- und Ist-Bestand	135
5.7	Mengen-Zeit-Graph	137
5.8	Beispiel für Probleme mit FZ-Prinzip bei Mehrfachverwendung	138
5.9	Abbildung einer Supply Chain mit Kontrollblöcken und Zählpunkten	142
5.10	Betrachtungsgegenstand des Koordinationsmodells	145
5.11	Zentrale Soll-Fortschrittszahlen und Korridor	146
5.12	Zuordnung der Produkte zu den Unternehmen in der Supply Chain	148
5.13	Algorithmus zur Ermittlung der Gesamtverschiebezeit	149
5.14	Dezentrale Planung im Koordinationsmodell	151
5.15	Nebenbedingungen für die Planung der Lieferanten durch Korridor	152
5.16	Indizes für die Unternehmen im Koordinationsmodell	154
5.17	Abnahmeverpflichtung des OEM gegenüber Lieferanten	157
6.1	Exogene und endogene Größen in Simulationsmodellen	162
6.2	Arten von Simulationsmodellen	163

Abbildungsverzeichnis

6.3 Ablauf einer Simulationsstudie 164
6.4 Überblick über die Supply-Chain-Struktur der Simulationsstudie 167
6.5 Variantenstückliste der Produkte 167
6.6 Baukastenstückliste für die Simulationsstudie 168
6.7 Auslauftage der Produkte in Simulation 169
6.8 Untersuchungsbereich der Simulationsstudie 170
6.9 Übersicht über die Ergebnisgrößen in der Simulationsstudie 171
6.10 Produktionskapazitäten und Transportzeiten 175
6.11 Produktdaten für die Simulationsstudie 176
6.12 Allgemeiner Ablauf der Simulation 178
6.13 Ablauf der sukzessiven Planung in Modell I 180
6.14 Beispiel für die Produktionsplanung in Modell I 183
6.15 Ablauf der dezentralen Planung in Modell II 183
6.16 Beispiel für die Produktionsplanung in Modell II 184
6.17 Systemarchitektur des implementierten Simulationsmodells 185
6.18 Beispiel für grafische Auswertung zur Prognose der End-Fortschrittszahlen 186
6.19 Übersicht über die Simulationsszenarien 188
6.20 Übersicht über die Simulationsergebnisse von Szenario 1 (1) 191
6.21 Übersicht über die Simulationsergebnisse von Szenario 1 (2) 192
6.22 Tatsächliche und prognostizierte End-Fortschrittszahlen für Produkt A18 . 194
6.23 Tägliche Produktionsmengen für Produkt A18 (Modell I und II) 195
6.24 Prognose des OEM für die End-Fortschrittszahl von Produkt A23 197
6.25 Tägliche Produktionsmengen für Produkt A24 (Modell I und II) 198
6.26 Bestandsverlauf für Produkt A18 (Modell I und II) 199
6.27 Verschrottungskosten in Szenario 1 201
6.28 Verschrottungskosten in Szenario 2 201
6.29 Potenziale für den OEM durch eine Verkürzung der Abnahmefrist 202
6.30 Übersicht über die Simulationsergebnisse von Szenario 3 204
6.31 Vergleich der Simulationsergebnisse von Szenario 1 und 3 205
6.32 Übersicht über die Simulationsergebnisse von Szenario 4 208
6.33 Vergleich der Simulationsergebnisse von Szenario 1 und 4 209

Kapitel 1

Einleitung

1.1 Auslauf – Stiefkind der Automobilindustrie

Die Automobilindustrie befindet sich in einer Umbruchphase. Da sich die Spielregeln am Markt dramatisch verändert haben, ist der Wettbewerb in den Premium- und Luxussegmenten wesentlich aggressiver geworden. Der Preisdruck hat enorm zugenommen, weil das Marktangebot inzwischen deutlich größer als die Nachfrage ist.[1] Darüber hinaus sind auch die Rohstoffpreise für Öl, Stahl und Kunststoffe stark gestiegen.[2] Der zunehmende **Wettbewerbsdruck** führt sowohl unter den OEM[3] als auch unter den Zulieferern zu einer Konsolidierung in der Branche. So hat sich z. B. Continental durch die Übernahme von Siemens VDO von Platz 11 auf Platz 2 der weltweit umsatzstärksten Automobilzulieferer katapultiert.[4]

Die Premium-Automobilhersteller versuchen nun, sich in diesem schwierigen Umfeld durch eine **Erhöhung der Profitabilität für den Wettbewerb (in der Zukunft)** zu rüsten. Die Stellhebel zur Erreichung dieses Ziels sind die Steigerung des Umsatzes und die Reduzierung der Kosten. Beides versuchen die OEM u. a. durch unternehmensweite Effizienzprogramme zu erreichen. So wurde beispielsweise im Geschäftsbereich Mercedes-Benz Cars von Daimler das sog. „CORE-Programm" (Costs down, Revenue up, Execution) zur nachhaltigen Steigerung der Wettbewerbsfähigkeit durchgeführt. Wie der Name schon sagt, ging es bei CORE nicht nur um Kostenreduzierungen und Effizienzsteigerungen, sondern auch um die Erhöhung von Umsatz und Erlös.[5] Von Februar 2005 bis September 2007 konnten bei dem Premiumhersteller auf diese Weise durch 43.000 Einzelmaßnahmen insgesamt jährliche Einsparungen und Erlösverbesserungen von 7,1 Mrd. Euro erzielt werden. Der Erfolg des Programms spiegelt sich im Aktienkurs wider, der sich in diesem Zeitraum von 30 Euro auf 70 Euro mehr als verdoppelt hat. Fast zeitgleich mit dem erfolgreichen Abschluss von CORE bei Mercedes-Benz Cars hat BMW ein ähnliches Sparprogramm angekündigt, um nach einem deutlichen Margenabfall die Profitabilität des Unternehmens wieder zu verbessern. So soll die Umsatz-Vorsteuerrendite von 6,3 % im Jahre 2006 auf 8–10 % in 2012 gesteigert werden.[6]

---

[1] Vgl. Köth (2007, S. 42).
[2] Vgl. Götz (2007, S. 21).
[3] OEM ist die Abkürzung für Original Equipment Manufacturer und steht hier für Fahrzeughersteller.
[4] Vgl. Götz (2007, S. 21).
[5] Vgl. Daimler AG (2007).
[6] Vgl. Manager Magazin (2007).

Eine weitere Maßnahme der Automobilhersteller zur Steigerung der Wettbewerbsfähigkeit besteht in der **Konzentration auf ihre Kernkompetenzen**. Um die Verhandlungsposition bei der Einkaufspreis- und Vertragsgestaltung zu verbessern, wird die Fertigung größerer Fahrzeugumfänge an wenige strategische Modul- und Systemlieferanten ausgelagert. Darüber hinaus wird versucht, den Ressourceneinsatz durch eine optimale Auslastung der Kapazitäten, eine quantitative Bestandsoptimierung sowie eine Erhöhung des Kundenbelegungsgrades effizienter zu gestalten.

Eine **Umsatzsteigerung** kann nur durch eine Erhöhung des Fahrzeugabsatzes erreicht werden, wofür höchste Qualitätsansprüche und die Berücksichtigung von individuellen Kundenwünschen unverzichtbare Voraussetzungen darstellen. Aus diesem Grund spielt die **Kundenorientierung** eine zentrale Rolle bei den Produkten der Premiumhersteller. Sie führt zu einer hohen Produktindividualisierung und kürzeren Lieferzeiten. Zusätzlich steigen die Anforderungen der Kunden hinsichtlich der Termintreue bei der Fahrzeugauslieferung und der Möglichkeit zur Änderung der Ausstattungsmerkmale von Aufträgen.

Die Produktindividualisierung und technische Innovationen führen zu einer **Erhöhung der Produktkomplexität**, die sich in einem Anstieg der Ausstattungsvarianten niederschlägt. So gab es im Jahr 2005 bei Audi z. B. 18.819 unterschiedliche Varianten der Türinnenverkleidung des A6-Modells, 152 Varianten für einen Handschuhkasten sowie 24 verschiedene Scheibenwischbehälter für den Audi A4.[7] Um diese Komplexität wieder zu reduzieren, versuchen die Premiumhersteller derzeit, durch Gleichteilestrategien die Variantenzahl zu senken.

Die Marken der Automobilhersteller sind i. d. R. in **Fahrzeugmodelle** (z. B. Mercedes-Benz E-Klasse, BMW 3er-Modell, Audi A6) und **Fahrzeugmodellvarianten** (z. B. Mercedes-Benz E-Klasse Limousine und T-Modell) untergliedert, deren Anzahl seit den 70er-Jahren ebenso **gestiegen** ist wie ihre Bedeutung für den Unternehmenserfolg der OEM. Ein drastisches Beispiel ist das von Ford: Hat der Konzern im Jahre 1925 nur ein Modell (Ford T-Modell) unter einer Marke Ford angeboten, so waren es im Jahre 2003 bereits sieben Marken mit 64 unterschiedlichen Fahrzeugmodellen.[8] Wie die Studie „Future Automotive Industry Structure (FAST) 2015" zeigt, entfielen im Jahr 2003 ca. 40 % aller produzierten Fahrzeuge der Marke Mercedes-Benz auf Modelle, die 1995 noch gar nicht existierten.[9] Die Zahl der Fahrzeugmodelle hat sich in nur 12 Jahren von 5 auf 15 verdreifacht (siehe Abbildung 1.1).

Die Erhöhung der Anzahl der verschiedenen Fahrzeugmodelle verbunden mit der Verkürzung der Produktlebenszyklen führte dazu, dass die Automobilhersteller inzwischen in einem kürzeren Zeitraum **mehr Produktanläufe und -ausläufe als noch vor wenigen Jahren** bewältigen müssen.[10] Der Fahrzeuglebenszyklus hat sich in den letzten 20 Jahren von 10 auf durchschnittlich 6 Jahre verkürzt.[11]

Auch wenn zwischen Anlauf und Auslauf ein enger Zusammenhang besteht, werden in beiden Phasen unterschiedliche Ziele verfolgt. Beim Anlauf liegt der Schwerpunkt auf dem Erreichen eines bestimmten Qualitätsniveaus, der Sicherstellung der Teileverfügbarkeit sowie der Absicherung der Herstellbarkeit der Produkte unter Serienbedingungen. Im Auslauf wird primär das Ziel der Aufwandsminimierung angestrebt, d. h. eine bereichs-

---

[7]Vgl. Rose (2005, S. 17).
[8]Vgl. Kurek (2004, S. 18).
[9]Vgl. Mercer Management Consulting (2004, S. 27).
[10]Vgl. Kurek (2004, S. 19–20), Wildemann (2005, S. 4 u. 7).
[11]Vgl. Dannenberg (2005, S. 37).

1.1 Auslauf – Stiefkind der Automobilindustrie

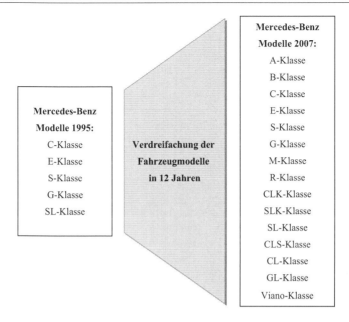

Abbildung 1.1: Entwicklung der Mercedes-Benz-Modelle von 1995 bis 2007

übergreifende Steuerung mit geringem Aufwand, eine Synchronisation mit dem Anlauf sowie eine Reduzierung von überschüssigem Material und damit die Minimierung der Verschrottungskosten bei gleichzeitiger Gewährleistung der Versorgungssicherheit.

Bisher lag die Aufmerksamkeit der Unternehmen primär auf dem **Anlauf** neuer Fahrzeugmodelle, da dieser starken Einfluss auf Umsatz bzw. Kosten und somit auf die Profitabilität hat. Falls in der Anlaufphase Probleme auftreten, entstehen ungeplante Kosten und Verzögerungen, die dazu führen, dass die neuen Fahrzeugmodelle nicht rechtzeitig in den geplanten Stückzahlen am Markt angeboten und verkauft werden können.

Im Vergleich dazu wurde dem **Auslauf** bisher weder in der Praxis noch in der Wissenschaft ausreichend Beachtung geschenkt. Harjes (2006) spricht in diesem Zusammenhang sogar vom „Stiefkind Serienauslauf", weil auch heute noch hohe Entsorgungskosten durch Überschussproduktion die Regel sind.[12] Dies ist umso erstaunlicher, wenn man bedenkt, dass sich die Kosten des Auslaufs einer einzigen Fahrzeugmodellvariante bei einem OEM im einstelligen Millionen-Euro-Bereich bewegen können.

Sowohl die beim OEM auftretenden Bedarfsschwankungen als auch die Verzerrung und Verzögerung der Bedarfsinformationen bei der sukzessiven Weitergabe in der Supply Chain führen bereits in der Serienproduktionsphase zu Schwierigkeiten bei der unternehmensübergreifenden Planungskoordination. Im Serienauslauf wird die Problematik noch dadurch verschärft, dass eine ungenaue Synchronisation der Bedarfe und Bestände zu Unterdeckungen während der Serienauslaufphase oder Überschussmengen nach dem Auslaufstichtag führen kann. Beides hat einen erhöhten Aufwand für die beteiligten Unternehmen

---

[12]Vgl. Harjes (2006, S. 56).

und damit erhöhte Auslaufkosten zur Folge.

Die **Grundproblematik beim Auslauf** besteht darin, dass die Bestände der Teile der alten Fahrzeugmodellvariante, die nach dem Auslauf vom Automobilhersteller i. d. R. nur noch mit Verlust weiterverkauft oder verschrottet werden können, genau ausgesteuert werden. Der Auslauf einer Modellvariante verursacht gleichzeitig den Auslauf von tausenden Einzelteilen und Komponenten, die für die Nachfolgevariante nicht mehr benötigt und durch neue Teile ersetzt werden. Entsprechend hoch ist der Koordinationsaufwand bei der Auslaufsteuerung. Zahlreiche Rahmenbedingungen im Beschaffungsnetzwerk (z. B. lange Wiederbeschaffungszeiten, Abnahmeverpflichtungen) und vom Markt (Bedarfsschwankungen, kurze Lieferzeiten) erschweren die Koordination im Auslauf zusätzlich.

Bestehende Abnahmeverpflichtungen mit Zulieferern erfordern in der Auslaufphase daher eine hohe Genauigkeit der prognostizierten OEM-Bedarfe, die aufgrund der Möglichkeit von späten Auftragsänderungen durch Endkunden jedoch nicht immer gegeben ist. Abnahmeverpflichtungen regeln vertraglich, welcher Zeitraum der im Lieferabruf eines Unternehmens prognostizierten Bedarfe gegenüber seinem Lieferanten verbindlich ist. Dabei wird zwischen einer Abnahmefrist für Vor- und Fertigprodukte unterschieden.

Aufgrund dieser vertraglichen Rahmenbedingungen sind für eine effiziente Auslaufsteuerung nicht nur die Bestände der Automobilhersteller, sondern auch die Bestände an Vor- und Fertigprodukten bei den Zulieferern von großer Bedeutung. In den bisherigen Veröffentlichungen und Praxisprojekten wird dieser Aspekt weitgehend vernachlässigt. Die Optimierungsanstrengungen beziehen sich primär lokal auf die einzelnen Unternehmen und orientieren sich weniger an einer unternehmesübergreifenden Reduzierung der Auslaufkosten aller beteiligten Supply-Chain-Partner. Aus den genannten Gründen erscheint eine Erweiterung der bisherigen Auslaufmethoden um Aspekte des Supply Chain Managements (SCM) sinnvoll. SCM steht für die Integration von Organisationseinheiten in einem Unternehmensnetzwerk sowie die Koordination der Material-, Informations- und Finanzflüsse zur Erfüllung der Nachfrage der Endkunden. Das damit verbundene Ziel ist die Verbesserung der Wettbewerbsfähigkeit aller beteiligten Organisationseinheiten. Nur wenn ein OEM gemeinsam mit seinen wichtigen Lieferanten und Sublieferanten für mehr Transparenz und eine bessere Koordination der Planung im Auslauf sorgt, kann eine Reduzierung der Verschrottungskosten erzielt werden.

1.2 Aufgabenstellung

Die Auslaufsteuerung stellt somit eine große Herausforderung für Automobilhersteller und -zulieferer dar. In der vorliegenden Arbeit werden primär zwei Hauptaufgaben bearbeitet, die im Folgenden gemeinsam mit den damit verbundenen Zielen beschrieben werden.

Da nur sehr wenige Veröffentlichungen zum Thema Auslauf (in der Automobilindustrie) existieren, besteht die erste Aufgabe in der **Konsolidierung und Erweiterung der Theorie zum Auslauf in der Automobilbranche** unter Berücksichtigung von Erkenntnissen aus der Praxis. Neben den Auslaufgrundlagen sollen auch Rahmenbedingungen, die Grundproblematik im Auslauf sowie auslaufspezifische Kosten behandelt werden. Ziel dieser theoretischen Aufarbeitung ist die Schaffung von mehr Transparenz bzgl. der Auslaufthematik sowie der Aufbau einer Basis für weiterführende Forschungsarbeiten auf diesem Gebiet - insbesondere bezogen auf die Automobilbranche.

Darüber hinaus wurden bisher keine auslaufspezifischen Supply-Chain-Koordinationsmodelle entwickelt, die etwa auch Abnahmeverpflichtungen und Auslaufkosten berücksichtigen. Die zweite Hauptaufgabe besteht somit in der **Konzeption, Implementierung und Bewertung eines Modells zur Koordination im Serienauslauf in mehrstufigen Zuliefernetzwerken in der Automobilindustrie**. Ein solches Koordinationsmodell soll einen Beitrag zur Bewältigung der Koordinationsaufgaben im Auslauf leisten, um eine Reduzierung der Auslaufkosten im Vergleich zu bestehenden Koordinations- und Planungsansätzen und somit eine bessere Auslaufsteuerung für alle beteiligten Unternehmen zu ermöglichen.

Bei der **Konzeption des Modells** müssen die Planungsprozesse sowie Material- und Informationsflüsse einer mehrstufigen Supply Chain abgebildet werden. Das Modell soll sowohl in seiner Grundidee als auch in mathematischer Form beschrieben werden und alle relevanten Einflussfaktoren und Wirkungszusammenhänge berücksichtigen.

Im Rahmen der **Implementierung** soll ein Simulationsprototyp entwickelt werden, der neben einer Simulationskomponente auch über Funktionen zum Import von Daten sowie zur Auswertung der Simulationsergebnisse verfügt. Zur Reduzierung der Komplexität bei der Implementierung sind Annahmen und Vereinfachungen zu treffen.

Die eigentliche **Bewertung** des neuen Koordinationsmodells soll im Rahmen einer Simulationsstudie erfolgen, für welche vorab geeignete Ergebnisgrößen zur Bewertung der einzelnen Simulationsläufe zu definieren und im Prototyp zu implementieren sind.

1.3 Vorgehensweise

Um die Hintergründe der Problemstellung verstehen und ein geeignetes Modell für die Koordination in Zuliefernetzwerken erarbeiten zu können, werden in Kapitel 2 und 3 zunächst die Grundlagen zur Supply-Chain-Koordination und zum Thema Auslauf aufbereitet, wobei jeweils auf die Besonderheiten der Automobilindustrie eingegangen wird. So werden in **Kapitel 2** vor der Beschreibung der bei Daimler eingesetzten SCM-Prozesse zuerst SCM-Grundlagen sowie die Planung, der Informationsaustausch und die Koordination in Supply Chains beschrieben. Die eingehende Bearbeitung der ersten Aufgabenstellung dieser Arbeit erfolgt in **Kapitel 3**. Eine detaillierte Analyse der existierenden Literatur zeigt, dass es bisher noch keine Veröffentlichungen zu diesem Thema gibt, die alle für die vorliegende Problemstellung wichtigen Wirkungszusammenhänge und Einflussfaktoren im Auslauf einbezieht. Daher werden in Kapitel 3 alle relevanten Auslaufgrundlagen ausführlich beschrieben. Darüber hinaus werden die Grundproblematik und mögliche Kosten im Auslauf diskutiert, um später einen geeigneten Koordinationsansatz hierfür entwickeln zu können.

Um einen Überblick über ähnliche Problemstellungen und mögliche Lösungsansätze zu erhalten, werden in **Kapitel 4** ausgewählte Supply-Chain-Koordinationsmodelle aus dem Zeitraum von 2001 bis 2007 klassifiziert und hinsichtlich ihrer Anwendbarkeit auf die Aufgabenstellung bewertet. Hierzu wird ein neues Klassifizierungsschema entwickelt, welches alle für diese Arbeit relevanten Auslaufkriterien beinhaltet. Bei der Analyse stellt sich heraus, dass keines dieser Modelle den Anforderungen aus der Problemstellung gerecht wird und deshalb die Notwendigkeit besteht, ein neues Modell zur Supply-Chain-Koordination im Auslauf in der Automobilindustrie zu entwickeln.

Kapitel 5 befasst sich mit der Lösung der zweiten Aufgabenstellung. Hier wird das im Rahmen der vorliegenden Arbeit konzipierte Supply-Chain-Koordinationsmodell vorgestellt, welches auf dem Konzept der Fortschrittszahlen (FZ) basiert. Dabei handelt es sich um ein Prinzip zur Produktionsplanung und -steuerung, das in den 90er-Jahren in der Automobilindustrie zur Lösung von Problemen bei den damals existierenden Produktionsplanungs- und Steuerungssystemen (PPS) eingeführt wurde.[13] Nach einer ausführlichen Diskussion der FZ-Theorie wird ein darauf aufbauendes Koordinationsmodell vorgestellt, welches mehrere Besonderheiten im Vergleich zu bisherigen FZ-Ansätzen aufweist. So wurde das früher primär unternehmensintern eingesetzte FZ-Prinzip auf eine unternehmensübergreifende Sichtweise erweitert. Das Ergebnis ist ein formales Modell zur FZ-basierten Koordination von mehrstufigen, unternehmensübergreifenden Zuliefernetzwerken in der Automobilindustrie, mit dem alle relevanten Einflussfaktoren und Wirkungszusammenhänge im Auslauf aufgezeigt und untersucht werden können. Zudem werden im Rahmen des Modells Auslaufspezifika wie Abnahmeverpflichtungen und Verschrottungskosten berücksichtigt. Als Koordinationsprinzip wird ein Ansatz mit zentraler Informationsbereitstellung als Basis für eine dezentrale Planungskoordination vorgeschlagen, um Problemen durch Schwankungen, Verzerrungen und Verzögerungen der Bedarfe in der Supply Chain entgegenzuwirken.

Kapitel 6 befasst sich mit der Implementierung und Bewertung des entwickelten Supply-Chain-Koordinationsmodells. Um den neuen Koordinationsansatz mit einer sukzessiven Planung in der Supply Chain zu vergleichen sowie den Einfluss verschiedener Faktoren (z. B. Fristen der Abnahmeverpflichtungen) auf die Ergebnisgrößen zu untersuchen, wird eine Simulation als Bewertungsinstrument verwendet. Hierzu wird im ersten Schritt eine Vorgehensweise zur strukturierten Durchführung von Simulationsstudien erarbeitet. Die Implementierung des Koordinationsmodells erfolgt in Form eines in „Visual Basic for Applications (VBA)" programmierten Prototyps mit einer Simulationskomponente und einer Analysekomponente, die dazu dient, das neue Modell quantitativ bewerten zu können. Der Prototyp verfügt über Funktionen zum Anlegen und zur Konfiguration bestimmter Supply-Chain-Konstellationen, zum Import bzw. zur Eingabe von exogenen Größen sowie zur Berechnung der Zustands- und Ergebnisgrößen der Simulation. Eine weitere Funktion ist die Ausgabe und Auswertung der Simulationsergebnisse. Das Simulationsexperiment selbst wird für eine dreistufige Supply Chain mit einem OEM, einem Lieferanten auf der ersten sowie zwei Lieferanten auf der zweiten Belieferungsstufe durchgeführt. An der Simulationsstudie haben reale Unternehmen teilgenommen und, um aussagekräftige Ergebnisse zu erhalten, werden die Analysen mit Echtdaten aus der Praxis durchgeführt. Insgesamt werden aus Sicht des OEM 24 Vorprodukte und ein Teil der Vorprodukte bei den Zulieferern betrachtet. Die Planung der Lieferanten wird in der Simulation mithilfe eines einfachen Losgrößenmodells abgebildet. Im Rahmen einer Sensitivitätsanalyse werden neben dem Grundszenario mit den Originaldaten drei weitere Szenarien untersucht, in denen verschiedene Einflussfaktoren (Planungszyklus, Abnahmeverpflichtungsfrist, Bedarfe) variiert werden. Die Ergebnisse der Simulationsläufe werden mit Ergebnisgrößen in den Kategorien Lieferperformance, Produktion, Lagerhaltung und Überschusskosten bewertet. Somit ist für jedes Szenario ein Vergleich zwischen der sukzessiven Planung und dem neuen Koordindationsansatz sowie eine Analyse der Auswirkungen der Parametervariation möglich.

---

[13]Vgl. Gottwald (1982, S. 6), Meyer/Schefenacker (1983), Koffler (1987, S. 147), Heinemeyer (1989, S. 11), Heinemeyer (1994, S. 223).

1.3 Vorgehensweise

Im Rahmen der in **Kapitel 7** dargestellten Zusammenfassung kann gezeigt werden, dass das neu entwickelte Supply-Chain-Koordinationsmodell – im Vergleich zu einer sukzessiven Planung – einen wesentlichen Beitrag zur Verbesserung der Koordination von Serienausläufen in der Automobilindustrie leisten kann. Da nicht alle interessanten Fragestellungen im Zusammenhang mit der Problemstellung im Detail untersucht werden konnten, werden noch zahlreiche Anregungen für weitere Forschungsaktivitäten präsentiert.

Der in diesem Abschnitt beschriebene Aufbau der Dissertation ist in Abbildung 1.2 grafisch dargestellt.

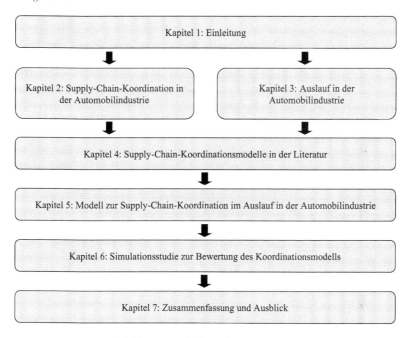

Abbildung 1.2: Aufbau der Dissertation

Kapitel 2

Supply-Chain-Koordination in der Automobilindustrie

2.1 Grundlagen

Zu Beginn dieses Abschnitts werden die wichtigsten mit dem Thema Supply Chain Management zusammenhängenden Begriffe geklärt. Daran schließen sich eine Beschreibung der SCM-Bestandteile anhand des „House of SCM" sowie eine Diskussion der Supply-Chain-Typologie der Automobilindustrie im Vergleich zur Computer- und Konsumgüterbranche an.

2.1.1 Begrifflichkeiten

2.1.1.1 Supply Chain

Supply Chain bedeutet wörtlich übersetzt Versorgungskette und wird von Christopher (1998) definiert als „the network of organizations that are involved, through upstream and downstream linkages, in the different processes and activities that produce value in the form of products and services in the eyes of the ultimate customer"[1]. Da sie nicht auf die physischen Prozesse eingeht, ist diese Definition aus Sicht der Logistik jedoch etwas zu vage. Dieser Aspekt wird hingegen von Ganeshan et al. (1999) deutlicher hervorgehoben, welche eine Supply Chain beschreiben als „system of suppliers, manufacturers, distributors, retailers, and customers where materials flow downstream from suppliers to customers and information flows in both directions"[2].

In der Literatur wird zwischen innerbetrieblichen (intraorganisationalen) und unternehmensübergreifenden (interorganisationalen) Supply Chains unterschieden.[3] Im Rahmen dieser Arbeit werden unternehmsübergreifende Supply Chains in der Automobilindustrie betrachtet, weshalb der Begriff „Supply Chain" im Sinne von interorganisationalen Supply Chains benutzt wird. Wie der Definition von Christopher zu entnehmen ist, spricht man heute nicht mehr von Lieferketten, sondern von Netzwerken, was der Struktur von Supply Chains in der Praxis in den meisten Fällen am nächsten kommt.

---

[1] Christopher (1998, S. 15).
[2] Ganeshan et al. (1999, S. 842).
[3] Vgl. Zimmer (2001, S. 8–9), Ferber (2005, S. 31).

In Abbildung 2.1 wird der allgemeine schematische Aufbau über mehrere Lieferantenstufen sowie ein Händlernetz veranschaulicht. Die spezifische Typologie einer Automobil-Supply-Chain wird in Abschnitt 2.1.3 im Detail vorgestellt. Die unterschiedlichen Ebenen der Lieferanten im Beschaffungsnetzwerk aus Sicht eines OEM werden auch Tier 1 bis n genannt. So wird beispielsweise die zweite Lieferantenstufe aus Sicht eines OEM als Tier 2 bezeichnet.

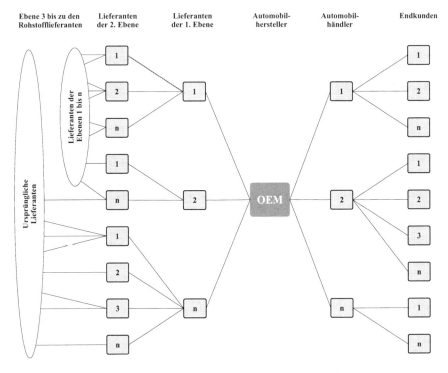

Abbildung 2.1: Schema einer mehrstufigen Supply Chain
(Eigene Darstellung in Anlehnung an Lambert et al. (1998, S. 3))

2.1.1.2 Supply Chain Management

Aufgrund der zahlreichen Betrachtungsperspektiven aus unterschiedlichen wissenschaftlichen Disziplinen existiert keine allgemein gültige Definition für den Begriff „Supply Chain Management".[4] Das erste Mal wurde der Begriff von den beiden Beratern Oliver und Webber im Jahre 1982 verwendet.[5] Doch bereits in den 60er- und 70er-Jahren des 20. Jahrhunderts befassten sich Forscher mit den Grundideen des SCM, vor allem im Zusammenhang mit der Marketing-Forschungsrichtung „Channel Research" sowie dem Bestandsmanagement und der Untersuchung der Dynamik in Produktions- und Distributionssystemen.

---

[4]Vgl. Croom et al. (2000, S. 69–70).
[5]Vgl. Oliver/Webber (1992).

2.1 Grundlagen

Stadtler (2007b) nennt als wesentliche Einflüsse auf die SCM-Philosophie folgende Forschungsschwerpunkte und Autoren:

- Channel Research (Alderson (1957))
- Kollaboration und Kooperation (Bowersox (1969))
- Lokalisierung und Kontrolle von Beständen in Produktions- und Distributionssystemen (Hanssmann (1959))
- Bullwhip-Effekt in Produktions- und Distributionssystemen (Forrester (1958))
- Hierarchische Produktionsplanung (Hax/Meal (1975))[6]

Um einen Überblick über die große Zahl an SCM-Definitionen zu ermöglichen, haben einige Autoren Definitionsübersichten erstellt.[7] Aus der Vielzahl der Alternativen wird für diese Arbeit folgende Definition von Stadtler (2007b) ausgewählt: „Supply Chain Management is the task of integrating organizational units along a supply chain and coordinating material, information and financial flows in order to fulfil (ultimate) customer demands with the aim of improving the competitiveness of a supply chain as a whole."[8]

2.1.1.3 Collaborative Planning

Collaborative Planning ist ein Teilbereich von Supply Chain Management mit dem Schwerpunkt der unternehmensübergreifenden Planungsprozesse. Je nach Ausrichtung wird zwischen Demand Collaboration, Procurement Collaboration, Inventory Collaboration, Capacity Collaboration und Transport Collaboration unterschieden. Bei Single-Tier-Kollaborationen erfolgt die Abstimmung der Pläne zwischen zwei Unternehmen, bei n-Tier-Kollaborationen zwischen Unternehmen auf mehreren Ebenen einer Supply Chain.[9]

2.1.2 Bestandteile des Supply Chain Managements

Das von Stadtler (2007b) eingeführte „House of SCM" stellt die Bestandteile des Supply Chain Managements – wie der Name schon sagt – in Form eines Hauses dar. Die beiden Hauptziele Wettbewerbsfähigkeit und Kundenservice bilden das Dach, welches getragen wird von den Säulen Integration und Koordination. Als Fundament dienen die in Unternehmen und Forschungsrichtungen bestehenden Funktionsbereiche.[10]

Nach der grafischen Veranschaulichung in Abbildung 2.2 werden im Folgenden die einzelnen Bestandteile des House of SCM auf Basis der Ausführungen von Stadtler erörtert, wobei einige Bestandteile erst an späterer Stelle der vorliegenden Arbeit weiter vertieft werden.

---

[6]Vgl. Stadtler (2007b, S. 25 ff.); für weiterführende Informationen zu diesen Forschungsarbeiten siehe Stadtler oder die genannten Originalquellen.
[7]Vgl. Bechtel/Jayaram (1997, S. 17), Croom et al. (2000, S. 68–69), Tan (2001, S. 39–40), Eisenbarth (2003, S. 24–35), Göpfert (2004, S. 29), Sucky (2004, S. 18–21).
[8]Stadtler (2007b, S. 11).
[9]Vgl. Kilger et al. (2007).
[10]Vgl. Stadtler (2007b, S. 11–24).

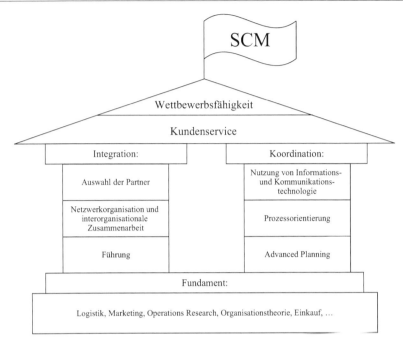

Abbildung 2.2: House of SCM
(Übersetzt von: Stadtler (2007b, S. 12))

2.1.2.1 Hauptziele: Wettbewerbsfähigkeit und Kundenservice

Die Verbesserung der **Wettbewerbsfähigkeit** bezieht sich nicht nur auf ein einzelnes Unternehmen, sondern auf die gesamte Supply Chain und kann bspw. durch die Erfüllung von vorgegebenen Kunden-Serviceleveln bei einer Minimierung der hierfür notwendigen Kosten erreicht werden.

Das Ziel **Kundenservice** kann in drei Elemente untergliedert werden: Das erste Element (Pre-transactional Element) bezieht sich auf den Zeitraum vor Abschluss eines Geschäftsvertrags und damit auf die Phase des Zustandekommens einer Geschäftsbeziehung zwischen Unternehmen. Dazu gehören der Zugang der Kunden zu Produktinformationen, der Aufbau einer Verbindung zwischen den Firmen sowie die Flexibilität eines Anbieters, auf die Wünsche seines Kunden einzugehen. Das zweite Element (Transactional Element) beschreibt die Erfüllung eines zustande gekommenen Kundenauftrags. Die Verfügbarkeit von Produkten und Bestellzykluszeiten sind ebenso Bestandteil dieses Elements wie Informationen zum aktuellen Bestellstatus an den Kunden weiterzugeben, oder Zusatzdienstleistungen wie die Einführung in die Nutzung oder die Instandhaltung von Produkten, anzubieten. Das dritte und letzte Element (Post-transactional Element) bezieht sich auf den Zeitraum nach der Erfüllung des Kundenauftrags und beinhaltet vor allem Servicedienstleistungen wie Reparaturen und die Bearbeitung von Kundenbeschwerden.

2.1.2.2 Säule Integration

Die Säule Integration bezieht sich auf die langfristige Zusammenarbeit zwischen den Unternehmen einer Supply Chain und besteht aus folgenden drei Bestandteilen:

- Auswahl der Partner
- Netzwerkorganisation und interorganisationale Zusammenarbeit
- Führung

Bei der **Auswahl der Partner** sollten nicht nur die Kosten ausschlaggebend sein, sondern auch die Tauglichkeit eines Lieferanten, die Wettbewerbsfähigkeit der Supply Chain zu verbessern. Darüber hinaus sind bei internationalen Supply Chains Kriterien wie Steuern, Wechselkurse usw. zu berücksichtigen.

Um aus einer Supply Chain eine effektive und erfolgreiche **Netzwerkorganisation** zu machen, ist eine **interorganisationale Zusammenarbeit** zwischen den beteiligten Unternehmen erforderlich. Dies beinhaltet den Austausch von Informationen und die Einsicht der Firmen dafür, dass es notwendig ist, den Wettbewerb untereinander während der Zusammenarbeit zugunsten der Verbesserung der Wettbewerbsfähigkeit der gesamten Supply Chain auszusetzen. Um die Stabilität einer Supply Chain zu gewährleisten, ist eine Win-win-Situation der Unternehmen herbeizuführen. Kann dies nicht erreicht werden, sind kurzfristig Kompensationsmechanismen einzusetzen. Eine weitere Möglichkeit, den Zusammenhalt in der Supply Chain zu stärken, stellen Vereinbarungen bzw. Bündnisse zwischen den Unternehmen z. B. in Form technischer Kooperationen oder eines Knowhow-Transfers dar.

Eine kritische Rolle im Supply Chain Management spielt die **Führung**. In der Regel sind die Unternehmen einer Supply Chain rechtlich voneinander unabhängig und gleichberechtigt. Dennoch ist es sinnvoll, manche Entscheidungen zentral zu treffen, wie z. B. die Integration von neuen Firmen oder die Beendigung der Zusammenarbeit mit einer Firma in der Supply Chain. In der Praxis werden solche Führungsaufgaben entweder durch ein fokales Unternehmen oder durch einen Steuerkreis wahrgenommen. Bei einem fokalen Unternehmen handelt es sich meist um das Unternehmen mit der größten Macht, in der Automobilindustrie also um einen Automobilhersteller.[11]

2.1.2.3 Säule Koordination

Die Koordination von Informations-, Material- und Finanzflüssen stellt die zweite Säule im House of SCM dar. Sie besteht aus drei Bestandteilen:

- Nutzung von Informationstechnologie (IT)
- Prozessorientierung
- Advanced Planning

---
[11]Vgl. Abschnitt 2.4.2.

Die **Nutzung moderner Informations- und Kommunikationstechnologien** ermöglicht die Automatisierung von Prozessen, die zuvor manuell durchgeführt wurden. So wurden früher in der Automobilindustrie Bestellungen eines OEM bei seinen Lieferanten per Fax aufgegeben. Heute erfolgt dieser Prozess häufig vollautomatisiert über standardisierte Datenaustauschformate. Damit verbundene Vorteile bestehen in einer Reduzierung der Zeitverzögerung und der Fehleranfälligkeit. Die in der Automobilbranche existierenden Standards zum Datenaustausch werden in Abschnitt 2.3.4 beschrieben.

Die **Prozessorientierung** verfolgt das Ziel einer effizienten Koordination der Aktivitäten, die zur Erfüllung der Kundenaufträge erforderlich sind. Dabei werden Prozesse in einem ersten Schritt analysiert und im Falle von identifizierten Schwächen optimiert. Zur Bewertung der Prozesse können Kennzahlen herangezogen oder Vergleiche mit Best-practice-Beispielen durchgeführt werden.

Advanced-Planning-Systeme (APS) sind übergeordnete Planungssysteme, die entwickelt wurden, um die Planungsschwächen von Enterprise-Ressource-Planning-Systemen (ERP-Systemen) zu beseitigen. ERP-Systeme sind in der Praxis weit verbreitete Softwareprodukte, die Daten verschiedener Geschäftsbereiche wie Controlling, Finanzwesen, Personalwesen, Produktion oder Vertrieb integrieren. Dabei handelt es sich weniger um Planungssysteme, sondern eher um Transaktionssysteme für den Datenaustausch zwischen den genannten Bereichen. ERP-Systeme enthalten zwar auch Komponenten zur Produktionsplanung und -steuerung (PPS), diese weisen jedoch einige gravierende Schwächen auf: So werden bei der Planung keine Kapazitäten berücksichtigt und es ist keine Unterstützung für eine unternehmensübergreifende Planung vorhanden. ERP-Systeme werden durch APS nicht ersetzt, sondern ergänzt und können so weiterhin als Transaktionssysteme eingesetzt werden. Die Planungsmethoden, die die Basis der APS bilden, werden unter dem Begriff „**Advanced Planning**" zusammengefasst.[12]

Da das Ziel in der vorliegenden Arbeit in der Entwicklung eines unternehmensübergreifenden Koordinationsmodells für die Auslaufsteuerung in der Automobilindustrie besteht, stellt die Koordination in Supply Chains hier den Schwerpunkt dar und wird in Abschnitt 2.4 noch weiter detailliert.

2.1.2.4 Fundament

Das Fundament des House of SCM enthält verschiedene Funktionsbereiche in Unternehmen sowie zum erfolgreichen Betrieb einer Supply Chain notwendige Methoden. Die Themen Logistik und Transport stehen in einer sehr engen Verbindung zu SCM, da Informations- und Materialflüsse in der Supply Chain eine wesentliche Rolle spielen. Des Weiteren sind Marketing- und Einkaufsaspekte von Bedeutung. Das Forschungsgebiet „Operations Research (OR)" befasst sich mit quantitativen Methoden zur Planung und Steuerung von Supply Chains. Die OR-Methoden bilden demzufolge die Basis für die Bildung und Lösung von quantitativen Supply-Chain-Modellen und sind somit von großer Bedeutung für die Wissenschaft und Praxis.[13]

---

[12] Vgl. Fleischmann/Meyr (2001, S. 19–20).
[13] Für weiterführende Details zum Thema Operations Research siehe z. B. Hillier/Lieberman (2002) und Neumann/Morlock (2004).

2.1.3 Supply-Chain-Typologie der Automobilbranche

In der Literatur existieren unterschiedliche Methoden zur Klassifizierung von Supply-Chain-Typen. In diesem Zusammenhang sind vor allem die Ansätze von Corsten/Gabriel (2004) sowie von Meyr/Stadtler (2007) zu nennen.[14] Erstere klassifizieren Supply Chains nach den Kriterien Nachfrageverhalten und Produktstruktur. Im Ergebnis werden die Supply Chains einem der folgenden vier Grundtypen zugeordnet: schlanke, bewegliche, verbundene oder schnelle Supply Chain.

Meyr/Stadtler verwenden für die Klassifizierung mehrere funktionale und strukturelle Kategorien, die jeweils in weitere Attribute untergliedert sind. Zum einen wird zwischen den funktionalen Kategorien Beschaffungstyp, Produktionstyp, Distributionstyp und Absatztyp unterschieden, zum anderen werden Supply Chains hinsichtlich der beiden strukturellen Kategorien Topografie sowie Integration und Koordination voneinander abgegrenzt. Dieser Ansatz wird im Folgenden herangezogen, um die Typologie von Automobil-Supply-Chains zu veranschaulichen. Das Klassifizierungsschema wurde von Meyr (2004a) und Ferber (2005) bereits eingesetzt; deren Ausführungen wurden in dieser Arbeit noch erweitert bzw. teilweise modifiziert.[15] Bei den funktionalen Attributen steht primär der Automobilhersteller im Fokus, wobei aufgrund der vorliegenden Problemstellung ein besonderer Schwerpunkt auf der Erläuterung des Beschaffungstyps liegt. Abbildung 2.3 zeigt das Ergebnis der Klassifizierung und stellt die Typologie von Supply Chains aus der Automobil-, Computer- und Konsumgüterbranche im Vergleich dar.

---

[14]Vgl. Corsten/Gabriel (2004, S. 243–288), Meyr/Stadtler (2007).
[15]Vgl. Meyr (2004a), Ferber (2005, S. 34–38).

Kategorie	Attribute	Automobile	Computer	Konsumgüter
Funktional				
Beschaffungstyp	1. Anzahl und Art der Vormaterialen	Viele, standardisiert und spezifisch	Viele, standardisiert und spezifisch	Wenige, Standard
	2. Beschaffungsstruktur	Single, Double und Multiple Sourcing	Multiple Sourcing	Multiple Sourcing
	3. Bestelldurchlaufzeit und Zuverlässigkeit	Kurz und lang, unzuverlässig	Kurz und lang, unzuverlässig	Kurz, zuverlässig
	4. Lebenszyklus der Vormaterialen	Kurz (Elektrik/Elektronik), mittl. lang	Kurz	Lang
Produktionstyp	1. Organisation des Produktionsprozesses	Linienfertigung	Linienfertigung	Fließfertigung
	2. Wiederholung von Produktionsschritten	Häufige Wiederholungen	Häufige Wiederholungen	Häufige Wiederholungen
	3. Merkmale der Rüstvorgänge	Geringe Bedeutung	Geringe Bedeutung	Sequ.-abhäng. Rüstzeiten/-kosten
	4. Engpässe in der Produktion	Geringe Bedeutung	Geringe Bedeutung	Bekannt, stationär
	5. Arbeitszeitflexibilität	Hoch	Hoch	Niedrig
Distributionstyp	1. Distributionsstruktur	Mehrere Stufen	Zwei Stufen	Drei Stufen
Absatztyp	1. Verfügbarkeit der zukünftigen Bedarfe	Prognosen und Bestellungen	Prognosen und Bestellungen	Prognosen
	2. Verlauf der Bedarfskurve	Sporadisch	Wöchentlich saisonal	Saisonal
	3. Lebenszyklus des Endprodukts	Mehrere Jahre	Wenige Monate	Mehrere Jahre
	4. Anzahl der Produkttypen	Sehr viele	Wenige / Viele	Hunderte
	5. Grad der Produktindividualisierung	Kundenspezifisch	Standard / Kundenspezifisch	Standard
	6. Stückliste	Konvergierend	Konvergierend	Divergent
Strukturell				
Topografie	1. Netzwerkstruktur	Gemischt	Gemischt	Gemischt
	2. Grad der Globalisierung	Viele Länder	Mehrere Länder	Mehrere Länder
	3. Lage des Entkopplungspunktes	Build-to-order	Build-to-order	Deliver-to-order
	4. Wesentliche Restriktionen	Material, Kapazitäten	Material	Kapazitäten
Integration und Koordination	1. Rechtliche Stellung	Inter- und intraorganisational	Inter- und intraorganisational	Intraorganisational
	2. Machtverteilung	Fahrzeughersteller	Lieferanten und Kunden	Kunden (z. B. Händler)
	3. Richtung der Koordination	Gemischt	Gemischt	Gemischt
	4. Typ des Informationsaustauschs	Bedarfsprognosen, Bestellungen,	Bedarfsprognosen und Bestellungen	Nahezu unbegrenzt

Abbildung 2.3: Supply-Chain-Typologien
(Eigene Darstellung in Anlehnung an Meyr/Stadtler (2007, S. 72) und Ferber (2005, S. 36))

2.1.3.1 Kategorie „Funktional": Beschaffungstyp

Grundsätzlich spielt die Beschaffung in der Automobilbranche eine kritische Rolle. Aufgrund der hohen Änderungsflexibilität, die den Endkunden zugesprochen wird, und der Komplexität des Beschaffungsnetzwerkes treten in der Praxis häufig Beschaffungsengpässe bei den Automobilherstellern auf. Die Ursachen hierfür können z. B. kurzfristige Bedarfserhöhungen des OEM, Werkzeugbrüche oder zu geringe Kapazitäten bei den Zulieferern sein. Um in solchen Fällen teure Bandstillstände zu verhindern, werden dann vom OEM spezielle Maßnahmen wie Sonderfahrten oder Helikopterflüge eingeleitet, um die Teile rechtzeitig zu beschaffen. Die Art der Maßnahme muss sich immer an der Ursache des Engpasses orientieren. Kann ein Lieferant aufgrund eines Werkzeugbruchs überhaupt keine Teile produzieren, ergeben Sonderfahrten keinen Sinn, weil beim Zulieferer keine Teile zur Abholung bereitstehen.

Zur Fertigung der Fahrzeuge werden von den Automobilherstellern tausende Vormaterialien bei den Zulieferern bestellt, für die in den meisten Fällen noch zahlreiche Varianten existieren. Die Teile werden entweder von nur einem Lieferanten (Single Sourcing) oder von zwei (Double Sourcing) bzw. mehreren Alternativlieferanten (Multiple Sourcing) bezogen. Bei Multiple Sourcing kann die Supply-Chain-Struktur sehr komplex sein, so dass das Beschaffungsnetzwerk eines OEM bis zu 1.000 direkte Lieferanten und ein Vielfaches an 2nd-Tier-Lieferanten umfassen kann.[16] Je nach Art und Komplexität des Vormaterials variieren die Bestelldurchlaufzeiten. Bei Massenprodukten wie Schrauben ist mit kürzeren Vorlaufzeiten zu rechnen als beispielsweise bei der Bestellung von individuell gefertigten Kabelsätzen aus dem Ausland. Die Lebenszyklen der Materialen können im Fall von Elektrik-/Elektronikteilen sehr kurz sein, weil aufgrund von Software-Updates häufig Änderungen durchgeführt werden. Bei Teilen mit einer geringeren Änderungshäufigkeit sind die Lebenszyklen wesentlich länger.

Zur Anlieferung der Waren werden je nach Region und Steuerungsphilosophie der OEM unterschiedliche Belieferungsformen eingesetzt. Übergreifend ist ein klarer Trend zur Verlagerung der Belieferungsverantwortung von den OEM an die Lieferanten zu erkennen.[17] Trotz der Vielzahl an unterschiedlichen Anliefervarianten können vier Standardbelieferungsformen identifiziert werden: Zweistufige Lagerhaltung, einstufige Lagerhaltung (Vendor Managed Inventory), Direktbelieferung (Just-in-time) und sequenzgenaue Belieferung (Just-in-sequence).

Bei einer **zweistufigen Lagerhaltung** führen sowohl der Lieferant als auch der Kunde (OEM) ein eigenes Lager. Hinsichtlich der Reaktionsfähigkeit, Fertigungsflexibilität und Steuerungskompetenz werden in dieser Belieferungsform die geringsten Anforderungen gestellt. Von Nachteil sind bei dieser Variante die vielen Lagerhandlingsstufen auf beiden Seiten sowie die aufgrund der Lagerbestände vergleichsweise hohen Kapitalbindungskosten. Damit hängt auch das allmähliche Verschwinden dieser Belieferungsform aus der Praxis der Automobilindustrie zusammen. Der Einsatz erfolgt heute fast ausschließlich bei Normteilen.

In der **einstufigen Lagerhaltung** wird nur noch ein Lager benötigt, welches sich meist in der Nähe des Montagewerkes des OEM befindet. Der genaue Lagerstandort kann dabei außerhalb des Produktionswerkes, innerhalb des Werkes oder direkt in der Montagehalle lokalisiert sein. Im Idealfall kommt das Material direkt nach der Fertigung beim Zuliefe-

---

[16]Vgl. Graf/Putzlocher (2004, S. 63), Ostertag et al. (2006, S. 32).
[17]Vgl. Queiser et al. (2006).

rer auf einen LKW oder in den Versandpuffer und wird anschließend ohne Zwischenlagerung in das Lager beim Kunden transportiert. Das Bestandsmanagement liegt in der Verantwortung des Zulieferers (Push-Prinzip), wobei mit dem OEM i. d. R. vertragliche Vereinbarungen über einzuhaltende Mindest- und Maximalbestandsreichweiten im Lager getroffen werden (Vendor Managed Inventory (VMI)). Auf diese Weise sollen Bedarfsschwankungen ausgeglichen und eine hohe Versorgungssicherheit der Fahrzeugmontage sichergestellt werden. Die Lieferanten ihrerseits erhalten so mehr Freiraum zur Optimierung der eigenen Produktion und Belieferung des Lagers, da sie die Bestände im Lager zwischen den Mindest- und Maximalgrenzen frei steuern können. Unterhalten werden die Lager entweder von externen Dienstleistern oder von den Automobilherstellern selbst. Häufig handelt es sich um sog. Konsignationslager, bei denen die Lagerbestände bis zur Entnahme durch den OEM im Besitz des Lieferanten bleiben. Diese Form der einstufigen Lagerhaltung erfreut sich großer Beliebtheit bei den Fahrzeugherstellern, da sie auf diese Weise bei einer gleichzeitig hohen Versorgungssicherheit die Kapitalbindungskosten durch Bestände reduzieren können. Vendor Managed Inventory – oder auch Supplier Managed Inventory (SMI) – wird vor allem für Teile mit einem geringen Transportvolumen, einer geringen Umschlagshäufigkeit sowie einer großen Lieferantenentfernung eingesetzt (z. B. Innenverkleidung, Airbag, Motorsteuergeräte).[18]

Die **Direktbelieferung** über **Just-in-time (JIT)** wurde von der japanischen Automobilindustrie entwickelt und hat sich seit 1980 auch in den USA und in Europa etabliert. Die Grundidee besteht in einer Synchronisation der Produktions- und Transportprozesse mit dem Ziel, dass jeder Prozess das Material genau dann zur Verfügung stellt, wenn es vom Nachfolgeprozess benötigt wird. Im Idealfall sind keine Lager mehr erforderlich und die Logistikkette kommt ohne Bestände oder mit geringen Beständen in Puffern aus. Die Produktions- und Transportprozesse bei den Lieferanten agieren nach dem Holprinzip (Pull-Prinzip), d. h. auf Abruf des Kunden. Dabei produzieren die Lieferanten i. d. R. täglich nach Lieferabrufen direkt in den Versandpuffer und senden die Ware anschließend sortenrein in einen Puffer beim OEM, der sich entweder in der Nähe des Montagebandes befindet oder in Form eines sog. „Warehouse on Wheels" (LKW-Auflieger direkt an der Montagehalle) dargestellt wird. Vorteile dieser Abwicklung sind die Reduzierung der Lagerbestände und -verwaltungskosten auf beiden Seiten sowie eine Verkürzung der Auftragsdurchlaufzeiten durch die Einsparung von Lagerhandlingsstufen. Dem steht das erhöhte Risiko von Versorgungsengpässen gegenüber, da hier im Gegensatz zu einer lagerbasierten Belieferung neben dem Puffer für die aktuellen Tagesbedarfe keine Sicherheitsbestände vorgehalten werden. Voraussetzungen für den Einsatz eines JIT-Belieferungsprozesses sind:

- Standardteile mit gleichmäßigem Bedarf
- Hohe Lieferzuverlässigkeit des Lieferanten
- Geringe Fehlerquote bei der Qualität des Lieferanten
- Kurze Lieferfristen in der Beschaffung des Lieferanten

In der Automobilherstellung wird diese Form der Belieferung bei Teilen mit einem hohen Volumen, einer geringen Variantenanzahl und einer geringen Lieferantenentfernung

---

[18]Vgl. Fleischmann (2004a, S. A 1-14 – A 1-15), Graf (2004, S. 75–76), Alicke (2005, S. 173–174), Graf (2006, S. 26).

2.1 Grundlagen

eingesetzt (z. B. Glas, Kühler, Fahrzeugverkleidungen).[19]

Bei der Lieferung nach **Just-in-sequence (JIS)** handelt es sich um eine Erweiterung des ursprünglichen JIT-Prinzips. Ähnlich wie beim JIT-Prozess fertigen die Lieferanten im Idealfall direkt in einen Versandpuffer bzw. auf einen LKW-Anhänger, diesmal jedoch nicht sortenrein, sondern bereits genau in der Reihenfolge, in der die Teile später beim OEM verbaut werden. Damit verbundene Vorteile liegen in einer Reduzierung der Bestände und dem Beherrschen der hohen Teilevarianz. Nachteilig wirken sich die hohen Steuerungskosten sowie das vergleichsweise hohe Restrisiko im Hinblick auf Engpasssituationen aus. Fehlen Teile oder sind sie qualitativ nicht in Ordnung, kann dies angesichts fehlender Sicherheitsbestände zu Fehlteilen und im schlimmsten Fall zu Bandstillständen führen. Daher müssen JIS-Lieferanten eine hohe Prozesssicherheit vorweisen können. Aufgrund der hohen Belieferungsfrequenz sind JIS-Lieferanten in der näheren Umgebung der Kundenwerke angesiedelt, entweder in Form eines allein stehenden Werkes oder integriert in den Industriepark des OEM. JIS-Teile zeichnen sich durch eine hohe Variantenzahl und einen hohen Materialumschlag aus. Da andernfalls für jede der Varianten Bestände gehalten werden müssten, ist hier nur eine produktionssynchrone Anlieferung sinnvoll.[20] Beispiele sind Sitze, Stoßfänger und Türbeläge.

Abbildung 2.4 fasst die erläuterten Standardbelieferungsformen in der Automobilindustrie grafisch zusammen.

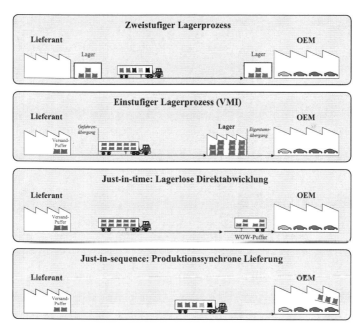

Abbildung 2.4: Standardbelieferungsformen in der Automobilindustrie (Eigene Darstellung in Anlehnung an Graf (2002, S. B4-4-6))

---

[19]Vgl. Fleischmann (2004a, S. A 1-10 – A 1-11), Graf (2006, S. 27).
[20]Vgl. Schmitz (2004, S. B 2–22), Graf (2006, S. 26–27).

2.1.3.2 Kategorie „Funktional": Produktionstyp

Die Automobilproduktion ist in die vier sequenziellen Produktionsstufen Pressen, Rohbau, Lackierung und Montage untergliedert. Die Blechteile, die für den Zusammenbau der Fahrzeugkarossen im Rohbau notwendig sind, werden im ersten Schritt im Presswerk gestanzt und geformt. Anschließend werden sie im Rohbau von hochautomatisierten Robotern zu Karossen zusammengeschweißt. In der dritten Produktionsstufe werden die Karossen lackiert, wobei mehrere Karossen zu einem Farbblock zusammengefasst werden, um die Farbspritzanlagen nicht so häufig reinigen zu müssen. Nach der Lackierung werden die Karossen in einem Sortierpuffer gelagert. Beim Einschleusen in die Fahrzeugmontage werden die lackierten Karossen mit einem echten Kundenauftrag verbunden. Die Montage schließlich erfolgt in Form einer Linienfertigung und kann ihrerseits in die vier Teilprozesse Materialbereitstellung, Vormontage, Endmontage und Schlussprüfung aufgeteilt werden. Die Montagelinien bestehen aus vielen seriellen Arbeitsstationen, an denen die Fahrzeuge auf dem Band in einer festgelegten Bandgeschwindigkeit vorbeifahren, damit die Werker ihre Arbeitsschritte an den jeweiligen Stationen ausführen können. Moderne Fabriken verfügen über Montagelinien, die mehrere verschiedene Baureihen auf der gleichen Linie fertigen können. Die Arbeitszeitflexibilität ist grundsätzlich hoch, hängt jedoch von der Vorlaufzeit für Kapazitätsanpassungen in der Produktion ab.[21]

2.1.3.3 Kategorie „Funktional": Distributionstyp

Die Distribution weist eine divergierende Struktur auf und kann sich je nach Organisation des Herstellers über mehrere Stufen, wie z. B. über den Zentralvertrieb, Vertriebsvertretungen der Weltregionen, Vertriebsgesellschaften für Länder sowie Niederlassungen des Herstellers oder unabhängige Händler erstrecken. Die Fahrzeuge können auf Wunsch beim Hersteller abgeholt werden. In vielen Fällen werden sie jedoch über verschiedene Verkehrsträger (Straße, Schiene, Wasser) zu den Händlern gebracht und dort von den Kunden in Empfang genommen; es handelt sich also um eine zweistufige Distributionsstruktur.[22]

2.1.3.4 Kategorie „Funktional": Absatztyp

Die Bedarfsvorschau wird in der Automobilindustrie aus echten Kundenaufträgen im Kurzfristzeitraum und prognostizierten Bedarfen im mittel- und langfristigen Zeitraum abgeleitet.[23] Der Lebenszyklus einer Fahrzeugmodellvariante erstreckt sich über mehrere Jahre und die Anzahl der Produkttypen ist als sehr hoch einzustufen – aufgrund der unzähligen Kombinationsmöglichkeiten an Sonderausstattungen vor allem im Premiumsegment.[24] Die Stückliste ist stark konvergierend.

2.1.3.5 Kategorie „Strukturell": Topologie einer Supply Chain

In der Automobilbranche treten Netzwerkstrukturen auf, wobei das Beschaffungsnetzwerk von den Rohstofflieferanten bis zum OEM i. d. R. eine konvergierende Struktur aufweist

---

[21] Vgl. Meyr (2004a, S. 5), Meyr (2004b, S. 451).
[22] Vgl. Meyr (2004a, S. 3–5), Meyr (2004b, S. 450).
[23] Vgl. Abschnitt 2.2.
[24] Vgl. Abschnitt 3.1.2.

und das Distributionsnetz eine divergierende. Die großen Automobilhersteller agieren dabei weltweit, sowohl was die Beschaffung von Teilen, die Fertigung von Fahrzeugen als auch was die Kundenmärkte betrifft. Restriktionen bestehen sowohl hinsichtlich Personal- und Produktionskapazitäten als auch bzgl. möglicher Materialbeschaffungsengpässe.[25]

2.1.3.6 Kategorie „Strukturell": Integration und Koordination

Die Säulen des House of SCM, Integration und Koordination, spielen in der Automobilindustrie eine große Rolle,[26] da der Austausch von Informationen sowohl innerbetrieblich zwischen den verschiedenen Funktionsbereichen eines Unternehmens (z. B. Logistik und Vertrieb) als auch unternehmensübergreifend zwischen den rechtlich unabhängigen OEM und Lieferanten wichtig ist.

Aufgrund des hohen Beschaffungsvolumens und der starken Konkurrenz am Zuliefermarkt befinden sich die Automobilhersteller meist in einer stärkeren Machtposition als die Lieferanten. Aus einer Konsolidierung von Unternehmen am Beschaffungsmarkt gingen jedoch auch einige sehr große, umsatzstarke Systemlieferanten hervor, die das Machtverhältnis wieder etwas zugunsten der Zulieferer verschieben.[27]

Die Richtung der vertikalen Koordination ist bidirektional, denn aufgrund der Komplexität in der Automobilbranche ist ein intensiver Informationsaustausch zwischen Herstellern und Lieferanten erforderlich. Die OEM stellen den Lieferanten kurzfristige Feinabrufe sowie mittel- und langfriste Bedarfsprognosen zur Verfügung. Daimler geht inzwischen sogar noch einen Schritt weiter und gestattet den Lieferanten Zugriff auf die Bestände in den Produktionswerken. Im Gegenzug stellen die Lieferanten ihre Kapazitäten für einen Abgleich mit den mittelfristigen OEM-Bedarfen zur Verfügung und avisieren Mengen, die sich gerade auf dem Transport zum Kunden befinden. Darüber hinaus werden im Falle von Beschaffungsengpässen verpflichtende Lieferzusagen (Menge und Termin) über internetbasierte SCM-Anwendungen gemacht.[28]

2.2 Planung in Supply Chains

Planung wird von Scholl (2001) definiert als „ein von Entscheidungsträgern auf der Grundlage unvollkommener Informationen durchgeführter, zukunftsorientierter, grundsätzlich systematischer und rationaler Prozess zur Lösung von (Entscheidungs-)Problemen unter Beachtung subjektiver Ziele"[29]. Der Zweck von Planung liegt in der Identifikation von Möglichkeiten für zukünftiges Handeln und der Auswahl einer guten oder gar der besten Alternative.[30]

Im Folgenden werden zunächst die Planungsebenen und Planungsaufgaben in Supply Chains aus Sicht eines einzelnen Unternehmens dargestellt, wobei im Zusammenhang mit den Planungsaufgaben das Hauptaugenmerk auf mittel- und kurzfristige Planungs-

---

[25] Vgl. Meyr (2004a, S. 7), Meyr (2004b, S. 451).
[26] Vgl. Abschnitt 2.1.2.
[27] Vgl. Meyr (2004a, S. 7–8).
[28] Vgl. Ostertag et al. (2006, S. 32); weitere Details zum Informationsaustausch zwischen OEM und Lieferanten werden in Abschnitt 2.4 dargestellt.
[29] Scholl (2001, S. 9).
[30] Vgl. Fleischmann et al. (2007, S. 81).

prozesse gelegt wird. Abschließend wird die Verbindung der Planungsdomänen mehrerer Unternehmen anhand eines einfachen Beispiels veranschaulicht.

2.2.1 Planungsebenen des Supply Chain Managements

Je nach Länge des Planungshorizonts und der Bedeutung der zu treffenden Entscheidungen werden Planungsaufgaben unterschiedlichen Planungsebenen zugeordnet.[31] So ist beispielsweise eine Differenzierung in eine strategische, taktische und operative Planungsebene möglich.[32] Sehr verbreitet ist auch die von Anthony (1965)[33] eingeführte Unterscheidung hinsichtlich des Planungshorizonts in lang-, mittel- und kurzfristig.[34] Zwischen den Differenzierungsalternativen bestehen direkte Zusammenhänge, da z. B. die strategische Planung einen langfristigen Planungshorizont impliziert. Fleischmann et al. (2007) empfehlen in diesem Zusammenhang jedoch, die mittelfristige und kurzfristige Planung nicht als „taktisch und operativ" zu bezeichnen, weil der Begriff „taktisch" in der Literatur vielfach widersprüchlich verwendet wird. Stattdessen präferieren sie eine Einordnung der Planungsaufgaben aus beiden Planungshorizonten unter dem Begriff der operativen Planung.[35]

Dem **langfristigen Planungshorizont** sind strategische Entscheidungen zur Struktur und Konfiguration der gesamten Supply Chain zuzuordnen, die sich über einen Wirkungszeitraum von mehreren Jahren erstrecken. Dabei handelt es sich z. B. um Entscheidungen im Hinblick auf die zu integrierenden Supply-Chain-Partner und deren Wertschöpfungstiefe sowie die Gestaltung und Konfiguration des Netzwerkes hinsichtlich der Anzahl und geografischen Lage der Produktionsstandorte, Lager usw. Bei einem **mittelfristigen Planungshorizont** werden Entscheidungen für einen Zeitraum von 6 bis 24 Monaten getroffen. Primäres Ziel ist die grobe Bestimmung von unternehmensübergreifend abgestimmten Bestell-, Produktions- und Distributionsmengen. Die Planung im Rahmen des **kurzfristigen Planungshorizonts** dient der Anpassung und Realisierung der festgelegten Leistungsprogramme aus der mittelfristigen Planung und damit der Beantwortung der Frage: Wann genau sollen welche Mengen an Rohstoffen, Zwischenprodukten oder Endprodukten bei welcher Einheit der Supply Chain produziert, transportiert oder gelagert werden? Sie umfasst einen Zeitraum von wenigen Tagen bis zu 3 Monaten.[36]

2.2.2 Planungsaufgaben in Supply Chains

Bevor in den nächsten Abschnitten auf die unternehmensübergreifende Planung und Koordination in Supply Chains eingegangen wird, werden an dieser Stelle zunächst die Planungsaufgaben eines einzelnen Supply-Chain-Teilnehmers und deren Verbindung miteinander veranschaulicht. Hierzu eignet sich die sog. „Supply-Chain-Planning-Matrix (SCP-Matrix)", die in Abbildung 2.5 dargestellt ist und im Rahmen derer zusätzlich zum Planungshorizont eine Strukturierung nach den Supply-Chain-Prozessen Beschaffung, Pro-

---

[31] Vgl. Fleischmann et al. (2007, S. 82).
[32] Vgl. Mag (1990, S. 12), Stadtler (1999, S. 36), Thorn (2002, S. 22 ff.), Meyr (2004b, S. 8).
[33] Vgl. Anthony (1965, S. 15 ff.).
[34] Vgl. Mag (1990, S. 11–12), Fleischmann/Meyr (2001, S. 14–16), Thorn (2002, S. 22 ff.), Meyr (2004b, S. 8), Fleischmann et al. (2007, S. 82).
[35] Vgl. Fleischmann et al. (2007, S. 82).
[36] Vgl. Fleischmann et al. (2007, S. 82).

duktion, Distribution und Absatz erfolgt.[37] Wichtig ist in diesem Zusammenhang, dass die in der Matrix veranschaulichten Planungsaufgaben vor allem als Orientierung dienen sollen, da im Detail je nach Supply-Chain-Typologie unterschiedliche Planungskonstellationen auftreten können.[38]

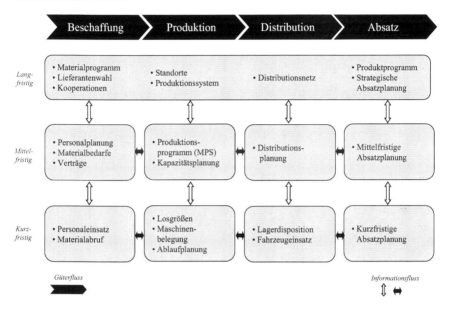

Abbildung 2.5: Supply-Chain-Planning-Matrix
(Quelle: Fleischmann et al. (2007, S. 87))

Die dieser Arbeit zugrunde liegende Problemstellung ist dem mittel- und kurzfristigen Planungshorizont zuzuordnen, da sich der Automobilauslauf in einem Zeitraum von wenigen Monaten abspielt. Daher wird die langfristige Planung in der vorliegenden Arbeit nicht weiter vertieft.[39]

2.2.3 Kurz- und mittelfristige Planung eines Automobilherstellers

Die folgende Diskussion der kurz- und mittelfristigen Planung basiert auf einem Arbeitspapier von Meyr (2004a), in dem der Autor die Planungsaufgaben aus Sicht von Premium-Fahrzeugherstellern in der Automobilindustrie analysiert und hierzu die SCP-Matrix noch weiter verfeinert hat.[40] Ein wichtiges Merkmal der Planung in der Automobilbranche stellt

---

[37]Vgl. Fleischmann/Meyr (2001).
[38]Vgl. Fleischmann/Meyr (2003, S. 471).
[39]Für Details zu langfristigen Planungsaufgaben siehe Ferber (2005, S. 53–56) und Fleischmann et al. (2007, S. 87–89).
[40]Vgl. Meyr (2004a). Später wurde das Arbeitspapier in einer komprimierten Form veröffentlicht; vgl. Meyr (2004b). Allgemeine Informationen zur kurz- und mittelfristigen Planung sind in verschiedenen Veröffentlichungen zu finden, z. B. Rohde et al. (2000), Fleischmann/Meyr (2001, S. 14–16), Fleischmann/

die Nachfrageunsicherheit, die in Abbildung 2.6 veranschaulicht ist, dar. Auf der Abszisse ist der Zeithorizont bis zur Fahrzeugübergabe an den Endkunden abgebildet, auf der Ordinate der sog. „Kundenbelegungsgrad" als Maßstab für den Anteil der bereits vollständig spezifizierten Kundenaufträge an der Gesamtzahl der Planaufträge.[41]

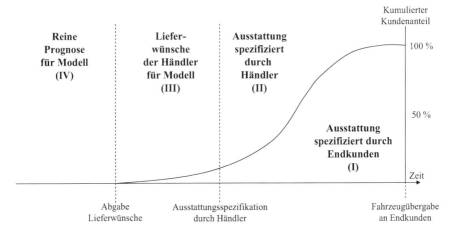

Abbildung 2.6: Kundenbelegungsgrad in der Automobilindustrie
(Quelle: Meyr (2004a, S. 9))

Für den oberhalb der Kurve befindlichen Teil sind Prognosen erforderlich, da für diesen noch keine Endkundeninformationen verfügbar sind. Bis zu einem bestimmten Zeitpunkt nehmen die Händler die Konfiguration der Fahrzeugausstattungen vor (II). Für den Zeitraum davor sind lediglich Lieferwünsche der Händler als Basis für die Bedarfsplanung der Automobilhersteller verfügbar (III). Vor der Abgabe dieser Lieferwünsche sind gar keine Marktinformationen vorhanden, so dass die OEM ihre Planung auf Basis eigener Prognosen erstellen müssen (IV). In den Phasen (III) und (IV) können die Fahrzeughersteller im Rahmen ihrer Prognosen mit Vergangenheitswerten arbeiten. Neben der Nachfrageunsicherheit stellen die Festlegung eines geeigneten Modell-Mix zur möglichst gleichmäßigen Auslastung der Arbeitsstationen sowie die Ermittlung und Einhaltung von Auslieferterminen weitere zu beachtende Aspekte dar.[42]

Zur Veranschaulichung ist die von Meyr herausgearbeitete Verfeinerung der SCP-Matrix im Bereich der kurz- und mittelfristigen Planung in Abbildung 2.7 illustriert. In den Rechtecken stehen die Planungsaufgaben, die Pfeile beschreiben den Informationsfluss zwischen Planungsaufgaben. Bei der Interpretation der nun folgenden Erläuterungen ist zu beachten, dass der Autor versucht hat, die Planung unabhängig von den Spezifika eines einzelnen OEM in einer möglichst allgemeinen Form zu erläutern. Demzufolge können durchaus Abweichungen zu den realen Planungsprozessen bei Automobilherstellern auftreten.[43]

Meyr (2003, S. 468–471), Ferber (2005, S. 56–59), Fleischmann et al. (2007, S. 89–92).
[41]Vgl. Stautner (2001, S. 6 ff.).
[42]Vgl. Meyr (2004a, S. 9–10).
[43]Die spezifischen Planungsprozesse bei Volkswagen wurden z. B. von Herold (2005) im Detail beschrieben.

2.2 Planung in Supply Chains

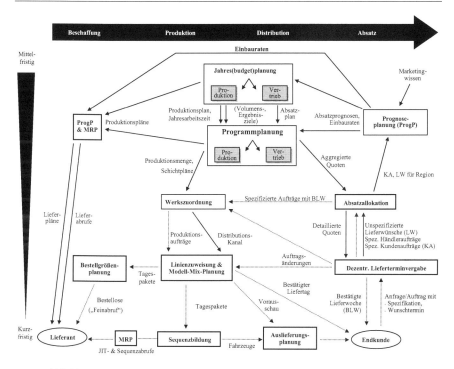

Abbildung 2.7: Kurz- und mittelfristige Planung in der Automobilindustrie (Eigene Darstellung in Anlehnung an Meyr (2004a, S. 11))

Wie aus dem Schaubild hervorgeht, besteht das Ziel der einmal jährlich durchgeführten **Jahres(budget)planung** in der Bestimmung der Produktionspläne für die einzelnen Werke sowie in der Ermittlung der Absatzpläne für die Regionen im Folgejahr, jeweils auf Ebene der Fahrzeugmodelle. Dabei werden die Produktions- und Absatzmengen auf Monatsebene berechnet. Auf Basis dieser Pläne erfolgt anschließend die Gesamtbudgetplanung für alle Unternehmensbereiche für das folgende Jahr, indem die benötigten Mittel für die zuvor festgelegten Jahresmengen ermittelt werden. Zudem wird daraus die zur Erfüllung der Produktionspläne erforderliche Jahresarbeitszeit abgeleitet.

Im Rahmen der **Prognoseplanung** werden Prognosen für zukünftige Absatzmengen und Einbauraten erstellt. Sie ist als wichtiger Datenlieferant für die Jahres(budget)planung und die Programmplanung anzusehen. Die Basis für die mittelfristigen Absatzprognosen bilden neben Vergangenheitswerten vor allem Lieferwünsche und spezifizierte Händler- sowie einige wenige Endkundenaufträge. Um einen Abgleich zwischen den Bedarfen und Kapazitäten mit den Produktionswerken des OEM und des Lieferanten durchführen zu können, sind zudem Prognosen für zukünftige Einbauquoten auf Ausstattungs- oder Teileebene bei den geplanten Absatzmengen zu erstellen.

Ähnlich wie bei der Jahres(budget)planung werden auch bei der **Programmplanung** Produktions- und Absatzmengen ermittelt, jedoch in einem kürzeren Gültigkeitszeitraum, d. h. nicht auf Monatsebene, sondern in Form von Wochenmengen. Die Planung erfolgt (monatlich) rollierend und erstreckt sich über einen Horizont von 3 bis 12 Monaten. Als Input fungieren sowohl die Pläne aus der Jahres(budget)planung sowie die prognostizierten Absatzmengen und Einbauraten aus der Prognoseplanung. Die aus der Programmplanung resultierenden Produktionspläne dienen wiederum als Input für die später erfolgende Lieferplanerstellung sowie für die Produktionsplanung in den Werken.

Auf der Beschaffungsseite stellen die **Prognoseplanung (ProgP)** und **Stücklistenauflösung** die Basis für die Kommunikation mit Lieferanten in Form von Lieferplänen und Lieferabrufen dar. Sofern die Produktionspläne auf Fahrzeugmodellebene bestimmt wurden, ist in diesem Schritt häufig eine Prognose von Sekundärteilebedarfen notwendig. Dabei werden die Sekundärbedarfe auf Teileebene durch eine Stücklistenauflösung aus den Primärbedarfen auf Fahrzeugebene ermittelt. Bei Lieferplänen handelt es sich um eine mittelfristige Bedarfsprognose für Zulieferer auf Teileebene ohne verbindlichen Charakter, bei Lieferabrufen um verbindliche Abrufe im mittel- bis kurzfristigen Horizont. In Abschnitt 2.3 werden beide genauer spezifiziert.

Der Informationsfluss muss jedoch nicht nur einseitig in Richtung der Lieferanten erfolgen, sondern auch in die andere Richtung. Daimler beispielsweise erwartet von seinen Zulieferern, dass diese auf Basis der erhaltenen Lieferabrufe im Zeitraum von 9 Monaten auf Wochenebene ihre Kapazitäten über eine E-Business-Anwendung zur Verfügung stellen. Durch einen Abgleich der Wochenbedarfe und -kapazitäten ist es dabei möglich, mittelfristige Kapazitätsengpässe bereits präventiv zu identifizieren und bei Bedarf bei der Programmplanung zu berücksichtigen, indem z. B. weniger Fahrzeuge mit einer Ausstattungsvariante eingeplant werden, die aufgrund eines Kapazitätsengpasses voraussichtlich nicht verfügbar sein wird.[44] Weitere Details zu dieser Form des Bedarfs-Kapazitäts-Managements folgen in den Abschnitten 2.3.4 und 2.5.2.

Die **Absatzallokation** stellt die Schnittstelle zwischen der mittelfristigen zentralen Prognoseplanung sowie der kurzfristigen dezentralen Lieferterminvergabe dar. Eine Hauptaufgabe besteht in der Detaillierung und anschließenden Verteilung der aggregierten Quoten aus der Programmplanung hinsichtlich der verschiedenen Vertriebsstufen.

Die **Lieferterminvergabe** spielt dabei eine wesentliche Rolle in Bezug auf die Zufriedenheit der Endkunden. Wie in Abschnitt 3.3.2.2 gezeigt wird, wünschen die Kunden im Premiumsegment einen möglichst kurzfristigen Liefertermin - und die Einhaltung dieses Termins. Wenn ein Kunde bei einem Händler ein Fahrzeug bestellt, kann er i. d. R. auf Wochenebene einen Wunschtermin nennen. Der Händler prüft dann, ob er diesen Termin auf Grundlage der ihm zugeteilten Quote zusagen kann. Ist dies nicht möglich, schlägt er die nächstmögliche Auslieferwoche vor.

Vollständig spezifizierte Kundenaufträge werden aus der Lieferterminvergabe über die verschiedenen Vertriebshierarchien an die Absatzallokation zurückgespielt. Für den Fall, dass ein Fahrzeugmodell in mehreren Produktionswerken gefertigt wird, werden die Aufträge an die **Werkszuordnung** weitergeleitet, wo unter Berücksichtigung der jeweils geplanten Produktionsmengen und Kapazitäten eine Verteilung der Aufträge an die alternativen Werke vorgenommen wird.

Im kurzfristigen Zeithorizont werden die den Werken zugeordneten Aufträge an die **Modell-Mix-Planung** und **Linienzuweisung** übergeben. Beide Planungsschritte finden dezentral in den Produktionsstandorten statt. Im Rahmen der Modell-Mix-Planung werden die wöchentlichen Produktionspläne auf die einzelnen Tage der Woche verplant, wobei

---

[44]Vgl. Ostertag et al. (2006).

2.2 Planung in Supply Chains

vorgegebene Restriktionen für den Modell-Mix eingehalten werden müssen. Bei mehreren alternativen Fertigungslinien sind die Tagesmengen zusätzlich auf die Linien zu verteilen.

Die **Bestelllosgrößenplanung** ermittelt im Kurzfristzeitraum auf Basis der bekannten Tagesproduktionsmengen in den Werken die Bestelllosgrößen und -termine für Teile, die von den Lieferanten nicht direkt ans Band, sondern in ein Lager beim OEM geliefert werden.[45] Hierbei spielt der Tradeoff zwischen Lagerkosten und mengendegressiven Transportkosten eine wichtige Rolle.

Bei der **Sequenzbildung** handelt es sich um die Feinplanung der Tagesproduktionsmengen aus der Modell-Mix-Planung, bei der unabhängig von der Belieferungsform täglich rollierend für einen Zeitraum von ein bis drei Wochen die untertägige Produktionsreihenfolge der Fahrzeugaufträge auf den Linien in den Werken festgelegt wird. Bei diesem Planungsschritt müssen u. a. die Teileverfügbarkeit sowie zahlreiche Restriktionen hinsichtlich der Reihenfolge beachtet werden. Das sog. „Perlenkettenprinzip" wird verwendet, um ab einem gewissen Zeitpunkt die Reihenfolge der Fahrzeugaufträge einzufrieren (sog. „Freeze Point").[46]

In der Belieferungsform Just-in-sequence erfolgen der Teileabruf und die Anlieferung produktionssynchron in der Reihenfolge der montierten Fahrzeuge beim OEM. Um die Teile in der richtigen Reihenfolge bei den Lieferanten abzurufen, ist zuvor eine Umrechnung der Ausstattungsbedarfe der Fahrzeuge in Teilebedarfe (**Stücklistenrechnung**) notwendig. Im Englischen wird für die Materialbedarfsrechnung über eine Stücklistenauflösung der Begriff „Material Requirement Planning" (MRP) verwendet.

Fertige Fahrzeuge können von den Kunden direkt im Kundenzentrum beim Herstellerwerk abgeholt werden, wobei die meisten Autos über Händler oder Niederlassungen an diese ausgeliefert werden.[47] Für die Planung des Transports der Fahrzeuge von den Produktionswerken zu den Händlern und Niederlassungen ist die **Auslieferungsplanung** verantwortlich, die in vielen Fällen durch externe Logistikdienstleister wahrgenommen wird und zahlreiche Optimierungsmöglichkeiten aufgrund von Freiheitsgraden hinsichtlich der eingesetzten Verkehrsträger, möglichen Transportlosen und der Gestaltung von Auslieferungstouren bietet.

2.2.4 Verbindung der Planungsdomänen verschiedener Unternehmen

Die vorhergehenden Abschnitte befassten sich primär mit den Planungsprozessen innerhalb eines einzelnen Unternehmens. Der Ausdruck **Planungsdomäne** bezeichnet einen Teil einer Supply Chain und die hierfür relevanten Planungsprozesse, die unter der Kontrolle und in Verantwortung einer Planungsorganisation sind. Eine solche Planungsorganisation in Automobil-Supply-Chains können beispielsweise Lieferanten oder Automobilhersteller sein.

---

[45] Eine Ausnahme stellt der VMI-Prozess dar, bei dem die Lieferanten unter Berücksichtigung der Mindest- und Maximalbestände sowie der Bedarfsvorschau des OEM selbst entscheiden können, wann sie wie viele Teile in das Lager liefern.

[46] Vgl. Graf (2006, S. 26) für eine Darstellung des Prinzips der Perlenkette am Beispiel von Daimler, Herold (2005, S. 116 ff.) für weitere Details zur Reihenfolgebildung im Fertigungsprozess bei Volkswagen sowie Weyer (2002) für allgemeine Details zum Perlenkettenprinzip.

[47] Vgl. Abschnitt 2.1.3.3.

Die Qualität eines Plans und des darauf basierenden Entscheidungsprozesses kann häufig verbessert werden, wenn zusätzliche Informationen berücksichtigt werden, die außerhalb der Planungsdomäne eines einzelnen Unternehmens liegen. Dazu ist eine Kopplung der Planungsdomänen verschiedener Supply-Chain-Partner erforderlich, wie sie in Abbildung 2.8 anhand eines einfachen Beispiels veranschaulicht ist.[48]

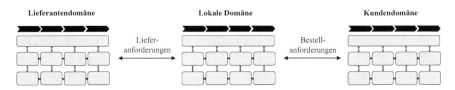

Abbildung 2.8: Verbindungen zwischen Planungsdomänen
(Eigene Darstellung in Anlehnung an Dudek (2004, S. 33))

Aus Sicht eines Unternehmens kann die eigene Planungsdomäne (Lokale Domäne) direkte Verbindungen zu zwei Arten von Supply-Chain-Partnern haben: zu Kunden- und Lieferantendomänen. Die Abbildung zeigt die Planungsdomäne unter der Kontrolle des betrachteten Unternehmens mit den zugehörigen Planungsprozessen aus der Supply-Chain-Planning-Matrix. Von dieser lokalen Domäne besteht eine Verbindung zur angrenzenden Kundendomäne, welche aus Bestellanforderungen des Kunden gegenüber der lokalen Domäne besteht. Damit kann der Kunde die Bedarfe seiner eigenen Kunden erfüllen. Auf der anderen Seite existiert eine Verbindung zur Planungsdomäne des Zulieferers, welche durch die Lieferanforderungen der lokalen Domäne gegenüber seinem Lieferanten zustande kommt.[49]

2.3 Informationsaustausch in Supply Chains

Da Informationen die Basis für eine unternehmensübergreifende Koordination darstellen, spielt deren Austausch eine bedeutende Rolle im Supply Chain Management. Nachdem in diesem Abschnitt zunächst die Notwendigkeit, die Glaubhaftigkeit und der Wert von ausgetauschten Informationen erörtert werden, werden im Anschluss daran die unterschiedlichen Formen der Informationsbereitstellung aufgezeigt und der Informationsaustausch zwischen einem OEM und seinen Zulieferern am Beispiel der deutschen Automobilindustrie exemplarisch veranschaulicht. Abschließend werden die Auswirkungen, Ursachen und Gegenmaßnahmen des Bullwhip-Effekts in mehrstufigen Supply Chains diskutiert.

2.3.1 Notwendigkeit, Glaubhaftigkeit und Wert von ausgetauschten Informationen

Die Performance einer Supply Chain hängt maßgeblich von der Koordination zwischen den Supply-Chain-Partnern ab. Da eine Koordination ohne Informationen nicht vorstell-

---
[48]Vgl. Kilger et al. (2007, S. 263).
[49]Vgl. Dudek (2004, S. 32).

2.3 Informationsaustausch in Supply Chains

bar ist, besteht die **Notwendigkeit** für einen Informationsaustausch.[50] Dieser Austausch stellt die Basis für Kapazitätsallokationen sowie die Planung von Bestell-, Produktions- und Transportmengen der Hersteller und Lieferanten dar. Darüber hinaus kann er zur Reduzierung des Bullwhip-Effekts beitragen.[51]

Der Erfolg wird dabei durch die **Glaubwürdigkeit** dieser Informationen bestimmt. Problematisch wird die Situation dann, wenn der Sender einer Information einen Anreiz zur Beeinflussung des Empfängers hat. So kann bei stochastischen Bedarfen bei einem Hersteller der Anreiz bestehen, die Bedarfsprognosen vor der Weiterleitung an seine Lieferanten zu erhöhen, also sog. „Phantombestellungen" (Phantom Orders) zu tätigen. Das Ziel einer solchen erhöhten Prognose ist die Reduzierung des Risikos von Engpässen für den Fall von ungeplanten Bedarfserhöhungen am Markt, indem die Lieferanten aufgrund der überhöhten Prognosen mehr Kapazitäten und Bestände als nötig aufbauen. Dadurch entstehen den Zulieferern höhere Investitions- und Bestandskosten. Hat ein Lieferant diese Strategie des Herstellers durchschaut, wird wiederum er nicht mit offenen Karten spielen und geringere Kapazitäten aufbauen als zur Erfüllung der Herstellerprognose notwendig wären. Letztlich geht durch diese Verfälschung von Informationen der Mehrwert des Informationsaustauschs verloren und es steigt das Risiko von Beschaffungsengpässen bei kurzfristigen Bedarfserhöhungen, wie Beispiele von General Motors und Boing gezeigt haben.[52] Unzureichend informierte Partner versuchen mitunter, für den Partner Anreize zu schaffen, damit dieser seine geheim gehaltenen Informationen preisgibt. Diese Strategie wird als „Screening" bezeichnet. Von „Signalling" spricht man, wenn der Partner seine vertraulichen Informationen wahrheitsgetreu und glaubhaft zur Verfügung stellt.[53]

Zahlreiche Autoren behaupten, der Austausch von Informationen sei immer vorteilhaft für die beteiligten Partner.[54] Die Quantifizierung des **Wertes** eines verbesserten Informationsaustauschs in Supply Chains stellt jedoch eine große Herausforderung für die Wissenschaft dar.[55] Den quantitativen Mehrwert des Austauschs bestimmter Informationen haben manche Autoren nachgewiesen, aufgrund der Komplexität der Modelle jedoch lediglich in einfachen Supply-Chain-Szenarien. So stellte [56] Dudek (2004) nach einer Analyse verschiedener Modelle die Hypothese auf, dass die Vorteile eines Informationsaustauschs von der Problemstellung abhingen und mit steigender Komplexität der Supply Chain zunähmen, wobei er eine genaue Quantifizierung der Potenziale für schwierig hält.[57] Es ist nicht fraglich, ob Informationen zwischen den Supply-Chain-Partnern ausgetauscht werden sollen, es stellt sich jedoch die Frage: Wer benötigt wann von wem wofür welche Informationen in welcher Form?[58] Bei der Beantwortung dieser Frage sind die jeweils zugrunde liegenden Problemstellungen zu beachten sowie die Gefahren, die von unpräzisen Informationen oder einer falschen Verwendung der Informationen ausgehen.

---

[50]Vgl. Lee et al. (2000, S. 626), Cachon/Lariviere (2001, S. 629), Chen (2003, S. 341), Jehle/Kaczmarek (2003, S. 7), Lindemann (2005, S. 324).
[51]Vgl. Lee et al. (2000, S. 626), Huang et al. (2003, S. 1484), Swaminathan/Tayur (2003a, S. 1391).
[52]Vgl. Cachon/Lariviere (2001, S. 629).
[53]Vgl. Chen (2003, S. 377 ff.).
[54]Vgl. Lee et al. (2000, S. 626), Huang et al. (2003, S. 1484), Dudek (2004, S. 35 u. 38).
[55]Vgl. Lee et al. (2000, S. 626), Dudek (2004, S. 35).
[56]Vgl. Kapitel 5.
[57]Vgl. Dudek (2004, S. 38).
[58]Vgl. Huang et al. (2003, S. 1484).

2.3.2 Art der Informationsbereitstellung

Die Informationsbereitstellung kann dezentral und zentral erfolgen. Bei einer **dezentralen Informationsbereitstellung** werden Informationen nur zwischen jeweils zwei Supply-Chain-Partnern, d. h. einem Lieferanten und seinem direkten Kunden, ausgetauscht. Bei einer **zentralen Informationsbereitstellung** hingegen werden Informationen zentral für mehrere Supply-Chain-Partner zur Verfügung gestellt,[59] wobei diese auf zwei Wegen zu den Empfängern gelangen können: Zum einen kann ein zentraler Informationspool eingerichtet werden, von dem sich die Empfänger die Daten herunterladen können (Pull-Prinzip); zum anderen können die Informationen von der zentralen Stelle aktiv an die Empfänger gesendet werden (Push-Prinzip). Der Zusammenhang zwischen den unterschiedlichen Arten der Informationsbereitstellung und möglichen Koordinationsformen wird in Abschnitt 2.4.3 aufgezeigt.

2.3.3 Hemmnisse für den Austausch von Informationen

Da kleinere und mittlere Unternehmen die nötigen **Erschließungsinvestitionen** zum Austausch von Informationen häufig nicht realisieren können, wird bei solchen Unternehmen ein Informationsaustausch erschwert. Die Hemmnisse bestehen in den Kosten für die Bereitstellung der benötigten Technologie, ausreichend geschultem Personal sowie einem hinreichenden gegenseitigen Vertrauen der Partner.[60]

Ein weiteres Hemmnis stellt die **Preisgabe von Knowhow** dar.[61] Zur Koordination ist meist der Austausch von sensiblen Unternehmensdaten erforderlich, der von den Firmen nur auf der Grundlage eines bestehenden Vertrauensverhältnisses und unter Ausschluss von opportunistischen Verhalten akzeptiert wird. Da Vertrauen nur durch mittel- bis langfristige Geschäftsbeziehungen aufgebaut werden kann, wurde in der Automobilindustrie im Vergleich zu früher die Anzahl der 1st-Tier-Lieferanten von den Herstellern deutlich reduziert. Die OEM arbeiten inzwischen intensiver und länger mit einer geringeren Anzahl von Zulieferern zusammen. Der Nachteil dieser Strategie besteht darin, dass die Automobilhersteller ihre Marktmacht nicht wie auf dem freien Markt zur Senkung von Einkaufspreisen ausnutzen können.

Der sog. **„Spillover-Effekt"** stellt ebenfalls ein Hemmnis für den Informationsaustausch dar. Er beschreibt die Gefahr, dass nicht an der Koordination beteiligte Unternehmen sensible Informationen erhalten, falls integrierte Supply-Chain-Partner mit den ausgetauschten Informationen nicht vertraulich umgehen oder das fremde Unternehmen das Verhalten der Unternehmen in der integrierten Supply Chain beobachtet und analysiert. Letzteres kann aufgrund dessen, dass der Informationsaustausch stets Einfluss auf das Verhalten der beteiligten Mitglieder hat, nicht verhindert werden. Verträge mit Geheimhaltungsklauseln können das Risiko eines Datenmissbrauchs zwar reduzieren, im Vergleich zu einer Konstellation ohne Informationsaustausch bleibt jedoch immer ein erhöhtes Risiko bestehen.[62]

---

[59]Vgl. Jehle/Kaczmarek (2003, S. 9).
[60]Vgl. Huang et al. (2003, S. 1484).
[61]Vgl. Kuhn/Hellingrath (2002, S. 44).
[62]Vgl. Chen (2003, S. 408 f.).

2.3.4 Informationsaustausch zwischen Automobilherstellern und -lieferanten

Zwischen Automobilherstellern und -zulieferern findet ein intensiver Informationsaustausch statt. Kommuniziert wird dabei zu einem großen Teil automatisiert und elektronisch über EDI (Electronic Data Interchange), das seit ca. 30 Jahren von Unternehmen verwendet wird und von der Europäischen Wirtschaftskommission der Vereinten Nationen (UN/ECE) international genormt wurde. Für den Datenaustausch über EDI können unterschiedliche Standardformate eingesetzt werden. So kann die Kommunikation z. B. nach branchenunabhängigen Standards wie EDIFACT (Electronic Data Interchange for Administration, Commerce and Trade) oder nach branchenspezifischen Standards erfolgen. Beispiele für spezifische EDI-Standardformate für die Automobilbranche sind die ODETTE-(Organization for Data Interchange by Teletransmission in Europe)-Empfehlungen auf europäischer Ebene und die Empfehlungen des Verbands der deutschen Automobilindustrie (VDA) auf deutscher Ebene. Die Vorteile des Datenaustauschs über EDI liegen in einer Beschleunigung des Datentransfers, der Reduzierung von Medienbrüchen, und damit Fehlerquellen, sowie der Verringerung von Transaktionskosten. Der Informationsaustausch erfolgt jedoch nicht über das Internet, sondern über eigene Netzwerke, sog. „Value Added Networks", weshalb die Integration eines Unternehmens in EDI und der Betrieb mit hohen Kosten verbunden sind, die für kleinere und mittlere Unternehmen in vielen Fällen nicht tragbar sind. Aus diesem Grund ist die EDI-Kommunikation vor allem für langfristige Beziehungen zwischen größeren Unternehmen geeignet. Für kleinere Unternehmen besteht inzwischen die Möglichkeit, über WebEDI Informationen mit anderen Firmen direkt über das Internet auszutauschen.[63]

In der Praxis werden zahlreiche Informationen zwischen unterschiedlichen Funktionsbereichen der Unternehmen ausgetauscht, u. a. auch Konstruktionszeichnungen zwischen den Entwicklungsbereichen oder Vertragsabschlüsse zwischen dem Vertrieb eines Lieferanten und dem Einkauf eines OEM. Aufgrund der vorliegenden Problemstellung werden im Folgenden nur Informationen betrachtet, die für die kurz- und mittelfristige Planung in der Supply Chain relevant sind. Dabei wird der Informationsaustausch zwischen einem OEM und einem Lieferanten am Beispiel der Verwendung der VDA-Empfehlungen dargestellt, ergänzt um einige Informationen wie Bestände oder Kapazitäten, für die bisher keine VDA-Standards vorliegen.

Bedarfsinformationen werden von OEM an Zulieferer verschickt, um diesen mitzuteilen, wann welche Menge an Teilen angeliefert oder versendet werden soll. Für die rollierende Übermittlung der Bedarfe unterscheidet der VDA drei Abrufarten:

- **Lieferabruf (LAB) nach VDA4905:** Der für alle Teile versendete Lieferabruf dient den Lieferanten als Vorschau für ihre Planung, hat einen mittelfristigen Planungshorizont von 6–10 Monaten und weist in Richtung der Zukunft eine abnehmende Granularität der Bedarfe auf. Das bedeutet, dass für die nahe Zukunft Bedarfe auf Tagesebene und anschließend nur noch auf Wochen- oder Monatsebene dargestellt werden. Der Lieferabruf wird bei Bedarfsänderungen rollierend (z. B. täglich oder wöchentlich) aktualisiert und versendet. Ein LAB ist demnach so lange gültig, bis er durch einen neuen LAB ersetzt wird.[64]

---

[63]Vgl. Bock et al. (2003, S. 95–96), Eisenbarth (2003, S. 66), Ackermann (2004, S. 309), Werner (2004, S. 430).
[64]Vgl. Verband der Automobilindustrie (1996a).

- **Feinabruf (FAB) nach VDA 4915:** Der Feinabruf kann ergänzend zum Lieferabruf eingesetzt werden und findet Anwendung bei hochwertigen, volumenintensiven und ausstattungsabhängigen Teilen. Der Bedarfshorizont liegt im kurzfristigen Bereich zwischen 5 und 18 Arbeitstagen. Bezogen auf diesen Horizont ist der FAB bindend, danach der LAB. Der Feinabruf wird zur Feinsteuerung der Anlieferung beim OEM sowie als Versandanweisung für den Zulieferer verwendet. Die Bedarfsmengen können auf Tages- und Stundenebene angegeben werden, die Planung findet täglich statt.[65]

- **Produktionssynchroner Abruf (PAB) nach VDA 4916:** Der PAB ist die Abrufart mit den feinsten Steuerungsmöglichkeiten und kann ergänzend zum Liefer- und zum Feinabruf für Teile aus der Belieferungsform Just-in-sequence eingesetzt werden. Auf dessen Basis nimmt der Lieferant die Feinsteuerung der Produktion und des Versands für die Anlieferung von Teilen in einer vorgegebenen Reihenfolge vor. Eine Besonderheit des PAB im Vergleich zu den anderen Abrufarten besteht in der Zuordnung der abgerufenen Teilenummer zur Fahrzeug-Ident-Nummer des Automobilherstellers. Der Planungshorizont liegt bei wenigen Tagen, wobei die Bedarfe auf Stunden und Minuten genau abgebildet werden. Der Planungszyklus ist untertägig.[66]

Eine Übersicht über die aufgezeigten Abrufarten ist in Abbildung 2.9 dargestellt. Wie oben bereits angedeutet, lassen die VDA-Empfehlungen Spielräume für OEM, die in der Praxis auch genutzt werden. Beim Lieferabruf beispielsweise können der Bedarfshorizont, die Granularität der Bedarfe und der Zyklus für den Versand der LABs variiert werden. Infolgedessen unterscheiden sich die Bedarfshorizonte im LAB von Volkswagen (6 Monate), Daimler (9 Monate) und BMW (10 Monate).[67]

Abrufart	VDA	Bedarfshorizont	Einsatz für	Granularität der Bedarfe	Planungs- / Versendezyklus
Lieferabruf (LAB)	4905	6-10 Monate	Alle Teile	Tage, Wochen, Monate	Täglich oder häufiger
Feinabruf (FAB)	4915	5-18 Tage	Hochwertige, volumenintensive und ausstattungsabhängige Teile	Tage, Stunden	Täglich
Produktionssynchroner Abruf (PAB)	4916	1-10 Tage	Produktionssynchrone Anlieferung bei JIS	Stunden, Minuten	Untertägig

Abbildung 2.9: Übersicht über die VDA-Abrufarten

Neben den Bedarfsinformationen werden mit dem Lieferabruf auch die kumulierten Wareneingänge in Form von Fortschrittszahlen vom OEM an die Lieferanten übertragen.[68] Dadurch können – durch die Bildung der Differenz zwischen den kumulierten Abrufmen-

---

[65] Vgl. Verband der Automobilindustrie (1996b), Eisenbarth (2003, S. 66).
[66] Vgl. Verband der Automobilindustrie (1991).
[67] Vgl. Eisenbarth (2003, S. 66), Herold (2005, S. 72–74), Ostertag et al. (2006, S. 32–33).
[68] Für Details zum Thema Fortschrittszahlen vgl. Abschnitt 5.2.1

2.3 Informationsaustausch in Supply Chains

gen und Wareneingangsmengen – die noch offenen Liefermengen der Zulieferer ermittelt werden.[69]

Die letzte planungsrelevante an die Zulieferer weitergeleitete Information stellt die Übermittlung der Bestände des Automobilherstellers dar. Für diese Information gibt es derzeit keine VDA-Empfehlung, weshalb Bestandsinformationen von den OEM auch nur selten zur Verfügung gestellt werden. Eine Ausnahme stellt Daimler dar, wo aktuelle Bestandsinformationen über eine Internetanwendung von den Lieferanten eingesehen werden können.[70]

Der Informationsfluss von den Lieferanten in Richtung der OEM ist so gestaltet, dass über die VDA-Empfehlung VDA4913 Lieferschein- und Transportdaten übermittelt werden. Andere planungsrelevante Informationen, wie mittelfristige Lieferkapazitäten oder Zusagemengen und -termine in Engpasssituationen, werden nicht über VDA-Standardformate übertragen. Für solche Informationen setzen die OEM in den meisten Fällen internetbasierte SCM-Systeme ein, die es den Zulieferern ermöglichen, die Daten manuell einzugeben oder über Schnittstellen automatisch einzuspielen.[71]

In Abbildung 2.10 wird der oben beschriebene Informationsaustausch visualisiert. In Abschnitt 2.5.2 wird am Beispiel von Daimler gezeigt, in welcher Form die ausgetauschten Informationen in der Praxis genutzt werden.

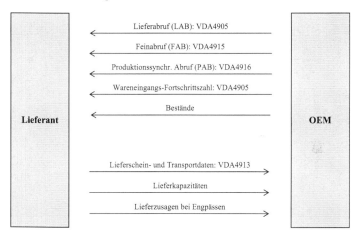

Abbildung 2.10: Informationsaustausch zwischen OEM und Lieferant

2.3.5 Zusammenhang zwischen Unsicherheit und Informationen

Ein primäres Ziel der Übermittlung von Informationen ist die Reduzierung bzw. Beseitigung von Unsicherheit. Unsicherheit kann zahlreiche negative Auswirkungen zur Folge haben: Erstens besteht die Gefahr einer schlechten Ressourcenauslastung, falls die Unternehmen aufgrund von Unsicherheit zu viel Kapazität vorhalten. Zweitens kann der Fall

---

[69]Vgl. Verband der Automobilindustrie (1996a), Herold (2005, S. 72).
[70]Vgl. Abschnitt 2.5.2, Ostertag et al. (2006, S. 32).
[71]Vgl. Ostertag et al. (2006).

auftreten, dass zu viel produziert wird und Kosten für die Lagerung, Entsorgung oder Rabattaktionen der überschüssigen Produkte entstehen. Schließlich kann Unsicherheit dazu führen, dass zu wenig produziert wird und Kosten für Eillieferungen, Nachlieferungen (Rückstände) oder sogar Fehlteile und Bandstillstände entstehen.[72] In der Literatur wird Unsicherheit in Supply Chains aus verschiedenen Blickwinkeln betrachtet: Einige Autoren beleuchten das Themenumfeld aus einer qualitativen Sicht, andere untersuchen bestehende Unsicherheiten quantitativ. Dabei kann grundsätzlich festgestellt werden, dass bei den qualitativen Analysen i. d. R. mehr Arten von Unsicherheiten genannt werden als bei quantitativen. Dies hängt vermutlich damit zusammen, dass bei quantitativen Modellen aus Gründen der Komplexitätsreduzierung die meisten Unsicherheiten bis auf Bedarfsschwankungen in der Varianz der Durchlaufzeit ausgedrückt werden. Ferner fällt bei der Literaturanalyse auf, dass sich die meisten Autoren auf variable Bedarfe beschränken und Durchlaufzeiten zur Reduzierung der Komplexität als deterministisch annehmen.[73] Da sich Chopra/Meindl (2004) sowohl unter qualitativen als auch unter quantitativen Aspekten mit Unsicherheiten in Supply Chains befassen, wird deren Sichtweise für die vorliegende Arbeit ausgewählt (Vgl. Abbildung 2.11).

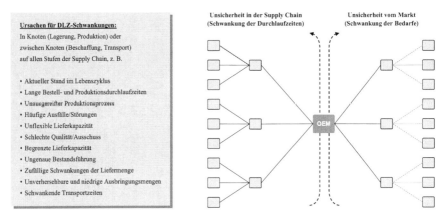

Abbildung 2.11: Unsicherheiten vom Markt und in der Supply Chain

Dabei unterscheiden sie grundsätzlich in vom Markt ausgelöste Unsicherheiten (Bedarfsunsicherheit) und in Unsicherheiten in der Supply Chain (Lieferunsicherheit). Die Unsicherheiten vom Markt wirken sich in Schwankungen der Teilebedarfe des OEM aus. Lieferunsicherheit in der Supply Chain kann durch folgende Ursachen entstehen: aktuelle Phase des Produktlebenszyklus, schwankende Durchlaufzeiten, unausgereifte Produktionsprozesse, häufige Ausfälle und Störungen, unflexible oder begrenzte Lieferkapazitäten, unvorhersehbare und niedrige Ausbringungsmengen sowie schlechte Qualität und Ausschuss. Dabei sind alle Durchlaufzeiten Unsicherheiten unterworfen, und zwar innerhalb der Unternehmen (Einlagerung, Produktion, Auslagerung) sowie zwischen den Unternehmen (Transport).[74]

---

[72] Die Bedeutung von unsicheren Bedarfen und deren Auswirkungen auf die Planung in der Automobilindustrie wurde bereits in Abschnitt 2.2.3 erläutert.
[73] Vgl. Silver et al. (1998), Corsten/Gössinger (2001, S. 215–224), Wagner (2003), Waller (2003, S. 528), Tempelmeier (2005), Thonemann (2005, S. 215–277).
[74] Vgl. Chopra/Meindl (2004, S. 31–34).

2.3.6 Bullwhip-Effekt

Der Bullwhip-Effekt beschreibt das Phänomen, dass die Bestellungen in einer Supply Chain flussaufwärts von Stufe zu Stufe eine steigende Varianz aufweisen. Überraschenderweise tritt dieser Effekt auch bei nahezu konstanten Endkundenbedarfen auf. Die Gründe sind in lokalen Planungsentscheidungen in den einzelnen Planungsdomänen zu finden, die zu einer Verzögerung und Verzerrung der Bedarfsinformationen in der Supply Chain führen und damit den Bullwhip-Effekt auslösen. Die daraus entstehenden Folgen sind negative Kostenwirkungen auf die Unternehmen in Form einer ungeplanten Erhöhung des Bedarfs an Rohmaterial und Kapazitäten sowie steigende Lager- und Transportkosten.[75]

2.3.6.1 Historie

Forrester (1961) entdeckte das Grundphänomen des Bullwhip-Effekts bei Forschungen über die Dynamik in industriellen Produktions- und Distributionssystemen. Untersuchungsgegenstand war ein einfaches Supply-Chain-Szenario mit einem Hersteller, einem Lager für Fertigmaterial beim Hersteller, einem Distributionszentrum sowie einem Händler. Forrester legte die Annahme zugrunde, dass jede dieser Planungsdomänen nur lokale Informationen als Basis für die Entscheidungen zur Erfüllung der Bedarfe der jeweils nachgelagerten Stufe verwenden kann. Im Rahmen der Analyse wurden zeitliche Verzögerungen zwischen Entscheidungen (z. B. Bestellung) und deren Realisierung (z. B. Empfang der bestellten Ware) modelliert. Die Verzögerungszeiten wurden in Wochen gemessen und sind in Abbildung 2.12 den entsprechenden Pfeilen zugeordnet.

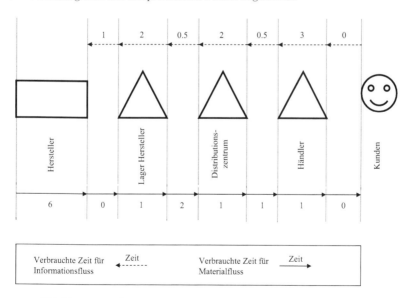

Abbildung 2.12: Supply-Chain-Struktur der Simulation von Forrester
(Übersetzt von: Stadtler (2007b, S. 28))

---
[75]Vgl. Lee et al. (1997), Stadtler (2007b, S. 27).

In dem Beispiel benötigt ein Händler nach dem Eingang einer Bestellung eine Woche, um die Ware an den Kunden auszuliefern. Die Durchlaufzeit zwischen einer eingehenden Kundenbestellung und der Entscheidung zur Bestellung von Material zum Auffüllen des Bestands beträgt drei Wochen. Die Weiterleitung der Bestellung zum Distributionszentrum dauert eine halbe Woche. Das Distributionszentrum wiederum benötigt eine Woche zur Verarbeitung der Bestellung und eine Woche zur Lieferung an den Händler. In Summe vergehen so fünfeinhalb Wochen vom Eingang einer Kundenbestellung bis zur Wiederauffüllung des Händlerbestands. Die weiteren Durchlaufzeiten für das Beispiel können ebenfalls aus der Abbildung abgeleitet werden.

Im Rahmen einer Simulation hat Forrester die Auswirkungen einer einmaligen Erhöhung der Händlerverkäufe um 10 % auf die Bestellmengen und Bestände aller Supply-Chain-Stufen aufgezeigt. Abbildung 2.13 zeigt einige der dabei erzielten wesentlichen Ergebnisse. Forrester stellte unter anderem fest, dass die Bestellungen aus dem Fertigmateriallager des Herstellers in der 14. Woche nach dem Start der Simulation 34 % über dem Ausgangsbedarf lagen. Die Produktionsmengen des Herstellers erreichten in der 21. Woche sogar einen Höchstwert von 45 % über dem Ausgangswert. Es ist offensichtlich, dass solche Verzerrungen zu einem instabilen System, überhöhten Beständen und Engpasskosten führen.[76]

---

[76]Vgl. Forrester (1961), Stadtler (2007b, S. 27–28).

2.3 Informationsaustausch in Supply Chains 37

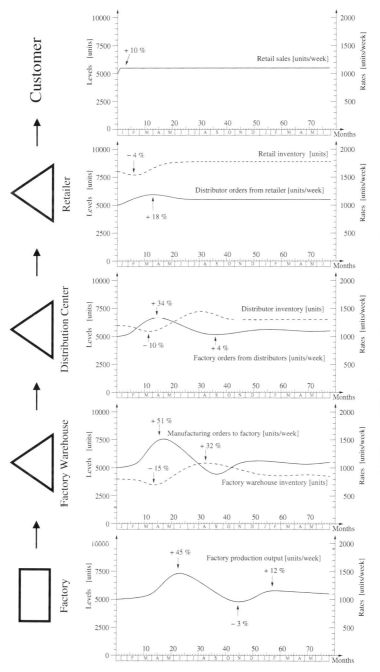

Abbildung 2.13: Ergebnisse der Simulation von Forrester (Quelle: Stadtler (2007b, S. 29))

Heutzutage sind vor allem in der Automobilindustrie die von Forrester verwendeten Durchlaufzeiten in Wochen nicht mehr realistisch. Durch die großen Fortschritte in der Informationstechnologie in den letzten Jahrzehnten können Informationen über EDI heute in vielen Fällen ohne Zeitverzögerung übertragen werden. Dabei ist jedoch zu beachten, dass aus Sicht eines Automobilherstellers nur auf der ersten und zweiten Supply-Chain-Stufe ein Großteil der Lieferanten über eine EDI-Anbindung verfügt. Auf tiefer gelegenen Stufen können nach wie vor größere Verzögerungen auftreten, da die Übermittlung von Informationen dort häufig per Fax oder Email und nicht vollautomatisiert erfolgt.[77] Aber auch bei einer Reduzierung der von Forrester angenommenen Durchlaufzeiten kann der Bullwhip-Effekt in einer ähnlichen Struktur beobachtet werden.[78]

Später hat Sterman (1989) den Bullwhip-Effekt mithilfe des von ihm konzipierten „Beer Games" untersucht, um das menschliche Verhalten bei Bestellungen mit begrenzten, lokalen Informationen zu analysieren. Basis des Spiels ist eine vierstufige Supply Chain mit je einem Händler, Großhändler, Produzent und Zulieferer. Vier Spieler übernehmen jeweils für ein Unternehmen die Rolle eines Disponenten und verfolgen das Ziel, möglichst kostenoptimal zu disponieren. Wie bei der Simulation von Forrester stehen für jede Stufe nur lokale Informationen in Form der Bedarfe der nächsten Stufe flussabwärts sowie Vergangenheitsdaten zur Verfügung. Auch hier tritt eine zunehmende Verzerrung der Bedarfe vom Händler in Richtung des Lieferanten auf. Sterman begründet diesen Effekt mit einer Überreaktion der menschlichen Mitspieler auf Schwankungen der Nachfrage.[79]

2.3.6.2 Ursachen und Gegenmaßnahmen

Nachdem der Bullwhip-Effekt aufgrund der Veröffentlichungen von Forrester und Sterman sowohl in der Wissenschaft als auch in der Praxis eine große Aufmerksamkeit erlangt hat, haben sich zahlreiche weitere Forscher mit dessen Untersuchung befasst. Aus der Vielzahl der Veröffentlichungen ist die Arbeit von Lee et al. (1997) hervorzuheben, die in der Wissenschaft als Referenz im Rahmen dieses Themas gilt. Die Autoren identifizierten vier im Folgenden erläuterte Hauptursachen für den Bullwhip-Effekt und schlagen geeignete Gegenmaßnahmen vor.

Als erster Auslöser des Bullwhip-Effekts wird die Interpretation von einmaligen Erhöhungen der Verkäufe an Endkunden als dauerhafte zukünftige Bedarfssteigerung genannt (**Demand Signal Processing**). Demnach bestellen die Unternehmen bei ihren Lieferanten neben der einmalig erhöhten Bedarfsmenge auch für nachfolgende Perioden mehr Material, um die vermutete dauerhafte Bedarfssteigerung abzudecken. Dieser Effekt setzt sich flussaufwärts von Stufe zu Stufe fort. Die Ursache für dieses Verhalten liegt darin, dass alle Supply-Chain-Mitglieder ihre Produktions- und Bestellmengen ausschließlich auf Basis lokal verfügbarer Informationen planen, in diesem Fall auf Basis der Bestellmengen der nächsten Stufe flussabwärts. Diese Bedarfsinformationen korrelieren jedoch häufig nicht mehr mit den Endkundenbedarfen, weil sie zuvor von den Planungssystemen der nachfolgenden Stufen bearbeitet und verzerrt wurden. Als Gegenmaßnahmen schlagen Lee et al. neben einer Verkürzung der Durchlaufzeiten zwei weitere Alternativen vor: Die erste Maßnahme verfolgt die Idee einer unverzögerten und unverfälschten Weitergabe von Nachfrage- und Bestandsinformationen als Basis für die Planung der Unternehmen

---

[77]Vgl. Abschnitt 2.5.1.5.
[78]Vgl. Stadtler (2007b, S. 28).
[79]Vgl. Sterman (1989).

2.3 Informationsaustausch in Supply Chains

in der Supply Chain. Zentral zur Verfügung gestellte Bedarfe werden nicht durch Planungsprozesse in der Supply Chain verzerrt oder verzögert, sondern beim Einsatz von EDI ohne Zeitverzögerung unmittelbar vom Handel an die Hersteller und Lieferanten übertragen. In der Praxis wird diese Methode bisher vor allem in der Lebensmittelindustrie sowie bei Computerherstellern wie IBM, Hewlett-Packard und Apple eingesetzt. Die zweite Maßnahme besteht in der Übernahme der Prognose- und Bestellmengenplanung für alle Unternehmen durch eine einzige zentrale Instanz wie z. B. den OEM oder einen Dienstleister. In der Automobilindustrie ist eine derartige von Lee vorgeschlagene zentrale Planung und Steuerung der Supply Chain aufgrund der hohen Komplexität jedoch nicht flächendeckend realisierbar. Denkbar wäre indes ein Ansatz, bei dem neben zentral zur Verfügung gestellten Bedarfsinformationen zusätzliche Vorgaben wie minimale und maximale Bestände oder Abrufmengen für die gesamte Supply Chain vereinbart werden, welche nicht als konkrete Produktions- oder Bestellpläne zu verstehen sind, sondern lediglich als Kontroll- oder Rahmengrößen. Dadurch könnten die Unternehmen weiterhin lokal im Rahmen dieser Vorgaben planen. Bestellen im Rahmen einer solchen Strategie die 1st-Tier-Lieferanten weiterhin nach Lieferabruf bei den 2nd-Tier-Lieferanten, dienen die zentral übermittelten Bedarfe als Basis für die mittelfristige Produktions- und Bestellmengenplanung des 2nd-Tier-Lieferanten, während der Lieferabruf des 1st-Tier-Lieferanten die Basis für die kurzfristige Distributionsplanung darstellt. Um Abweichungen der Lieferabrufe von den zentralen Bedarfen abfangen zu können, sind beim 2nd-Tier-Lieferanten Fertigwarenbestände erforderlich. Diese Idee wird in Kapitel 5 im Rahmen der Konzeption des zu entwickelnden Koordinationsmodells nochmals aufgegriffen.

Eine weitere Ursache für den Bullwhip-Effekt liegt in der Zusammenfassung von Bestellungen zu Bestelllosen **(Order Batching)**. Das heißt, treten Bestellkosten größer null auf, können Bestellungen in jeder Periode unwirtschaftlich sein, weshalb Unternehmen mehrere Tagesbedarfe häufig zu Bestelllosen zusammenfassen. Dieses Vorgehen führt zum einen zu einer Verzerrung der Bedarfe, weil die Bedarfe mehrerer Perioden zusammengefasst werden. Zum anderen tritt eine zeitliche Verschiebung der Bedarfe auf, weil Bestellungen beispielsweise nicht mehr täglich, sondern im Abstand von mehreren Tagen oder Wochen erfolgen. Dieser durch die Bildung von Losen bedingte Effekt tritt in der Realität sowohl bei der Planung von Bestellungen als auch bei der kurz- und mittelfristigen Produktions- und Distributionsplanung auf. Gegen die negativen Auswirkungen von Bestellzyklen und -losen empfehlen Lee et al., ähnlich wie beim Demand Signal Processing, den Unternehmen in der Supply Chain Zugang zu Bedarfs- und Bestandsinformationen bei den Händlern zu verschaffen. Dadurch ist es den Unternehmen möglich, ihre Produktions- und Bestellpläne auf Basis der Endkundennachfrage und Händlerbestände und nicht auf Basis der Bestellungen ihres direkten Kunden zu planen. Des Weiteren sollte versucht werden, die Transaktionskosten für Bestellungen durch den Einsatz von EDI-basierten Transaktionssystemen zu reduzieren, um die Bestellkosten und letztendlich die Größe der Bestelllose zu verringern. Auch können Hersteller die Bestellentscheidungen ihrer Kunden beeinflussen, indem sie diesen nicht nur Preisnachlässe auf ganze Paletten oder LKW-Ladungen anbieten, sondern auch für Mischpaletten oder LKW, die mit verschiedenen Produkten beladen werden. Bei dieser Option sind jedoch die zusätzlich entstehenden Kosten für Kommissionierung usw. zu berücksichtigen. Eine weitere Maßnahme stellt die in der Automobilbranche inzwischen übliche Vereinbarung von festen Anlieferzeitfenstern zwischen Lieferanten und Kunden dar. Zuletzt wird der Einsatz von Logistikdienstleistern nahegelegt, welche den Transport zwischen den Unternehmen aufgrund von Skaleneffekten in vielen Fällen wirtschaftlicher durchführen können als diese selbst.

Auch Preisvariationen (**Price Variations**) aufgrund von Promotion- und Rabattaktionen können Auslöser für den Bullwhip-Effekt sein. Promotionaktionen als preispolitische Maßnahmen zur Verkaufssteigerung führen in der Praxis häufig dazu, dass die Kunden auf Vorrat kaufen. Nach der Aktion fällt der Absatz dann unter das Niveau vor der Aktion. Die Endkundennachfrage korreliert hier nicht mehr mit den Bedarfen zwischen den Stufen in der Supply Chain. Bei einer Preispolitik auf Basis von Mengenrabatten treten Mengendegressionseffekte auf, die zu einer Überhöhung der Nachfrage führen. Kunden kaufen mehr als sie brauchen, um in die nächsthöhere Mengenstaffel zu kommen und der Bedarf in den nächsten Perioden bricht ein. Um den Bullwhip-Effekt aufgrund von Preisvariationen zu reduzieren, sollten die Häufigkeit und der Umfang von Promotionaktionen reduziert werden. Folgerichtig bieten inzwischen viele Unternehmen (z. B. Kraft, Procter & Gamble, Pillsbury usw.) ihren Kunden Dauertiefpreise an. Diese dauerhaften Preissenkungen halten die Nachfrage auf einem gleichbleibend höheren Niveau als einmalige Promotionaktionen. Auch vertragliche Vereinbarungen zwischen Lieferanten und Kunden können Mengendegressionseffekte lindern. Dabei wird dem Kunden weiterhin eine Preisstaffelung für seine Bestellungen angeboten, gleichzeitig jedoch vereinbart, dass die Produkte in mehreren kleineren Sendungen geliefert werden können. Somit kann der Hersteller die Produktion effizienter planen und muss keine umfangreichen Sicherheitsbestände vorhalten. Der Kunde profitiert davon, dass er die Mengenrabatte trotzdem nutzen und ebenfalls Bestände reduzieren kann.

Die letzte von Lee et al. genannte Ursache wird als **Rationing Game** oder Engpasspoker bezeichnet und tritt vor allem im Rahmen von Engpasssituationen auf, bei denen ein Unternehmen in der Supply Chain mehrere Kunden beliefert. Bei solchen Konstellationen ist es üblich, dass der Lieferant für jeden seiner Kunden einen prozentualen Anteil seiner Produktionskapazität reserviert (Kontingentierung). Bei einem Engpass erhält dann jeder Kunde von der aufgrund des Engpasses zu wenig produzierten Menge den prozentual ihm zugeordneten Anteil. Wenn die Kunden im Engpassfall von der Kontingentierung wissen, besteht für sie der Anreiz, mehr als eigentlich benötigt zu bestellen, um von der knappen Menge einen größeren Anteil zu erhalten. Falls der Engpass vom Lieferant behoben werden kann, stornieren die Kunden die zu viel bestellten Mengen wieder und bewirken damit Bedarfsschwankungen in der Supply Chain sowie unnötige Überkapazitäten beim Zulieferer. Eine geeignete Maßnahme zur Verhinderung des Rationing Game aus Sicht eines Unternehmens ist die Anpassung der Methode zur Allokation der Lieferungen an seine Kunden, indem sich die zugeteilte Menge nicht mehr an der Höhe der Bestellmenge, sondern am Anteil der in der Vergangenheit gelieferten Mengen am Gesamtumsatz des Produkts orientiert. Darüber hinaus sollte die Flexibilität der Kunden durch die Festlegung von minimalen und maximalen Abrufmengen eingeschränkt werden, wie dies in der Automobilindustrie bereits praktiziert wird. Um den Mehraufwand beim Lieferanten auszugleichen, sind Bestellungen über die vereinbarten Grenzen hinaus dann nicht mehr ohne Weiteres bzw. nur gegen einen höheren Preis möglich.[80]

2.4 Koordination in Supply Chains

Nachdem der Begriff „Koordination" bereits in Abschnitt 2.1.2 erläutert wurde, dienen die hier folgenden Ausführungen zur Vertiefung der Koordinations-Thematik im Hinblick auf

---
[80]Vgl. Lee et al. (1997), Alicke (2005, S. 99–118).

die vorliegende Problemstellung. Dazu erfolgt zunächst eine Definition und Begründung der Notwendigkeit von Koordination. Daran anschließend werden die verschiedenen Koordinationsprinzipien sowie deren Zusammenhang mit den möglichen Arten der Informationsbereitstellung aufgezeigt. Den Abschluss dieses Abschnitts bildet die Beschreibung der sukzessiven Planung als eine verbreitete Koordinationsform in Automobil-Supply-Chains.

2.4.1 Definition und Notwendigkeit von Koordination

Frese (2000) definiert **Koordination** als „das Ausrichten von Einzelaktivitäten in einem arbeitsteiligen System auf ein übergeordnetes Gesamtziel". Koordinationsmaßnahmen sollen demgemäß durch die Bestimmung der Entscheidungskompetenzen und Kommunikationsbeziehungen zu einer Abstimmung von Einzelentscheidungen führen.[81]

Die Gesamtaufgabe einer Supply Chain ist aufgrund der Dekomposition in Teilaufgaben auf mehrere rechtlich und wirtschaftlich selbstständige Akteure verteilt. Ohne jegliche unternehmensübergreifende Koordination würden die einzelnen Supply-Chain-Partner voneinander isoliert ausschließlich auf Basis ihrer lokal verfügbaren Informationen Entscheidungen treffen und lokale Pläne erstellen. Diese lokalen Optimierungen ohne Betrachtung der Interaktionen führen zu einer Suboptimierung der gesamten Supply Chain. Gründe für diese Ineffizienzen sind hohe Pufferbestände sowie die Notwendigkeit, Pläne häufig anzupassen. Um diese Nachteile einer lokalen Planung zu verhindern und die Wettbewerbsfähigkeit der Supply Chain sicherzustellen, sollten Supply-Chain-Akteure ihre Entscheidungen und Handlungen koordinieren.[82]

2.4.2 Koordinationsprinzipien

In der Wissenschaft haben sich bereits zahlreiche Autoren mit **Koordinationsprinzipien** in Supply Chains beschäftigt.[83] Ein Koordinationsprinzip beschreibt, wie die Koordination zwischen den Akteuren organisiert ist. Synonyme für den Begriff „Koordinationsprinzip" sind die Bezeichnungen „Koordinationsrichtung" und „Organisation der Führung in Supply Chains".[84]

Um die existierenden Koordinationsprinzipien beschreiben zu können, erfolgt zunächst eine kurze Einführung in die möglichen Ausprägungsformen von Machtverteilung in Supply Chains. Im Rahmen einer unternehmensübergreifenden Sichtweise kann zwischen Supply Chains mit gleichwertigen Partnern und Supply Chains, in denen ein dominantes Unternehmen – das fokale Unternehmen – Macht auf die anderen Partner ausüben kann, differenziert werden. **Macht** kann dabei definiert werden als „jede Chance, innerhalb einer sozialen Beziehung den eigenen Willen auch gegen Widerstreben durchzusetzen, gleich worauf diese Chance beruht".[85] Verfügt ein Akteur über Macht, kann er die Entscheidungsfindung überproportional beeinflussen, wobei die Machtposition eines Unternehmens durch unterschiedliche Einflussfaktoren wie beispielsweise die Unternehmensgröße, die Ressourcenausstattung, Knowhow oder die Position in der Supply Chain be-

---

[81]Vgl. Frese (2000, S. 69).
[82]Vgl. Dudek (2004, S. 35), Sucky (2004, S. 36), Abschnitt 2.3.6 u. 2.4.4.
[83]Vgl. Corsten/Gössinger (2001, S. 51–69), Jehle/Kaczmarek (2003), Busch/Dangelmaier (2004, S. 9–20), Dudek (2004, S. 19–20), Groll (2004), Sucky (2004, S. 31–38).
[84]Vgl. Corsten/Gössinger (2001, S. 55), Jehle/Kaczmarek (2003), Busch/Dangelmaier (2004, S. 10).
[85]Weber (1972, S. 28).

stimmt wird. Empirische Studien haben gezeigt, dass in der Automobilbranche die OEM den Lieferanten gegenüber üblicherweise das fokale Unternehmen darstellen. Dies liegt darin begründet, dass die Zulieferer auf die Abnahme ihrer Zwischenprodukte durch die Automobilhersteller angewiesen sind, da ihre Produkte nicht an einen Endkunden bzw. Konsumenten verkäuflich sind.[86]

Im Kontext dieser Arbeit wird bei der unternehmensübergreifenden Koordination in Anlehnung an Jehle/Kaczmarek (2003) zwischen einem zentralen und dezentralen Koordinationsprinzip und damit zwischen einer zentralen und dezentralen Planung unterschieden.[87] Als Synonyme für eine zentrale und dezentrale Koordination können auch die Begriffe „hierarchische" und „heterarchische Koordination" bzw. „vertikale" und „horizontale Koordination" verwendet werden.[88]

Bei einer **zentralen Koordination** übernimmt ein fokales Unternehmen die Führung und damit die zentrale Planung und Steuerung für alle Unternehmen der Supply Chain, wobei das fokale Unternehmen für eine gute Planung auf die Bereitstellung von Informationen durch die anderen Unternehmen angewiesen ist. Da eine zentrale Planung mitunter nicht zu den Kernkompetenzen des fokalen Unternehmens gehört, gibt es die Möglichkeit, diese Aufgabe an Dienstleister oder Anbieter von Planungs- und Steuerungssoftware zu vergeben.

Im Fall einer **dezentralen Koordination** findet eine dezentrale Abstimmung zwischen den interdependenten und gleichberechtigten Entscheidungsträgern statt. Dabei erfolgt die Koordination zwischen den Akteuren in einer Art selbstorganisiertem Prozess. Die beteiligten Unternehmen können entweder eine lokale Optimierung des eigenen Unternehmens oder gemeinsame unternehmensübergreifende Supply-Chain-Ziele verfolgen.[89] In der Literatur wird dieses Koordinationsprinzip auch als „Collaborative Planning" bezeichnet.[90]

Neben der zentralen und der dezentralen Koordination existiert eine Mischform aus diesen beiden Koordinationsprinzipien. Diese kann derart gestaltet sein, dass mittelfristige Belange zentral koordiniert werden, die kurzfristige Planung, d. h. die Implementierung der auf der taktischen Ebene zentral ermittelten Ergebnisse auf der operativen Ebene, hingegen von den einzelnen Supply-Chain-Akteuren selbstständig durchgeführt wird.[91]

2.4.3 Zusammenhang zwischen Informationsbereitstellung und Koordinationsprinzip

Im Rahmen einer zentralen Informationsbereitstellung kann die Koordination und Planung entweder zentral oder dezentral erfolgen. Im ersten Fall wird eine unternehmensübergreifende Optimierung in der Supply Chain durch eine zentrale Stelle durchgeführt, im zweiten Fall werden die zentral verfügbaren Informationen für eine lokale Optimierung unter Berücksichtigung übergeordneter Ziele verwendet. Bei einer dezentralen Informationsbereitstellung werden Informationen nur über eine Stufe zwischen Kunden und Lieferanten

---

[86]Vgl. Meyr et al. (2002, S. 60), Jehle/Kaczmarek (2003, S. 10), Groll (2004, S. 3, 26 u. 66).
[87]Vgl. Jehle/Kaczmarek (2003).
[88]Vgl. Corsten/Gössinger (2001, S. 54–69), Busch/Dangelmaier (2004, S. 9–20), Dudek (2004, S. 19), Sucky (2004, S. 31–38 u. 41).
[89]Vgl. Jehle/Kaczmarek (2003).
[90]Vgl. Dudek (2004, S. 19) u. Abschnitt 2.1.1.3.
[91]Vgl. Dudek (2004, S. 1).

2.4 Koordination in Supply Chains

ausgetauscht. Dabei ist keine zentrale, sondern nur eine dezentrale Planung mit lokal vorhandenen Informationen möglich.[92] In Abbildung 2.14 ist der Zusammenhang zwischen der Art der Informationsbereitstellung und den Supply-Chain-Koordinationsprinzipien veranschaulicht.[93]

		Koordinationsprinzip	
		Zentral	**Dezentral**
Informationsbereitstellung	**Zentral**	Die Planung erfolgt zentral an einer Stelle der Supply Chain. Hierfür werden sämtliche für die Entscheidungsfindung erforderlichen Informationen (z.B. Bedarfe, Bestände) an einer zentralen Stelle gesammelt. **Globale Optimierung**	Bereitstellung der Informationen an eine zentrale Stelle. Diese Informationen werden durch Unternehmen für die lokale Planung und Steuerung benutzt. **Lokale Optimierung unter Berücksichtigung globaler Ziele**
	Dezentral	Eine zentrale Entscheidungsfindung ohne zentral gehaltene Informationen ist nicht möglich.	Informationen werden nur zwischen Kunden und Lieferanten über eine Stufe ausgetauscht; jedes Unternehmen plant mit den lokal vorhandenen Informationen. **Lokale Optimierung**

Abbildung 2.14: Zusammenhang zwischen Informationsbereitstellung und Koordinationsprinzip
(Eigene Darstellung in Anlehnung an Jehle/Kaczmarek (2003, S. 9))

2.4.4 Sukzessive Planung in Supply Chains

Eine in der Automobilindustrie übliche Form der dezentralen Planungskoordination bei einer dezentralen Informationsbereitstellung wird als **sukzessive Planung** bezeichnet. Andere Bezeichnungen hierfür sind „Upstream Planning", „hierarchische Planung" oder „Top-down-Planung".[94]

Sukzessive Planung stellt die einfachste Möglichkeit zur Koordination der Planung über mehrere Planungsdomänen einer Supply Chain dar. Die dahinter stehende Idee ist eine Planung von Stufe zu Stufe, wobei, beginnend beim OEM, flussaufwärts jeweils die Bedarfsinformationen einer Domäne weitergegeben werden.[95] Dieses Vorgehen ist in der Automobilindustrie sehr verbreitet und wird bei den Belieferungsformen JIT, JIS und zweistufige Lagerhaltung angewendet. Der Ablauf der sukzessiven Planung wird in Abbildung 2.15 am Beispiel einer dreistufigen Supply Chain in der Automobilbranche ver-

---
[92] Vgl. Jehle/Kaczmarek (2003, S. 9).
[93] Vgl. Abschnitt 2.3.2 u. Abschnitt 2.4.2.
[94] Vgl. Zimmer (2001, S. 28 ff.), Dudek (2004, S. 44); für weitere Formen der Supply-Chain-Koordination siehe Dudek (2004, S. 40–53).
[95] Vgl. Dudek (2004, S. 44).

anschaulicht und im Folgenden erläutert: Im vorliegenden Fall besteht die Supply Chain aus einem OEM sowie jeweils einem Zulieferer auf der ersten und auf der zweiten Supply-Chain-Stufe.

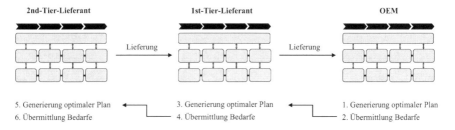

Abbildung 2.15: Sukzessive Planung
(Eigene Darstellung in Anlehnung an Dudek (2004, S. 45))

Die Planungsprozesse jedes Unternehmens können mithilfe der Supply-Chain-Planning-Matrix abgebildet werden.[96] Unternehmensübergreifend bestehen Verbindungen zwischen den Planungsdomänen des OEM und des 1st-Tier-Lieferanten sowie zwischen dem 1st-Tier-Lieferanten und dem 2nd-Tier-Lieferanten.[97] Dabei erfolgt die Planung in folgenden sechs sequenziellen Schritten:

- Schritt 1: Der Automobilhersteller plant auf Basis seines externen Bedarfs vom Markt und erstellt dabei aus seiner Sicht optimale Pläne für die Beschaffung, Produktion, Distribution und den Absatz in seiner Planungsdomäne.[98]

- Schritt 2: Der OEM übermittelt dem 1st-Tier-Lieferanten die aus seiner Planung resultierenden Bedarfe in Form des Lieferabrufs, der neben verbindlichen Bestellungen im Kurzfristzeitraum auch eine mittelfristige Bedarfsprognose enthält.[99]

- Schritt 3: Der 1st-Tier-Lieferant plant auf Basis des Lieferabrufs des OEM und einem möglichen externen Bedarf und erstellt dabei aus seiner Sicht optimale Pläne für die Beschaffung, Produktion, Distribution und den Absatz in seiner Planungsdomäne.[100]

- Schritt 4: Der 1st-Tier-Lieferant übermittelt dem 2nd-Tier-Lieferanten die aus seiner Planung resultierenden Bedarfe in Form eines Lieferabrufs, der neben verbindlichen Bestellungen im Kurzfristzeitraum auch eine mittelfristige Bedarfsprognose enthält.[101]

- Schritt 5: Der 2nd-Tier-Lieferant plant auf Basis des Lieferabrufs des 1st-Tier-Lieferanten und einem möglichen externen Bedarf und erstellt aus seiner Sicht optimale Pläne für die Beschaffung, Produktion, Distribution und den Absatz in seiner Planungsdomäne.[102]

---

[96]Vgl. Abschnitt 2.2.2.
[97]Vgl. Abschnitt 2.2.4.
[98]Vgl. Abschnitt 2.2.3.
[99]Vgl. Abschnitt 2.3.4.
[100]Vgl. Abschnitt 2.2.2.
[101]Vgl. Abschnitt 2.3.4.
[102]Vgl. Abschnitt 2.2.2.

- Schritt 6: Der 2nd-Tier-Lieferant übermittelt dem 3rd-Tier-Lieferanten die aus seiner Planung resultierenden Bedarfe in Form eines Lieferabrufs, der neben verbindlichen Bestellungen im Kurzfristzeitraum auch eine mittelfristige Bedarfsprognose enthält.[103] In dem Beispiel wäre dieser Schritt nicht zwingend erforderlich, da nur die ersten beiden Supply-Chain-Stufen im Beschaffungsnetzwerk betrachtet werden.

In diesem Zusammenhang stellt sich die Frage, warum die sukzessive Planung als Koordinationsform bezeichnet wird, obwohl außer der dezentralen Übermittlung von Bedarfsinformationen keine planerische Interaktion zwischen den Supply-Chain-Partnern stattfindet und auch keine unternehmensübergreifenden, gemeinsamen Ziele verfolgt werden. Allein die Weitergabe von Bestellungen stellt noch keine Koordination dar, denn ohne Bestellungen könnte überhaupt keine bedarfsgerechte Belieferung der Kunden erfolgen. Was ist also der Unterschied zwischen sukzessiver Planung und fehlender Koordination? Dudek (2004) erklärt den Unterschied damit, dass bei einer total isolierten Planung die Planung eines einzelnen Unternehmens vollständig unabhängig von der Planung der anderen Unternehmen erfolgt. Das bedeutet, dass jedes Unternehmen seine eigenen Bedarfsprognosen auf Basis von Vergangenheitsdaten erstellt und nicht die Prognosen aus dem Lieferabruf seiner Kunden berücksichtigt. Darüber hinaus existiert bei einer isolierten Planung auch keine zeitlich abgestimmte Reihenfolge der Planungsschritte in der Supply Chain, wie dies bei einer sukzessiven Planung der Fall ist. Folglich führt die sukzessive Planung zu besseren Ergebnissen als eine total isolierte, ausschließlich auf Basis von eigenen Prognosen durchgeführte Planung, weil hier die Ergebnisse der Planung des jeweiligen Kunden berücksichtigt werden. Andererseits sind die Ergebnisse der sukzessiven Planung nicht so gut wie bei einer zentralen Planung, bei der das Gesamtoptimum der Supply Chain im Mittelpunkt steht.[104] Eine zentrale Planung für alle Supply-Chain-Partner ist aufgrund der Komplexität und Vertraulichkeit bestimmter Informationen (z. B. Kostensätze) in der Praxis der Automobilindustrie jedoch nicht realisierbar.[105]

Interessant ist die Betrachtung der sukzessiven Planung unter dem Aspekt des Bullwhip-Effekts. Denn wie beim Beispiel von Forrester (1961) treten durch die sukzessive Vorgehensweise und die lokalen Planungsprozesse zur Generierung der Bedarfe für die nächste Supply-Chain-Stufe flussaufwärts sowohl Verzerrungen der Bedarfe als auch zeitliche Verzögerungen bei der Weitergabe der Bedarfsinformationen auf.[106] Der 2nd-Tier-Lieferant beispielsweise erhält ausschließlich den Lieferabruf des 1st-Tier-Lieferanten, dessen Inhalt das Resultat mehrerer vorgelagerter Planungsschritte beim 1st-Tier-Lieferanten und beim OEM ist. Innerhalb dieser Planungsschritte wurden die Bedarfe durch Optimierungen verzerrt und aufgrund der Dauer bzw. Zyklen der Schritte zeitlich verzögert in der Supply Chain weitergegeben. Aus diesem Grund und wegen der starken Verbreitung der sukzessiven Planung in der Automobilindustrie stellt der Bullwhip-Effekt in der Praxis noch ein erhebliches Problem dar.

---

[103] Vgl. Abschnitt 2.3.4.
[104] Vgl. Dudek (2004, S. 44–45).
[105] Vgl. Abschnitt 2.3.3.
[106] Vgl. Abschnitt 2.3.6 u. Forrester (1961).

2.5 Supply Chain Management in der Praxis der Automobilindustrie

Die folgenden Ausführungen geben einen Einblick in die SCM-Praxis in der deutschen Automobilindustrie. Dieser Abschnitt wurde bewusst nicht „Supply-Chain-Koordination" genannt, da im Folgenden nicht nur die Koordination zwischen einem OEM und seinen Lieferanten, sondern auch andere SCM-relevante Themen, wie beispielsweise das Mapping von Beschaffungsnetzwerken, vorgestellt werden.

2.5.1 Aktuelle Trends und Herausforderungen

Eine stärkere Kundenorientierung, Produktindividualisierung sowie technologische Innovationen führen seit den 80er-Jahren zu einer stetigen Erhöhung der Komplexität in der Automobilindustrie.[107] Dabei wird der Komplexitätsgrad einer Organisation durch interne und externe Faktoren bestimmt.[108] Hinsichtlich der Methoden des Komplexitätsmanagement wird zwischen Instrumenten zur Komplexitätsreduktion und zur Komplexitätsbeherrschung differenziert, wobei in den folgenden Ausführungen näher auf die modulare Beschaffung als eine wichtige Strategie zur Reduzierung von Komplexität eingegangen wird.[109]

2.5.1.1 Zielkonflikt durch modulare Beschaffung

Beschaffungsumfänge können in Systeme, Module, Komponenten und Teile klassifiziert werden. Module[110] bestehen aus mehreren physisch miteinander verbundenen Bauteilen und stellen aus Montagesicht eine abgrenzbare und einbaufertige Einheit dar. Systeme[111] befinden sich auf ähnlicher Ebene wie Module und verbinden verschiedene Bauteile und Module zu einer funktionalen Einheit, wobei im Gegensatz zum Modul die Elemente eines Systems nicht notwendigerweise physisch zusammenhängen müssen.[112] Ein Teil ist die kleinste Einheit eines Fahrzeugs, Komponenten wiederum bestehen aus mehreren Teilen und stellen Bauteile bzw. Untergruppen dar.

Zu den Kernkompetenzen der OEM zählen im Wesentlichen die Entwicklung und Konzeption des Gesamtfahrzeugs einschließlich Design, Rohbau, Lackierung und Endmontage sowie die Entwicklung und Herstellung ausgewählter Module, wie z. B. Getriebe, Achsen und Abgasanlagen. Der hohe Wettbewerbsdruck und die zunehmende Komplexität in der Automobilherstellung haben zur Folge, dass sich die OEM auf diese Kernkompetenzen konzentrieren und die Entwicklung und Montage von Fahrzeugumfängen an Modul- und Systemlieferanten ausgliedern. Hierbei spricht man von „Modularer Beschaffung" bzw. von „Modular Sourcing".[113] In den 90er-Jahren beschränkten sich Modularisierungsstrategien

---

[107] Vgl. Piller/Waringer (1999, S. 20), Schmieder/Thomas (2005, S. 27–30).
[108] Vgl. Piller/Waringer (1999, S. 7).
[109] Vgl. Wolters (1995, S. 71), Piller/Waringer (1999, S. 28).
[110] Beispiele für Fahrzeugmodule sind das Türmodul, das Cockpitmodul, das Himmelmodul, die Mittelkonsole sowie das Sitzmodul.
[111] Beispiele für Fahrzeug-Systeme sind das Klimasystem (Klimakasten und Steuerungselektronik) sowie das Infotainment-System (Bedieneinheit, DVD-Wechsler, GPS-Empfänger, Lautsprecher).
[112] Vgl. Piller/Waringer (1999, S. 39).
[113] Vgl. Piller/Waringer (1999, S. 94).

2.5 Supply Chain Management in der Praxis der Automobilindustrie

auf die interne Auslagerung von Montageschritten in Vormontagebereiche, indem die Zulieferer die OEM mit den hierzu erforderlichen Komponenten und Teilen versorgten. In den letzten Jahren wurde dieser Ansatz auf die Beschaffung übertragen, d. h., die Lieferanten übernehmen nun vermehrt auch die Vormontage für die OEM und liefern fertig montierte Module.[114] Abbildung 2.16 zeigt die aus der modularen Beschaffung resultierende Zulieferstruktur in der Automobilindustrie.

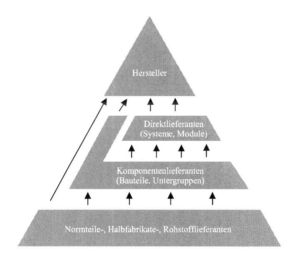

Abbildung 2.16: Zulieferstruktur in der Automobilindustrie
(Eigene Darstellung in Anlehnung an Corsten/Gössinger (2001, S. 22))

Die Modular-Sourcing-Beschaffungsstrategie wurde ursprünglich, wie oben beschrieben, zur Reduzierung der Produkt- und Beschaffungskomplexität entwickelt. Anstatt durch viele Komponentenlieferanten wird der OEM nur noch durch einen Modullieferanten beliefert. Kurek (2004) sieht in diesem Zusammenhang auch eine Reduzierung der Koordinationskomplexität.[115] Diese Sichtweise ist allerdings kritisch zu betrachten: Aus Sicht der OEM wird die Koordination durch eine Reduzierung der 1st-Tier-Lieferanten tatsächlich einfacher; aus Sicht der Modullieferanten steigt der Koordinationsaufwand jedoch deutlich an. Sie übernehmen eine Schlüssel- und Führungsposition für alle Lieferanten des Netzwerks und müssen über ausgeprägte Management- und Kooperationsfähigkeiten verfügen. Aufgrund ihrer ursprünglichen Rolle als Bauteilelieferanten besitzen die meisten Modulzulieferer weniger Lieferantenmanagement-Knowhow als die Automobilhersteller. So zeigt die Praxis, dass es bei 1st-Tier-Lieferanten teilweise noch erhebliche Mängel hinsichtlich der Koordination in Liefernetzwerken gibt, die derzeit noch nicht durch die Reduzierung der Koordinationskomplexität bei den OEM kompensiert werden können.[116]

---

[114]Vgl. Wolters (1995, S. 78).
[115]Vgl. Kurek (2004, S. 22).
[116]Vgl. Wildemann (2004a, S. 38–40).

2.5.1.2 Neue Anforderungen an das Lieferantenmanagement

Die Auswirkungen einer modularen Beschaffung führen dazu, dass eine intensive und partnerschaftliche Zusammenarbeit mit strategischen Modullieferanten zum kritischen Erfolgsfaktor für die Wettbewerbsfähigkeit von Automobilherstellern wird. Lieferanten werden langfristig als strategische Partner ausgewählt und beliefern mehrere zeitlich versetzte Baureihen. Japanische Hersteller wie Toyota und Honda sind ihren amerikanischen und europäischen Konkurrenten hinsichtlich des Lieferantenmanagements weit voraus. Exzellente Zulieferbeziehungen gehören dort zur Unternehmensphilosophie - und die Autobauer glänzen durch schnelle Produktentwicklungsprozesse, jährliche Kostenreduzierungen und Qualitätsverbesserungen.[117] Der Fokus des Lieferantenmanagements lag hierzulande in der Vergangenheit primär in der Beziehung zwischen OEM und 1st-Tier-Lieferanten. Unternehmensübergreifende Planungs- und Koordinationsprozesse im gesamten Beschaffungsnetzwerk wurden nicht im Detail betrachtet. Aufgrund der sehr langfristigen Zusammenarbeit im Rahmen der Partnerschaft mit strategischen Modullieferanten besteht in diesem Bereich ein Handlungsbedarf. Eine genaue Analyse der Planungs- und Koordinationsprozesse im Netzwerk zu einem frühen Zeitpunkt würde großes Potenzial freisetzen, da präventive Maßnahmen zur unternehmensübergreifenden Koordination vor dem Anlauf eines neuen Modells getroffen werden könnten, um für später eine stabile Versorgung der OEM-Montagewerke und erfolgreiche Erfüllung der Kundenbedarfe zu gewährleisten. Darüber hinaus würde ein gemeinsames Verständnis im Hinblick auf die übergreifenden Prozesse entstehen.

2.5.1.3 Abhängigkeit der OEM von einzelnen Modullieferanten

Eine weitere Besonderheit von Modul-Liefernetzwerken ist darin zu sehen, dass die Gesamtleistung der Supply Chain stark von den Modullieferanten und deren Koordinationsfähigkeiten abhängt. Sie sind maßgeblich für die Koordination der Planungen vom OEM bis zu seinen Unterlieferanten verantwortlich und nehmen deshalb eine zentrale Rolle im Lieferantenmanagement ein. Liefer- oder Beschaffungsprobleme aufgrund von Koordinationsdefiziten führen zu einer akuten Gefährdung der Materialversorgung der OEM-Montagewerke, da es keine Alternativlieferanten gibt.

2.5.1.4 Konkurrierende Lieferanten in einem Kunden-Lieferantenverhältnis

In der Praxis ergeben sich potenziell kritische Konstellationen, wenn OEM nicht nur ihre Modullieferanten auf 1st-Tier-Ebene, sondern auch deren Unterlieferanten - sogenannte Setzteillieferanten - festlegen, um ihre Verhandlungsposition bei den Preis- und Vertragskonditionen zu verbessern.[118] Die Folge sind Szenarien, in denen auf Lieferantenseite direkte Konkurrenten plötzlich in einem Kunden-Lieferantenverhältnis stehen. Aufgrund des Konkurrenzverhältnisses ist zu erwarten, dass diese Unternehmen beim Austausch von Informationen nicht immer offen miteinander umgehen. Darüber hinaus werden möglicherweise die vereinbarten Kommunikationswege nicht eingehalten, indem z. B. 2nd-Tier-Lieferanten vorbei an den Modullieferanten direkt mit dem OEM kommunizieren und

---
[117]Vgl. Liker/Choi (2005, S. 63).
[118]Vgl. Wildemann (2004a, S. 18).

umgekehrt.[119]

2.5.1.5 Defizite bei der Informationsübermittlung

Gegenwärtig existieren immer noch Defizite und Verzögerungen bei der Übermittlung von Informationen. Der Bullwhip-Effekt führt durch Zeitverzögerungen bei der Weitergabe von Bedarfen zu deren Verzerrung – mit negativen Auswirkungen auf die Planung aller Beteiligten.[120] Verstärkt wird dieser Effekt durch eine unzureichende informationstechnische Vernetzung aller Partner eines Liefernetzwerkes. Bisher gibt es nur auf der Ebene OEM/1st-Tier-Lieferant eine ausreichende IT-Vernetzung zum schnellen Austausch von Informationen über EDI. Auf tieferen Ebenen einer Supply Chain erfolgt die Kommunikation, wie in Abbildung 2.17 dargestellt, häufig noch per Fax oder Brief.

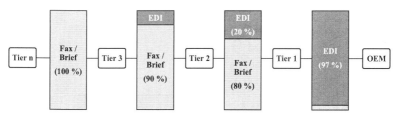

Abbildung 2.17: Defizite bei der Informationsübertragung im Zuliefernetzwerk (Eigene Darstellung in Anlehnung an Graf (2004, S. 72))

2.5.1.6 Defizite in der unternehmensübergreifenden Planungskoordination

Ein weiteres Problem liegt im fehlenden Gesamtverständnis der Supply-Chain-Mitglieder und damit einhergehend auch im Fehlen gemeinsamer Ziele. Den Akteuren ist häufig nicht klar, wer wann von wem welche Informationen wofür benötigt und welche konkreten Auswirkungen beispielsweise Bedarfserhöhungen eines OEM oder Kapazitätsengpässe bei Lieferanten auf die anderen Unternehmen im Liefernetzwerk haben. Es besteht keine Transparenz über die Informationsflüsse und Planungsprozesse, weshalb viele Zulieferer auf der zweiten oder dritten Wertschöpfungsstufe nicht wissen, in welche Endprodukte ihre Teile verbaut werden. Kennt ein Modullieferant die Planungsmethoden seiner Sublieferanten nicht, hat er Schwierigkeiten, ihnen die richtigen Informationen zur richtigen Zeit zur Verfügung zu stellen. Eine Abstimmung der Planung zwischen OEM und Modullieferant reicht dabei nicht aus, stattdessen müssen die Planungen aller beteiligten Partner im Netzwerk koordiniert werden. Von einer zentralen Steuerung der gesamten Supply Chain ist hierbei jedoch abzusehen; solche Ansätze konnten sich in der Praxis aufgrund von Hemmnissen beim Informationsaustausch nicht durchsetzen.[121] Zu bevorzugen sind Ansätze, die zwar zentrale Informationen zur Verfügung stellen, den Lieferanten

---
[119]Vgl. Wildemann (2004a, S. 38).
[120]Vgl. Abschnitt 2.3.6.
[121]Vgl. Abschnitt 2.3.3.

jedoch eine dezentrale Planung ermöglichen. Als Letztes bleibt anzumerken, dass unternehmensübergreifende Koordinationsansätze in vielen Fällen daran scheitern, dass sie den Austausch von sensiblen Planungs- und Kosteninformationen voraussetzen. Um die Koordination auch ohne diese Informationen zu ermöglichen, besteht hier ebenfalls noch großer Spielraum für Verbesserungen.

2.5.2 Praxisbeispiel: Supply Chain Management bei Daimler

Der Premiumhersteller Daimler gilt in der Automobilindustrie als Innovationsführer im Bereich Supply Chain Management. So zeigte Daimler bereits im Jahre 1999, dass sich die Beschaffungsprozesse durch innovative SCM-Tools bis zur letzten Ebene einer Supply Chain transparent machen lassen. Im Rahmen des Projekts „Lederkette Südafrika" wurden die Bedarfe, Bestände und Kapazitäten der Lederteile für die Türinnenverkleidung der Baureihe 210 (damalige E-Klasse) über das gesamte Liefernetzwerk koordiniert.[122] Darüber hinaus konnten Anlaufschwierigkeiten der Luxus-Limousine Maybach im Jahr 2003 mithilfe eines SCM-Systems gelöst werden.[123] Das Unternehmen verfügt über ein umfassendes SCM-Portfolio für verschiedene Einsatzgebiete, das in Abbildung 2.18 in einem Überblick grafisch veranschaulicht ist.

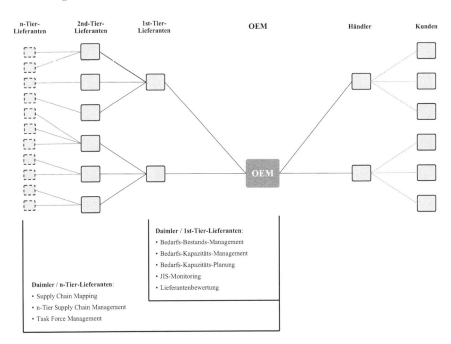

Abbildung 2.18: Gesamtüberblick über das SCM-Portfolio von Daimler
(Eigene Darstellung in Anlehnung an Graf (2004, S. 74))

---

[122]Vgl. Alicke et al. (2004, S. 493–497), Graf/Putzlocher (2000, S. 44–47), Graf/Putzlocher (2004, S. 66–71).
[123]Vgl. Graf (2004, S. 75).

2.5 Supply Chain Management in der Praxis der Automobilindustrie

Wie die Abbildung zeigt, wird differenziert zwischen Prozessen, die sich ausschließlich zwischen dem OEM und seinen direkten 1st-Tier-Lieferanten abspielen, sowie Prozessen, die auch für Lieferanten auf tiefer liegenden Supply-Chain-Stufen relevant sind. In den folgenden Abschnitten werden die SCM-Prozesse von Daimler erläutert.

2.5.2.1 Supply Chain Mapping

Bei **Supply Chain Mapping** handelt es sich um die Analyse und Darstellung von Supply Chains. Dieses Thema wurde in der vorliegenden Arbeit bisher nicht betrachtet, weil es sich dabei nicht um Planung im eigentlichen Sinn handelt, sondern um ein Vorgehen zur Beschaffung von Informationen, die anschließend als Basis für Planungsschritte dienen können. Das Mapping stellt die Voraussetzung für ein unternehmensübergreifendes Prozessverständis aller beteiligten Partner dar und bildet somit die Basis für Prozessverbesserungen und Optimierungen über die gesamte Supply Chain. In der Literatur existieren unterschiedliche Ansätze zum Mapping von Supply Chains, z. B. die sog. „Supply Chain Map", das „SCOR-Modell"[124], das „Strukturierungsgerüst zur Organisation von Aktivitäten und Prozessen" des International Benchmarking Clearing House sowie die „erweiterte Wertschöpfungskettenanalyse" nach Porter.[125]

Daimler hat das Thema Supply Chain Mapping in Form eines gleichnamigen IT-Systems zur Erfassung und Analyse von Zuliefernetzwerken umgesetzt. Dabei werden zunächst die Ziele bzw. der Umfang des Mappings festgelegt, um anschließend durch ein strukturiertes Vorgehen alle relevanten Daten im Netzwerk zu erfassen. Bei der Datenbeschaffung werden Informationen über die Netzwerkstruktur, den Informations- und Materialfluss sowie über die Kostenstruktur und Qualität im Schneeballsystem abgefragt: Der OEM fordert seine direkten 1st-Tier-Lieferanten auf, die gewünschten Daten über ein internetbasiertes System einzugeben. Diese tragen die Daten dort ein und nehmen anschließend Kontakt zu ihren Sublieferanten auf, damit auch diese ihre Daten über das gleiche System zur Verfügung stellen. Auf diese Weise ist ein Mapping über mehrere Supply-Chain-Stufen möglich.[126] In der Praxis durchgeführte Mapping-Projekte haben gezeigt, dass eine vollständige Analyse von Liefernetzwerken maßgeblich von der Kooperationsbereitschaft der Zulieferer auf tieferen Lieferstufen abhängt. Da ab der zweiten Tier-Stufe i. d. R. kein direktes Vertragsverhältnis zwischen dem OEM und den Lieferanten besteht, sind nicht alle Lieferanten bereit, die relevanten Informationen zur Verfügung zu stellen. Demzufolge besteht die Gefahr, dass Mapping-Ergebnisse unvollständig sind und damit an Aussagekraft verlieren. Um trotzdem eine hohe Rückmeldequote der Zulieferer auf tieferen Supply-Chain-Stufen zu erzielen, ist ein hoher Informations- und Kommunikationsaufwand seitens des OEM erforderlich. Dieser Aufwand lohnt sich jedoch nur bei kritischen Supply Chains.

Mögliche Resultate eines Supply Chain Mappings bestehen in einer grafischen Darstellung der Netzwerkstruktur und der Stückliste sowie der Mengenströme, der Verkehrsinfrastruktur, der Grenzübergänge und Transportmodi. Diese Ergebnisse schaffen Transparenz über das Beschaffungsnetzwerk und dienen u. a. als Basis für Risikoklassifizierungen von Lieferanten, die Identifikation von kritischen oder potenzialträchtigen Pfaden in Supply Chains

---
[124]SCOR ist die Abkürzung für Supply Chain Operations Reference Model.
[125]Die genannten Mapping-Methoden werden in dieser Arbeit nicht ausführlich beschrieben. Für weitere Details siehe Weber (2002, S. 189–202).
[126]Vgl. Alicke et al. (2004, S. 494–495), Graf/Putzlocher (2004, S. 66–67).

sowie für die zukünftige Gestaltung von Beschaffungsnetzwerken.

2.5.2.2 Synchronisation von Bedarfen, Beständen und Kapazitäten zwischen Daimler und seinen 1st-Tier-Lieferanten

In der Praxis hat sich die Erkenntnis durchgesetzt, dass ein flächendeckendes Supply Chain Management über n Stufen in der Automobilindustrie aufgrund der komplexen Netzwerkstrukturen und begrenzter Personalkapazitäten nicht realisierbar ist. So weist das Beschaffungsnetzwerk des Daimler-Fahrzeugwerkes in Sindelfingen über 1.000 direkte 1st-Tier-Lieferanten und ein Vielfaches an 2nd-Tier-Lieferanten auf.[127] Folglich sind der Aufwand und die Komplexität für die Erfassung und das Controlling aller betroffenen Unternehmen im Netzwerk zu hoch.

Aus diesem Grund verfolgt Daimler heute einen pragmatischen, aber effizienten und effektiven Ansatz, bei dem der Fokus auf einer verstärkten Zusammenarbeit mit den 1st-Tier-Lieferanten liegt, die flächendeckend im Rahmen eines systemgestützten **Bedarfs-Bestands-Managements (BBM)**, **Bedarfs-Kapazitäts-Managements (BKM)** und einer **Bedarfs-Kapazitäts-Planung (BKP)** integriert werden.

BKM ermöglicht auf Basis des Internets den Abgleich der Lieferkapazitäten der Zulieferer mit den prognostizierten Bedarfen von Daimler. Der Abgleich erfolgt in einem Horizont von 9 Monaten auf Basis von Wochenkapazitäten und -bedarfen und ist mit einem ampelbasierten Workflow hinterlegt. Falls die Bedarfe einer oder mehrerer Wochen die Kapazitäten in den gleichen Zeiträumen übersteigen, wechselt die Ampelfarbe von grün auf rot. Der betroffene Lieferant ist dann in der Pflicht, zu prüfen, ob er seine Kapazitäten in diesem Zeitraum erhöhen oder die erforderliche Differenzmenge durch eine Vorproduktion abdecken kann. Sofern beides nicht möglich ist, passt Daimler das Fahrzeug-Produktionsprogramm an, um Beschaffungsengpässe aufgrund der Kapazitätsprobleme präventiv zu vermeiden. Um eine noch längerfristige, strategische Planung zu ermöglichen, wird die Bedarfs-Kapazitäts-Planung mit einem Horizont von bis zu 3 Jahren eingesetzt. Inhaltlich orientiert sich dieser Prozess an BKM, d. h., es erfolgt ein Abgleich zwischen den OEM-Bedarfen und Lieferantenkapazitäten.[128]

BBM stellt durch die Online-Visualisierung der Materialbestände und Montagebedarfe der Daimler-Werke die Bestandstransparenz im Kurzfristbereich sicher. Dabei erhalten die Lieferanten Zugriff auf aktuelle Informationen aus den Wareneingangs-, Lagerverwaltungs- und Lieferabrufsystemen des OEM. Eine der Hauptfunktionen des BBM-Prozesses ist die frühzeitige Engpasserkennung auf Basis einer täglich aktuellen Auflistung aller kritischen Teile. Mittels einer priorisierten Liste - auch wieder mit Ampellogik - sind kritische Teile auf einen Blick zu erfassen. Im Falle einer Unterschreitung der vereinbarten Mindestbestände bei einer VMI-Belieferung bzw. im Falle von Lieferrückständen bei einer JIT- oder zweistufigen Belieferung wechselt die Ampelfarbe auf rot. Daraufhin können die Lieferanten für diese Teile Zusagemengen und -zeiten ins System eingeben. Falls die zugesagte Liefermenge nicht ausreicht, um den Engpass zu beheben, haben die Disponenten von Daimler die Möglichkeit, den Zulieferern über BBM Rückmeldung darüber zu geben, ob sie mit der zugesagten Menge einverstanden sind oder nicht. Ist der Engpass behoben, wechselt die Ampelfarbe wieder auf grün. Durch diesen internetbasierten Workflow wird

---

[127]Vgl. Graf/Putzlocher (2004, S. 63), Ostertag et al. (2006, S. 32).
[128]Vgl. Ostertag et al. (2006, S. 32).

2.5 Supply Chain Management in der Praxis der Automobilindustrie

das gesamte Engpassmanagement vom Bekanntwerden des Problems bis zu seiner Beseitigung unterstützt.[129]

Die Prozesse BBM, BKM und BKP unterscheiden sich nicht nur im Hinblick auf die Art der ausgetauschten Informationen, sondern auch bzgl. des betrachteten Zeithorizonts: Während BBM zur operativen Steuerung im Zeitraum von 1–10 Tagen eingesetzt wird, hat BKM mit einem Zeithorizont von 1–9 Monaten einen taktischen Charakter. BKP kann aufgrund des Horizonts von bis zu 3 Jahren der strategischen Planung zugeordnet werden. Die zeitliche Abgrenzung der Prozesse BBM, BKM und BKP ist in Abbildung 2.19 dargestellt.

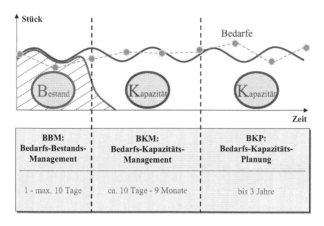

Abbildung 2.19: Zeitliche Abgrenzung der Prozesse BBM, BKM und BKP
(Quelle: Ostertag et al. (2006, S. 33))

Bei der Belieferung nach Just-in-sequence sind die Rahmenbedingungen für den unternehmensübergreifenden Abgleich von Bedarfen und Beständen anders als bei den anderen Belieferungsformen. So erfolgt der Abruf bei den Lieferanten nicht nur auf Basis von Sachnummern, sondern zusätzlich anhand von damit verbundenen Produktionsaufträgen.[130] Ferner verfügen die Zulieferer im Warenausgang und die OEM im Wareneingang nicht über Lager, sondern lediglich über Puffer. Das internetbasierte System **JIS-Monitoring** ist speziell auf diese Anforderungen zugeschnitten und dient der Kontrolle der Pufferbestände, wobei zusätzlich auch die Bestände im Warenausgang und Wareneingang der Lieferanten betrachtet werden. Auf diese Weise kann die Liefersicherheit bei JIS-Umfängen erhöht und die Reaktionszeit zur Bearbeitung von Störungen gesteigert werden.[131]

2.5.2.3 Situatives n-Tier-Supply-Chain-Management bei kritischen Liefernetzwerken

Nur in besonders kritischen Einzelfällen wird mithilfe von SCM-Systemen für mehrstufige Supply Chains der gesamte kritische Pfad eines Lieferantennetzwerkes über die Tier1-

---
[129]Vgl. Graf (2006, S. 28–29), Ostertag et al. (2006, S. 32).
[130]Vgl. Abschnitt 2.3.4.
[131]Vgl. Graf (2006, S. 27).

Ebene hinaus betrachtet, um die Spezialisten bei der Lösung des Beschaffungsengpasses zu unterstützen.[132] Bei Daimler existieren hierfür zwei systemunterstützte Prozesse: **SCM in der Lieferkette** und **Task Force Support**, wobei der erste zur langfristigen Steuerung von Liefernetzwerken und der zweite bei hochkritischen Engpässen über einen i. d. R. kurzfristig begrenzten Zeitraum eingesetzt wird. In beiden Fällen findet keine Optimierung der Logistikparameter und Rahmenbedingungen des Netzwerkes statt, sondern ausschließlich eine Visualisierung der aktuellen Beschaffungssituation. Auf Basis der verfügbaren Informationen entscheidet Daimler dann über die Allokation von knappen Ressourcen und steuert das Beschaffungsnetz zentral durch die Verteilung der Mengen.

2.5.2.4 Bewertung der Performance von 1st-Tier-Lieferanten

Im **Lieferantenbewertungsprozess** wird die Anlieferleistung der Lieferanten mithilfe festgelegter Messgrößen kontinuierlich überwacht. Einzelmesskriterien werden auf Basis der bewertungsrelevanten Vorfälle im jeweiligen Betrachtungszeitraum berechnet und anschließend über Gewichtungsfaktoren zur logistischen Gesamtleistung eines Lieferanten aggregiert. Die Ergebnisse dienen anschließend als Grundlage für die VDA-Einstufung des Lieferanten (A, AB, B, C). In Abhängigkeit von den Bewertungsergebnissen werden mit den Lieferanten Maßnahmen zur Verbesserung ihrer Leistungswerte vereinbart und die Erfolge über die tägliche Performance-Messung kontrolliert.

Als Bemessungsgrundlage für die Lieferantenbewertung werden nur solche Ereignisse herangezogen, denen eine eindeutige Fehlleistung des Zulieferers zugeordnet werden kann. Der Prozess sieht in diesem Zusammenhang vor, bei starken Schwankungen der von Daimler an den Lieferanten übermittelten Bedarfe entsprechende Vorfälle aus der Lieferantenbewertung automatisch zu exkludieren. Voraussetzung ist, dass die Schwankungen außerhalb der eingestellten Toleranzgrenzen liegen. Darüber hinaus hat der Lieferant über eine Clearing-Funktion die Möglichkeit, Stellung zu einzelnen Vorfällen zu beziehen und diese nach Klärung mit dem zuständigen Disponenten aus der Gesamtbewertung löschen zu lassen.[133]

---

[132]Vgl. Graf (2004, S. 74).
[133]Vgl. Ostertag et al. (2006, S. 33).

Kapitel 3

Auslauf in der Automobilindustrie

3.1 Grundlagen

In diesem Abschnitt werden die wesentlichen Grundlagen zum Thema Auslauf in der Automobilindustrie erläutert. Dabei erfolgt zunächst die Erläuterung einiger für den Auslauf relevanter Begriffe. Einen weiteren Schwerpunkt des Abschnitts stellen die unterschiedlichen Produktlebenszyklusmodelle dar. Bei der Analyse dieser Modelle stellt sich heraus, dass der Fertigungszyklus aus dem systemischen Produktlebenszyklusmodell für die Diskussion der Problematik in der vorliegenden Arbeit besonders geeignet ist. Aus diesem Grund werden anschließend die Phasen des Fertigungszyklus sowie deren Abhängigkeiten untereinander vertieft. Zuletzt werden die identifizierten Auslaufvarianten in der Automobilbranche klassifiziert und hinsichtlich ihrer Relevanz für diese Arbeit bewertet.

3.1.1 Begrifflichkeiten

3.1.1.1 Auslauf

Für den Begriff **„Auslauf"** existiert in der Literatur keine allgemein gültige Definition. Er wird sowohl in der Wissenschaft als auch in der Praxis in unterschiedlichen Zusammenhängen verwendet, wie die nachfolgenden Abschnitte zeigen werden. Im Rahmen der vorliegenden Arbeit wird unter Auslauf das Ende der Serienfertigung eines Produkts oder Teiles verstanden, wobei Produkte in diesem Kontext aus Sicht eines OEM sog. „Fahrzeugmodellvarianten" entsprechen.[1] Auf Basis dieser allgemeinen Definition werden in Abschnitt 3.1.4 vier in der Automobilindustrie identifizierbare Ausprägungen bzw. Varianten des Auslaufs vorgestellt.

3.1.1.2 Marke, Fahrzeugmodell, Fahrzeugmodellvariante, Lebenszyklus

Um die Auslaufthematik in der Automobilindustrie zu verstehen, ist eine Einführung in die Zusammenhänge zwischen Automobilherstellern, Marken, Fahrzeugmodellen, Fahrzeugmodellvarianten und Produktlebenszyklen notwendig. Durch die Konsolidierung in der Automobilbranche hat sich die Zahl der Fahrzeughersteller in den letzten Jahren auf

---
[1]Vgl. Abschnitt 3.1.1.2.

wenige große Unternehmen reduziert. Die Produktportfolios der OEM setzen sich i. d. R. aus mehreren **Marken** zusammen. Unter einer Marke wird von Kotler/Bliemel (2001) „ein Name, Begriff, Zeichen, Symbol, eine Gestaltungsform oder eine Kombination aus diesen Bestandteilen zum Zwecke der Kennzeichnung der Produkte oder Dienstleistungen eines Anbieters oder einer Anbietergruppe und der Differenzierung gegenüber Konkurrenzangeboten"[2] verstanden. Mercedes-Benz, Maybach und smart beispielsweise sind die PKW-Marken unter dem Dach des Daimler-Konzerns.

Marken lassen sich wiederum in verschiedene **Fahrzeugmodelle** und **Fahrzeugmodellvarianten** untergliedern.[3] Laut Ohl (2000) werden Fahrzeugmodelle auch als Baureihen bezeichnet und Fahrzeugmodellvarianten als Unterbaureihen, Typklassen oder Ausführungsarten.[4] Am Beispiel Mercedes-Benz handelt es sich bei der E-Klasse und C-Klasse um Fahrzeugmodelle, während das E-Klasse T-Modell und die E-Klasse Limousine Varianten des Fahrzeugmodells E-Klasse darstellen. BMW bietet seinen Kunden die 5er-Baureihe in den Modellvarianten Limousine und Touring an.

Die Planung und Produktion von Fahrzeugmodellen erfolgt bei den Automobilherstellern in Form von Projekten, wobei aufgrund der hohen Anzahl an unterschiedlichen Modellen bei den meisten OEM mehrere Projekte zeitlich parallel laufen.[5] Auch wenn die Begriffe Produkt und Fahrzeugmodell in der Automobilbranche eigentlich keine Synonyme darstellen, spricht man in der Praxis von Produktprojekten. Aus Sicht eines OEM können unter **Produkten** „durch Produktion entstandene Sachgüter (Gegenstände) verstanden werden, die für eine Verwertung am Absatzmarkt bestimmt sind"[6]. Nach der Auffassung von Ohl (2000) handelt es sich laut dieser Definition bei Baureihen bzw. Fahrzeugmodellen nicht um Produkte im eigentlichen Sinne, sondern um Sammelbegriffe für ähnliche Produkte. Erst durch die Spezifizierung von Karosserieform, Motorisierung, Lackierung, Polsterung und möglicher zusätzlicher Sonderausstattung entsteht ein baubares Produkt.[7] Im Rahmen der vorliegenden Arbeit wird der Begriff „**Produktprojekt**" jedoch in Anlehnung an den Sprachgebrauch in der Praxis synonym für „**Fahrzeugmodellprojekt**" verwendet. Die steigende Anzahl der Fahrzeugmodelle und der damit verbundenen Produktprojekte führt seit Jahren zu einer Erhöhung der Komplexität, die von einem OEM und seinen Zulieferern beherrscht werden muss.

Fahrzeugmodellvarianten durchlaufen nach einem bestimmten Muster mehrere Phasen, die zusammen den sog. „**Lebenszyklus**" bilden. Das heißt, sie unterliegen ähnlich wie Menschen dem „Gesetz vom Werden und Vergehen"[8]. So kann es sein, dass beispielsweise das T-Modell der E-Klasse von Mercedes-Benz länger am Markt angeboten wird als die Limousine. Zehbold (1995) beschreibt einen Lebenszyklus in folgender Weise: „Der Begriff Lebenszyklus in seiner Anwendung auf nicht natürliche Systeme greift das für natürliche Organismen geltende Charakteristikum des Lebens auf und schematisiert die Entwicklungsphasen bzw. -stadien, die ein Objekt während seiner Lebensdauer durchläuft, in einem zeitbezogenen und/oder logischen Beschreibungsmodell."[9]

---

[2]Kotler/Bliemel (2001, S. 736).
[3]Vgl. Kurek (2004, S. 17–18).
[4]Vgl. Ohl (2000, S. 29–31).
[5]Vgl. Kuder (2005, S. 137).
[6]Ohl (2000, S. 24).
[7]Vgl. Ohl (2000, S. 25–30).
[8]Becker (2000, S. 2).
[9]Zehbold (1995, S. 2).

3.1.2 Produktlebenszyklusmodelle

In der Literatur existiert eine große Zahl an Lebenszyklusmodellen mit unterschiedlichen Bezugsobjekten, z. B. Ansätze für Branchen, Unternehmen, Technologien und Produkte.[10] Für den Lebenszyklus von Fahrzeugmodellvarianten in der Automobilindustrie sind die sog. **„Produktlebenszyklusmodelle (PLM)"** relevant. Aus einer Übersicht von Höft (1992) wird ersichtlich, dass bereits im Jahre 1992 über 30 verschiedene PLM-Varianten existierten, die aus drei bis sechs Phasen bestehen und sich häufig nur hinsichtlich kleiner Details unterscheiden.[11] Um mehr Transparenz über diese zahlreichen PLM zu schaffen, hat Kemminger (1999) eine Klassifizierung entwickelt, bei der er zwischen drei wesentlichen Entwicklungsstufen von Produktlebenszykluskonzepten differenziert: Ältere PLM – auch als klassisches Produktlebenszyklusmodell bezeichnet – betrachten demnach ausschließlich den Marktzyklus. Weiterentwicklungen, wie das integrierte oder das systemische Produktlebenszyklusmodell, berücksichtigen neben dem Marktzyklus auch vor- und nachgelagerte Zyklen.[12] Im Folgenden werden die wichtigsten Modelle und Grundlagen dieser Entwicklungsstufen diskutiert und bewertet. Abschließend wird dabei ein Modell ausgewählt, welches als Basis für die spätere Einordnung der Auslaufvarianten dienen soll.

3.1.2.1 Klassisches Produktlebenszyklusmodell

Bei den älteren Produktlebenszyklusmodellen der marktorientierten Sicht handelt es sich um Ansätze, die primär im Marketingbereich Anwendung finden. Dabei wird ausschließlich der Zeitraum im Lebenszyklus eines Produkts betrachtet, in dem es am Markt verfügbar ist. Das einfachste und am weitesten verbreitete Modell dieser Kategorie ist das sog. **„klassische Produktlebenszyklusmodell"** (vgl. Abbildung 3.1).[13]

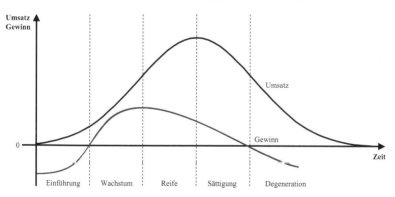

Abbildung 3.1: Klassisches Produktlebenszyklusmodell
(Quelle: Kemminger (1999, S. 92))

---

[10]Vgl. Höft (1992, S. 15), Zehbold (1995, S. 16–76), Kemminger (1999, S. 81–89).
[11]Vgl. Höft (1992, S. 18–21).
[12]Vgl. Kemminger (1999, S. 89–104).
[13]Laut Siegwart/Senti (1995) waren die ersten Vertreter dieses Ansatzes Dean (1950), Tinbergen (1952), Schäfer (1953), Forrester (1959), Patton (1959) und Booz Allen Hamilton (1960).

Auf der Ordinate werden Umsatz und Gewinn abgetragen, auf der Abszisse die Zeit, welche je nach Modell beispielsweise aus den fünf sequenziellen Phasen Einführung, Wachstum, Reife, Sättigung und Degeneration besteht.[14]

Die Einführungsphase umfasst den Zeitraum von der Markteinführung eines Produkts bis zur Gewinnschwelle. Mit Beginn der Wachstumsphase werden erstmalig Gewinne erzielt. Die Wachstumsphase endet, wenn die Umsatzkurve von einer progressiven auf eine degressive Steigung wechselt, und erstreckt sich somit über den Zeitraum vom Erreichen der Gewinnschwelle bis zum Punkt des maximalen Gewinns. Die anschließende Reifephase ist meist die längste Marktphase und erstreckt sich vom Punkt des höchsten Gewinns bis zu dem des höchsten Umsatzes. Die Sättigungsphase verläuft vom höchsten Umsatz bis zum Beginn der Verlustzone. Von deren Beginn bis zum Herausnehmen des Produkts vom Markt erstreckt sich die Rückgangsphase (Degeneration).[15] Weitere Abgrenzungskriterien zwischen den Phasen sind in den detaillierten Übersichten von Siegwart/Senti (1995) und Zehbold (1995) sowie den dort genannten Quellen zu finden.[16]

3.1.2.2 Integriertes Produktlebenszyklusmodell

Pfeiffer und seine Mitarbeiter haben das klassische PLM in mehreren Schritten erweitert, wobei die Bezeichnung „**Integriertes Produktlebenszyklusmodell**" über alle Schritte beibehalten wurde.[17] Die chronologische Entwicklung ist in Abbildung 3.2 nochmals veranschaulicht.

Autor (Jahr)	Strukturierung des integrierten Produktlebenszyklus
Pfeiffer/Bischof (1974 und 1975)	Entstehungszyklus, Marktzyklus
Pfeiffer/Bischof (1981)	Beobachtungszyklus, Entstehungszyklus, Marktzyklus
Pfeiffer/Bischof (1986)	Beobachtungszyklus, Entstehungszyklus, Marktzyklus, Entsorgungszyklus
Back-Hock (1988)	Entstehungszyklus, Marktzyklus, Nachsorgezyklus
Riezler (1996)	Vorlaufphase, Marktphase (Nutzungsphase), Nachlaufphase

Abbildung 3.2: Entwicklung des integrierten Produktlebenszyklusmodells

Im ersten Schritt wurde der Marktzyklus um die vorgelagerte Phase Entstehungszyklus erweitert. Dieser setzt sich aus folgenden Stufen zusammen: Alternativensuchprozess, Alternativenbewertungs- und Auswahlprozess sowie Realisierungsprozess (Forschung, Entwicklung, Prototypenbau, Produktions- und Absatzvorbereitung). Der dem Entstehungszyklus folgende Marktzyklus besteht – angelehnt an das klassische PLM – aus den Stufen Markteinführung, Marktdurchdringung, Marktsättigung und Marktdegeneration.[18]

Um strategische Informationen aus der Unternehmensumwelt zu gewinnen, haben Pfeiffer/ Bischof (1981) den Beobachtungszyklus eingeführt, der wiederum dem Entstehungszyklus vorgelagert ist. Diese Informationen können die Zukunft des Unternehmens beeinflussen und für die Initiierung des Entstehenszyklus eines neuen Produkts erforderlich sein. Der Fokus dieser Phase liegt auf der wissenschaftlichen und technologischen Entwicklung.[19]

---

[14] Vgl. Siegwart/Senti (1995, S. 5), Zehbold (1995, S. 26).
[15] Vgl. Becker (2000, S. 2).
[16] Vgl. Siegwart/Senti (1995, S. 6), Zehbold (1995, S. 28–29).
[17] Vgl. Kemminger (1999, S. 97).
[18] Vgl. Pfeiffer/Bischof (1974, S. 635 ff.), Pfeiffer/Bischof (1975, S. 343 ff.).
[19] Vgl. Pfeiffer/Bischof (1981, S. 133 ff.).

3.1 Grundlagen

In einem weiteren Schritt ergänzten Pfeiffer et al. (1986) das Modell um den sog. Entsorgungszyklus, der dem Marktzyklus folgt (vgl. Abbildung 3.3).[20]

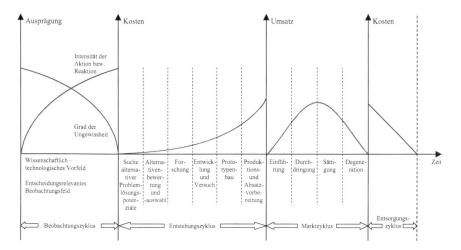

Abbildung 3.3: Integriertes Produktlebenszyklusmodell
(Eigene Darstellung in Anlehnung an Pfeiffer/Bischof (1981) und Pfeiffer et al. (1986))

Später entstanden durch andere Autoren noch weitere Varianten des integrierten PLM. Back-Hock (1988) etwa hat den Produktlebenszyklus in einen Entstehungs-, Markt- und Nachsorgezyklus strukturiert und Riezler (1996) führte in ähnlicher Form eine Strukturierung in eine Vorlaufphase, Marktphase und Nachlaufphase durch. Besonders interessant an dessen Darstellung ist, dass dieser im Gegensatz zu Pfeiffer und Bischof nach der Marktphase nicht nur die Entsorgung berücksichtigt, sondern im Zusammenhang mit der Nachlaufphase neben der Gewährleistung und dem Ersatzteilwesen auch für den Auslauf wichtige Themen wie den Abbruch und die Veräußerung von Anlagen erwähnt.[21]

3.1.2.3 Systemisches Produktlebenszyklusmodell

Das „systemische Produktlebenszyklusmodell" basiert auf dem integrierten PLM und wurde von Klenter (1995) entwickelt. Es verfügt ebenfalls über einen Entstehungszyklus, einen Marktzyklus sowie einen Entsorgungszyklus und unterscheidet sich vom integrierten PLM im Wesentlichen durch die Existenz mehrerer kleiner Beobachtungszyklen sowie die Erweiterung um einen Fertigungszyklus.[22] Die Verwendung mehrerer Beobachtungszyklen anstelle eines zentralen wird dadurch begründet, dass es sowohl während des Entstehungszyklus als auch im Anschluss an diesen erforderlich ist, Technologien, Konsumenten und Konkurrenten zu beobachten. Nur so können bei Bedarf auch in späteren Phasen des Produktlebenszyklus Anpassungen am Produkt vorgenommen oder andere

---

[20] Vgl. Pfeiffer et al. (1986, S. 107 ff.).
[21] Vgl. Back-Hock (1988, S. 22–23), Riezler (1996, S. 8–9); für weitere Details zu den Vorteilen des integrierten PLM im Vergleich zum klassischen PLM siehe Zehbold (1995) und die dort genannten Quellen.
[22] Vgl. Klenter (1995, S. 55 ff.).

Maßnahmen eingeleitet werden.[23] Der Fertigungszyklus wurde von den anderen Autoren vermutlich vernachlässigt, weil angenommen wurde, dass der Marktzyklus parallel zur Fertigung verläuft. In der Praxis trifft diese Annahme jedoch nicht zu. So beginnt z. B. in der Automobilindustrie die Fertigung von Fahrzeugen für den Markt bereits vor dem Verkauf und der Auslieferung der Fahrzeuge an die Händler und Endkunden. Das heißt, auch wenn Kunden und Händler bereits früher bestellen können, erfolgt der physische Markteintritt erst zu einem bestimmten Stichtag.[24] Auf die Beschreibung der weiteren Phasen wird an dieser Stelle verzichtet, da diese bereits im Rahmen des integrierten PLM erklärt wurden.

Kemminger (1999) hat das ursprüngliche systemische PLM von Klenter nochmals um einen Servicezyklus, also die Phase der Nutzung des Produkts beim Kunden, erweitert. Der Servicezyklus beinhaltet beispielsweise Werkstattdienstleistungen und das Ersatzteilwesen und verläuft zeitlich weitgehend parallel zum Fertigungs- und Marktzyklus, wobei er noch über den Marktzyklus hinausgeht. Zusätzlich hat Kemminger die Dauer des Entsorgungszyklus verlängert, um nicht nur die zu entsorgenden Produkte, sondern alle im Produktlebenszyklus anfallenden Rohstoffe und Abfälle zu betrachten. Der Ansatz von Kemminger kann als **„erweitertes systemisches Produktlebenszyklusmodell"** bezeichnet werden und ist in Abbildung 3.4 veranschaulicht.[25]

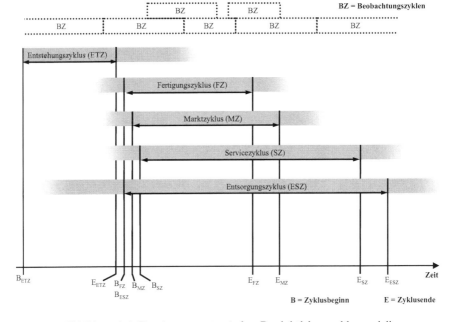

Abbildung 3.4: Erweitertes systemisches Produktlebenszyklusmodell
(Quelle: Kemminger (1999, S. 162))

---

[23] Vgl. Kemminger (1999, S. 101).
[24] Vgl. Klenter (1995, S. 70), Kemminger (1999, S. 101–102).
[25] Vgl. Kemminger (1999, S. 161–163).

3.1 Grundlagen

3.1.2.4 Kritische Würdigung

Das klassische PLM ist in der Praxis zwar sehr verbreitet, andererseits aber auch von vielen Seiten Kritik ausgesetzt. So weisen Siegwart/Senti (1995) u. a. darauf hin, dass mehrere Autoren in empirischen Studien gezeigt hätten, dass der klassische Produktlebenszyklusverlauf nur einen von vielen existierenden Verläufen darstellt.[26]

Darüber hinaus berücksichtigt der Ansatz keine vor- und nachgelagerten Zyklen außerhalb des Marktzyklus. In der Automobilindustrie ist jedoch nicht nur der Marktzeitraum einer Fahrzeugmodellvariante von Bedeutung, sondern auch die Zeit vor der Markteinführung und der Zeitraum nach der Serienproduktion. Vor der Markteinführung wird im Anlauf der Grundstein für den finanziellen Erfolg eines Projekts gelegt. Treten in diesem Zeitraum zu viele Beschaffungsengpässe und Qualitätsprobleme auf, führt dies zu hohen Anlaufkosten und einer verspäteten Markteinführung. Da in den frühen Phasen der Markteinführung die Kunden wesentlich preisbereiter auf die Marktdynamik reagieren, werden die Produktrenditen aber zunehmend in diesem Zeitraum erzielt.[27] Lost Sales, d. h. durch eine verspätete Markteinführung entgangene Umsätze, können innerhalb kurzer Lebenszyklen nicht mehr aufgeholt werden und schmälern somit den Gewinn des Unternehmens.

Die unterschiedlichen Varianten des integrierten PLM beseitigen durch die Erweiterung um einen Beobachtungs-, Entstehungs- und Entsorgungszyklus Schwächen des klassischen PLM. Kritisch ist jedoch die Annahme eines einmaligen, vorgelagerten Beobachtungszyklus sowie das Fehlen eines vom Marktzyklus abweichenden Fertigungszyklus.

Aus Sicht der Produktion und Logistik ist ein Modell mit Berücksichtigung des Fertigungszyklus vorzuziehen, zumal die Fabriken eines Automobilherstellers nach der Anzahl der zu bauenden Fahrzeuge gesteuert werden. Der Fertigungszyklus ist somit von großer Bedeutung, da er den gesamten Zeitraum der Produktion von Fahrzeugen beinhaltet und nicht nur die Dauer des Verkaufs der Produkte am Markt. Dies stimmt mit dem Sprachgebrauch in der Praxis überein, wo der Begriff „Produktlebenszyklus" i. d. R. mit dem Fertigungszyklus einer Fahrzeugmodellvariante verknüpft wird. Aus den genannten Gründen ist das erweiterte systemische PLM von Kemminger für die vorliegende Arbeit am besten geeignet.

3.1.3 Fertigungszyklus aus Sicht eines Automobilherstellers

Der Fertigungszyklus einer Fahrzeugmodellvariante kann in mehrere Phasen untergliedert werden. Im Anschluss an die Beschreibung dieser Phasen werden im folgenden Abschnitt die Abhängigkeiten zwischen dem Serienauslauf und anderen Fertigungszyklusphasen aufgezeigt.

3.1.3.1 Phasen des Fertigungszyklus

Hagen (2003) strukturiert die fertigungsorientierte Sicht in die in Abbildung 3.5 dargestellten Phasen: Vorserie/Nullserie, Hochlauf (Ramp-up), Serienproduktion, Serienaus-

---

[26]Vgl. Siegwart/Senti (1995, S. 7–12).
[27]Vgl. Kuhn (2002, S. 11); weitere Quellen zur Veranschaulichung der Bedeutung des Anlaufs sind: Back-Hock (1988, S. 112 ff.), Wangenheim (1998, S. 2–3), Wildemann (2005, S. 5).

lauf, Nachserienproduktion und Auslauf.[28] Er beschreibt die einzelnen Phasen jedoch nicht ausführlich, weshalb im Rahmen der folgenden Ausführungen zum Teil auf andere Veröffentlichungen zurückgegriffen wird, um diese zu erläutern.

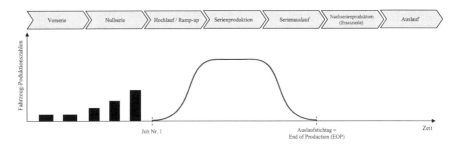

Abbildung 3.5: Phasen des Fertigungszyklus
(Eigene Darstellung in Anlehnung an Hagen (2003, S. 62))

Wangenheim (1998) fasst die ersten drei Phasen des Fertigungszyklus (Vorserie, Nullserie, Hochlauf) mit dem Begriff „Anlaufphase" zusammen.[29] Weiterführende Informationen zur Anlaufphase sind in folgenden Veröffentlichungen zu finden: Wangenheim (1998), Schmahls (2001), Kuhn (2002), Laick (2003), Risse (2003), Romberg/Haas (2005), Voigt/Thiell (2005), Wildemann (2005).

Auf der Arbeit von Wangenheim aufbauend beschreibt Laick (2003) die Anlauf- und Serienphase sehr treffend wie folgt:

- **Vorserie:** „Als Vorserie wird die Produktion von Prototypen mit einer größeren Stückzahl bezeichnet, die im Gegensatz zum Prototypenbau bereits unter seriennahen Bedingungen abläuft. Produkte dieses Stadiums werden benötigt, um erste Aussagen des Produktverhaltens gegenüber den gesetzlichen Tests zu treffen. [...] Der Unterschied der Vorserie zum Prototypenbau besteht darin, dass die zur Fertigung und Montage der neuen Produkte notwendigen Produktionsprozesse und die damit verbundenen Produktionsanlagen bereits getestet werden können. Diese Phase dient dazu, die Implementierung der Produktionsprozesse in die Organisation zu starten."

- **Nullserie:** „Da Einzelteile und Baugruppen durch den Übergang von Pilot- auf Serienwerkzeuge ihre Eigenschaften ändern können und dadurch ihre Funktion im Gesamtprodukt beeinträchtigt werden kann, werden in dieser Phase nicht erkennbare Sekundäreffekte, beispielsweise elektromagnetische Wechselwirkungen oder Resonanzfrequenzen, innerhalb des Produkts entdeckt. [...] Kennzeichnend für die Produktionsprozesse in der Nullserie ist die seriennahe Produktion, in der die Implementierung der Produktionsprozesse in die Organisation beendet wird. In der Nullserie werden alle Komponenten mit Serienwerkzeugen hergestellt und fremdbezogene Teile stammen bereits aus der laufenden Serienproduktion des Zulieferers. Fertigungs- und Montageprozesse können nun im Detail abgestimmt werden."

---
[28]Vgl. Hagen (2003, S. 62–63).
[29]Vgl. Wangenheim (1998, S. 24 ff.).

3.1 Grundlagen

- **Hochlauf:** „In der Hochlaufphase wird das erste kundenfähige Produkt produziert. In der Automobilindustrie findet sich dafür der Begriff Job No. 1. Der Produktionshochlauf erfolgt einige Zeit vor dem Verkaufsbeginn des neuen Produkts, damit die Distributionskanäle gefüllt werden können."

- **Serienproduktion:** „Das Produkt wird in dieser Phase in der geplanten Ausbringungsmenge mit den geplanten Qualitäts-, Kosten- und Zeitzielen hergestellt und als Serienprodukt definiert. Die Gewinnschwelle des Produkts sollte in dieser Phase erreicht werden."[30]

Die Definition von Laick soll nun durch eine Beschreibung der Phasen Serienauslauf, Nachserienproduktion und Auslauf ergänzt werden:

- **Serienauslauf:** Im Serienauslauf werden die letzten Fahrzeuge einer Fahrzeugmodellvariante für den Markt produziert, d. h., hierzu wird die maximale Ausbringungsmenge aus der Serienproduktionsphase auf null heruntergefahren. Der Tag, an dem das letzte Kundenfahrzeug hergestellt wird, wird als Auslaufstichtag bzw. „End of Production (EOP)" bezeichnet. Für die Reduzierung der Ausbringungsmengen existieren unterschiedliche Methoden, die in Abschnitt 3.1.3.2 erläutert werden.

- **Nachserienproduktion:** In der Nachserienproduktion werden Ersatzteile für die Fahrzeuge hergestellt, die bis zum Ende des Serienauslaufs am Markt verkauft wurden. Der Begriff „Produktion" bezieht sich in dieser Phase also nicht auf Fahrzeuge, sondern auf Ersatzteile. Dabei ist zu beachten, dass ein Großteil der Ersatzteile nicht von den Automobilherstellern selbst, sondern von deren Lieferanten gefertigt werden.

- **Auslauf:** Diese Phase beschreibt das Ende des gesamten Fertigungszyklus einer Fahrzeugmodellvariante inkl. der Produktion von Ersatzteilen.

Folglich sind einige wichtige Punkte hinsichtlich der Phasen des Fertigungszyklus aus Sicht eines OEM zu beachten: In den Phasen Vorserie, Nullserie, Hochlauf, Serienproduktion und Serienauslauf werden sowohl Fahrzeuge als auch Ersatzteile produziert, in der Nachserie und im Auslauf ausschließlich Ersatzteile, wobei der Begriff „Auslauf" sowohl in der Serienauslaufphase als auch in der Auslaufphase gebraucht wird. Gemäß der in Abschnitt 3.1.1.1 aufgeführten Definition ist für die vorliegende Arbeit die Serienauslaufphase und nicht die Auslaufphase relevant. In den weiteren Ausführungen wird der Begriff „Auslaufphase" daher im Sinne der Serienauslaufphase gebraucht und ist nicht im Zusammenhang mit dem Auslauf am Ende des gesamten Fertigungszyklus zu sehen.

Die Phasen des Fertigungszyklus unterscheiden sich nicht nur inhaltlich, sondern auch hinsichtlich ihrer Dauer. Dabei kann die Festlegung der Dauer der Marktzyklen nachfrage- oder technologieorientiert erfolgen.[31] Da die OEM in der Automobilindustrie die Dauer der Produktlebenszyklen nicht nur von der Marktnachfrage abhängig machen, sondern die eingesetzte Strategie primär an der technologischen Weiterentwicklung ihrer Produkte ausrichten, ist in dieser Branche von einer technologieorientierten Strategie auszugehen. Der gestiegene Wettbewerbsdruck und eine Vielzahl an technologischen Entwicklungen

---
[30]Laick (2003, S. 9–13).
[31]Vgl. Diez (1990, S. 268–270).

führen zu einer Beschleunigung der Innovationszyklen, deren Folge die kontinuierliche Verkürzung der Produktlebenszyklen ist.[32] So beträgt der Zeitraum der Produktion von Kundenfahrzeugen zwischen dem Startpunkt des Hochlaufs und dem Ende des Serienauslaufs heute durchschnittlich 6 Jahre. Damit hat sich der Marktzyklus in den letzten 20 Jahren um ca. 4 Jahre verkürzt, wie in Abbildung 3.6 veranschaulicht ist.[33] Als durchschnittliche Dauer der Vorserie und Nullserie nennt Schmahls (2001) 3 Jahre, als Dauer des Hochlaufs 6 Monate und für den Zeitraum der Serienproduktion und des Serienauslaufs insgesamt 7 Jahre.[34] Die Nachserienphase erstreckt sich aufgrund der Gesetzeslage über ca. 10–15 Jahre.[35] Der Auslauf der Ersatzteilversorgung am Ende des Fertigungszyklus ist wieder von verhältnismäßig kurzer Dauer.

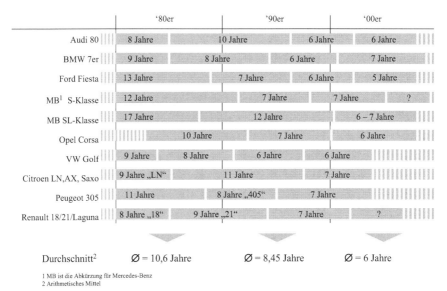

Abbildung 3.6: Marktzyklen ausgewählter Automobilserien (Quelle: Dannenberg (2005, S. 37))

3.1.3.2 Abhängigkeiten zwischen Serienauslauf und Anlauf

Auf den Serienauslauf einer Fahrzeugmodellvariante folgt i. d. R. der Anlauf einer Nachfolgevariante. Ausnahmen stellen lediglich der Auslauf einer gesamten Fahrzeugbaureihe ohne Nachfolgemodell oder die Einführung einer neuen Fahrzeugmodellvariante in einer neuen Fertigungsumgebung dar. Die Umstellung der Produktion von der alten auf die neue Modellvariante kann auf unterschiedliche Weise erfolgen.[36] In Anlehnung an Risse

---
[32]Vgl. Kurek (2004, S. 19–20), Wildemann (2005, S. 4 u. 7).
[33]Vgl. Dannenberg (2005, S. 37).
[34]Vgl. Schmahls (2001, S. 11).
[35]Vgl. Hagen (2003, S. 14).
[36]Vgl. Clark/Fujimoto (1991, S. 192–194), Wangenheim (1998, S. 29), Risse (2003, S. 175–177), Wildemann (2005, S. 300).

3.1 Grundlagen

und Wangenheim wird an dieser Stelle zwischen den drei Umstellungsarten Abschaltmethode, Blockmethode und Stufenmethode differenziert, die in Abbildung 3.7 visualisiert sind.

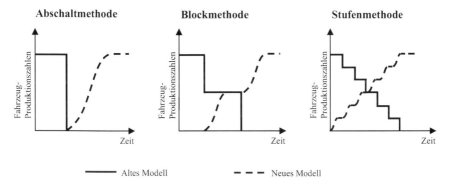

Abbildung 3.7: Übergang zwischen Serienauslauf- und Anlaufphase
(Quelle: Fickel (2005, S. 7))

Bei der **Abschaltmethode** wird die Fertigung der Vorgängervariante zu einem zuvor festgelegten Zeitpunkt komplett gestoppt. Nach der Umrüstung der Montagelinien beginnt die Herstellung des Nachfolgeprodukts. In der Folge gibt es keine Überlappung zwischen den Produktionsphasen des alten und neuen Produkts, was bedeutet, dass nicht gleichzeitig Teile der alten und neuen Fahrzeugmodellvariante in der Produktion vorgehalten werden müssen.

Im Rahmen der **Blockumstellung**, die vor allem bei einer räumlich aufgeteilten Produktherstellung relevant ist, wird die Produktion nacheinander auf den verschiedenen Montagelinien oder in den Produktionsstätten geändert. Der Zeitraum zwischen den Umstellungen an den einzelnen Produktionsstätten kann genutzt werden, um Probleme im Anlauf zu beheben und eine stabile Produktion auf den umgestellten Montagelinien zu erreichen.

Die **Stufenmethode** wiederum bewirkt ein stufenweises Herunterfahren der Vorgängermodellvariante bei gleichzeitigem Hochfahren der Nachfolgemodellvariante und damit eine Überlappung der Produktion beider Modelle auf den gleichen Montagebändern bzw. in den gleichen Produktionsstätten. Diese Variante erfordert einen hohen Koordinationsaufwand zwischen der Aus- und der Anlaufsteuerung. Darüber hinaus müssen Teile für beide Fahrzeugmodellvarianten gleichzeitig in der Produktion vorgehalten und die terminliche Einplanung von alten und neuen Fahrzeugen muss exakt auf die vorhandenen Kapazitäten abgestimmt werden.[37]

Die Entscheidung für eine der Varianten ist von den mit der jeweiligen Auslauf-Anlaufkombination verbundenen Rahmenbedingungen und damit vor allem von den Konstellationen hinsichtlich der Produktionsstätten abhängig. Laut Wildemann (2005) verfolgt Opel die Abschaltmethode, während BMW den Übergang zwischen Auslauf und Anlauf mithilfe der Blockmethode gestaltet.[38] Bei Audi und Daimler kommen laut Expertenaussagen je nach

---
[37]Vgl. Wangenheim (1998, S. 29), Risse (2003, S. 175–177).
[38]Vgl. Wildemann (2005, S. 300).

Situation unterschiedliche Strategien zum Einsatz, wobei vorrangig die Stufenmethode verwendet wird.[39]

3.1.3.3 Abhängigkeiten zwischen Serienauslauf und Nachserie

Auch zwischen der Serienauslaufphase einer Fahrzeugmodellvariante und der anschließenden Versorgung des Marktes mit Ersatzteilen (Nachserienphase) besteht ein wichtiger Zusammenhang. Nach DIN 24 420 handelt es sich bei Ersatzteilen um „Teile (z. B. auch Einzelteile genannt), Gruppen (z. B. auch Baugruppen und Teilegruppen genannt) oder vollständige Erzeugnisse, die dazu bestimmt sind, beschädigte, verschlissene oder fehlende Teile, Gruppen oder Erzeugnisse zu ersetzen"[40]. Ersatzteile weisen ebenso wie Fahrzeugmodellvarianten einen Lebenszyklus auf und werden für die Serien- und Nachserienphase von Modellvarianten benötigt.[41]

Im Kontext dieser Arbeit ist der Nachserienbedarf nach dem Auslauf der Modellvariante interessant. Nach dem Serienauslauf werden zwar keine neuen Fahrzeuge der ausgelaufenen Fahrzeugmodellvariante mehr produziert, Ersatzteile werden jedoch weiterhin benötigt. Zu diesem Zweck können Überschussteile aus dem Serienauslauf teilweise von den OEM-Produktionswerken an das eigene Ersatzteilwesen zur Abdeckung des Nachserienbedarfs verkauft werden, wodurch diese nicht verschrottet werden müssen. Da dort mit zunehmender Abnahmemenge selbst das Verschrottungsrisiko steigt, kann das Ersatzteilwesen aber nicht Teile in beliebiger Menge abnehmen. Die Bedarfsprognosen für Ersatzteile weisen eine sehr hohe Varianz auf und hängen von zahlreichen Einflussgrößen ab.[42] So finden in der Praxis bereits mehrere Monate vor dem Auslaufstichtag Verhandlungen zwischen den Produktionswerken eines Automobilherstellers und dem Ersatzteilwesen über mögliche Abnahmemengen statt.

Um den Bedarf an Ersatzteilen in der Nachserienphase abzudecken, gibt es grundsätzlich zwei Möglichkeiten: Zum einen kann der prognostizierte Bedarf für die Nachserienphase bereits in der Serie vorproduziert und gelagert und somit ein hoher Servicegrad hinsichtlich der Erfüllung des Bedarfs nach Ersatzteilen erreicht werden. Je länger die Ersatzteile jedoch gelagert werden, desto höhere Kapitalbindungskosten und zusätzliche Instandhaltungs- und Lagerhaltungskosten werden verursacht. Dies impliziert die zweite Methode, bei der die Produktion der Ersatzteile erst nach dem Auslaufstichtag in kleineren Mengen unter Nicht-Serienbedingungen nach Bedarf erfolgt. Auf diese Weise können zwar die Kosten für die Bevorratung der Ersatzteile reduziert werden, dafür sinkt jedoch der Lieferservicegrad bei steigenden Fertigungs- bzw. Rüstkosten.[43]

3.1.4 Auslaufvarianten auf Teileebene

Wie bereits in Abschnitt 3.1.3.1 gezeigt wurde, wird der Begriff „Auslauf" in der Literatur wie in der Praxis in unterschiedlichen Zusammenhängen verwendet. Demnach kann er aus Sicht eines Automobilherstellers für das Ende der Serienphase im Fertigungszyklus

---

[39] Erkenntnis aus einem Expertengespräch zwischen Daimler und Audi im Jahre 2006.
[40] Deutsches Institut für Normung (1976).
[41] Vgl. Dombrowski et al. (2002).
[42] Vgl. Pfohl (1991, S. 1038).
[43] Vgl. Aurich et al. (2005, S. 258).

3.1 Grundlagen

einer Fahrzeugmodellvariante oder das Ende der Ersatzteilversorgung des Marktes herangezogen werden. Zudem kann er für das Ende der Serienproduktion eines Teiles stehen. Inness (1995) unterscheidet grundsätzlich zwischen dem Auslauf von Teilen und Produkten, wobei das Produkt im vorliegenden Kontext eine Fahrzeugmodellvariante darstellt.[44] Jania (2005) sieht die Thematik ähnlich und zeigt, dass innerhalb des Lebenszyklus einer Fahrzeugmodellvariante die im Fahrzeug verbauten Teile aufgrund von Änderungen selbst mehrere Lebenszyklen durchlaufen.[45] Im Folgenden sollen die unterschiedlichen Auslaufvarianten veranschaulicht und dabei jeweils auf die relevanten Phasen des Fertigungszyklus bezogen werden.

3.1.4.1 Produkt- und Teileauslauf in der Serienauslaufphase des Fertigungszyklus einer Fahrzeugmodellvariante

Der Begriff „Auslauf" bezieht sich primär auf die Serienauslaufphase am Ende des Fertigungszyklus von Produkten, im vorliegenden Kontext also auf das Ende der Serienfertigung von Fahrzeugmodellvarianten. Damit verbunden ist auch das Ende der Serienproduktion aller relevanten Module und Einzelteile der jeweiligen Fahrzeugmodellvariante, die im Weiteren der Einfachheit halber als Teile bezeichnet werden.[46] Aus Sicht der Beschaffung eines Automobilherstellers erfolgt die Feinsteuerung des Auslaufs einer Fahrzeugmodellvariante auf Teileebene.

3.1.4.2 Teileauslauf in der Anlauf- oder Serienproduktionsphase des Fertigungszyklus einer Fahrzeugmodellvariante

In der Praxis spricht man auch während der Anlauf- und Serienphase des Fertigungszyklus von Ausläufen. In diesem Fall handelt es sich beim Fahrzeughersteller aber nicht um Ausläufe von Produkten im Sinne von Fahrzeugmodellvarianten, sondern um Ausläufe auf Teileebene im Rahmen von Änderungen, bei denen bisher verbaute Teile durch modifizierte Nachfolgeteile ersetzt werden.[47] Das heißt, jede Änderung eines Teiles führt zu dessen Auslauf und zum Anlauf des Nachfolgeteiles. Die Ursachen für solche Änderungen können sowohl interner als auch externer Natur sein. So werden beispielsweise Qualitätsverbesserungen, potenzielle Kosteneinsparungen, technischer Fortschritt oder Verbesserungen bzw. Vereinfachungen bei Fertigung und Montage den intern bedingten Änderungsgründen zugerechnet. Externe Gründe bestehen z. B. in der Verwendung neuartiger Werkstoffe, einer veränderten Wettbewerbssituation oder verschärften Gesetzen und Normen. Die meisten Änderungen werden jedoch intern verursacht und beziehen sich auf die Beseitigung von Qualitätsmängeln.[48]

Beim Auslauf von Teilen in der Anlauf- oder Serienphase ist zwischen einzelnen oder gebündelten Ausläufen und dabei wiederum zwischen einzelnen technischen Änderungen, Änderungsjahren (ÄJ) und Modellpflegen (MOPF) zu differenzieren.

Einzelne **technische Änderungen** betreffen jeweils nur ein Teil und dienen i. d. R. der

---

[44] Vgl. Inness (1995, S. 325 u. 327 ff.).
[45] Vgl. Jania (2005, S. 63–64).
[46] Eine Ausnahme stellen Gleichteile für eine Folgemodellvariante, für andere Baureihen oder für Ersatzteile dar.
[47] Hinweis: Aus Sicht eines Teilelieferanten handelt es sich um auslaufende Endprodukte.
[48] Vgl. Wildemann (2004b, S. 18); für weitere Gründe von Änderungen siehe Inness (1995, S. 37–44).

kurzfristigen Behebung von Qualitätsproblemen. Sie können in der Anlauf- und Serienphase auftreten, wobei ein Großteil der Änderungen während der aus Qualitätssicht kritischen Anlaufphase stattfindet. In der Serienauslaufphase hingegen sollten technische Änderungen nach Möglichkeit vermieden werden.[49]

Da jede Änderung mit einem Steuerungsaufwand und somit mit Kosten verbunden ist, werden einzelne Änderungen, falls möglich, gebündelt. Inness (1995) spricht in diesem Zusammenhang von Block- oder Gruppenänderungen,[50] durch welche sich Einsparungen bei der Änderungsbearbeitung und den Folgewirkungen der Änderungen erzielen sowie Störungen der Entwicklungs- und Produktionsprozesse reduzieren lassen.[51] Solche gebündelten Änderungen finden bei Daimler beispielsweise in Form von Änderungsjahren oder Modellpflegen statt, wobei beide Bündelungsvarianten ausschließlich in der Serienproduktionsphase des Fertigungszyklus auftreten.[52]

Modellpflegen enthalten sehr viele Änderungen und treten innerhalb des Lebenslaufs einer Fahrzeugmodellvariante nur einmal auf. Das Ziel einer MOPF besteht primär darin, die Attraktivität des Produkts im letzten Drittel des Lebenszyklus für die Kunden noch einmal zu erhöhen und damit einem Absatzrückgang entgegenzuwirken. Eine Modellpflege umfasst daher neben rein technischen Änderungen auch Innvovationen und eine Überarbeitung des äußeren Erscheinungsbildes des Fahrzeugs.[53]

Änderungsjahre sind vom Charakter ähnlich wie Modellpflegen, beinhalten aber weniger Änderungen und finden häufiger statt – in den meisten Fällen ein- bis zweimal pro Jahr. Bei den Änderungen im Rahmen eines Änderungsjahres handelt es sich hauptsächlich um technische Verbesserungen und weniger um für Kunden sichtbare optische Änderungen am Fahrzeug.

3.1.4.3 Zusammenfassung der Auslaufvarianten

Zusammenfassend kann zwischen dem Auslauf aller Teile einer Fahrzeugmodellvariante in der Serienauslaufphase im Fertigungszyklus und dem einzelnen oder gebündelten Auslauf von Teilen während der Anlauf- und Serienproduktionsphase einer Fahrzeugmodellvariante differenziert werden. Insgesamt existieren somit vier Ausprägungen von Ausläufen auf Teileebene, die im Folgenden als Auslaufvarianten bezeichnet werden:

- Auslaufvariante 1: **Auslauf eines Einzelteiles** einer Fahrzeugmodellvariante aufgrund einer **einzelnen technischen Änderung** während der Anlauf- oder Serienproduktionsphase im Fertigungszyklus

- Auslaufvariante 2: Gebündelter **Auslauf mehrerer Teile** einer Fahrzeugmodellvariante im Rahmen eines **Änderungsjahres** während der Serienproduktionsphase im Fertigungszyklus

---
[49]Vgl. Inness (1995, S. 52), Wildemann (2004b, S. 213).
[50]Vgl. Inness (1995, S. 252).
[51]Vgl. Wildemann (2004b, S. 157).
[52]Vgl. Fickel (2005, S. 20). Herold (2005) verwendet im Rahmen seiner Betrachtung des OEM Volkswagen für den Begriff „Änderungsjahr" das Synonym „Modelljahreswechsel" und bezeichnet „Modellpflegen" als „Facelifts" oder „große Produktaufwertungen"; vgl. Herold (2005, S. 41 u. 255).
[53]Vgl. Lederle (1985, S. 190–192), Becker (2000, S. 4), Herold (2005, S. 41), Jania (2005, S. 70).

- Auslaufvariante 3: Gebündelter **Auslauf mehrerer Teile** einer Fahrzeugmodellvariante im Rahmen einer **Modellpflege** während der Serienproduktionsphase im Fertigungszyklus

- Auslaufvariante 4: Gebündelter **Auslauf aller Teile** im Rahmen eines **Fahrzeugmodellvarianten-Auslaufs** in der Serienauslaufphase im Fertigungszyklus[54]

Abschließend ist anzumerken, dass manche Automobilhersteller bei Änderungsjahren, Modellpflegen und Serienausläufen spezifische Projektgruppen bilden, die aus mehreren Funktionsbereichen zusammengesetzt sind und den Auslauf intern und in Richtung der Lieferanten koordinieren. Dabei unterscheidet sich der Projektaufwand je nach Anzahl der Auslaufteile – so wird zur Steuerung des Auslaufs einer Fahrzeugmodellvariante mehr Aufwand betrieben als zur Koordination eines Änderungsjahres.

3.1.4.4 Auslauf im Rahmen der vorliegenden Arbeit

Der Schwerpunkt der vorliegenden Arbeit liegt auf Auslaufvariante 4, da bei dieser aufgrund der hohen Anzahl an Auslaufteilen und der Komplexität die größten Optimierungspotenziale bestehen. Das zu entwickelnde Koordinationsmodell wird jedoch so ausgelegt, dass es auch im Rahmen von gebündelten Teileausläufen in Form von Änderungsjahren und Modellpflegen angewandt werden kann. Teileausläufe aufgrund einzelner technischer Änderungen, die häufig sehr kurzfristig und vor allem in der Anlaufphase eines Produktprojekts auftreten, stehen nicht im Fokus der vorliegenden Arbeit. Muss ein Teil im Anlauf aufgrund eines Qualitätsproblems kurzfristig geändert werden, bleiben der Logistik aus Planungssicht wenig Spielräume: Um den Produktionshochlauf nicht hinauszuzögern, werden solche Änderungen oft ohne langfristige Abstimmungen direkt durchgesetzt. Für Verbesserungen in diesem Themenumfeld sind Standardprozesse und organisatorische Regeln von Bedeutung, die im Rahmen von Veröffentlichungen zum Thema Änderungsmanagement betrachtet werden.[55]

3.2 Serienauslaufphase im Fertigungszyklus

Im Rahmen dieses Abschnitts wird die Literatur zum Serienauslauf (Auslaufvariante 4) analysiert, wobei nach einem Literaturüberblick eine kritische Bewertung der Veröffentlichungen hinsichtlich ihrer Relevanz für die vorliegende Problemstellung erfolgt.

3.2.1 Literaturüberblick

Im Gegensatz zum Anlaufprozess haben sich bisher nur wenige Autoren mit den Details der Serienauslaufphase beschäftigt. Das liegt vermutlich an der Tatsache, dass Anlaufprojekte aufgrund ihrer großen Öffentlichkeitswirkung und wirtschaftlichen Bedeutung für den Erfolg einer neuen Baureihe im Top-Management der OEM eine höhere Priorität genießen als Auslaufprojekte. Bei der Literaturrecherche konnten vier relevante und im

---

[54]Eine Ausnahme stellen Gleichteile für eine Folgemodellvariante, für andere Baureihen oder für Ersatzteile dar.
[55]Vgl. Inness (1995), Jania (2005).

Folgenden vorgestellte Veröffentlichungen identifiziert werden, die sich im Hinblick auf ihre Schwerpunkte und die Ausführlichkeit, mit der sie das Thema behandeln, jedoch stark voneinander unterscheiden.

3.2.1.1 Auslauf eines Produkts nach Inness (1995)

Inness (1995) unterscheidet in Bezug auf den Auslauf eines Produkts drei Stadien: Mit dem ersten Stadium – **„Entfernung des Produkts aus der Produktion"** – ist die eigentliche Serienauslaufphase eines Produkts gemeint. Das zweite Stadium – **„Entfernung des Produkts aus der Produktunterstützung"** – bezieht sich auf das Ende der Nachserienphase und damit auf das Ende der Versorgung des Marktes mit Ersatzteilen. Als letztes Stadium nennt Inness die **„Endgültige Entfernung aller sich auf das Produkt beziehenden Dokumente"**. Im Rahmen dieser Arbeit ist vor allem der Serienauslauf als das erste Stadium relevant. Die aus Sicht eines Produktherstellers in diesem Zusammenhang notwendigen Aktivitäten werden im Folgenden beschrieben:

In einem ersten Schritt ist die Produktion des Herstellers über einen anstehenden Produktauslauf sowie den geplanten Auslaufstichtag zu informieren, wobei diese Information so erfolgen sollte, dass die Menge an Überschussteilen nach dem Auslaufstichtag auf ein Minimum reduziert wird. Dem folgt die Ermittlung und Kennzeichnung der vom Produktauslauf betroffenen Teile. Für diese schlägt Inness „vor dem Auslauf stehend" oder „potenziell veraltet" vor. In diesem Schritt müssen auch Lieferverträge überprüft und Rahmenverträge rückgängig gemacht werden. Ein weiterer Schritt beinhaltet die Abstimmung und Einfrierung des Auslaufproduktionsprogrammplans mit dem Vertrieb zur Verhinderung von Bedarfsschwankungen in der Serienauslaufphase. Nach der Festlegung des Produktionsprogramms sollten die Kunden darüber informiert werden, dass ab diesem Zeitpunkt nur noch Nachfolgeprodukte erhältlich sind.

Hinsichtlich der Versorgung des Ersatzteilwesens empfiehlt Inness, den geschätzten Allzeitbedarf an Ersatzteilen bereits vor dem Auslaufstichtag zu produzieren, um nach dem Serienauslauf die Produktionswerkzeuge zurückziehen zu können. Nach dem Serienauslauf und der Versorgung des Ersatzteilwesens mit dem geschätzten Allzeitbedarf noch vorhandenes Überschussmaterial kann anderen Unternehmen zur Neubearbeitung oder Lieferanten zum Zurückkauf angeboten werden.[56]

3.2.1.2 Serienauslauf in der Produktion nach Aurich et al. (2005)

Aurich et al. (2005) haben den Auslaufprozess aus Sicht der Produktion analysiert. Dabei liegt der Fokus auf dem Einsatz von modularen, skalierbaren Produktionssystemen, deren Kapazität an schwankende Stückzahlen angepasst werden kann. Solche Systeme haben im Auslauf eine besondere Bedeutung, weil in diesem Zeitraum die Kapazitäten entsprechend der sinkenden Nachfragemenge reduziert werden sollen. Die genannten Produktionssysteme bestehen aus Prozessmodulen, bei denen es sich um ein funktionsfähiges Element des Produktionssystems handelt, „das als abgeschlossene, physische Gestaltungseinheit mit klar definierten, standardisierten Schnittstellen und standardisiertem Aufbau ausgegliedert, integriert, vervielfältigt, rekonfiguriert bzw. verlagert werden kann"[57] Der

---

[56]Vgl. Inness (1995, S. 327–329).
[57]Aurich et al. (2005, S. 258).

3.2 Serienauslaufphase im Fertigungszyklus

Serienauslauf wird in die drei sequenziellen Teilprozesse Reduktion, Rückbau und Ersatzteilphase untergliedert:[58]

Die **Reduktionsphase** ist durch sinkende Nachfragemengen am Ende des Lebenszyklus eines Produkts und der daraus resultierenden Reduzierung der Produktionskapazität ohne strukturelle Änderungen am Produktionssystem gekennzeichnet und kann beispielsweise durch eine geeignete Anpassung des Personaleinsatzes erfolgen.

Erst in der folgenden **Rückbauphase**, die den Schwerpunkt der Veröffentlichung von Aurich et al. (2005) darstellt, werden strukturelle Änderungen am Produktionssystem zur Verringerung der Kapazität durchgeführt, wie z. B. das Eliminieren von redundanten Prozessmodulen oder die Substitution von Prozessmodulen mit hoher Kapazität durch andere mit geringerer Kapazität. Ferner beschreiben die Autoren die Möglichkeit, in dieser Phase die Produktion des auslaufenden Produkts in andere Werke oder auf eine Rückbaulinie zu verlagern.

In der **Ersatzteilphase** geht es um die Produktion der Ersatzteile. Hier wird zwischen der einmaligen Produktion und Lagerung des Allzeitbedarfs der Ersatzteile und deren bedarfssynchronen Fertigung differenziert. Wie gezeigt wurde, ist diese Phase aus Sicht der vorliegenden Arbeit nicht dem Serienauslauf, sondern der Nachserienproduktion zuzuordnen.[59]

3.2.1.3 Auslaufprozess in der Automobilindustrie nach Fickel (2005)

Fickel (2005) hat einen Standardprozess für Serienauslaufprojekte in der Automobilbranche aus Sicht eines Fahrzeugherstellers definiert und spezifiziert. Dabei teilt sie den Serienauslauf hierarchisch in fünf Handlungsfelder bzw. Hauptprozesse und diese wiederum in Prozesse und Unterprozesse auf. Die Hauptprozesse und Prozesse der obersten Ebene, welche zeitlich teilweise parallel verlaufen, sind in Abbildung 3.8 dargestellt.

Der erste Hauptprozess heißt „**Festlegung Auslaufprojekt**" und besteht aus vier Prozessen: Der erste Prozess – „Festlegung Auslaufprojekt" – dient vor allem der Festlegung einer Projektorganisation für die Auslaufkoordination. Hierzu zählen Aktivitäten wie die Bestimmung eines Projektleiters sowie die Identifizierung und Information der vom Auslauf betroffenen Bereiche und Personen. Der zweite Prozess – „Ausarbeitung Auslaufstrategie" – beinhaltet die Festlegung einer Auslaufstrategie, die Abstimmung mit dem möglicherweise folgenden Anlaufprojekt einer Nachfolgemodellvariante sowie das Aufsetzen eines Änderungsmanagements für auslaufende Teile. Dabei sind technische Änderungen in der Auslaufphase zu vermeiden. Im dritten Prozess – „Festlegung Produktionsprogramm" – erfolgt eine Abstimmung zwischen den Produktionswerken und dem Vertrieb des Automobilherstellers, mit dem Ziel, einen Änderungsstopp für Fahrzeugaufträge zu vereinbaren. Auf diese Weise können innerhalb des Zeitraums der Abnahmeverpflichtungen der Hersteller auftretende Bedarfsschwankungen reduziert und die Planungsgenauigkeit in der Auslaufphase kann erhöht werden. Im Rahmen des vierten Prozesses – „Ermittlung Auslaufvolumen und Datenintegration" – findet die Identifizierung der mit einer Fahrzeugmodellvariante auslaufenden Teile statt. Dieser Schritt ist insbesonders deshalb wichtig.

---

[58]In Abschnitt 3.1.3.1 wurde für die vorliegende Arbeit jedoch festgelegt, dass die Produktion von Ersatzteilen nach dem Auslaufstichtag nicht Teil der Serienauslaufphase, sondern Teil der Nachserienproduktion ist. Diese Festlegung ist wichtig, weil somit nur die von Aurich et al. (2005) genannten Phasen Reduktion und Rückbau als Bestandteile des Serienauslaufs einer Fahrzeugmodellvariante anzusehen sind.

[59]Vgl. Aurich et al. (2005).

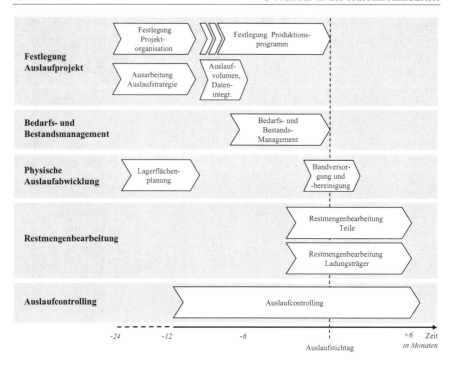

Abbildung 3.8: Auslaufprozess in der Automobilindustrie
(Quelle: Fickel (2005, S. 36))

da er die Basis für die später folgende Aussteuerung der Teile und das damit verbundene Herunterfahren der Bestände bis zum Auslaufstichtag darstellt. Werden Teile in diesem Prozess fälschlicherweise nicht als Auslaufteile erkannt und in den Systemen als solche gekennzeichnet, kann für diese keine Reduzierung der Bestandsreichweiten durchgeführt werden. In der Folge sind Überschussmengen am Auslaufstichtag nicht zu vermeiden. Zur Ermittlung der Auslaufteile existieren unterschiedliche Methoden, auf die an dieser Stelle nicht weiter eingegangen wird, weil sie zu sehr von den spezifischen Dokumentationssystemen eines einzelnen Unternehmens abhängig sind. Datenintegration bedeutet in diesem Prozess die integrierte Bereitstellung aller für den Auslauf relevanten Informationen, wie beispielsweise die Grunddaten der auslaufenden Teile inkl. Abnahmeverpflichtungszeiträume oder Informationen über Bestände und restliche Bedarfe bis zum Auslaufstichtag.

Der zweite Hauptprozess, das **„Bedarfs- und Bestandsmanagement"** dient zum einen der Information der 1st-Tier-Lieferanten über den Auslauf und den voraussichtlichen Auslaufstichtag mit den letzten Bedarfen beim OEM. Die erforderlichen Informationen können in Form eines Informationsschreibens an die Lieferanten übermittelt oder bei Bedarf zusätzlich in persönlichen Gesprächen vertieft werden. Zum anderen beinhaltet der Prozess eine Priorisierung der Auslaufteile und eine Bestandsaufnahme bei hoch priorisierten Auslaufteilen. Das Ziel der Priorisierung besteht in der Minimierung der zu zählenden Teile. Hoch priorisierte Teile sind solche mit verhältnismäßig hohen Einkaufspreisen, die im Falle

3.2 Serienauslaufphase im Fertigungszyklus

von Überschussmengen am Auslaufstichtag zu hohen Verschrottungskosten führen können und deshalb eine besonders genaue Auslaufsteuerung erfordern. Bei Abweichungen zwischen den physisch gezählten Beständen und theoretischen Systembeständen erfolgt eine Anpassung der Lieferabrufe des Fahrzeugherstellers. Idealerweise sollten Bestandszählungen vor Beginn der Fristen aus den Abnahmeverpflichtungen stattfinden, um die Lieferabrufe rechtzeitig korrigieren zu können.[60]

Die „**physische Auslaufabwicklung**" als dritter Hauptprozess besteht aus den beiden Prozessen „Flächenplanung" sowie „Bandversorgung und -bereinigung". Die Planung von Lagerflächen für den Auslauf basiert zum Großteil auf Erfahrungswerten. Dabei müssen die Flächenplaner bereits ca. ein Jahr vor dem Auslaufstichtag schätzen, wie viele zusätzliche Lagerflächen in der Serienauslaufphase zur Lagerung von altem Material aus dem Auslauf und neuem Material für einen möglicherweise folgenden Anlauf insgesamt benötigt werden. Je nach Verfügbarkeit von Lagerflächen im Produktionswerk müssen bei Bedarf externe Lagerflächen angemietet werden. Der Prozess „Bandversorgung und -bereinigung" beinhaltet die Kennzeichnung von Auslaufteilen durch die Versorgungslogistik der Bandbereiche des Automobilherstellers während des Serienauslaufs sowie die Entfernung von Überschussmaterial von den Produktionsbändern nach dem Auslaufstichtag.

Beim vierten Hauptprozess – „**Restmengenbearbeitung**" – kann hinsichtlich der Bearbeitung von Überschussteilen und dem Ladungsträgermanagement differenziert werden, denn nach dem Auslaufstichtag können nicht nur Teile, sondern auch Ladungsträger für diese Teile übrig bleiben. Im Rahmen der Bearbeitung von Überschussteilen sollte bereits vor dem Auslaufstichtag eine Abstimmung zwischen der Disposition der Produktionswerke und dem Ersatzteilwesen oder Schwesterwerken über mögliche Abnahmemengen stattfinden. Nach dem Auslaufstichtag erfolgt dann die tatsächliche Verwertung der Restmengen, indem diese an das Ersatzteilwesen, an Schwesterwerke oder Lieferanten verkauft werden. Sofern keine dieser Alternativen möglich ist, müssen die Teile verschrottet werden.[61] Bei den Ladungsträgern gestaltet sich der Prozess ähnlich: Schon vor dem Auslaufstichtag kann eine mögliche Weiterverwendung der Ladungsträger für andere Teile bzw. Nachfolgeteile oder ein Verkauf an das Ersatzteilwesen geprüft werden. Ist dies nicht möglich, müssen die Ladungsträger nach dem Serienauslauf verschrottet werden.

Der fünfte und letzte Hauptprozess ist der des „**Auslaufcontrollings**". Fickel impliziert hier nicht nur das Controlling von Kosten im Auslauf, sondern auch das der Bedarfe und Bestände, um den Auslauf auf Teileebene möglichst genau steuern zu können und damit Kosten durch Engpässe während des Auslaufs oder durch Überschussmengen am Auslaufstichtag zu minimieren. Des Weiteren beinhaltet dieses Handlungsfeld die Erstellung einer Auslaufbilanz nach dem Serienauslauf.[62]

3.2.1.4 Auslaufmanagement nach Wildemann (2005)

Wildemann (2005) differenziert zwischen Leitlinien zur Auslaufoptimierung und darauf

---

[60] Die Bezeichnung dieses Prozesses kann zu Missverständnissen führen, weil Fickel mit Bedarfs- und Bestandsmanagement vor allem die Bereitstellung von Informationen über Bedarfe und Bestände sowie die Sicherstellung der Qualität dieser Daten beim OEM bezeichnet. Im Zusammenhang mit dem Supply Chain Management versteht man unter dem Begriff jedoch die unternehmensübergreifende Synchronisation von Bedarfen und Beständen. Vgl. Abschnitt 2.5.2.2.
[61] Vgl. Abschnitt 3.4.
[62] Vgl. Fickel (2005).

basierenden Bausteinen zur Gestaltung der Auslaufphase.

Seinen Ausführungen folgend, lauten die vier **Leitlinien zur Auslaufoptimierung** produktive Entkopplung, Komplexitätsreduktion, Kostenorientierung und Kapitalbindungsorientierung. Die damit verbundenen Ziele bestehen demnach in einer Reduzierung der Kosten und Kapitalbindung sowie einer differenzierten Produktion und Logistik der Anlauf- und Auslaufproduktion. Die produktive Entkopplung zielt in die gleiche Richtung wie die Ausführungen von Aurich et al. (2005) und befasst sich mit der Entkopplung der Produktion von auslaufenden Produkten und Produkten in der Serienphase nach dem Prinzip der Fertigungssegmentierung. Eine Reduzierung der Auslaufkomplexität kann durch Maßnahmen wie Fertigungssegmentierung oder die Reduzierung der angebotenen Produktvarianten erreicht werden. Die Kostenorientierung verfolgt das Ziel einer Verringerung von Mitarbeitern, Anlagen und des gebundenen Kapitels im Serienauslauf. Die Leitlinie der Kapitalbindungsorientierung letztlich bezweckt eine Reduzierung des Umlaufvermögens in Form von Beständen an Vor- und Fertigmaterial sowie Ersatzteilen.

Die Umsetzung dieser Leitlinien erfolgt durch die **Gestaltungsbausteine** modulare Fabrik, Make-or-buy sowie Ersatzteilmanagement. Im Kontext der modularen Fabrik empfiehlt Wildemann eine Segmentierung der Fertigung nach Serien- und Auslaufprodukten. Darüber hinaus schlägt er vor, auf Basis einer ABC-Analyse unterschiedliche Steuerungsmethoden einzusetzen.[63] Im Abschnitt Make-or-buy postuliert der Autor, dass das Thema Auslaufmanagement nicht zu den Kernkompetenzen eines Herstellers gehört und demzufolge nicht den Unternehmenszielen Produktivitätssteigerung und Wachstum dient. Daher sollte ihm zufolge die Auslagerung der Auslaufproduktion in Betracht gezogen werden, unter anderem deshalb, weil mögliche Fremdbezugsbarrieren im Serienauslauf niedriger als in der Serienproduktion ausfallen. Abbildung 3.9 zeigt das Auslaufmanagement aus der Sicht von Wildemann mit den beschriebenen Leitlinien und Gestaltungsbausteinen.[64]

Abbildung 3.9: Leitlinien und Gestaltungsbausteine des Produktauslaufs
(Quelle: Wildemann (2005, S. 268))

3.2.2 Kritische Würdigung

Im Folgenden werden die im Literaturüberblick dargestellten Quellen hinsichtlich ihrer Relevanz für die vorliegende Arbeit kritisch diskutiert und bewertet.

---

[63]Bei einer ABC-Analyse handelt es sich um ein Verfahren zur Klassifizierung von Verbrauchsfaktoren nach ihrer wertmäßigen Bedeutung, bei dem die Erzeugnisse entsprechend ihrem Anteil am Jahresverbrauchswert in absteigender Reihenfolge sortiert und dann in die drei Klassen A, B und C eingeteilt werden. Dabei sind die A-Teile hauptverantwortlich für die Kapitalbindung, die C-Teile haben nur einen geringen Anteil an dieser; vgl. Günther/Tempelmeier (2005, S. 177–179).

[64]Vgl. Wildemann (2005, S. 261 ff.).

Inness (1995) hat einige für die Durchführung von Auslaufprojekten wesentliche Punkte erkannt und beschrieben. So geht der Autor beispielsweise auf Aktivitäten zum Umgang mit Bedarfsschwankungen während der Auslaufphase sowie mit Restmengen nach dem Auslaufstichtag ein. Dabei handelt es sich jedoch nur um einen Teil der im Serienauslauf anfallenden Aufgaben. Wichtige Aktivitäten, wie das Controlling der Auslaufkosten oder der Abgleich von Bedarfen und Beständen, werden nicht berücksichtigt. Zudem werden die aufgeführten Aufgaben nicht ausführlich beschrieben, was dazu führt, dass notwendige Informationen, wie Verantwortlichkeiten und die zeitliche Reihenfolge der Aktivitäten, fehlen.

Die Untergliederung von Aurich et al. (2005) ist aus mehreren Gründen nicht für die vollständige Beschreibung des Serienauslaufs geeignet. Der Hauptgrund ist der, dass die Autoren den Auslauf ausschließlich aus Sicht der Produktion betrachten. Der Fokus liegt auf flexiblen, modularen Produktionssystemen und Möglichkeiten, die Kapazitäten der Prozessmodule im Auslauf zu reduzieren. Demzufolge werden logistisch wichtige Aufgaben, wie die Kommunikation zwischen dem Hersteller und seinen Lieferanten und die Bearbeitung von Restmengen nach dem Auslaufstichtag, nicht berücksichtigt. Des Weiteren wird die Ersatzteilphase dem Serienauslauf zugeordnet. Wie bereits gezeigt wurde, gelten nach dem Auslaufstichtag für die Fertigung und Versorgung des Marktes mit Ersatzteilen andere Rahmenbedingungen als für die Serien- und Serienauslaufphase, weshalb das Ersatzteilmanagement besser als eigene Fertigungszyklusphase nach dem Serienauslauf dargestellt werden sollte.[65] Nur bis zum Auslaufstichtag werden Produktionssysteme sowohl für die Herstellung von Serien- als auch von Ersatzteilen verwendet. Aber auch hier kann man aus Sicht eines Automobilherstellers die Fertigung von Ersatzteilen nicht mit der von Fahrzeugen vergleichen, da die meisten Ersatzteile nicht vom OEM selbst, sondern von dessen Lieferanten produziert werden und damit keine Rolle für die Produktionskapazitäten der Automobilhersteller spielen.

Die Arbeit von Fickel (2005) zeichnet sich durch eine sehr detaillierte und auf die Automobilindustrie zugeschnittene Darstellung der Prozesse im Serienauslauf aus. Alle Prozesse werden ausführlich beschrieben und mit Hintergrundinformationen begründet. Die zeitliche Anordnung der Aktivitäten wird ebenso dargestellt wie die verantwortlichen Personen oder Unternehmensbereiche für die einzelnen Schritte. Zwar lässt die Autorin aufgrund des klaren Logistikschwerpunkts einige Aspekte bzgl. der Produktion unberücksichtigt, diese spielen im Rahmen der vorliegenden Arbeit aber nur eine untergeordnete Rolle, da der Betrachtungsgegenstand in der Koordination zwischen den Automobilherstellern und Zulieferern im Beschaffungsnetzwerk liegt.

Wildemann (2005) führt bei seiner Beschreibung der Leitlinien und Gestaltungsbausteine im Auslauf einige interessante Themen auf, fokussiert dabei jedoch ähnlich wie Aurich et al. (2005) primär die Produktion des Herstellers. Logistische Aufgaben während des Serienauslaufs werden nicht betrachtet. Des Weiteren ist die Empfehlung, die Auslaufproduktion extern auszugliedern, in der Praxis der Automobilindustrie nur schwer umzusetzen. Aufgrund der hohen Komplexität der Fahrzeugfertigung wäre ein verhältnismäßig großer Aufwand erforderlich, um die Produktion eines OEM nur für die kurze Phase des Serienauslaufs an anderer Stelle abzubilden.

Somit lässt sich festhalten, dass die Beschreibung des Serienauslaufs von Fickel hinsichtlich der vorliegenden Problemstellung und der Rahmenbedingungen der Automobilbranche

---

[65]Vgl. Abschnitt 3.1.3.1.

die geeignetste ist und daher die Basis für die folgenden Ausführungen darstellt. Wie im nächsten Kapitel gezeigt wird, liegt der Schwerpunkt dieser Arbeit primär auf den beiden von Fickel genannten Hauptprozessen Bedarfs- und Bestandsmanagement sowie Auslaufcontrolling.

Abschließend bleibt anzumerken, dass sich alle Autoren auf die Sicht eines Produktherstellers beschränken und die unternehmensübergreifende Kommunikation und Koordination mit den Zulieferern nur unzureichend diskutieren. Von Fickel wird lediglich die einmalige Information der Lieferanten über einen anstehenden Auslauf erwähnt. Der laufende Informationsaustausch sowie die Synchronisation der Bedarfe, Bestände und Kapazitäten zwischen den Unternehmen wird auch dort weitgehend vernachlässigt.

3.3 Rahmenbedingungen aus Sicht eines Automobilherstellers

Aus Sicht eines Automobilherstellers erschweren zahlreiche Rahmenbedingungen die Planung und Steuerung von Auslaufprojekten. Diese Einflussfaktoren und Restriktionen werden im Folgenden diskutiert, wobei eine Differenzierung in Rahmenbedingungen im Beschaffungsnetzwerk und in Rahmenbedingungen des Marktes erfolgt.

3.3.1 Rahmenbedingungen im Beschaffungsnetzwerk

3.3.1.1 Vertragliche Rahmenbedingungen

Abnahmeverpflichtungen regeln vertraglich, über welchen Zeitraum der Lieferabruf verbindlich ist. Diese Vertragsbedingungen werden von OEM nicht nur mit direkten 1st-Tier-Lieferanten, sondern teilweise auch mit strategischen 2nd-Tier-Lieferanten vereinbart, die ihre Teile an große Systemlieferanten der Fahrzeughersteller liefern. Für die Zulieferer bringen solche Vereinbarungen Sicherheit, schränken jedoch gleichzeitig die Flexibilität der Automobilhersteller ein.

Zur Ausgestaltung von Abnahmeverpflichtungen existieren unterschiedliche Möglichkeiten. In den meisten Fällen werden Standardvereinbarungen getroffen. Bei einer Abnahmeverpflichtung von 1 Monat für abgerufene Fertigprodukte und von 3 Monaten für Vorprodukte beim Lieferanten spricht man beispielsweise von einer 1+2-Abnahmeverpflichtung. Die Zahl 1 steht in diesem Fall für die einmonatige Abnahmefrist für Fertigmaterial und die Zahl 2 sagt aus, dass die Frist für Vormaterial noch 2 Monate länger ist, also insgesamt 3 Monate beträgt. Werden in dieser Zeit vor dem Auslaufstichtag die prognostizierten OEM-Bedarfe reduziert, muss das vom Zulieferer beschaffte Vormaterial für die älteren höheren Abrufe dennoch abgenommen werden. Darüber hinaus existieren weitere Abnahmeverpflichtungsvarianten wie beispielsweise 1+1 und 2+2. Bei sehr langen Wiederbeschaffungszeiten werden in Ausnahmefällen noch längere Abnahmezeiträume vereinbart. Vereinbarungen bzgl. der Abnahmefristen werden zwischen dem Einkauf des Automobilherstellers und dem Vertrieb der Lieferanten im Einkaufsabschluss oder in Zusatzvereinbarungen (Special Terms) getroffen. In Abbildung 3.10 wird der Zeitraum vor einem Auslauftermin am Beispiel einer 1+2-Abnahmeverpflichtung veranschaulicht.

3.3 Rahmenbedingungen aus Sicht eines Automobilherstellers

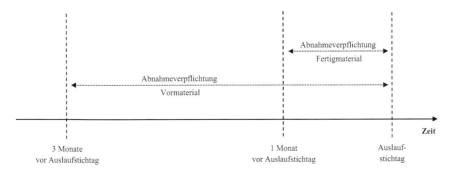

Abbildung 3.10: Zeitschiene bei einer 1+2-Abnahmeverpflichtung

3.3.1.2 Lange Wiederbeschaffungszeiten

Durch die zunehmende Verlagerung der Zuliefererproduktion nach Osteuropa ist die Logistik von in Deutschland ansässigen OEM und Systemlieferanten gezwungen, sich mit langen Wiederbeschaffungszeiten und den damit verbundenen Beschaffungsrisiken auseinanderzusetzen. Bei Bedarfserhöhungen müssen die Wiederbeschaffungszeiten bis zum letzten Lieferanten in der Supply Chain berücksichtigt werden. Eine der Hauptursachen hierfür ist der zunehmende Konkurrenz- und Preisdruck in der Automobilindustrie, wodurch der Einkaufspreis häufig eine höhere Priorität genießt als logistische Rahmenbedingungen. So beträgt bei Daimler beispielsweise die Vorlaufzeit für das Leder der Türinnenverkleidung der E-Klasse bis zu 60 Tage, bezogen auf den Montageeinbau beim OEM.[66] Die Vereinbarung von Abnahmeverpflichtungen zwischen den OEM und deren Zulieferern soll den Lieferanten die Möglichkeit bieten, trotz langer Wiederbeschaffungszeiten auf Bedarfsänderungen der OEM angemessen zu reagieren.

3.3.1.3 Werkzeugwechsel-/Vorproduktion-Problematik

Beim Auslauf von alten Teilen und dem folgenden Anlauf neuer Teile ist i. d. R. ein Werkzeugwechsel bei den Zulieferern notwendig, da diese nur über beschränkte Produktionskapazitäten verfügen und alte Teile häufig auf der gleichen Anlage und Linie produzieren wie neue.[67] Bei kleinen technischen Änderungen dauert dieser Prozess nur wenige Minuten oder Stunden. Bei einer großen Zahl von gleichzeitigen Änderungen, wie im Fall einer Modellpflege oder beim Auslauf einer Fahrzeugmodellvariante, kann ein Werkzeug- oder Anlagenwechsel mehrere Tage in Anspruch nehmen. Dann ist der Zulieferer gezwungen, schon vor dem Auslauf der alten Teile das Werkzeug zu ändern, um ab dem Auslaufstichtag nahtlos mit der Produktion der neuen Teile beginnen zu können. Den Bedarf zwischen dem Beginn der Umbauarbeiten und dem Auslaufstichtag gilt es durch eine Vorproduktion der alten Teile abzudecken, wobei aufgrund möglicher Bedarfsschwankungen und anderer Unsicherheiten in diesem Zeitraum Sicherheitspuffer mit in die Vorproduktionsmenge einkalkuliert werden. Die Festlegung der Vorproduktionsmenge gestaltet sich in der Praxis

---
[66]Vgl. Graf/Putzlocher (2004, S. 68).
[67]Vgl. Inness (1995, S. 65), Wangenheim (1998, S. 181).

aufgrund der Unsicherheit der Bedarfe des OEM schwierig.[68]

3.3.1.4 Ungenaue Lieferabrufe der Automobilhersteller

Theoretische Systembestände bilden die Grundlage für die Brutto-Netto-Bedarfsrechnung und führen bei Abweichungen von den tatsächlichen Beständen zu verfälschten Lieferabrufen, die für den OEM am Ende des Auslaufs Überschussmengen bzw. Lieferantenforderungen aufgrund von Abnahmeverpflichtungen verursachen können.[69] Um diesem Problem zu begegnen, werden in der Praxis beim Auslauf von Fahrzeugmodellvarianten mehrere manuelle Bestandszählungen durchgeführt. So können bei Bedarf rechtzeitig die notwendigen Korrekturen der Bestände in den Lagerverwaltungssystemen vorgenommen und die Nettobedarfe in den Lieferabrufen angepasst werden. Aufgrund des hohen Personalaufwands solcher Inventuren finden diese nicht täglich, sondern wöchentlich oder im Abstand von 1 bis 2 Monaten statt. Dadurch können die Ungenauigkeiten zwar regelmäßig korrigiert, aber nicht ganz beseitigt werden. Tempelmeier (2005) spricht vor dem Hintergrund der vorhandenen Informationsunsicherheit von einem erheblichen Problem in Großunternehmen.[70]

3.3.2 Rahmenbedingungen des Marktes

3.3.2.1 Bedarfsschwankungen in der Auslaufphase

Im Idealfall gabe es in der Auslaufphase, bei einer 1+2-Abnahmeverpflichtung also in den letzten 3 Monaten vor dem Auslaufstichtag, überhaupt keine Bedarfsänderungen mehr. Die Realität sieht jedoch anders aus: Bedarfsschwankungen sind aufgrund der hohen Änderungsflexibilität der Endkunden im Premiumsegment nicht auszuschließen und stellen somit eine große Herausforderung im Auslauf dar.

Ursachen für Bedarfsschwankungen im Auslauf

Grundsätzlich kann zwischen folgenden Hauptursachen für Schwankungen der prognostizierten Teilebedarfe in der Auslaufphase differenziert werden:

- Modifizierung von existierenden Fahrzeugaufträgen durch Endkunden
- Neue Fahrzeugaufträge durch Endkunden
- Änderung des Auslaufzeitplans durch den OEM

Der erste Fall ist bei Premiumherstellern nicht zu verhindern, da die Kunden aufgrund der hohen Kundenänderungsflexibilität die Möglichkeit haben, ihre Aufträge bis zu einem verhältnismäßig späten Zeitpunkt noch zu ändern.[71] Dieser Zeitpunkt kann je nach Automobilhersteller variieren, i. d. R. liegt er zwischen 5 und 15 Tagen vor der Schlussabnahme

---

[68] Vgl. Herold (2005, S. 42).
[69] Vgl. Herold (2005, S. 273–274).
[70] Vgl. Tempelmeier (2005, S. 16).
[71] Vgl. Meyr (2004a, S. 10).

3.3 Rahmenbedingungen aus Sicht eines Automobilherstellers

eines Fahrzeugs. Bei Daimler beispielsweise können Kundenaufträge noch bis zu 10 Tage vor der Schlussabnahme geändert werden. Ab diesem Zeitpunkt erlaubt das Perlenkettenprinzip keine Änderung der Konfiguration und Reihenfolge der Aufträge mehr.[72] Die Änderung eines Kundenauftrags kann unterschiedliche Formen annehmen und ist nicht zu verwechseln mit konstruktiven Änderungen an Teilen in Form von technischen Änderungen. So kann ein Kunde z. B. einzelne Sonderausstattungen modifizieren, streichen oder hinzufügen. Auch kann er die Farbe oder Motorisierung ändern oder gar seinen Auftrag komplett stornieren.[73] Da in der Serienauslaufphase das Interesse der Kunden an der alten Fahrzeugmodellvariante rapide abnimmt,[74] wird der Vertrieb auch sehr späte Änderungswünsche von Kunden noch akzeptieren, um eine maximale Anzahl an Fahrzeugen des alten Modells abzusetzen und damit Umsatzeinbrüche so gering wie möglich zu halten. Meyr (2004a) stellt diese hohe Änderungsflexibilität der Kunden als Unsicherheitsfaktor für die Planung und als aktuellen Trend in der Automobilindustrie dar.[75]

Der zweite Fall ist ein gutes Beispiel für das Dilemma im Auslauf aus Sicht eines OEM: Einerseits sollten im Auslauf aus Sicht der Produktion und Logistik eines Werkes die prognostizierten Bedarfe aufgrund der Abnahmeverpflichtungen und im Sinne einer hohen Planungsgüte möglichst stabil sein; andererseits möchte der Vertrieb eines Automobilherstellers möglichst viele Fahrzeuge verkaufen, um die Absatzzahlen zu verbessern. In der Praxis gewinnt in diesem Interessenkonflikt häufig der Vertrieb, obwohl eigentlich Vereinbarungen zwischen dem Vertrieb und der Planung in den Werken getroffen werden, die Änderungen des Fahrzeugprogramms im Auslauf möglichst verhindern sollen. Wenn jedoch z. B. ein Großkunde im Auslauf kurzfristig noch 1.000 Fahrzeuge der alten Fahrzeugmodellvariante bestellen möchte, dann fügt sich das Management des Automobilherstellers häufig dem Wunsch des Kunden und nimmt Probleme in der Beschaffung in Kauf.

Im Fall einer Änderung des Auslaufzeitplans kommt es zu einer Anpassung des Fahrzeug-Produktionsprogramms und damit auch zu einer Anpassung der prognostizierten Teilebedarfe in Richtung der Lieferanten. Ursache für eine zeitliche Verschiebung des Auslaufstichtags sind i. d. R. Überlegungen des Top-Managements und des Vertriebs des OEM mit dem Ziel, die nachfolgende Fahrzeugmodellvariante schneller als ursprünglich geplant auf den Markt zu bringen und demzufolge den Auslaufstichtag nach vorne zu verschieben. Alternativ ist auch eine Verschiebung des Auslaufstichtags nach hinten denkbar, falls sich z. B. der Anlauf einer nachfolgenden Fahrzeugmodellvariante aufgrund von Qualitätsproblemen verzögert.

Auswirkungen von Bedarfsschwankungen im Auslauf

Die Auswirkungen von Bedarfsschwankungen im Auslauf sind je nach dargestelltem Fall unterschiedlich, wobei pauschale Aussagen aufgrund der zahlreichen möglichen Rahmenbedingungen nur schwer zu treffen sind. Wichtig im Hinblick auf die erforderlichen Personal- und Produktionskapazitäten bei den OEM und Zulieferern ist vor allem die Frage, ob die Summe der zu produzierenden Fahrzeuge und Teile gleich bleibt und sich nur die Bedarfe für einzelne alternative Teilevarianten verschieben oder ob sich auch die Gesamtanzahl

---

[72] Vgl. Graf/Putzlocher (2004, S. 61).
[73] Vgl. Inness (1995, S. 187 ff.).
[74] Vgl. Back-Hock (1988, S. 113).
[75] Vgl. Meyr (2004a, S. 10 u. 20).

der Fahrzeuge (Fahrzeug-Produktionsprogramm) und der benötigten Teile ändert.

Die Folgen einer Modifizierung von existierenden Fahrzeugaufträgen durch Endkunden hängen von der Form der Auftragsanpassung ab: Solange ein Kunde nicht seinen gesamten Auftrag storniert, bleibt die Anzahl der zu produzierenden Fahrzeuge gleich. Ersetzt ein Kunde beispielsweise nur eine Sonderausstattungsvariante durch eine andere, verschieben sich die Teilebedarfe innerhalb einer Teilefamilie.[76] Da die Anzahl der zu produzierenden Fahrzeuge und hierfür benötigten Teile in der Summe gleich bleibt, hat eine solche Änderung i. d. R. keine Auswirkungen auf die benötigten Personal- und Produktionskapazitäten beim Fahrzeughersteller und bei den Lieferanten. Dennoch können aufgrund langer Wiederbeschaffungszeiten Beschaffungsengpässe bzw. aufgrund von Abnahmeverpflichtungen Überschussmengen am Auslaufstichtag auftreten. Beim Hinzufügen bzw. Streichen von Sonderausstattungen steigt bzw. sinkt der Teilebedarf der betroffenen Teile, weshalb solche Auftragsanpassungen auch Auswirkungen auf die erforderlichen Kapazitäten bei den Lieferanten haben.

Anpassungen des Fahrzeugprogramms aufgrund neuer Fahrzeugaufträge von Endkunden oder aufgrund einer Änderung des Auslaufzeitplans beim OEM haben demgegenüber Auswirkungen auf die Kapazitäten beim Automobilhersteller und bei den Zulieferern, da sich sowohl die Anzahl der zu produzierenden Fahrzeuge als auch die Anzahl der hierfür benötigten Teile in einem bestimmten Zeitraum ändert. Zieht der OEM beispielsweise 2 Monate vor dem ursprünglich geplanten Auslaufstichtag diesen um 2 Wochen bei einer gleichbleibenden Gesamtanzahl von Fahrzeugennach nach vorne, bedeutet das, dass die Lieferanten in einem deutlich kürzerem Zeitraum den vorgezogenen Bedarf zusätzlich zur ursprünglich geplanten Menge produzieren müssen. Dies kann neben möglichen Kapazitätsengpässen vor allem bei langen Wiederbeschaffungszeiten zu Lieferproblemen seitens der Zulieferer und zu Mehrkosten durch Sonderfahrten und/oder Zusatzschichten führen.[77]

Sondereditionen zur Reduzierung von Unsicherheit im Serienauslauf

Um mehr Bedarfsstabilität in die Serienauslaufphase zu bringen, werden in dieser Phase bei manchen Fahrzeugmodellvarianten sog. Sondereditionen angeboten, die aus Kundensicht ein sehr gutes Preis-Leistungs-Verhältnis aufweisen. Alle Fahrzeuge einer Sonderedition haben eine identische Sonderausstattung, so dass die Teilebedarfe für eine große Anzahl von Fahrzeugen über die Serienauslaufphase bekannt sind und die Bedarfssicherheit entsprechend erhöht wird. Ein weiterer Vorteil in einer solchen Vorgehensweise besteht in der Vermeidung von Umsatzeinbrüchen im Auslauf aufgrund des attraktiven Produktangebots.[78] Es ist jedoch anzumerken, dass eine Sonderedition die klassischen Probleme der genauen Aussteuerung von Teilen eigentlich nur künstlich nach vorne verlagert. Sollte nämlich ab einem bestimmten Zeitpunkt vor dem Auslaufstichtag nur noch die Sonderedition am Markt angeboten werden, dann müssen Teile, die ab dem Startzeitpunkt der Sonderedition nicht mehr benötigt werden, ebenfalls verschrottet werden. Günstig erscheint die Kombination aus dem Angebot von frei konfigurierbaren Fahrzeugen und einer Sonderedition im Auslauf. In diesem Fall sinkt die Varianz der Bedarfsprognosen des Automobilherstellers im Vergleich zu einem Auslauf ohne Sonderedition.

---

[76] Bei einer Teilefamilie handelt es sich um eine Gruppe von alternativ verbaubaren Produkten.
[77] Vgl. Herold (2005, S. 279–280).
[78] Vgl. Wangenheim (1998, S. 91).

3.3.2.2 Kurze Lieferzeiten und hohe Liefertreueziele

Herold (2005) hat aufgezeigt, dass die Lieferzeit von der Bestellung bis zur Auslieferung eines Fahrzeugs durch den Händler sowie die Einhaltung dieser Terminzusage, also die Liefertreue, zwei dominante Einflussgrößen auf die Kundenzufriedenheit in der Automobilbranche darstellen.[79] Meyr (2004a) bestätigt diese Aussage als aktuellen Trend und verweist auf Stautner (2001), der die gewünschte Lieferzeit der Endkunden als Normalverteilung mit einem Mittelwert zwischen 4 und 6 Wochen ausgibt.[80] Herold fasst die Ergebnisse einer Studie von Volkswagen über die Lieferzeit und Lieferverzögerungen bei der Auslieferung von PKW im Jahr 2001 zusammen und erklärt, dass „durchschnittlich knapp die Hälfte aller Kunden mit Lieferverzögerungen von mehr als drei Wochen zum einmal zugesagten Termin zu rechnen haben und dass ebenfalls knapp die Hälfte aller Fahrzeuge erst mehr als acht Wochen nach der Bestellung ausgeliefert werden"[81]. Des Weiteren stellt er fest, dass „der negative Einfluss langer Lieferzeiten auf die Kundenzufriedenheit deutlich geringer ausfällt als die Nichteinhaltung eines einmal zugesagten Termins"[82]. Das heißt, werden vom Händler zugesagte Liefertermine nicht eingehalten, führt dies zu unzufriedenen Kunden, die im schlimmsten Fall zur Konkurrenz abwandern.[83] Aus diesem Grund verfolgen sowohl die Automobilhersteller als auch deren Händler das gemeinsame Ziel, nicht nur kurze Lieferzeiten anzubieten, sondern die Liefertermine auch einzuhalten. Zum Erreichen dieses Ziel sind Fehlteile oder Bandstillstände in der Fahrzeugfertigung zu vermeiden. Da der standardisierte Produktionsprozess durch die Störungen unterbrochen wird, führen solche Engpasssituationen neben einer verspäteten Auslieferung von Kundenfahrzeugen zu erhöhten Produktionskosten beim OEM. Dieser Aspekt ist wichtig, weil ein Fahrzeughersteller anderenfalls die Strategie verfolgen könnte, die Bestände im Auslauf sehr frühzeitig nahe an null herunterzufahren, um mögliche Überschussmengen zu vermeiden. Die damit verbundene Gefahr bestünde in einem erhöhten Risiko für Engpässe und daraus folgende Verzögerungen bei der Fertigstellung und Auslieferung der Fahrzeuge für die Kunden.

3.4 Grundproblematik im Auslauf

Wie die letzten Abschnitte veranschaulicht haben, erschweren Bedarfsschwankungen, ungenaue Lieferabrufe und vertragliche Rahmenbedingungen die Durchführung von Auslaufprojekten. Aus Sicht der Logistik liegt die Grundproblematik im Auslauf in einer möglichst genauen Synchronisation der Bedarfe und Bestände des Automobilherstellers mit den Produktionsmengen und Beständen der Lieferanten im Beschaffungsnetzwerk. Dabei muss die Teileverfügbarkeit während der Serienauslaufphase – bei einer gleichzeitigen Vermeidung von Überschussmengen nach dem Auslaufstichtag – sichergestellt werden.

Überschüssiges Material kann sowohl beim Fahrzeughersteller als auch bei Zulieferern auftreten und nach dem Auslaufstichtag nicht mehr in neue Serienfahrzeuge verbaut werden; im schlechtesten Fall muss es verschrottet werden. Beim OEM handelt es sich in diesem Fall um Restbestände, die aufgrund zu hoher Bestellmengen im Vergleich zu

---

[79] Vgl. Herold (2005, S. 10 ff.).
[80] Vgl. Stautner (2001), Meyr (2004a, S. 3).
[81] Herold (2005, S. 15).
[82] Herold (2005, S. 15).
[83] Vgl. Stautner (2001, S. 38).

den tatsächlichen Bedarfen und Beständen im eigenen Unternehmen zustande gekommen sind. Ursachen dafür können u. a. in einer schlechten Datenqualität bei internen Bedarfs- und Bestandssystemen oder im Sicherheitsdenken von Dispositionsmitarbeitern liegen. Das größte Problem stellen jedoch häufige Änderungen des Produktionsprogramms durch den Vertrieb dar. Bei Lieferanten können die gleichen Gründe wie beim OEM zu Überschussmaterial führen. In der Praxis liegen die Ursachen häufig in der unzureichenden Stabilität der verbindlichen Bedarfsvorschau des OEM im Rahmen der Serienauslaufphase. Der Zeithorizont der verbindlichen Bestellungen hängt davon ab, welche Abnahmeverpflichtungen zwischen den Unternehmen getroffen wurden. So kann beispielsweise vereinbart werden, dass sich der Automobilhersteller verpflichtet, die im Horizont von 1 Monat prognostizierten Bedarfe für das Fertigmaterial des Lieferanten abzunehmen und zusätzlich noch Vormaterial, welches der 1st-Tier-Lieferant bestellt, um die Bedarfe an Fertigmaterial für die nächsten 3 Monate zu produzieren.[84] Korrigiert der Vertrieb des OEM das Produktionsprogramm und damit auch seine Bedarfsprognose während der Serienauslaufphase nach unten, kann es passieren, dass der 1st-Tier-Lieferant auf Basis der alten, höheren Prognose bereits mehr Vormaterial bestellt oder Fertigmaterial hergestellt hat, als nun bis zum Auslaufstichtag beim OEM verbaut werden kann.[85]

Sind nach dem Auslaufstichtag Überschussmengen vorhanden, bestehen für OEM und Lieferanten unterschiedliche Möglichkeiten zum Umgang mit diesen Teilen. Für den Automobilherstellers existieren vier Möglichkeiten für die Verwendung von Restmengen: Weiterverkauf an das eigene Ersatzteilwesen, Rückgabe an Lieferanten, Verwendung für andere Baureihen im Fall von Gleichteilen oder im schlechtesten Fall Verschrottung.[86] Der Weiterverkauf an das Ersatzteilwesen ist dabei nur in beschränktem Umfang möglich, da dieses bereits vor dem Auslauf eigene Bedarfsprognosen und Bestellungen zur Nachserienversorgung erstellt hat und daher nicht beliebig viele Teile zusätzlich abnehmen kann. Anderenfalls besteht die Gefahr, dass auch im Ersatzteilwesen Überschussmengen entstehen.[87] Die Rückgabe von Teilen an Lieferanten ist nur dann sinnvoll, wenn ein Zulieferer die Teile anschließend unverändert oder durch Umbau erneut verkaufen kann. Aufgrund von Kosten für den Umbau sind Lieferanten i. d. R. jedoch nicht bereit, Teile zum ursprünglichen Verkaufspreis zurückzukaufen. Eine gute Möglichkeit für Fahrzeughersteller stellt daher die Verwendung von Restmaterial für andere Fahrzeugmodellvarianten im Fall von Gleichteilen dar. Alle Teile, die nach dem Auslauf nicht durch eine der genannten Alternativen weiterverwendet oder verkauft werden können, müssen verschrottet werden.

Bei Lieferanten sieht die Situation etwas anders aus: Zum einen können bei diesen ebenso wie bei einem Fahrzeughersteller Restbestände vorhanden sein, die aufgrund von Bedarfsschwankungen und Abnahmeverpflichtungen des 1st-Tier-Lieferanten in Richtung seiner Unterlieferanten entstanden sind. Dann bestehen für ihn die gleichen Möglichkeiten wie bei einem OEM. Zum anderen können Restbestände aufgrund von Absenkungen der verbindlichen Bedarfsprognosen des OEM entstanden sein. In diesem Fall kann der Lieferant aufgrund der Abnahmeverpflichtungen seines Kunden die Erstattung der Kosten für die Beschaffung und Verschrottung der überschüssigen Teile einfordern.[88]

Neben möglichen Überschussmengen nach dem Auslaufstichtag besteht ferner die Gefahr,

---

[84] Vgl. Abschnitt 3.3.
[85] Vgl. Herold (2005, S. 280).
[86] Vgl. Inness (1995, S. 222 u. 327), Herold (2005, S. 280).
[87] Vgl. Abschnitt 3.1.3.3.
[88] Vgl. Herold (2005, S. 40–42).

dass während der Auslaufphase zu wenige Teile disponiert werden bzw. Bedarfserhöhungen beim Fahrzeughersteller dazu führen, dass die Lieferanten die Bedarfe der OEM nicht erfüllen können und Unterlieferungen auftreten. Diese Problematik existiert zwar auch in der Serienphase; da die Sicherheitsbestände aus der Serie im Auslauf sukzessive reduziert werden und somit weniger Pufferbestände für den Ausgleich von Unsicherheiten in Form von Bedarfsschwankungen zur Verfügung stehen, steigt im Auslauf das Risiko von Beschaffungsengpässen jedoch an. Bei Unterlieferungen entsteht aufgrund erforderlicher Sonderfahrten zur Beseitigung der Engpässe ein Zusatzaufwand in der Disposition. Kann der Engpass nicht rechtzeitig behoben werden, treten beim Automobilhersteller in der Montage möglicherweise Fehlteile[89] oder gar Bandstillstände[90] auf, mit denen wiederum hohe Zusatzkosten verbunden sind.

3.5 Auslaufkosten

Nach einer Analyse der Literatur im Zusammenhang mit Auslaufkosten werden diese im folgenden Abschnitt aufbereitet und strukturiert. Ferner werden die wesentlichen Einflussfaktoren sowie die Stellhebel zur Reduzierung der Auslaufkosten herausgearbeitet.

3.5.1 Literaturüberblick

Ebenso wie die allgemeine Auslaufproblematik wurden auch die Kosten im Auslauf in der Literatur bisher weitgehend vernachlässigt. Im Folgenden werden die wenigen Quellen, die im Zusammenhang mit Auslaufkosten gefunden wurden, analysiert.

Hahn/Laßmann (1993) betrachten die unterschiedlichen Lebenszyklusphasen eines Produkts und die damit verbundenen Ein- und Auszahlungen. In der Auslauf- und Nachserienphase führen sie dabei Ein- und Auszahlungen für die Veräußerung und den Abbruch von Anlagen, für Entsorgung, Gewährleistung und für das Ersatzteilegeschäft auf.[91] An anderer Stelle nennen sie ferner Kosten für den Bestandsabbau von Material und Werkzeugen am Ende des Produktlebenszyklus.[92] Der Detaillierungsgrad der Beschreibung der Kosten ist jedoch sehr niedrig.

Bei Inness (1995) werden die relevanten Kostenarten im Zusammenhang mit Produktänderungen beschrieben, wobei die Ausführungen auch für den Serienauslauf relevant sind. Denn wie in Abschnitt 3.1.3.2 gezeigt wurde, folgt dem Auslauf eines Produkts, im Rahmen der vorliegenden Arbeit also einer Fahrzeugmodellvariante, i. d. R. der Anlauf eines Nachfolgeprodukts, wobei in diesem Fall alte Teile wie bei Änderungen durch Nachfolgeteile ersetzt werden. Nach Inness entstehen so Kosten für die Verschrottung von überschüssigem Vormaterial, Fertigmaterial und Werkzeugen. Darüber hinaus können Kosten für die Überarbeitung, Erneuerung oder Umwandlung von alten Teilen und Baugruppen sowie für neue oder modifizierte Werkzeuge und Betriebsmittel anfallen. Und auch durch Änderungen der Auftragsdurchlauf- und Zykluszeiten auftretende Ablaufstörungen

---
[89]Von Fehlteilen wird in der Automobilindustrie gesprochen, wenn ein Teil zu dem Zeitpunkt, an dem es verbaut werden soll, nicht verfügbar ist.
[90]Ein Bandstillstand tritt z. B. auf, wenn es sich bei einem Fehlteil um ein sog. K.o.-Teil handelt, ohne das ein Fahrzeug auf dem Band nicht weiterfahren darf.
[91]Vgl. Hahn/Laßmann (1993, S. 187).
[92]Vgl. Hahn/Laßmann (1993, S. 199–200).

führen zu Kosten. Rückrufaktionen aufgrund von Konstruktionsfehlern stellen die letzte von Inness aufgeführte Kostenursache dar, wobei diese eher dem Anlauf eines Nachfolgeprodukts als dem Auslauf des Vorgängerprodukts zuzuordnen sind.[93] Von den genannten Autoren ist es Inness am besten gelungen, Transparenz über die Auslaufkosten und deren Bestandteile zu schaffen. Aber auch ihre Ausführungen sind nicht vollständig, weil beispielsweise mögliche Kosten für die Beseitigung von Beschaffungsengpässen während der Serienauslaufphase nicht berücksichtigt werden.

Wildemann (2005) erwähnt im Zusammenhang mit dem Serienauslauf Kosten für Mitarbeiter, Fertigungsanlagen und die Kapitalbindung von Materialbeständen. Dabei beziehen sich die Kosten für Mitarbeiter und Fertigungsanlagen auf die Kosten zur Herstellung der auslaufenden Produkte, während sich die Kapitalbindungskosten auf Bestände von Roh-, Halbfertig- und Fertigmaterialien beziehen.[94] Kosten aufgrund von Beschaffungsengpässen und Kosten für die Verschrottung und den Weiterverkauf von Überschussmengen nach dem Serienauslauf hingegen werden nicht genannt.

Zusammenfassend zeigt die Literaturanalyse, dass Auslaufkosten bisher nicht ausreichend behandelt wurden. So werden zwar Kosten für den Abbau von überschüssigem Material erwähnt, eine nach Vor- und Fertigmaterial differenzierte Berücksichtigung von in der Automobilindustrie üblichen Abnahmeverpflichtungen findet indes nicht statt. Des Weiteren fokussieren alle Autoren die Sicht eines Produktherstellers und unterlassen dabei eine Unterscheidung in Kosten für Hersteller und deren Lieferanten. Zudem werden mögliche Kosten aufgrund von Beschaffungsengpässen in der Serienauslaufphase vernachlässigt. Aufgrund dieser Forschungslücken besteht Bedarf nach einer umfassenden Aufbereitung und Strukturierung der Auslaufkosten, wie sie im nächsten Abschnitt vorgenommen wird.

3.5.2 Strukturierung der Auslaufkosten

Im Folgenden werden Auslaufkosten zunächst aus Sicht eines Automobilherstellers betrachtet, bevor anschließend die wesentlichen Unterschiede aus Sicht eines Lieferanten beschrieben werden. Die durch einen Serienauslauf entstehenden Kosten bei einem OEM können dabei in vier Kategorien aufgeteilt werden, die in Abbildung 3.11 zeitlich im Verhältnis zum Auslaufstichtag angeordnet sind.

Die dem Auslauf zuzuordnenden **Zusatzkosten in der Produktion während der Serienauslaufphase** resultieren aus unausgelasteten Mitarbeiter- und Anlagenkapazitäten sowie aus Ablaufstörungen aufgrund von Änderungen der Auftragsdurchlauf- und Zykluszeiten.[95]

Kosten durch Beschaffungsengpässe während der Serienauslaufphase entstehen primär durch Schwankungen der Bedarfsprognosen der Automobilhersteller.[96] Im Auslauf sind Lieferanten bei Bedarfserhöhungen kurz vor dem Auslaufstichtag häufig nicht in der Lage, den Zusatzbedarf abzudecken, da sie ihre Fertigungslinien bereits für die Herstellung von Nachfolgeprodukten umrüsten und den geplanten Restbedarf bis zum Auslaufstichtag vorproduziert haben.[97] Bei langen Wiederbeschaffungszeiten können zu-

---

[93] Vgl. Inness (1995, S. 222 ff.).
[94] Vgl. Wildemann (2005, S. 263 ff.).
[95] Vgl. Abschnitt 3.5.1.
[96] Vgl. Abschnitt 3.3.2.1 u. 3.4.
[97] Vgl. Abschnitt 3.3.1.3.

3.5 Auslaufkosten

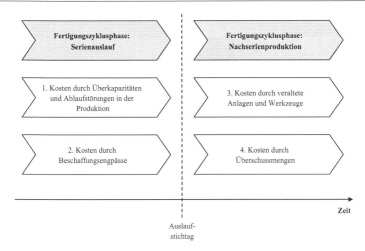

Abbildung 3.11: Kategorien von Auslaufkosten aus Sicht eines Automobilherstellers

dem Probleme bei der Erfüllung von kurzfristigen Bedarfserhöhungen auftreten.[98] In beiden Fällen entstehen Beschaffungsengpässe, die zu Zusatzkosten im Sinne von Kosten für die Engpassbearbeitung in der Disposition, Kosten für Sonderfahrten sowie Kosten für den Aufbau von ungeplanten Kapazitäten bei den Lieferanten führen können. Darüber hinaus wären im Extremfall der entgangene Deckungsbeitrag bei Auftragsstornierungen von Endkunden infolge von Lieferverzögerungen bei Fehlteilen und Bandstillständen als Opportunitätskosten zu berücksichtigen. Da die Fahrzeughersteller bei Engpässen umfassende Sondermaßnahmen einleiten, treten in der Automobilindustrie heute jedoch nur noch sehr selten Fehlteile auf.

Kosten durch veraltete Anlagen und Werkzeuge nach dem Auslaufstichtag entstehen durch deren Demontage, Umrüstung oder Verschrottung. In manchen Fällen können alte Anlagen oder Werkzeuge noch verkauft werden.[99]

Kosten durch Überschussmengen nach dem Auslaufstichtag treten i. d. R. aufgrund zu hoher Bestellmengen im Vergleich zu den tatsächlichen Bedarfen auf. Die überschüssigen Teile können an das eigene Ersatzteilwesen weiterverkauft, an Lieferanten zurückverkauft oder im Fall von Gleichteilen für andere Baureihen verwendet werden. Im schlechtesten Fall müssen sie verschrottet werden.[100] Beim Weiterverkauf von Teilen an das Ersatzteilwesen oder an Schwesterwerke werden dabei außer für den Transport keine weiteren Kosten verursacht, da hier in den meisten Fällen der Einkaufspreis als Weiterverkaufspreis durchgesetzt werden kann. Aufgrund dessen, dass beim Zurückverkauf von Teilen an Lieferanten zum Umbau der Weiterverkaufspreis unter dem Einkaufspreis liegt, entstehen zusätzliche Kosten für den OEM. Bei einer Verschrottung setzen sich die Kosten aus Gebühren und Personalkosten für die Bearbeitung des Vorgangs sowie aus dem Materialpreis der zu verschrottenden Teile zusammen, wobei die Menge und der Wert des Restmaterials ausschlaggebend für die Höhe der Kosten sind. So verursachen z. B.

---
[98] Vgl. Abschnitt 3.3.1.2 und 3.4.
[99] Vgl. Abschnitt 3.5.1.
[100] Vgl. Abschnitt 3.4.

hochwertige Stoßfänger höhere Verschrottungskosten als die gleiche Menge an Türgriffen. In all diesen Fällen spielt die Belieferungsform zwischen OEM und 1st-Tier-Lieferanten eine Rolle für die Verteilung und die Art der Restbestände in der Supply Chain. Bei Teilen der Belieferungsform Just-in-sequence existieren weder beim OEM noch beim Zulieferer hohe Bestände an Fertigmaterial, d. h., die Restbestände stellen fast ausschließlich Komponenten in Form von Vormaterial beim 1st-Tier-Lieferanten dar.[101] Diese haben im Vergleich zu anderen Teilen eine hohe Wertigkeit und führen deshalb zu hohen Verschrottungskosten bzw. aufgrund von Abnahmeverpflichtungen unter Umständen zu hohen Kosten beim OEM. Bei Teilen, die nicht über JIS geliefert werden, ist das Verhältnis zwischen Vor- und Fertigmaterial bei den Überschussmengen ungefähr ausgeglichen.

Neben Restbeständen im eigenen Unternehmen können auch Überschussmengen bei Lieferanten zu Auslaufkosten bei einem Automobilhersteller führen, falls diese aufgrund von Bedarfsschwankungen innerhalb der Fristen der Abnahmeverpflichtung entstanden sind. In diesem Fall können die Zulieferer dem OEM die Verschrottungskosten in Rechnung stellen, wobei eine Differenzierung in die unterschiedlichen Abnahmefristen für Vor- und Fertigmaterialien zu berücksichtigen ist.

Abschließend ist anzumerken, dass ein Premiumfahrzeughersteller im Gegensatz zu seinen Lieferanten nach dem Auslaufstichtag keinen Bestand an Fertigmaterial hat, den er verschrotten muss. In der Regel produzieren die OEM die Fahrzeuge nicht auf Lager, sondern auf Auftrag. Hergestellte Fahrzeuge werden demnach an die Händler bzw. Kunden direkt weitergegeben. Abbildung 3.12 erlaubt nochmals einen Überblick über die oben beschriebenen auslaufspezifischen Kosten eines Automobilherstellers.

1. Kosten in der Produktion während der Serienauslaufphase	3. Kosten durch Überschussmengen nach dem Auslaufstichtag
• Kosten für Überkapazitäten (Mitarbeiter und Anlagen) • Kosten durch Ablaufstörungen im Serienauslauf	• Kosten für den Mehraufwand in der Disposition für Restmengenbearbeitung • Kosten für Lagerung von Überschussmengen • Transportkosten • Verlust bei Weiterverkauf von Teilen unter dem Einkaufspreis • Verschrottungskosten (Materialwert, Verschrottungsgebühren, Personalkosten) • Kosten aus Abnahmeverpflichtungen mit Lieferanten
2. Kosten durch Beschaffungsengpässe während der Serienauslaufphase	4. Kosten durch veraltete Anlagen und Werkzeuge nach dem Auslaufstichtag
• Kosten für Mehraufwand in der Disposition • Kosten für Sonderfahrten • Kosten für den Aufbau von ungeplanten Kapazitäten bei Lieferanten • (Entgangener Deckungsbeitrag bei Auftragsstornierungen von Endkunden)	• Kosten durch veraltete Anlagen und Werkzeuge nach dem Auslaufstichtag (Abbruch, Umrüstung oder Verschrottung)

Abbildung 3.12: Überblick über die Auslaufkosten aus Sicht eines Automobilherstellers

Die für einen Lieferanten relevanten Auslaufkosten unterscheiden sich nur geringfügig von den bei den Fahrzeugherstellern entstehenden Kosten, zumal auch ein Modulliefe-

---

[101]Vgl. Abschnitt 2.1.3.1.

rant als Hersteller eines Produkts gesehen werden kann. In diesem Fall handelt es sich beim Produkt nicht um Fahrzeuge für Endkunden, sondern z. B. um Module für die Fahrzeugherstellung bei einem OEM. Hinsichtlich der Überschussmengen eines Zulieferers nach dem Auslaufstichtag muss für die Kostenbetrachtung differenziert werden zwischen Überschussmengen, die aufgrund von Senkungen der Bedarfsprognosen des OEM innerhalb der Abnahmefristen entstanden sind, und zwischen Überschussmengen, für die der 1st-Tier-Lieferant selbst verantwortlich ist. Im ersten Fall kann der Lieferant aufgrund der Abnahmeverpflichtungen seines Kunden die Erstattung der Kosten für die Beschaffung und Verschrottung der überschüssigen Teile einfordern. Im zweiten Fall sind für den Lieferanten die gleichen Kostenkategorien relevant wie für den OEM.

3.5.3 Stellhebel zur Reduzierung der Auslaufkosten

Die Kostenkategorien 1 (Kosten in der Produktion während der Serienauslaufphase) und 4 (Kosten durch veraltete Anlagen und Werkzeuge nach dem Auslaufstichtag) bieten keine Ansatzpunkte zur Optimierung durch eine verbesserte Supply-Chain-Koordination, weil auch ein optimierter Informationsaustausch nicht verhindern kann, dass alte Anlagen nach dem Auslauf nicht mehr benötigt und evtl. abgerissen werden müssen.

Dagegen bieten die Kostenkategorien 2 (Kosten durch Beschaffungsengpässe während der Serienauslaufphase) und 3 (Kosten durch Überschussmengen nach dem Auslaufstichtag) Optimierungspotenziale bei einer Verbesserung der unternehmensübergreifenden Koordination im Beschaffungsnetzwerk. In beiden Fällen stellen Schwankungen der Bedarfsprognosen des OEM eine der Hauptursachen für die auftretenden Auslaufkosten dar. Durch einen schnellen und auf den Auslauf ausgerichteten Informationsaustausch können die beteiligten Unternehmen schneller und besser auf die Bedarfsänderungen reagieren und somit die Auslaufkosten im Vergleich zu einer unzureichenden Koordination reduzieren. In diesem Zusammenhang erscheint es sinnvoll, dass sich die Unternehmen bei der Auslaufsteuerung auf Teile konzentrieren, die erfahrungsgemäß hohe Verschrottungskosten verursachen, um diese möglichst genau auszusteuern. Analysen vergangener Ausläufe bei Daimler haben gezeigt, dass 15 % der Auslaufteile ca. 85 % der Verschrottungskosten verursachen. Zur Identifizierung dieser Teile bietet sich die Untersuchung der Auslaufkosten vergangener Ausläufe sowie die Durchführung von ABC-Analysen an.

Kapitel 4

Supply-Chain-Koordinationsmodelle: Stand der Wissenschaft

4.1 Schema zur Klassifizierung

Bei einem **Supply-Chain-Koordinationsmodell** handelt es sich um die Abbildung eines realen Systems oder Problems zur Abstimmung von Planungsentscheidungen verschiedener Supply-Chain-Akteure, mit dem Ziel, die Performance der Supply Chain zu verbessern. Um existierende Supply-Chain-Koordinationsmodelle hinsichtlich ihrer Eignung oder Erweiterbarkeit für die vorliegende Problemstellung zu bewerten, werden diese im Folgenden anhand ausgewählter Kriterien und entsprechender Merkmalsausprägungen klassifiziert. Ähnlich dem in Abschnitt 2.1.3 vorgestellten Schema zur Klassifizierung von Supply Chains wird zuerst ein Klassifizierungsschema für Supply-Chain-Koordinationsmodelle erarbeitet. Dieses auf Bergmann (2005), Sonntag (2007) und Ostertag et al. (2008) basierende Schema ermöglicht eine übersichtliche Darstellung der Eigenschaften von existierenden Koordinationsmodellen sowie den Vergleich dieser untereinander. Dadurch können die für die Problemstellung relevanten Modelle selektiert bzw. Modelle mit ungewünschten Merkmalsausprägungen aus der weiteren Betrachtung ausgeschlossen werden.

4.1.1 Klassifizierungsschemata in der Literatur

In der Literatur existieren bereits zahlreiche Reviews mit Übersichten über SCM-Modelle. Die Abbildungen 4.1 und 4.2 zeigen die im Rahmen der vorliegenden Arbeit untersuchten Reviews incl. einer kurzen Beschreibung der jeweiligen Schwerpunkte. Eine ausführliche Analyse und Beschreibung aller in diesen Reviews verwendeten Kriterien wurde von Bergmann (2005) durchgeführt.[1]

---
[1] Vgl. Bergmann (2005, 38–74).

Autor (Jahr)	Titel	Anzahl Modelle	Zeitraum Modelle	Schwerpunkt
Aviv (2001)	Collaborative Forecasting and its Impact on Supply Chain Performance	11	2000-2003	gemeinschaftliche Prognose, keine Klassifizierung
Beamon (1998)	Supply Chain Design and Analysis. Models and Methods	25	1961-1997	mehrstufige Supply-Chain-Modellierung
Bhatnagar et al. (1993)	Models for Multi-Plant Coordination	29	1958-1994	Koordination der Produktionsplanung
Croom et al. (2000)	Supply Chain Management. An Analytical Framework for Critical Literature Review	-	-	Entwicklung eines Klassifizierungsschemas, keine Klassifizierung
Dudek (2004)	Collaborative Planning in Supply Chains	9	1999-2002	Informationsaustausch und enge Zusammenarbeit
Dudek/Stadtler (2003)	Supply Chain Coordination by Model-Based Negotiations	20	1960-2003	operative Planung und Koordination mittels Verträgen
Erengüc et al. (1999)	Integrated Production/Distribution Planning in Supply Chains. An invited Review	21	1973-1997	Produktions- und Distributionsplanung
Graves/Willems (2003)	Supply Chain Design. Safety Stock Placement and Supply Chain Configuration	11	1958-2000	Lageraufstockung, keine Klassifizierung
Huang et al. (2003)	The Impacts of Sharing Production Information on Supply Chain Dynamics. A Review of the Literature	72	1991-2002	Informationsaustausch
Li et al. (2005)	Comparative Analysis on Value of Information Sharing in Supply Chains	12	1994-202	Informationsaustausch

Abbildung 4.1: Betrachtete Reviews über Supply-Chain-Koordinationsmodelle (Teil 1) (Eigene Darstellung in Anlehnung an Bergmann (2008, S. 47))

Autor (Jahr)	Titel	Anzahl Modelle	Zeitraum Modelle	Schwerpunkt
Min/Zhou (2002)	Supply Chain Modelling. Past, Present and Future	41	1960-2001	Supply-Chain-Modellierung
Munson/Rosenblatt (2001)	Coordinating a Three-Level Supply Chain with Quantity Discounts	21	1964-1994	Mengenrabatt, keine Klassifizierung
Narasimhan/Mahapatra (2004)	Decision Models in Global Supply Chain Management	37	1960-2003	Entscheidungsmodelle, keine Klassifizierung
Sahin/Robinson (2002)	Flow Coordination and Information Sharing in Supply Chains. Review, Implications, and Directions for Future Research	29	1958-2001	Klassifizierung nach Grad des Informationsaustauschs und Koordinationinstrument
Stadtler (2007a)	A Framework for Collaborative Planning and State-of-the-Art	13	1995-2007	Collaborative Planning, operativer Planungshorizont
Swaminathan/Tayur (2003b)	Tactical Planning Models for Supply Chain Management	78	1951-2003	stationäre und nichtstationäre Nachfrage
Thomas/Griffin (1996)	Coordinated Supply Chain Management	46	1960-1994	Koordination zwischen zwei oder mehr Stufen; operative und strategische Koordination
Thorn (2002)	Taktisches Supply Chain Planning. Planungsunterstützung durch deterministische und stochastische Optimierungsmodelle	23	1963-2002	Produktions- und Distributionsplanung
Vidal/Goetschalckx (1997)	Strategic Production-Distribution Models. A Critical Review with Emphasis on Global Supply Chain Models	40	1974-1996	Produktions- und Distributionsplanung

Abbildung 4.2: Betrachtete Reviews über Supply-Chain-Koordinationsmodelle (Teil 2) (Eigene Darstellung in Anlehnung an Bergmann (2008, S. 48))

4.1.2 Neues Klassifizierungsschema und Modellanforderungen

Die Analyse der in den bestehenden Reviews verwendeten Klassifizierungskriterien und Merkmalsausprägungen zeigt, dass keiner der genannten Klassifizierungsansätze ohne Modifizierung für die Problemstellung dieser Arbeit geeignet ist, da dort weder auslaufspezifische Kriterien wie Abnahmeverpflichtungen noch Verschrottungskosten berücksichtigt werden.[2]

Aus diesem Grund wurde ein neues Klassifizierungsschema entwickelt, das sowohl aus ausgewählten Kriterien der bereits existierenden Reviews als auch aus zusätzlichen auslaufspezifischen Kriterien besteht. Die wissenschaftliche Vorgehensweise zum Aufbau des neuen Schemas ist in Bergmann (2005) und Sonntag (2007) ausführlich beschrieben. Vereinfacht dargestellt haben die Autorinnen folgende Vorgehensweise gewählt:

- 1. Schritt: Analyse und Abgleich der Klassifizierungskriterien und Merkmalsausprägungen aus den existierenden Reviews

- 2. Schritt: Auswahl von Kriterien und Merkmalsausprägungen aus den existierenden Reviews, die für die Klassifizierung von Modellen für die Problemstellung geeignet sind, mithilfe mehrerer Gespräche mit Auslauf- und SCM-Experten aus der Praxis und Wissenschaft

- 3. Schritt: Neustrukturierung der ausgewählten Kriterien und Merkmalsausprägungen in Form eines neuen Klassifizierungsschemas, welches das neue Klassifizierungsschema in folgende Bereiche untergliedert:

    - Betrachtungsgegenstand
    - Informationsaustausch
    - Koordination
    - Modellart
    - Planungsmethode
    - Entscheidungsvariablen bzw. exogene Größen
    - Ziele bzw. Ergebnisgrößen sowie Nebenbedingungen

Die in Abbildung 4.3 dargestellten Kriterien sowie die jeweils möglichen Merkmalsausprägungen werden in den folgenden Abschnitten beschrieben. Merkmalsausprägungen, die für die Auswahl von Modellen für die vorliegende Arbeit vorausgesetzt werden, sind in Abbildung 4.3 farblich gekennzeichnet: Dunkelgrau hinterlegte Merkmalsausprägungen stellen diejenigen Eigenschaften dar, über die ein geeignetes Koordinationsmodell im Idealfall verfügen sollte; Modelle mit hellgrau hinterlegten Eigenschaften werden ebenfalls klassifiziert, weil sie möglicherweise so erweitert werden können, dass sie für die Problemstellung einsetzbar sind. Modelle mit nicht farblich hinterlegten Merkmalsausprägungen werden nicht eingeordnet.

---

[2]Vgl. Bergmann (2005), Sonntag (2007), Ostertag et al. (2008).

4.1 Schema zur Klassifizierung

Klassifizierungsmerkmale			betrachtete Merkmalsausprägungen
Betrachtungsgegenstand		Planungshorizont	langfristig
			mittelfristig
			kurzfristig
	Struktur der Supply Chain	Topologie der Supply Chain	zweiteilig
			Kette
			konvergierend
			divergierend
			Netzwerk
		Anzahl Supply-Chain-Stufen	keine vorgegebenen Ausprägungen; jeweilige Anzahl wird eingetragen
	Anzahl der Unternehmen		unternehmensinterne Betrachtung
			unternehmensübergreifende Betrachtung
	Berücksichtigung von Abnahmeverpflichtungen		ja
			nein
	Berücksichtigung internationaler Aspekte		ja
			nein
	Anzahl der Produkte		ein Produkt
			mehrere Produkte
Informationsaustausch	Art der Informationsbereitstellung		keine Informationsbereitstellung
			dezentrale Informationsbereitstellung
			zentrale Informationsbereitstellung
	Inhalt des Informationsaustauschs		Informationen bzgl. Menge und Parameter
			Informationen bzgl. Kosten
Koordination	Koordinationsprinzip		zentral
			dezentral
	koordinierte Bereiche der SCP-Matrix		Collaborative Master Planning
			Collaborative Demand Planning I
			Collaborative Demand Planning II
			Demand Capacity Collaboration
			Demand Inventory Collaboration
			Collaborative Scheduling
	Koordinationsinstrumente		Programme
			Pläne
Modellart	Einsatzzweck		analytische Modelle
			Simulationsmodelle
			Optimierungsmodelle
			Verhandlungsmodelle
	Informationssicherheit		deterministisch
			stochastisch
	Zeitbezug		statisch
			dynamisch
	Planungsmethode		Simultanplanung
			Sukzessivplanung
Entscheidungsvariablen bzw. exogene Größen	langfristige Entscheidungsvariablen bzw. langfristige exogene Größen		Gestaltung des Netzwerks
			geografische Lage der Einrichtung
			Zuordnung der Einrichtungen
			Grad des Outsourcing
	mittelfristige Entscheidungsvariablen bzw. mittelfristige exogene Größen		Bestellmenge
			Produktionsmenge
			Liefermenge
			Allokation von Kapazitäten
			Allokation von Lagerbeständen
			Allokation von Sicherheitsbeständen
	kurzfristige Entscheidungsvariablen bzw. kurzfristige exogene Größen		Produktions- und Distributionsreihenfolgeplanung
			Auftragserfüllung
Ziele bzw. Ergebnisgrößen	finanzielle Ziele bzw. finanzielle Ergebnisgrößen		(Minimierung der) Bestandskosten
			(Minimierung der) Kosten für Nachlieferungen und Fehlmengen
			(Minimierung der) Produktionskosten
			(Minimierung der) Bestellkosten
			(Minimierung der) Transportkosten
			(Minimierung der) Überschusskosten nach dem Auslaufstichtag
	nichtfinanzielle Ziele bzw. nichtfinanzielle Ergebnisgrößen		Lieferperformance
			(Minimierung der) Bedarfsvarianz
			(Minimierung der) Auftragsdurchlaufzeit
			(Minimierung der) Varianz der Auftragsdurchlaufzeit
	Nebenbedingungen (im Falle von Optimierungsmodellen)		Leistungserfüllung
			Kapazitätsrestriktion
			Materialflussbilanzgleichung
Legende:			geforderte Merkmalsausprägungen
			eventuell erweiterbar
			Ausschluss aus Betrachtung

Abbildung 4.3: Klassifizierungsschema für Supply-Chain-Koordinationsmodelle (Übersetzt von: Ostertag et al. (2008, S. 4))

4.1.2.1 Betrachtungsgegenstand

Hinsichtlich des Betrachtungsgegenstands wird zwischen folgenden fünf Kriterien differenziert:

Planungshorizont

Der Planungshorizont kann **kurz-, mittel- oder langfristig** sein.[3] Vor dem Hintergrund, dass die im Serienauslauf relevanten Abnahmeverpflichtungsfristen für Vorprodukte i. d. R. maximal drei Monate betragen, sollte ein für die Koordination im Auslauf geeignetes Modell Entscheidungen mit einem kurz- und/oder mittelfristigen Planungshorizont zwischen den Unternehmen in der Supply Chain abstimmen.[4]

Struktur der Supply Chain

Hinsichtlich der Struktur einer Supply Chain kann einerseits deren Topologie, andererseits die Anzahl ihrer Stufen bestimmt werden.

Betrachtet man die **Topologie** einer Supply Chain, so werden die in Abbildung 4.4 dargestellten fünf Merkmalsausprägungen unterschieden: Bei einer **zweiteiligen Struktur** werden nur zwei Supply-Chain-Partner betrachtet. Mehrere aneinander gereihte zweiteilige Systeme bilden eine **Kette**. Bezogen auf die Distribution findet man vor allem **divergierende Strukturen**, bei denen ein Unternehmen bzw. Standort Produkte an mehrere Kunden liefert, wobei der Kunde nur von einem Lieferanten Produkte erhalten darf. Bezieht ein Unternehmen von mehreren Lieferanten Produkte, handelt es sich um **Konvergierende Strukturen**. Ein Lieferant darf in diesem Fall jedoch nur einen Kunden beliefern. Durch die Kombination von konvergierenden und divergierenden Strukturen entstehen **Netzwerke**, welche die komplexeste Supply-Chain-Struktur darstellen.[5] Im Rahmen der vorliegenden Arbeit werden Modelle mit divergierenden Supply-Chain-Strukturen von der Betrachtung ausgeschlossen, da es sich dabei aus Sicht eines OEM nicht um übliche Beschaffungsstrukturen in der Automobilindustrie handelt.

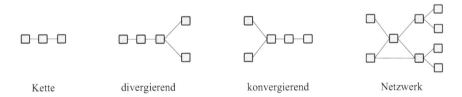

Abbildung 4.4: Supply-Chain-Strukturen

Die **Anzahl der betrachteten Supply-Chain-Stufen** gibt an, für wie viele Supply-Chain-Ebenen ein Koordinationsmodell entwickelt wurde. Dabei werden bei der Klassifizierung keine vordefinierten Merkmalsausprägungen verwendet, sondern es wird jeweils die entsprechende Anzahl in das Schema eingetragen. Bei zweiteiligen Supply Chains ist

---
[3] Vgl. Abschnitt 2.2.1.
[4] Vgl. Abschnitt 2.2.2, Abschnitt 3.3.1.1.
[5] Vgl. Huang et al. (2003, S. 1489), Domschke/Drexl (2005, S. 67).

4.1 Schema zur Klassifizierung

der Wert immer 2, bei den anderen Supply-Chain-Strukturen kann er auch größer sein.

Anzahl der Unternehmen

Dieses Kriterium ermöglicht die Unterscheidung in eine **innerbetriebliche** und eine **unternehmensübergreifende Betrachtung**. Im ersten Fall werden Funktionsbereiche innerhalb eines einzelnen Unternehmens koordiniert, während im zweiten Fall mehrere Unternehmen umfassende Supply Chains betrachtet werden.[6]

Die vorliegende Problemstellung erfordert im Grunde unternehmensübergreifende Koordinationsmodelle. Da jedoch auch Modelle mit einer intraorganisationalen Koordination möglicherweise für einen interorganisationalen Einsatz geeignet sind oder entsprechend modifiziert werden können, werden bei der Klassifizierung auch solche berücksichtigt.

Berücksichtigung von Abnahmeverpflichtungen

Abnahmeverpflichtungen stellen im Auslauf in der Automobilindustrie eine sehr wichtige Rahmenbedingung dar, da sie einen wesentlichen Einfluss auf die bei den einzelnen Unternehmen entstehenden Verschrottungskosten ausüben.[7] Hierbei handelt es sich um ein neues Kriterium, das bisher in keinem der in Abschnitt 4.1.1 untersuchten Reviews herangezogen wurde.

Trotz der großen Bedeutung von Abnahmeverpflichtungen für die hier untersuchte Problemstellung werden im Rahmen der Einordnung existierender Koordinationsmodelle auch solche betrachtet, die das Kriterium nicht beinhalten. Begründet wird dies damit, dass diese Rahmenbedingung ergänzt werden könnte und zudem kein einziges Modell gefunden werden konnte, welches dieses Kriterium bereits beinhaltet.

Berücksichtigung internationaler Aspekte

Bei Supply Chains mit Standorten in unterschiedlichen Ländern ist aufgrund der grenzüberschreitenden Geld- und Materialflüsse eine Berücksichtigung von internationalen Aspekten, wie z. B. Zöllen, unterschiedlichen Steuersätzen und Währungswechselkursen, sinnvoll. Im Hinblick darauf wird in dieser Arbeit in Modelle **mit und ohne Berücksichtigung von internationalen Aspekten** differenziert.[8]

Da sich hinsichtlich der Internationalität aus der gegebenen Problemstellung keine Einschränkung ergibt, werden bei der Klassifizierung Modelle mit beiden Ausprägungen betrachtet.

Anzahl der Produkte

Das Kriterium „Anzahl der Produkte" weist die beiden Ausprägungen **Einproduktmodell** und **Mehrproduktmodell** auf.

Obwohl die Problemstellung ein Modell für mehrere Produkte erfordert, werden auch Einproduktmodelle betrachtet, da diese ggf. auf Mehrproduktmodelle erweiterbar sind.

---

[6]Vgl. Abschnitt 2.1.1.1.
[7]Vgl. Abschnitt 3.4.
[8]Vgl. Beamon (1998, S. 292), Thorn (2002, S. 139–142).

4.1.2.2 Informationsaustausch

Der Informationsaustausch wird hinsichtlich der Art der Informationsbereitstellung und im Hinblick auf den Inhalt des Informationsaustauschs klassifiziert.

Art der Informationsbereitstellung

Die Art der Informationsbereitstellung hängt davon ab, ob bzw. wie Informationen für die Supply-Chain-Teilnehmer zur Verfügung gestellt werden. Wie in Abschnitt 2.3.2 erläutert, kann bei einem Informationsaustausch zwischen einer **zentralen** und **dezentralen Informationsbereitstellung** unterschieden werden. Ferner existieren Modelle, bei denen abgesehen von Bestellungen **keine Informationen ausgetauscht** werden.

Für die durchzuführende Klassifizierung sind ausschließlich Modelle relevant, bei denen Informationen ausgetauscht werden, da anderenfalls keine unternehmensübergreifende Koordination in der Supply Chain möglich ist.

Inhalt des Informationsaustauschs

Informationen bzgl. der Mengen und Parameter können folgende Ausprägungen umfassen: Bedarfsinformationen (Bestellungen, Bedarfsvorschau), Produktionsmengen, Transportinformationen (Liefermenge, Transportzeit), Bestandsinformationen (Bestandsniveau, Minimal- und Maximalbestände, Sicherheitsbestände), Kapazitäten (Normalkapazität, Maximalkapazität), Durchlaufzeiten, Produktstruktur und Service Level.

Bei den **Informationen bzgl. der Kosten** wird zwischen Bestandskosten bzw. Lagerhaltungskosten, Kosten für Nachlieferungen, Rüstkosten, Kosten für Kapazitätserweiterungen, Bestellkosten/Lieferkosten, Transportkosten, Kostendifferenzen/Ausgleichszahlungen sowie auslaufspezifischen Verschrottungskosten differenziert. Aufgrund der mit dem Austausch von sensiblen Kosteninformationen verbundenen Hemmnisse sollte das für die Problemstellung erarbeitete Koordinationsmodell nach Möglichkeit auf einen Austausch dieser Art von Informationen verzichten.[9]

4.1.2.3 Koordination

Zur Beschreibung des Koordinationsaspekts dienen die drei Kriterien Koordinationsprinzip, koordinierte Bereiche der Supply-Chain-Planning-Matrix und Koordinationsinstrumente.

Koordinationsprinzip

Die Koordination in einer Supply Chain kann **zentral, dezentral** oder in einer **Mischform** aus beiden stattfinden.[10]

Da sich rein zentral ausgelegte Koordinationsansätze in der Praxis der Automobilindustrie aufgrund der Komplexität nicht durchsetzen konnten, sollten die klassifizierten Modelle

---

[9]Vgl. Abschnitt 2.3.3.
[10]Vgl. Abschnitt 2.4.2.

4.1 Schema zur Klassifizierung

ein dezentrales Koordinationsprinzip oder eine Mischform aufweisen.[11]

Koordinierte Bereiche der Supply-Chain-Planning-Matrix

Ein weiteres Klassifzierungskriterium besteht in den koordinierten Planungsbereichen der Unternehmen. Hierzu kann die in Abschnitt 2.2.2 vorgestellte SCP-Matrix verwendet werden, wobei für die folgenden Ausführungen eine von Meyr/Stadtler (2007) angepasste Darstellungsform der Matrix verwendet wird. In einem mittel- und/oder kurzfristigen Planungshorizont kann zwischen diesen Merkmalsausprägungen differenziert werden:

- Collaborative Master Planning (1)
- Collaborative Demand Planning I (2)
- Collaborative Demand Planning II (3)
- Demand Capacity Collaboration (4)
- Demand Inventory Collaboration (5)
- Collaborative Scheduling (6)

Die in Klammern aufgeführten Ziffern dienen der Identifizierung der Varianten in Abbildung 4.5, welche am Beispiel von zwei Unternehmen alle sechs Möglichkeiten grafisch veranschaulicht.

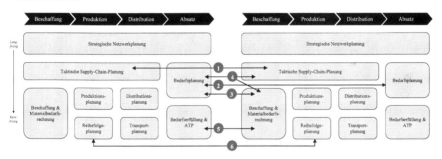

Abbildung 4.5: Koordinierte Bereiche der Supply-Chain-Planning-Matrix
(Quelle: Sonntag (2007, S. 58))

Beim **Collaborative Master Planning** werden mittelfristig Produktions-, Beschaffungs- und Transportmengen sowie Lagerbestände mit dem Ziel einer kostenoptimalen Nutzung der Ressourcen bestimmt. Das **Collaborative Demand Planning I** dient der Koordination der Nachfrageplanung der Supply-Chain-Partner, also der gemeinsamen Prognose des zukünftigen Absatzes. Im Rahmen des **Collaborative Demand Planning II** erfolgt eine Abstimmung zwischen der Nachfrageplanung des Lieferanten und der Beschaffungsplanung des Kunden, wobei das primäre Ziel in der Sicherstellung der Versorgung des Kunden besteht. Die Koordination der taktischen Supply-Chain-Planung (Bestimmung

---
[11]Vgl. Abschnitt 2.4.4.

von Produktions-, Beschaffungs- und Transportmengen sowie Lagerbeständen) und Beschaffungsplanung (kurzfristige Bestellungen) eines Kunden mit der Nachfrageplanung des Lieferanten wird als **Demand Capacity Collaboration** bezeichnet, während **Demand Inventory Collaboration** für den Abgleich der Beschaffungsplanung eines Kunden mit der kurzfristigen Absatzplanung (Demand Fulfilment & ATP) des Lieferanten steht. Auf diese Weise sollen potenzielle Engpässe im Vorfeld vermieden werden. Die letzte Ausprägung, das sog. **Collaborative Scheduling**, hat einen kurzfristigen Planungshorizont und wird zur Koordination der Produktionssteuerung (Auftragsreihenfolge und kurzfristiger Personaleinsatz) verschiedener Unternehmen eingesetzt.[12]

Koordinationsinstrumente

Koordinationsinstrumente werden von Kieser/Kubicek (1992) als „Regelungen, die der Abstimmung arbeitsteiliger Prozesse und der Ausrichtung von Aktivitäten auf die Organisationsziele dienen"[13] definiert. Aufgrund der unternehmensübergreifenden Sichtweise in dieser Arbeit wird diese Definition in folgender Weise modifiziert: Koordinationsinstrumente stellen Regelungen dar, die der Abstimmung arbeitsteiliger Prozesse und der Ausrichtung von Aktivitäten auf das Gesamtziel der Supply Chain dienen.

In der SCM-Literatur befassen sich zahlreiche Autoren mit Koordinationsmechanismen und schlagen dabei z. B. folgende Instrumente vor: Mengenrabatte, CPFR (Collaborative Planning, Forecasting and Replenishment), VMI, vertragliche Vereinbarungen (z. B. Kapazitätsallokationen, Bestellmengenflexibilität, Rückkauf von bestellten Produkten durch den Lieferanten).[14] Diese Koordinationsinstrumente werden im Rahmen dieser Arbeit jedoch nicht zur Klassifizierung herangezogen, da die meisten davon in der Praxis der Automobilindustrie keine Anwendung finden und bei nahezu keinem der später klassifizierten Modelle auftreten.

In der Organisationstheorie sind zudem allgemeinere Klassifizierungsmöglichkeiten zu finden, wobei fast alle Ansätze auf Kieser/Kubicek zurückzuführen sind, die zwischen personenorientierten und unpersönlichen Koordinationsinstrumenten unterscheiden.[15] Personenorientierte Instrumente umfassen dabei die Koordination durch persönliche Weisung und die durch Selbstabstimmung, wobei beide auf einer unmittelbaren persönlichen Kommunikation beruhen und somit für den Einsatz in unternehmensübergreifenden Supply Chains nicht bzw. nur bedingt geeignet sind: Die Voraussetzungen für eine Koordination durch persönliche Weisung sind in Supply Chains mit rechtlich unabhängigen Unternehmen nicht gegeben, da dort keine Personenhierarchie zwischen den Akteuren der unterschiedlichen Firmen besteht. Auch Koordination durch Selbstabstimmung ist ebenso nur schwer umsetzbar, zumal die Koordinationsentscheidungen in diesem Fall durch Personengruppen getroffen werden und das dafür nötige Vertrauen und der persönliche Kontakt in der Praxis häufig nicht gegeben sind.

Unpersönliche Koordinationsinstrumente (Koordination durch Programme und Pläne) sind besser zur Koordination in unternehmensübergreifenden Supply Chains geeignet und

---

[12] Vgl. Stadtler (2003), Kilger et al. (2007, S. 266–275).
[13] Kieser/Kubicek (1992, S. 95–96).
[14] Vgl. Sahin/Robinson (2002, S. 507–509), Fugate et al. (2006, S. 133–136), Kouvelis et al. (2006, S. 455–458), Sarmah et al. (2006, S. 2), Li/Wang (2007, S. 1–16).
[15] Vgl. Kieser/Kubicek (1992, S. 103–107), Schertler (1995, S. 52–55), Schreyögg (1999, S. 156–202), Jost (2000, S. 334–366), Schulte-Zurhausen (2002, S. 208–220).

werden deshalb in die Klassifizierung aufgenommen. Bei der **Koordination durch Programme** wird der Ablauf von Aktivitäten auf Dauer verbindlich festgelegt. Bei einer **Koordination durch Pläne** werden Vorgaben nur für eine bestimmte Periode bestimmt, wobei sich die Pläne von Periode zu Periode wieder ändern können. Die Folge ist eine höhere Flexibilität gegenüber Programmen.[16]

4.1.2.4 Modellart

Die Modellart kann zwischen dem Einsatzzweck, der Informationssicherheit sowie dem Zeitbezug differenziert werden.

Einsatzzweck

Im Rahmen der vorliegenden Arbeit werden unter **analytischen Modellen** alle Modelle zusammengefasst, die ein reales System nur beschreiben oder gegebenenfalls Zusammenhänge aufzeigen. Somit fallen darunter Beschreibungs-, Erklärungs-, Kausal- und Prognosemodelle. Beschreibungsmodelle stellen die Elemente und ihre Beziehungen in realen Systemen dar, enthalten aber keine Hypothesen über reale Wirkungszusammenhänge. Um das Systemverhalten zu erklären bzw. Hypothesen über das Systemverhalten aufzustellen, werden bei Erklärungs- und Kausalmodellen im Gegensatz dazu auch Ursache-Wirkungs-Zusammenhänge untersucht. Mithilfe von Prognosemodellen wiederum wird versucht, zukünftige Entwicklungen vorherzusagen.

Eine Sonderform von Prognosemodellen sind **Simulationsmodelle**, die bei komplexen Systemen eingesetzt werden, für die keine analytischen Lösungsverfahren existieren. Ferner unterliegen die durch Simulationsmodelle abgebildeten Systeme häufig Zufallseinflüssen. Mithilfe des Simulationsmodells werden Handlungsalternativen durchgespielt und deren Konsequenzen analysiert, wodurch die im Hinblick auf die Ziele günstigste Alternative identifiziert werden kann.[17]

Entscheidungs- und Optimierungsmodelle haben eine erklärende Wirkung und bieten darüber hinaus die Möglichkeit, Entscheidungsprobleme formal darzustellen und mit geeigneten Verfahren zu lösen. Handlungsalternativen werden durch Zielfunktionen bewertet und ermöglichen somit die Ermittlung einer optimalen Alternative. Entscheidungs- und Optimierungsmodelle können durch die Anzahl der Handlungsalternativen unterschieden werden: Bei Ersteren werden verschiedene Handlungsalternativen bewertet, anschließend wird die beste Alternative ausgewählt. Beim Einsatz von Optimierungsmodellen werden die Handlungsalternativen durch Nebenbedingungen abgebildet, wodurch ein zulässiger Bereich an Alternativen entsteht, aus dem die beste Alternative zu ermitteln ist.[18]

Verhandlungsmodelle wiederum sind dadurch gekennzeichnet, dass die Supply-Chain-Partner jeweils eigene Vorschläge (z. B. für Bestellmengen) aufstellen und ein iterativer Verhandlungsprozess stattfindet, indem die Vorschläge zwischen den Unternehmen ausgetauscht werden und somit die Basis für einen erneuten Gegenvorschlag darstellen können. Dieser Prozess wird wiederholt, bis sich die Partner auf eine bestimmte Menge einigen. Dabei gelten i. d. R. bestimmte Vorgaben, die sicherstellen, dass der Verhandlungspro-

---

[16]Vgl. Kieser/Kubicek (1992, S. 103–117).
[17]Weitere Details zum Thema Simulation finden sich in Abschnitt 6.1.
[18]Vgl. Scholl (2001, S. 16–21), Klein/Scholl (2004, S. 30–38), Domschke/Drexl (2005, S. 3).

zess nach einer bestimmten Zeit endet und dass bereits ausgetauschte Vorschläge nicht wiederholt werden. Zur Bestimmung der Vorschläge innerhalb der Firmen können Optimierungsmodelle eingesetzt werden, wobei solche Modelle gleichzeitig als Optimierungs- und Verhandlungsmodelle eingestuft werden.

Im Rahmen der Klassifizierung werden Optimierungs-, Simulations- und Verhandlungsmodelle betrachtet, weil das zu entwickelnde Koordinationsmodell später in Form einer Fallstudie quantitativ mit Echtdaten bewertet werden soll und dies bei analytischen Modellen nicht möglich ist.

Informationssicherheit

Betrachtet man die Sicherheit der zugrunde liegenden Informationen, so kann zwischen stochastischen und deterministischen Modellen unterschieden werden. Während **deterministischen Modellen** lediglich tatsächliche oder sichere Informationen zugrunde liegen, berücksichtigen **stochastische Modelle** auch Unsicherheiten.[19]

Zeitbezug

Unter Betrachtung des Zeitbezugs kann in statische und dynamische Modelle differenziert werden, die sich hinsichtlich der Berücksichtigung zeitlicher Veränderungen eines Systems unterscheiden. **Statische Modelle** werden zur Abbildung von Systemen herangezogen, die keinen dynamischen Veränderungen unterliegen oder abstrahiert ohne Berücksichtigung der zeitlichen Entwicklung abgebildet werden, während bei **dynamischen Modellen** die zeitliche Entwicklung des realen Systems im Modell berücksichtigt wird.[20]

Damit sich im Zeitablauf ändernde Daten korrekt in die Planung einbezogen werden können, sollen die zu klassifizierenden Koordinationsmodelle einen dynamischen Zeitbezug aufweisen.

4.1.2.5 Planungsmethode

Die beiden alternativen Merkmalsausprägungen hinsichtlich der Planungsmethode sind Simultan- und Sukzessivplanung. Bei der **Simultanplanung** wird versucht, durch einen zentralen Planungsansatz alle Interdependenzen zu erfassen und in der Planung zu berücksichtigen. Im Rahmen der **Sukzessivplanung** hingegen werden Entscheidungen in einer bestimmten Reihenfolge getroffen, wobei die Lösungen eines vorgelagerten Problems den Input für nachfolgende Probleme darstellen.[21]

4.1.2.6 Entscheidungsvariablen bzw. exogene Größen

Da bei der Klassifizierung sowohl Optimierungs- als auch Simulationsmodelle betrachtet werden, ist in diesem und im folgenden Abschnitt eine entsprechende Differenzierung erforderlich. Während bei Optimierungsmodellen eine Klassifizierung nach Entscheidungsvariablen und Zielen vorgenommen wird, kann bei Simulationsmodellen analog zwischen

---

[19]Vgl. Klein/Scholl (2004, S. 35–36).
[20]Vgl. Klein/Scholl (2004, S. 36).
[21]Vgl. Klein/Scholl (2004, S. 36–37 u. 219–223), Abschnitt 2.4.4.

exogenen Größen und Ergebnisgrößen unterschieden werden. Dabei besitzen Entscheidungsvariablen die gleichen Merkmalsausprägungen wie exogene Größen. Die Merkmalsausprägungen beider Kriterien werden zudem nach deren Fristigkeit (kurzfristig, mittelfristig, langfristig) differenziert: **Langfristige Entscheidungsvariablen bzw. exogene Größen** werden im Rahmen strategischer Planungen verwendet, dienen also der Gestaltung von Netzwerken, (z. B. Auswahl von Lieferanten, Festlegung der Anzahl von Supply-Chain-Stufen), der Bestimmung der geografischen Lage von Einrichtungen (z. B. Distributionszentren) sowie deren Zuordnung. Über einen **mittelfristigen Zeitraum** werden Entscheidungen über Bestell-, Produktions- und Liefermengen getroffen. Ferner werden Entscheidungsvariablen bzw. exogene Größen betrachtet, die die Allokation von Kapazitäten, Lagerbeständen und Sicherheitsbeständen bestimmen. Bei **kurzfristigen Entscheidungsvariablen bzw. exogenen Größen** wird zwischen Größen unterschieden, die die Produktions- und Distributionsreihenfolge festlegen, und solchen, die sich der Auftragserfüllung widmen, indem sie z. B. einen bestimmten Servicegrad bestimmen.[22]

Aufgrund der Eingrenzung der Problemstellung in dieser Arbeit werden langfristige Entscheidungsvariablen bzw. exogene Größen sowie Modelle zur Planung der Produktions- und Distributionsreihenfolge im Kurzfristzeitraum nicht weiter in die Betrachtung einbezogen.[23]

4.1.2.7 Ziele bzw. Ergebnisgrößen

Die Ziele von Optimierungsmodellen sind den Ergebnisgrößen von Simulationsmodellen sehr ähnlich. Bei Optimierungsmodellen wird i. d. R. die Maximierung oder Minimierung bestimmter Zielgrößen, die als Funktionen einer oder mehrerer Entscheidungsvariablen formuliert werden, angestrebt. Bei einer Simulation hingegen werden die Ergebnisgrößen durch Simulationsläufe ohne Optimierung ermittelt, wobei durch Experimentieren in Form einer Variation der exogenen Größen bzw. einer Änderung der Planungsalgorithmen versucht wird, die Ergebnisgrößen schrittweise zu verbessern. Sowohl bei Zielen als auch bei Ergebnisgrößen kann zwischen finanziellen und nichtfinanziellen Größen unterschieden werden.

Für die hier vorzunehmende Klassifizierung wurden folgende **finanziellen Ziele bzw. Ergebnisgrößen** ausgewählt, wobei in Klammern immer die für Optimierungsmodelle spezifische Minimierung der Kosten steht:

- (Minimierung der) Bestandskosten
- (Minimierung der) Nachlieferungen und Fehlmengen
- (Minimierung der) Produktionskosten
- (Minimierung der) Bestellkosten
- (Minimierung der) Transportkosten
- (Minimierung der) Überschusskosten nach dem Auslaufstichtag

---
[22] Vgl. Abschnitt 2.2.1.
[23] Vgl. Abschnitt 2.2.2.

Bei der Beschreibung der einzelnen Koordinationsmodelle in Abschnitt 4.2 wird offensichtlich, dass manche Ansätze nicht nur eine Minimierung bzw. Reduzierung von Kosten, sondern eine Maximierung bzw. Erhöhung des Gewinns anstreben. In diesen Fällen wird die Gewinnmaximierung in den Modellen jedoch durch eine Minimierung der dem Gewinn zugrunde liegenden Kosten erreicht. Aus diesem Grund wird bei der Klassifizierung nur die Minimierung bestimmter Kosten abgebildet und keine Gewinnmaximierung.

Als **nicht finanzielle Ziele bzw. Ergebnisgrößen** werden die folgenden Merkmalsausprägungen in das Klassifizierungsschema aufgenommen:

- (Optimierung der) Lieferperformance
- (Minimierung der) Bedarfsvarianz
- (Minimierung der) Auftragsdurchlaufzeit
- (Minimierung der) Varianz der Auftragsdurchlaufzeit

Eine gute Lieferperformance ist in mehrstufigen Supply Chains von großer Bedeutung, weil die Kunden eines Unternehmens auf die Belieferung durch ihre Lieferanten angewiesen sind, um ihre eigenen Kundenbedarfe abzudecken. Durch eine Reduzierung der Bedarfsvarianz kann der Bullwhip-Effekt verringert und damit das Gesamtergebnis der Supply Chain verbessert werden. Durch die Verkürzung der Auftragsdurchlaufzeit bzw. durch die Verringerung von deren Varianz können Liefertermine genauer berechnet und früher realisiert werden.

Da alle genannten Ziele bzw. Ergebnisgrößen einen Einfluss auf die Performance einer Supply Chain haben, werden auch alle in der Klassifizierung aufgeführt.

4.1.2.8 Nebenbedingungen

Hinsichtlich der betrachteten Nebenbedingungen wird zwischen Nebenbedingungen zur Leistungserfüllung, zu Kapazitätsrestriktionen und zu Materialflussbilanzgleichungen unterschieden.

Nebenbedingungen zur **Leistungserfüllung** stellen sicher, dass die Anforderungen der Kunden hinsichtlich der Belieferung durch ihre Lieferanten eingehalten werden. Beispiele hierfür sind vereinbarte Servicegrade, Fälligkeitstermine oder Zeitfenster für die Auslieferung. **Kapazitätsrestriktionen** können sich auf Beschaffungs-, Produktions-, Distributions- und Absatzprozesse beziehen und stellen bei begrenzten Ressourcen sicher, dass keine Pläne aufgestellt werden, die aufgrund der begrenzten Kapazitäten nicht realisierbar sind. **Materialflussbilanzgleichungen** sorgen letztlich für ein Gleichgewicht der Materialflüsse in der Supply Chain.

4.2 Einordnung ausgewählter Modelle in das Klassifizierungsschema

Aufgrund der Vielzahl an veröffentlichten Supply-Chain-Koordinationsmodellen ist es notwendig, bestimmte Modelle für die Einordnung in das Klassifizierungsschema auszuwählen. Zu diesem Zweck wurde in einem ersten Schritt der Veröffentlichungszeitraum auf die

Jahre 2001–2007 beschränkt. Darüber hinaus wurden Modelle, die nicht farblich hinterlegte Merkmalsausprägungen aufweisen, von der Betrachtung ausgeschlossen. Anhand der in Abschnitt 4.1.1 aufgeführten SCM-Reviews sowie einer zusätzlichen Recherche in einschlägigen Journals wurden letztendlich 17 Modelle ausgewählt, die im Folgenden klassifiziert werden. Dabei wurde versucht, Modelle mit interessanten Eigenschaften hinsichtlich der vorliegenden Problemstellung zu selektieren.

Innerhalb einer Veröffentlichung werden häufig mehrere unterschiedliche Modelle beschrieben, indem etwa neben einem neu entwickelten Koordinationsmodell mit Informationsaustausch noch andere Modelle ohne oder mit beschränktem Informationsaustausch vorgestellt werden. In den quantitativen Fallstudien werden Letztere als Vergleichsmodelle herangezogen, um die Vorteile des neuen Ansatzes aufzuzeigen. In solchen Fällen wird für die Klassifizierung in dieser Arbeit immer das neue Modell ausgewählt, sofern es zu den besten Ergebnissen führt. Darüber hinaus kommt es vor, dass von einem neuen Modell verschiedene Varianten aufgezeigt werden, die sich jedoch nur geringfügig voneinander unterscheiden. Führt eine von diesen zu den besten Resultaten, wird lediglich sie klassifiziert. Für den Fall, dass der Unterschied zwischen den Varianten die Güte der Planung nicht beeinflusst, werden alle Varianten gemeinsam als ein Modell klassifiziert.

Die Einordnung der Modelle in das Klassifizierungsschema ist in den Abbildungen 4.6–4.9 veranschaulicht. Dabei werden nur die dunkel- und hellgrau markierten Merkmalsausprägungen aus dem in Abbildung 4.3 verwendeten Schema dargestellt. Die Zuordnung der Merkmalsausprägungen zu unterschiedlichen Modellen erfolgt mit Kreuzen in den entsprechenden Zellen der Tabelle. Eine Ausnahme stellt das Kriterium „Anzahl der betrachteten Supply-Chain-Stufen" dar, bei dem der Wert der Merkmalsausprägung in die Tabelle eingetragen wird. Eine nicht genau festgelegte Anzahl von Stufen mit einem Wert größer als 2 wird durch ein n gekennzeichnet.

Klassifizierungsmerkmale \ Modelle →	Aviv (2001)	Dudek (2004), Dudek/Stadtler (2005)	Gaonkar/Viswanadham (2001)	Gavirneni (2004)	Gjerdrum et al. (2002)	Graves/Willems (2003)	Karabuk/Wu (2002)	Karaesmen et al. (2002)	von Lanzenauer/Pilz-Glombik (2002)	Lihong (2006)	Nishi et al. (2005)	Petrovic (2001)	Rota et al. (2002)	Thorn (2002)	Yu et al. (2001)	Zhang/Zhang (2007)	Zimmer (2001), Schneeweiss/Zimmer (2004)
	1	2	3	4	5	6	7	8	9	10	11	12	13	14	15	16	17
Planungshorizont																	
mittelfristig	x	x	x			x	x	x	x	x	x	x	x	x			
kurzfristig		x		x	x						x				x	x	x
Struktur der Supply Chain																	
Topologie																	
zweiteilig	x			x													
Kette					x			x		x					x		x
konvergierend												x				x	
Netzwerk		x	x			x	x		x		x		x	x			
Anzahl betrachteter Supply-Chain-Stufen	2	2	4	2	2	n	2	2	n	2	2	n	n	2	2	3	2
Anzahl der Unternehmen																	
unternehmensinterne Betrachtung							x					x					
unternehmensübergreifende Betrachtung	x	x	x	x	x	x		x	x	x	x		x	x	x	x	x
Berücksichtigung von Abnahmeverpflichtungen																	
ja	x		x														
nein		x		x	x	x	x	x	x	x		x	x	x	x	x	x
Berücksichtigung internationaler Aspekte																	
ja														x			
nein	x	x	x	x	x	x		x	x	x		x	x			x	x
Anzahl der Produkte																	
ein Produkt	x	x	x				x	x				x	x				
mehrere Produkte				x	x	x			x		x			x	x	x	x

Abbildung 4.6: Klassifizierung ausgewählter Supply-Chain-Koordinationsmodelle (Teil 1) (Übersetzt von: Ostertag et al. (2008, S. 12))

4.2 Einordnung ausgewählter Modelle in das Klassifizierungsschema   105

↓ Klassifizierungsmerkmale Modelle →	1	2	3	4	5	6	7	8	9	10	11	12	13	14	15	16	17
Art des Informationsbereitstellung																	
dezentrale Informationsbereitstellung	x																x
zentrale Informationsbereitstellung		x	x	x	x		x	x	x	x	x	x	x	x	x	x	
Inhalt des Informationsaustauschs																	
Informationen bzgl. Menge und Parameter																	
Bedarfe			x			x				x							
- Abrufmengen/ Bestellmengen	x	x		x	x		x					x	x		x	x	x
- Bedarfsvorschau	x												x				
- Bedarfsschwankungen								x									
Produktionsmengen									x								
Transport																	
- Liefermenge		x												x			
- Transportzeiten			x														
Bestände																	
- Bestandsniveau			x	x													
- Min-/Max-Bestände					x							x					
- Sicherheitsbestände																	
Kapazität																	
- verfügbare Kapazitäten			x		x		x		x		x			x			
- Kapazitätsschwankungen																	
- Kapazitätserweiterungsmöglichkeiten						x											
Durchlaufzeit																	
- Durchlaufzeit	x											x					
- Varianz der Durchlaufzeit																	
Produktstruktur			x														
Service Level						x											
Informationen bzgl. Kosten																	
Bestandskosten	x		x		x	x			x			x					
Kosten für Nachlieferungen	x								x			x					
Rüstkosten					x									x			
Kosten für Kapazitätserweiterungen																	
Bestellkosten / Lieferkosten					x				x								x
Transportkosten			x											x			
Kostendifferenzen / Ausgleichszahlungen		x															

Abbildung 4.7: Klassifizierung ausgewählter Supply-Chain-Koordinationsmodelle (Teil 2) (Übersetzt von: Ostertag et al. (2008, S. 13))

4 Supply-Chain-Koordinationsmodelle: Stand der Wissenschaft

Klassifizierungsmerkmale / Modelle →	1	2	3	4	5	6	7	8	9	10	11	12	13	14	15	16	17
Koordinationsprinzip																	
zentral	x		x	x				x	x	x	x			x	x		
dezentral		x			x	x						x	x			x	x
koordinierte Bereiche der SCP-Matrix																	
Collaborative Master Planning	x		x								x						
Collaborative Demand Planning I							x						x				
Collaborative Demand Planning II		x	x				x							x			
Demand Capacity Collaboration		x		x	x	x											
Demand Inventory Collaboration		x		x	x	x											
Koordinationsinstrumente																	
Programme		x		x													
Pläne	x	x	x	x	x	x	x	x	x	x	x	x	x	x	x	x	x
Einsatzzweck																	
Simulationsmodelle	x						x	x				x	x			x	
Optimierungsmodelle				x	x	x		x	x	x	x	x	x	x	x		x
Verhandlungsmodelle		x					x	x								x	
Informationssicherheit																	
deterministisch	x	x	x	x	x	x	x	x	x	x	x	x	x	x	x	x	x
stochastisch	x							x							x		
Simultanplanung		x		x	x	x		x	x	x	x	x	x	x	x	x	x
Sukzessivplanung							x										
mittelfristige Entscheidungsvariablen bzw. exogene Größen																	
Bestellmenge		x	x	x	x	x	x	x	x		x	x	x	x	x		x
Produktionsmenge		x	x		x			x	x		x	x	x	x	x	x	x
Liefermenge		x	x		x			x	x			x	x	x	x	x	x
Allokation von Kapazitäten		x										x	x		x	x	x
Allokation von Lagerbeständen		x					x		x		x		x	x	x		
Allokation von Sicherheitsbeständen	x																
kurzfristige Entscheidungsvariable bzw. exogene Größen																	
Auftragserfüllung						x								x			x

Abbildung 4.8: Klassifizierung ausgewählter Supply-Chain-Koordinationsmodelle (Teil 3) (Übersetzt von: Ostertag et al. (2008, S. 14))

4.2 Einordnung ausgewählter Modelle in das Klassifizierungsschema

Klassifizierungsmerkmale \ Modelle →	1	2	3	4	5	6	7	8	9	10	11	12	13	14	15	16	17
finanzielle Ziele bzw. Ergebnisgrößen																	
(Minimierung der) Bestandskosten	x	x	x	x	x	x		x	x		x	x	x	x	x	x	x
(Minimierung der) Kosten für Nachlieferungen und Fehlmengen	x							x			x		x		x	x	x
(Minimierung der) Produktionskosten		x		x			x		x		x			x			x
(Minimierung der) Bestellkosten			x														x
(Minimierung der) Transportkosten			x		x				x					x			
(Minimierung der) Überschusskosten nach dem Auslaufstichtag												x				x	
nichtfinanzielle Ziele bzw. Ergebnisgrößen																	
Lieferperformance												x					
(Minimierung der) Bedarfsvarianz																	
(Minimierung der) Auftragsdurchlaufzeit																	
(Minimierung der) Varianz der Auftragsdurchlaufzeit																	
Leistungserfüllung			x		x	x				x			x			x	x
Kapazitätsrestriktion (NB)		x	x	x	x		x		x	x	x		x	x			x
Materialflussbilanzgleichung (NB)	x	x	x		x		x	x	x		x		x	x			x

Abbildung 4.9: Klassifizierung ausgewählter Supply-Chain-Koordinationsmodelle (Teil 4) (Übersetzt von: Ostertag et al. (2008, S. 15))

4.3 Beschreibung der Modelle

In diesem Abschnitt werden die im letzten Abschnitt klassifizierten Koordinationsmodelle beschrieben, wobei Umfang und Detaillierungsgrad der Beschreibungen unterschiedlich ausfallen können – je nachdem, wie relevant und tiefgehend die jeweilige Veröffentlichung ist. Auch bei der Darstellung der Ergebnisse unterscheiden sich die untersuchten Modelle.

Aviv (2001)

Aviv (2001) stellt ein Einprodukt-Koordinationsmodell für zweiteilige Supply Chains mit einem Händler und einem Lieferanten vor. Durch eine gemeinsame, unternehmensübergreifende Prognose werden die Sicherheitsbestände in beiden Unternehmen dabei so bestimmt, dass die Lagerhaltungskosten sowie die Kosten für Nachlieferungen und Fehlmengen in der Supply Chain minimiert werden. Dazu wird die optimale Auffüllgrenze des Lieferanten gesucht, von der die des Händlers abhängt: Unabhängig von möglichen Prognosefehlern kann so der nötige Sicherheitsbestand des Händlers reduziert werden, falls der Lieferant seine Bestände erhöht.

Eine Voraussetzung für die gemeinsame Prognose stellt die zentrale Bereitstellung von Bedarfsinformationen über einen Informationspool dar. Die Prognosen werden in die Lagerhaltungspolitiken der Unternehmen integriert und in jeder Periode neu berechnet. Die Lagerbestände können periodisch bis zu einem Soll-Bestand (Auffüllgrenze) aufgefüllt werden. Beim Händler fallen zusätzlich zu den Lagerhaltungskosten, die auch beim Lieferanten entstehen, Strafkosten an. Diese müssen für jede Einheit bezahlt werden, die aufgrund eines Engpasses zu spät an den Endkunden geliefert wird. In jeder Periode erfolgt zunächst ein Update der Nachfrageprognose. Danach kann der Lieferant Rohmaterial bei externen Lieferanten bestellen, bevor der Händler seine Bestellung bei ihm aufgibt. Anschließend liefert der Lieferant so viel wie möglich von der bestellten Menge an den Händler, um dessen Auftrag zu erfüllen. Unter Umständen werden zudem noch ausstehende Nachlieferungen aus vorigen Perioden ausgeliefert.

Zur Bewertung wird das neue Modell von Aviv im Rahmen einer Simulationsstudie mit zwei anderen Modellen verglichen, wobei beim ersten Vergleichsmodell gar keine Prognoseinformationen in der Lagerhaltungspolitik berücksichtigt werden, während beim zweiten Vergleichsmodell lokal erstellte Bedarfsprognosen in die Lagerhaltungspolitik der beiden Unternehmen einfließen. In dem Simulationsexperiment konnte nachgewiesen werden, dass die betrachteten Kosten bei einer gemeinsamen Prognose im Vergleich zur Lagerhaltung ohne Berücksichtigung von Prognoseinformationen um 19,43 % gesenkt werden können. Bei einem Wechsel vom zweiten Vergleichsmodell (lokale Prognose) zur gemeinsamen Prognose ergibt sich immer noch ein Kostenvorteil von 9,56 %. Eine interessante Erkenntnis von Aviv ist zudem die Feststellung, dass der Vorteil der gemeinsamen Prognose umso größer wird, je unterschiedlicher die bei der Prognose der einzelnen Unternehmen verwendeten Kriterien sind.

Dudek (2004), Dudek/Stadtler (2005)

Die Veröffentlichungen von Dudek (2004) und Dudek/Stadtler (2005) beinhalten eine Beschreibung des gleichen Koordinationsansatzes mit unterschiedlichem Detaillierungsgrad, weshalb beide Modelle bei der Klassifizierung als ein einzelnes Modell betrachtet werden.

Dabei handelt es sich um ein dezentrales Koordinationsmodell für eine verhandlungsbasierte Planung im kurz- und mittelfristigen Planungshorizont mit dem Ziel, die Rüst- und Lagerhaltungskosten sowie die Kosten für Kapazitätserweiterungen in der Supply Chain zu minimieren. Die Planung der einzelnen Unternehmen wird mithilfe des „Multi Level, Capacitated Lot Sizing Problems (MLCLSP)" abgebildet. Vorschläge über Bestell- und Liefermengen werden iterativ zwischen einem Unternehmen und seinen direkt angrenzenden Partnern ausgetauscht. Das heißt, die beteiligten Firmen analysieren die Auswirkungen des erhaltenen Vorschlags auf ihre lokale Planung und übermitteln anschließend einen modifizierten Gegenvorschlag, der für sie selbst zu einem besseren Ergebnis führt als der zuvor erhaltene Vorschlag. Dabei wird auch die Kostenersparnis im Vergleich zum ursprünglichen Vorschlag des Partners kommuniziert. Um diesen iterativen Verhandlungsprozess zwischen den Unternehmen abbilden zu können, wurde das ursprüngliche MLCLSP um Schnittstellen zwischen den lokalen Planungen sowie um zusätzliche Daten, Entscheidungsvariablen und Nebenbedingungen erweitert. Da die Unternehmen ohne eine begrenzte Modifizierungsmöglichkeit immer wieder ihren ursprünglichen Plan als präferierte Lösung generieren würden, sind Programme in Form von Modifizierungsgrenzen notwendig.

Im Rahmen dieses verhandlungsbasierten Modells kann der Lieferant i. d. R. zwar Kosten senken, der Kunde jedoch muss im Gegenzug im Vergleich zu seiner initialen Lösung eine Kostensteigerung hinnehmen. Daher muss dem Kunden ein Anreiz, etwa in Form eines Bonus, geschaffen werden, damit dieser dem Verhandlungsergebnis zustimmt. Ein positiver Aspekt des Ansatzes besteht darin, dass nach jeder Iteration realisierbare Pläne entstehen und nachweislich gute Ergebnisse geliefert werden, die sich nahe dem globalen Optimum befinden. Ferner müssen aufgrund des eingeschränkten Informationsaustauschs neben Bestell- bzw. Liefervorschlägen nur Kostendifferenzen und keine absoluten Kosten oder Kostensätze ausgetauscht werden.

Gaonkar/Viswanadham (2001)

Gaonkar/Viswanadham (2001) untersuchen die Auswirkung des Informationsaustauschs über einen internetbasierten Informationspool, indem sie eine vierstufige Supply Chain mit einem OEM sowie mehreren Vertragsherstellern, Vormontagewerken und Komponentenlieferanten betrachten. Die Autoren stellen zwei Modelle der linearen Programmierung (LP) zur Planung von Bestellmengen bei mehreren Lieferanten vor. Im ersten Modell erfolgt die Koordination zwischen den Supply-Chain-Akteuren dezentral auf Basis einer zentralen Informationsbereitstellung (Bedarfe, Bestandsniveaus, verfügbare Kapazität sowie Bestands-, Produktions- und Rüstkosten). Zum Vergleich hierzu wird ein zweites Modell ohne Informationsaustausch herangezogen.

Im Rahmen der Planung werden die Bestell-, Produktions-, Liefer- und Lagermengen der einzelnen Unternehmen ermittelt - mit dem Ziel der Minimierung der Beschaffungskosten, die sich aus Transport-, Produktions- und Lagerkosten zusammensetzen. Hierzu werden in der Zielfunktion die Lagerhaltungskosten aller vier Supply-Chain-Akteure sowie die Transport- und Produktionskosten der Komponentenlieferanten, Vormontagewerke und Vertragslieferanten minimiert. Hinsichtlich der Nebenbedingungen werden Restriktionen von allen Unternehmen berücksichtigt, und aufgrund der auftragsorientierten Fertigung ist die Nachfrage der Endkunden deterministisch.

Anhand einer Fallstudie zeigen die Autoren, dass die auftragsorientierte Fertigung verbunden mit Informationsaustausch zwischen den Unternehmen zu wesentlich geringeren Kosten führt als eine Lagerproduktion ohne Informationsaustausch. Der Grad der aus dem Modell mit Informationsaustausch zu ziehenden Vorteile hängt von der Endkundennachfrage ab. Das heißt, bei einer steigenden Nachfrage erhöht sich auch der Vorteil durch den Austausch der Informationen und die dezentrale Planung, da hier die Kosten ohne Informationsaustausch exponentiell ansteigen, während sie bei Informationsaustausch nur linear wachsen.

Gavirneni (2002)

Gavirneni (2002) stellt ein dezentrales Koordinationsmodell für eine zweiteilige Supply Chain mit einem Händler und einem Lieferanten vor. Der Lieferant muss sich unter Berücksichtigung seiner verfügbaren Produktionskapazität für ein bestimmtes Lagerbestandsniveau zur Erfüllung der Bestellungen des Händlers entscheiden. Abhängig von der Bestellhöhe und dem verfügbaren Bestand fallen für den Lieferanten Lagerhaltungs- bzw. Strafkosten an, je nachdem ob zu viel oder zu wenig Lagerbestand zur Erfüllung der Bestellmenge in einer Periode vorhanden ist.

Nach dem Eintreffen der Endkundennachfrage für die aktuelle Periode entscheidet der Händler mithilfe seiner Lagerhaltungspolitik, ob er in dieser Periode eine Bestellung beim Lieferanten aufgibt oder nicht. Das Neue an dem Ansatz ist, dass der Händler nicht wie bei einer klassischen (s,S)-Lagerhaltungspolitik beim Erreichen eines Meldebestands s bestellt, sondern nur dann, wenn die kumulierte Endkundennachfrage seit der letzten Bestellung in der vorherigen Periode einen festgesetzten Wert δ überschritten hat. In diesem Fall muss der Händler eine Bestellung aufgeben, nachdem er die nächste Bestellung des Endkunden entgegengenommen hat, egal wie hoch diese ausfällt. Die kumulierte Endkundennachfrage wird vom Händler auch dem Lieferanten zur Verfügung gestellt. Im Falle einer Bestellung versucht der Lieferant, den Auftrag zu erfüllen. Das Produkt ist für den Händler dann zu Beginn der nächsten Periode erhältlich. Der Vorteil dieser Politik besteht darin, dass der Lieferant bereits eine Periode vorher sicher weiß, dass er eine Bestellung erhalten wird und sich dementsprechend darauf vorbereiten kann. Die exakte Bestellmenge ist ihm zwar nicht bekannt, er kann sie jedoch auf Basis der ihm bekannten Verteilung der Endkundennachfrage schätzen.

In seiner Fallstudie vergleicht der Autor den neuen Ansatz mit einem Modell, bei dem der Händler mit einer klassischen (s,S)-Politik arbeitet. Im neuen Modell weicht der Händler von seiner optimalen Politik ab, was für ihn zu einer Kostensteigerung führt. Wird δ jedoch geeignet gewählt, sind die Ersparnisse des Lieferanten größer als die Kostensteigerung des Händlers, wodurch die Kosten der gesamten Supply Chain sinken. Die Fallstudie zeigt, dass das neue Koordinationsmodell mit einer integrierten Lagerhaltungspolitik im Durchschnitt zu 10,4 % geringeren Supply-Chain-Kosten führt, als dies bei einem Vergleichsmodell mit einer klassischen (s,S)-Lagerhaltungspolitik der Fall ist. Gavirneni stellt fest, dass der optimale Wert von δ von der Höhe der Kapazitäten, der bestellfixen Kosten, der Nachfragevarianz sowie der Höhe der Strafkosten für Händler und Lieferant abhängt.

Gjerdrum et al. (2002)

Beim Ansatz von Gjerdrum et al. (2002) handelt es sich um ein Optimierungsmodell mit zentraler Koordination, dessen Ziel in der Maximierung des Gewinns einer zweiteiligen

Supply Chain mit einem Hersteller und einem Händler besteht. Die Informationsbereitstellung erfolgt zentral über einen Informationspool, wobei der dem Modell zugrunde gelegte offene Austausch von Kosteninformationen in der Praxis als kritisch anzusehen ist.[24]

Das Besondere an diesem Modell ist, dass zusätzlich zur Bestimmung der Pläne auch eine faire Aufteilung der Gewinne unter den Supply-Chain-Akteuren erfolgt. Berücksichtigt wird dieser Aspekt durch die optimale Bestimmung von variablen Produkt-Transferpreisen zwischen dem Hersteller und dem Händler, wobei die Transferpreise unterschiedliche Ausprägungen haben können. Das Problem wird von den Autoren als „Mixed-Integer-Non-Linear-Programming-Modell (MINLP)" formuliert. Um die Summe der Gewinne der beiden Unternehmen zu maximieren, werden Entscheidungen bzgl. der Materialflüsse zwischen den Firmen, den Lagerbeständen sowie den Produktionsmengen getroffen. Dabei ergeben sich die Gewinne aus einer Maximierung der Umsätze und einer Minimierung der Kosten. Darüber hinaus wird jedem Produkt ein bestimmter Transferpreis zugeordnet, so dass eine faire Gewinnverteilung möglich ist. Zur Lösung des Optimierungsmodells wird ein spezieller Algorithmus verwendet, der an dieser Stelle nicht weiter vertieft wird.

Eine quantitative Studie zeigt, dass mithilfe dieses Modells Transferpreise, Produktions- und Lagermengen sowie Liefermengen an den Händler so bestimmt werden können, dass Supply-Chain-Gewinne nahe dem Gesamtoptimum erzielt werden.

Graves/Willems (2003)

Graves/Willems (2003) haben zwei Koordinationsansätze für die Bestimmung der optimalen Sicherheitsbestände zur Minimierung der Gesamtkosten in einer Supply Chain entwickelt. Da sie sich lediglich in Details hinsichtlich der Regeln zur Wiederbeschaffung bzw. Lageraufstockung unterscheiden und von den Autoren als gleichwertig beschrieben werden, werden in der vorliegenden Arbeit beide Ansätze als ein Modell klassifiziert.

Die Informationsbereitstellung erfolgt in zwei Richtungen: Flussaufwärts werden Bedarfsinformationen zur Verfügung gestellt, flussabwärts werden Kosteninformationen und Durchlaufzeiten ausgetauscht. Dabei bestimmen die Unternehmen ihre Sicherheitsbestände dezentral mithilfe einer einfachen Kontrollpolitik, die den Input von direkt benachbarten Supply-Chain-Partnern berücksichtigt. In jeder Periode wird die Nachfrage der flussabwärts liegenden Teilnehmer beobachtet und es werden entsprechend Bestellungen zur Lageraufstockung an die direkten Lieferanten übermittelt. Die Nachfrage ist stochastisch und wird als normalverteilt angenommen. Ferner sieht sich jeder Teilnehmer einer deterministischen Durchlaufzeit zur Transformation des Produkts gegenüber.

Im ersten Modell (Stochastic Service Model) kann die Belieferungszeit zwischen den Unternehmen je nach Materialverfügbarkeit variieren.[25] Jedes Unternehmen hält soviel Sicherheitsbestand, dass ein angestrebter Servicegrad erreicht werden kann. Die Höhe des Sicherheitsbestands ist dabei abhängig von der stochastischen Lageraufüllzeit, die sich wiederum aus der deterministischen Durchlaufzeit des Unternehmens und der stochastischen maximalen Verspätung der direkten Lieferanten zusammensetzt. Zur Vereinfachung wird angenommen, dass maximal ein direkter Lieferant nicht lieferfähig ist und dass die

---

[24]Vgl. Abschnitt 2.3.3.

[25]Die Belieferungszeit stellt den Zeitraum zwischen dem Zeitpunkt der Bestellung eines Kunden bei seinem Lieferanten und dem Zeitpunkt, an dem die bestellte Menge beim Kunden eintrifft, dar.

Verspätung der Durchlaufzeit des Lieferanten entspricht. Dadurch ergibt sich die erwartete Lagerauffüllzeit als Summe der Durchlaufzeiten des Teilnehmers und der Summe der Durchlaufzeiten aller Lieferanten multipliziert mit der jeweiligen Wahrscheinlichkeit, mit der dieser Lieferant lieferunfähig ist. Das Ziel besteht darin, die Kosten für den Sicherheitsbestand zu minimieren, indem die Servicegrade jedes Teilnehmers und somit auch die erforderlichen Sicherheitsbestände bestimmt werden.

Im Rahmen des zweiten Modells (Guaranteed Service Model) garantieren die Unternehmen ihren Kunden die Einhaltung einer bestimmten Belieferungszeit, weshalb von den Lieferanten ausreichend hohe Sicherheitsbestände vorgehalten werden müssen. Die garantierte Belieferungszeit hat für flussabwärts liegende Unternehmen eine deterministische Lagerauffüllzeit zur Folge, wodurch diese ihren Bestand so planen können, dass sie ihren Kunden ebenfalls eine Belieferungszeit-Garantie anbieten können. Die zu erfüllende Aufgabe besteht also darin, die optimale garantierte Belieferungszeit zu bestimmen, auf Basis derer der Bestand der gesamten Supply Chain minimiert und die garantierte Belieferungszeit eingehalten wird. Im Gegensatz zum ersten Modell ist die Lagerauffüllzeit hier deterministisch und setzt sich aus der deterministischen Durchlaufzeit des eigenen Unternehmens und der maximalen Belieferungszeit aller Lieferanten zusammen. Bei diesem Modell wird eine maximale Nachfragegrenze festgelegt, für die der Sicherheitsbestand ausreichen muss, um die Belieferungs-Garantie zu gewährleisten. Übersteigt die Nachfrage diesen maximalen Wert, so müssen außerplanmäßige Maßnahmen (z. B. Überstunden) herangezogen werden, um den Sicherheitsbestand zu erhöhen und die Nachfrage befriedigen zu können.

Die Autoren zeigen mittels zweier Fallstudien (Bulldozer-Herstellung, Batterienherstellung), dass beide Modelle zur Reduzierung der negativen Auswirkungen einer unsicheren Nachfrage auf die Supply Chain geeignet sind und auf diese Art die Supply-Chain-Kosten gesenkt werden können.

Karabuk/ Wu (2002)

Karabuk/Wu (2002) schlagen einen Ansatz zur unternehmensinternen Koordination der operativen Kapazitätsplanung in der Halbleiterbranche vor und setzen hierbei eine erweiterte Lagrange-Technik ein. Dabei wird eine innerbetriebliche zweiteilige Supply Chain betrachtet, die aus einem Marketing- und einem Produktionsbereich besteht und Unsicherheiten bzgl. der Endkundennachfrage und verfügbaren Produktionskapazität aufweist. Die Unsicherheiten werden durch Szenariomengen abgebildet, indem allen denkbaren Szenarien eine bestimmte Wahrscheinlichkeit zugeordnet wird. Beide Bereiche verfügen über private Informationen: Der Marketingbereich kennt nur die Nachfrageszenarien, der Produktionsbereich nur die Kapazitätsszenarien. Die Entscheidungsmodelle beider Bereiche werden mithilfe einer stochastischen Programmierung abgebildet. Das Ziel des Marketingbereichs besteht in der Umsatzmaximierung bei gleichzeitiger Kostenminimierung. Hierzu ist eine optimale Bestimmung der reservierten Kapazität im eigenen Produktionsbereich, der zusätzlich genutzten externen Kapazität sowie des Lagerbestands erforderlich. Der Produktionsbereich verfolgt das Ziel, die Produktionskosten, die Kosten für eine Über- bzw. Unterauslastung der Anlage und die für Kapazitätsanpassungen aufgrund von Kapazitätsunsicherheiten zu minimieren.

Im Modell erfolgt eine Integration der Planung des Marketing- und Produktionsbereichs. Hierzu ist zwischen den beiden Bereichen ein Transferpreis zu bestimmen, der trotz lokaler Entscheidungen eine Übereinstimmung der Kapazitätsvariablen sowie eine nahezu optimale Lösung für die Supply Chain ermöglicht. Realisiert wird dies durch ein iteratives Verfahren und den Austausch einer vorübergehend ermittelten Kapazitätsvariable zwischen den Bereichen, die auch in die beiden lokalen Zielfunktionen aufgenommen wird. Auf diese Weise ermöglicht der Koordinationsansatz die dezentrale Abstimmung der Entscheidungen der beiden Bereiche mit dem Gesamtziel, den Gewinn des Unternehmens ohne den Austausch von privaten Informationen zu maximieren. Für die quantitative Untersuchung des Koordinationsmodells wurden zwei Fallstudien durchgeführt. In der ersten werden grundsätzliche Effekte des Ansatzes mit selbst generierten Daten analysiert, während in der zweiten die Vorteilhaftigkeit des Modells mit Echtdaten eines Halbleiterstellers aufgezeigt wurde.

Karaesmen et al. (2002)

Beim Ansatz von Karaesmen et al. (2002) handelt es sich um eine dynamische Kontrollpolitik zur Produktionsplanung eines Lieferanten in einer zweistufigen Supply Chain mit einem Lieferanten und einem OEM. Durch die Übermittlung von verbindlichen Vorab-Bestellinformationen des OEM an den Zulieferer können dessen Unsicherheiten bzgl. der zukünftigen Bedarfe reduziert werden. In der Automobilindustrie wird diese Vorgehensweise bei einer JIS-Belieferung eingesetzt, indem der OEM die Produktionsreihefolge der Fahrzeuge für mehrere Tag fixiert und die daraus resultierenden Vorproduktbedarfe an seine Lieferanten überträgt. Zur Berücksichtigung der Bedarfsinformationen bei der Planung des Lieferanten wird die dort eingesetzte Mindestbestandspolitik erweitert, indem nicht nur mit einer Auffüllgrenze S im Fertigmateriallager gearbeitet wird, sondern auch mit einem zusätzlichen Kontrollparameter L, der für die Regulierung der Freigabe der Vorprodukte für die Produktion zuständig ist. Dabei soll die Freigabe so gesteuert werden, dass die Summe aus den Lagerhaltungskosten und den Kosten für Nachlieferungen und Fehlmengen minimiert wird.

Die verbindlichen Vorab-Bestellinformationen vom OEM werden H Perioden vor der eigentlichen Bestellung an den Lieferanten geschickt und dort abhängig von H unterschiedlich berücksichtigt. Falls H kleiner als L ist, wird das nötige Vormaterial sofort für die Produktion freigegeben. Ist H größer als L, so erfolgt die Freigabe der Vorprodukte für die Produktion erst nach der Wartezeit (H-L). Der OEM wird jeweils nach dem Zeitraum H aus dem Fertigproduktlager des Zulieferers beliefert.

Im Rahmen einer Fallstudie zeigen die Autoren, dass die Performance der Supply Chain bei ausreichender Produktionskapazität durch die Bereitstellung von Vorab-Bestellinformationen im Vergleich zu einem Modell ohne diese Information deutlich verbessert werden kann.

Von Lanzenauer/Pilz-Glombik (2002)

Von Lanzenauer/Pilz-Glombik (2002) haben ein Einproduktmodell zur Ermittlung optimaler Bestell-, Produktions-, Lager- und Transportmengen im taktischen Planungszeitraum entwickelt, in dem jedes Unternehmen aus einem Vorproduktlager, Produktionsbereich und Fertigproduktlager besteht .[26]

---

[26]Eine Ausnahme stellen Distributionseinheiten dar, weil sie keine Produktionsanlagen besitzen.

Die Planung der einzelnen Supply-Chain-Teilnehmer basiert hier auf den Bestellmengen des Endkunden in der aktuellen Periode und auf Bedarfsprognosen. Der Zielfunktionswert setzt sich aus den Erlösen abzüglich der Beschaffungskosten, der Lagerhaltungskosten, der Kosten für Fehlmengen und Nachlieferungen sowie der anfallenden Fixkosten für jede getätigte Bestellung zusammen. Gelöst wird das Planungsproblem mithilfe eines „Mixed-Integer-Programming-Modells (MIP)", welches als Nebenbedindungen sowohl Flussbilanzgleichungen als auch Kapazitätsrestriktionen beinhaltet. Der Transport nimmt in dem Modell eine besondere Rolle ein: Da pro Lieferung maximal ein Transportmittel gewählt werden darf, ist keine Aufteilung von Lieferungen möglich. Aufgrund fixer Transportkosten sollten daher bei Transportentscheidungen Mengen gebündelt bzw. unter Umständen länger gelagert werden, um so zusätzliche Transportkosten zu vermeiden.

Im Rahmen einer Fallstudie zeigen die Autoren, dass die Lagerhaltungskosten das größte Potenzial zur Reduzierung der Kosten bieten und dass eine zentrale Planung bei dieser Problemstellung zu besseren Ergebnissen führt als eine dezentrale.

Lihong (2006)

Lihong (2006) geht der Frage nach, wie der Bullwhip-Effekt durch den Austausch von Bedarfsinformationen reduziert werden kann. Aufgrund seines Bezugs zur Problemstellung in dieser Arbeit wird das Modell klassifiziert, obwohl es sich weder um ein Simulations- noch um ein Optimierungsmodell handelt.

Der Autor untersucht eine Supply Chain mit einem Hersteller und einem Händler, in der lange Wiederbeschaffungszeiten für Vorprodukte gegeben sind. Lihong bezeichnet die Wiederbeschaffungszeit als Reservezeit und definiert sie als den Zeitraum, in dem ein Unternehmen auf das Eintreffen bestellter Produkte wartet und die Nachfrage des Kunden durch Lagerbestände abgedeckt werden muss. Sowohl der Hersteller als auch der Händler verfolgen eine Lagerhaltungspolitik, bei der genau so viel bestellt wird, dass das Lager wieder zu einer festgelegten Bestandsauffüllgrenze aufgefüllt wird. Diese hängt vom prognostizierten Bedarf für den Reservezeitraum ab und kann sich in jeder Periode ändern. Die Endkundennachfrage beim Händler ist unsicher, weshalb dieser seine Auffüllgrenze und Bestellmenge erst nach dem Eintreffen der Bestellungen der Endkunden in einer Periode festlegt. Am Ende der Periode erhält dann der Hersteller die Bestellung des Händlers und ermittelt seine eigenen Bestellungen an seine externen Zulieferer. Dabei verläuft die Ermittlung der Bestellmengen beim Händler und Hersteller grundsätzlich nach dem gleichen Prinzip: Im ersten Schritt wird die kumulierte Nachfrage im Reservezeitraum prognostiziert, für die anschließend der Mittelwert und die Varianz und darauf basierend die Auffüllgrenze und Bestellmenge berechnet werden. Die Bestellmenge des Händlers ergibt sich aus der Endkundennachfrage und der Änderung der Auffüllgrenze im Vergleich zur Vorperiode. Die Auffüllgrenze wird dabei so bestimmt, dass die Nachfrage bis zu der Periode, in der die bestellte Ware des Händlers eintrifft, befriedigt werden kann. Der Hersteller berechnet seine Bestellmenge im Falle eines Informationsaustauschs mithilfe folgender Informationen: Bestellung des Händlers der aktuellen und vergangenen Perioden, Parameter der Autokorrelationsfunktion zwischen Zeit und Bedarf, Verteilung des Fehlterms der Nachfragefunktion. Letztere ermöglicht eine genauere Berechnung des Mittelwerts und der Varianz der Nachfragefunktion im Vergleich zu einem Szenario, in dem der Hersteller den Fehlterm nicht kennt.

Da die Varianz der kumulierten Nachfrage des Händlers während des Reservezeitraums mit einem Informationsaustausch kleiner ist als ohne einen Informationsaustausch, können die Autoren nachweisen, dass der Austausch von Bedarfsinformationen zur Reduzierung der kumulierten Nachfrage im Reservezeitraum führt. Auf diese Weise können auch die Auffüllgrenze und die Bestellmenge des Herstellers reduziert werden.

Nishi et al. (2005)

Nishi et al. (2005) beschreiben ein dezentrales Koordinationsmodell für zwei Supply-Chain-Stufen, wobei auf jeder Stufe beliebig viele Unternehmen vorhanden sein dürfen und jede Verbindung zwischen den Firmen auf beiden Stufen erlaubt ist. Jeder Standort verfügt über je ein Lager für Vor- und Fertigprodukte sowie eine Produktion mit mehreren parallelen Anlagen. Das Planungsproblem besteht in der Bestimmung der Bestell- und Lieferpläne der Firmen unter Berücksichtigung verschiedener Nebenbedingungen. Dabei soll der Gewinn der Supply Chain maximiert werden, was neben einer Maximierung des Umsatzes auch eine Minimierung der betrachteten Kosten (Bestandskosten, Produktionskosten, Kosten für Nachlieferungen und Fehlmengen) erfordert.

Die Problemstellung wird mithilfe eines gemischt-ganzzahligen linearen Programmierungsmodells (MILP) abgebildet, das durch eine Lagrange-Relaxation in einzelne Subprobleme zerlegt wird. Auf diese Weise kann ohne den Austausch von sensiblen Daten ein nahezu optimaler Plan für die beteiligten Supply-Chain-Partner erzeugt werden. Von den Unternehmen werden nur Informationen über vorläufig geplante Materialflüsse von Zwischenprodukten zwischen den Firmen offengelegt. Anhand einer Fallstudie werden die Vorteile des Ansatzes im Vergleich zu anderen Modellen am Beispiel einer divergierenden Supply Chain mit einem Lieferanten und zwei Kunden veranschaulicht.

Petrovic (2001)

Das Modell von Petrovic (2001) wurde für eine unternehmensinterne Supply Chain mit einem Produkt entwickelt, die aus einem Vorproduktlager, einem Endproduktlager sowie mehreren seriell angeordneten Produktionsanlagen und zwischen diesen positionierten Bestandspuffern besteht. Der Autor stellt ein Simulationstool vor, welches das Verhalten und die Leistung einer Supply Chain unter Berücksichtigung von Unsicherheiten analysiert. Dieses besteht sowohl aus einem Optimierungs- als auch aus einem Simulationsmodell. Ersteres dient zur Bestimmung der optimalen Auffüllgrenzen der Lager und daraus resultierenden Bestellungen und wird in Petrovic et al. (1999) ausführlich beschrieben. Das Simulationsmodell wird für die Bewertung des Optimierungsmodells eingesetzt.

Zu Beginn einer Periode werden die Bestellmengen aller Lager der Supply Chain bestimmt, so dass die Lager bis zu einer bestimmten Auffüllgrenze aufgestockt werden. Dabei wird das Ziel verfolgt, die Kosten jedes Lagers (Lagerhaltungskosten und Strafkosten im Falle eines Engpasses) zu minimieren. Die Endkundennachfrage kann nur vom Fertigproduktlager erfüllt werden. Ist sie in einer Periode größer als der Fertigproduktbestand, dann werden die Fehlmengen so bald wie möglich nachgeliefert. Das Rohmaterial zur Produktion des Fertigprodukts wird von externen Lieferanten geliefert. Mithilfe von Wahrscheinlichkeitsverteilungen werden Unsicherheiten bzgl. der Belieferung, der Produktion und der Endkundennachfrage berücksichtigt. Die Lagerhaltungspolitiken von benachbarten Lagern werden koordiniert, indem durch das Optimierungsmodell zunächst die Auffüllgrenzen der Lager unabhängig voneinander bestimmt und anschließend in einem Koordinationsschritt modifiziert werden. Der Input des Simulationsmodells besteht neben den Ergebnissen des Optimierungsmodells aus der Angabe der Anzahl an Simulationsläufen und des Simulationszeitraums auch aus dem Initialbestand in den Lagern. Das Simulationsmodell liefert die Performance-Werte der einzelnen Lager und der gesamten Supply Chain, wobei insbesondere die Gesamtkosten der Supply Chain pro nachgefragtes Endprodukt, die Lagerhaltungskosten pro nachgefragtes Endprodukt sowie der Prozentsatz der ohne Verzögerung erfüllten Endkundenbedarfe von Interesse sind.

In Petrovic et al. (1999) wurde im Rahmen einer quantitativen Fallstudie bereits aufgezeigt, dass die Koordination der Bestandsentscheidungen zwischen benachbarten Lagern zu besseren Ergebnissen führt als eine rein lokale Lagerhaltungspolitik. So kann durch das Koordinationsmodell ein höherer Prozentsatz der Endkundennachfrage bei geringeren Lagerhaltungskosten fristgerecht erfüllt werden.

Rota et al. (2002)

Auch Rota et al. (2002) stellen ein Optimierungs- und ein Simulationsmodell vor. Das MILP-Optimierungsmodell für die Produktionsplanung eines Lieferanten berücksichtigt neben tatsächlichen Bestellungen des Kunden auch dessen Bedarfsprognose. Die Simulationskomponente wird zur Bewertung des Nutzens des Optimierungsmodells und zur Identifizierung von Handlungsalternativen herangezogen. Ein Lieferant kann Mitglied mehrerer Supply Chains sein und dadurch mehrere Kunden gleichzeitig beliefern.

Das Planungsmodell des Lieferanten besteht aus zwei Submodellen: Eines plant die Produktion von tatsächlich bestellten Produkten, das andere plant die Produktion von zukünftig bestellten Produkten auf Basis der Bedarfsprognose des Kunden. Das erste Submodell hat zum Ziel, den Lieferrückstand, den Bestand an Zwischen- und Fertigprodukten sowie die Menge an fremdbezogenen Produkten zu minimieren. Mit dem zweiten soll eine Minimierung der Fertigproduktbestände erreicht werden. Beide Submodelle haben äquivalente Entscheidungsvariablen und werden durch folgende gemeinsame Nebenbedingungen verbunden:

- Falls die tatsächlichen und prognostizierten Bestellungen die gleichen Ressourcen betreffen, werden die beiden Kapazitätsrestriktionen der Submodelle durch eine gemeinsame Nebenbedingung ersetzt.

- Um auch bei der Losgrößenplanung beide Bestellarten zu berücksichtigen, wird eine gemeinsame Losgrößenbedingung eingeführt.

- Es wird eine Entscheidungsvariable definiert, die angibt, welche Menge des Bestands, der für prognostizierte Bestellungen reserviert ist, zur Erfüllung dringender tatsächlicher Bestellungen verwendet wird. Um zu gewährleisten, dass von dem für prognostizierte Bestellungen reservierten Lagerbestand nicht mehr entnommen wird als vorhanden ist, wird eine weitere Nebenbedingung eingeführt.

Unterscheiden tun sie sich primär durch die betrachtete externe Nachfrage. Das integrierte Modell mit beiden Submodellen kann somit bei der Produktionsplanung sowohl tatsächliche als auch prognostizierte Bestellungen berücksichtigen. Bei der Simulationsstudie zur Bewertung des Optimierungsmodells werden beim Lieferanten Unsicherheiten hinsichtlich der Belieferung von Sublieferanten, der Produktion und der Kundennachfrage berücksichtigt. Dabei wird anhand unterschiedlicher Simulationsszenarien aufgezeigt, dass der Ansatz mit einer in die Produktionsplanung des Lieferanten integrierten Bedarfsprognose des Kunden zu besseren Ergebnissen als ein Ansatz ohne integrierte Planung führt.

Thorn (2002)

Thorn (2002) entwickelte ein dynamisches LP-Modell für eine standortübergreifende Koordination im Bereich der taktischen Supply-Chain-Planung. Die zweistufige Supply Chain besteht aus Produktionsstandorten und Distributionslagern. Der Autor stellt sowohl ein deterministisches als auch ein stochastisches Modell vor. In dieser Arbeit wird das deterministische Modell klassifiziert, da das stochastische aus verschiedenen von Thorn genannten Gründen einen sehr hohen Aufwand erfordert und seine Anwendung nicht für alle Produktions- und Logistiknetzwerke sinnvoll erscheint.

Das deterministische Mehrproduktmodell dient der zentralen Bestimmung der Produktions-, Transport- und Lagermengen sowie der periodenübergreifenden Lagermengen auf Basis einer deterministischen Nachfrage und verfolgt das Ziel, mittels einer zentralen Informationsbereitstellung den Deckungsbeitrag der Supply Chain zu maximieren. Unter periodenübergreifender Lagerung wird dabei die Lagerung von Produkten für die Folgeperiode verstanden, falls die Kapazitäten in der Folgeperiode nicht ausreichen, um die Kundennachfrage zu erfüllen. Kann die Nachfrage in einer Periode trotz periodenübergreifender Lagerung nicht erfüllt werden, wird mithilfe einer zusätzlichen Entscheidungsvariable der Bedarf in der darauf folgenden Periode um den nicht erfüllten Bedarf erhöht. Die Optimierung dient dazu, die Produktions-, Transport- und Lagerhaltungsvorgänge denjenigen Standorten zuzuordnen, die diese mit den geringsten Kosten durchführen können.

Bei der Klassifizierung werden zwei Erweiterungen des Grundmodells betrachtet: die Beschaffung und internationale Aspekte. Im ersten Fall wird die Beschaffung aus Sicht eines Produktionsstandorts in Form eines externen Lieferanten oder eines vorgelagerten Produktionsstandorts modelliert. Zu diesem Zweck wird jedoch keine neue Supply-Chain-Stufe eingeführt, sondern es werden lediglich die Beschaffungskosten, die Transportkosten zum Produktionsstandort sowie die Produktionskoeffizienten für die Vorprodukte und die Kapazitätsrestriktion des Lieferanten bzw. der vorgelagerten Produktionsebene berücksichtigt. Dabei wird angenommen, dass die Vorprodukte jeweils in der Bedarfsperiode beim Produktionsstandort angeliefert werden, so dass sie dort nicht gelagert werden müssen. Im Rahmen der Erweiterung um internationale Aspekte werden Verrechnungspreise, Wechselkurse und Zölle betrachtet. Dabei werden alle Produktionsstandorte und Distributionslager als eigene wirtschaftliche Institutionen angesehen, die jeweils über eigene Abrechnungskreise verfügen. Die Verrechnungspreise werden als Beschaffungskosten für das Distributionslager bzw. als Erlöse für den Produktionsstandort in die Deckungsbeitragsrechnung aufgenommen. Für die Berechnung des Deckungsbeitrags des Distributionslagers müssen zudem Einfuhrzölle berücksichtigt werden. Da für eine standortübergreifende Planung eine einheitliche Währung erforderlich ist, werden die errechneten Deckungsbeiträge der einzelnen Standorte in eine künstliche Abrechnungswährung umgerechnet. Die Summe dieser nun in einheitlicher Währung vorliegenden Einzeldeckungsbeiträge bildet letztendlich den zu maximierenden Zielfunktionswert.

Yu et al. (2001)

Yu et al. (2001) untersuchen die Auswirkungen eines unternehmensübergreifenden Informationsaustauschs auf die Performance einer Supply Chain mit einem Hersteller und einem Händler. Die Autoren stellen drei Alternativen zur Ermittlung der optimalen Lagerhaltungspolitik für ein Produkt vor, die sich hinsichtlich des Austauschs der Informationen unterscheiden:

- Variante 1: Der Hersteller erhält vom Händler nur dessen Bestellungen
- Variante 2: Der Hersteller erhält vom Händler nicht nur dessen Bestellungen, sondern zusätzlich auch die Endkundenbedarfe
- Variante 3: Der Hersteller erhält vom Händler keine Bestellungen mehr, sondern nur noch die Endkundenbedarfe

In die Klassifizierung wird die dritte Variante aufgenommen, weil diese in einer Fallstudie zu den besten Ergebnissen geführt hat. Durch die zentrale Bereitstellung der Endkundennachfrage ist auch der Hersteller in der Lage, seine Lagerpolitik auf Basis dieser Informationen zu planen, und es entsteht die Möglichkeit, eine VMI-Steuerung einzusetzen. Mithilfe des Optimierungsmodells wird die Auffüllgrenze S zu Beginn jeder Periode so bestimmt, dass die Kosten (Bestellkosten, Lagerhaltungs- bzw. Unterlieferungskosten) der Supply Chain minimiert werden. Durch die zentrale Informationsbereitstellung können Unsicherheiten, und somit auch der Bullwhip-Effekt, reduziert werden, weil der Hersteller in diesem Fall die Endkundennachfrage bei seiner Planung berücksichtigen kann. Dadurch können die durchschnittliche Auffüllgrenze S, der durchschnittliche Lagerbestand und die erwarteten Lagerkosten gesenkt werden, was zu einer verbesserten Performance der gesamten Supply Chain führt.

Der Vergleich der drei Varianten im Rahmen einer Fallstudie zeigt, dass die Potenziale zur Bestands- und Kostenreduzierung für beide Supply-Chain-Partner mit steigendem Informationsaustausch zunehmen. Da beim Hersteller größere Verbesserungspotenziale als beim Händler identifiziert werden können, sollte dieser dem Händler einen Anreiz zur Kooperation, z. B. in Form von Ausgleichszahlungen, anbieten.

Zhang/Zhang (2007)

Zhang/Zhang (2007) analysieren im Rahmen einer Simulationsstudie die Auswirkungen von zentral zur Verfügung gestellten Endkundenbedarfen und von Zwischenhändlern auf die Supply-Chain-Performance, wobei Letztere als Bestandspuffer zwischen einem Händler und dem Hersteller dienen. In dem Modell beliefert jedes Unternehmen seine direkten Kunden entsprechend den erhaltenen Bestellungen der Kunden. Auf Basis der jeweiligen Lagerhaltungspolitik und der erstellten Bedarfsprognosen werden anschließend die Bestellmengen für die eigenen Lieferanten ermittelt und übertragen, wobei die Bestellmengen- und Lagerhaltungsplanung dezentral erfolgt. In einem Simulationslauf werden die soeben beschriebenen Schritte durchgeführt und am Ende des Laufs die Kosten und die Lieferperformance der einzelnen Unternehmen berechnet.

Durch die Eliminierung des Zwischenhändlers können der Lagerbestand und der Bullwhip-Effekt in der Supply Chain reduziert werden. Durch den Wegfall dieses Puffers erhöht sich jedoch andererseits die Wiederbeschaffungszeit des Händlers, was zu einer Verschlechterung der Reaktionsfähigkeit auf Bedarfserhöhungen seines Kunden führt. Durch die zentrale Bereitstellung der Endkundenbedarfe des Händlers an seinen Hersteller ist es jedoch möglich, auch ohne den Zwischenhändler einen verhältnismäßig hohen Servicegrad sicherzustellen. In der Simulationsstudie wird untersucht, in welchen Fällen die Eliminierung des Zwischenhändlers vorteilhaft ist und in welchen nicht. Hierzu werden die Parameter der stochastischen Endkundennachfrage und die Transportzeit zwischen den Unternehmen variiert.[27] Als Ergebnisgrößen werden Lagerhaltungskosten, Kosten für Nachlieferungen, Gesamtkosten in der Supply Chain sowie der Servicegrad verwendet. Das Simulationsexperiment besteht aus drei unterschiedlichen Supply-Chain-Szenarien: Bei der ersten Variante handelt es sich um eine dreistufige Supply Chain mit je einem Hersteller, Zwischenhändler und Händler. Die zweite Variante besteht nur aus einer zweistufigen Supply Chain, weil der Zwischenhändler eliminiert wird. In beiden Fällen wird die Endkundennachfrage zentral zur Verfügung gestellt. Bei der dritten Variante werden keine Endkundenbedarfe, sondern lediglich Bestellungen zwischen direkten Supply-Chain-Partnern ausgetauscht. Die zukünftige Endkundennachfrage ist dem Händler nicht bekannt und muss daher von diesem prognostiziert werden. Hersteller und Zwischenhändler erstellen ihre eigenen Prognosen entweder auf Basis der Informationen ihrer direkten Kunden oder, im Fall einer zentralen Informationsbereitstellung, anhand der prognostizierten Endkundenbedarfe des Händlers. Die Unternehmen bestellen immer so viel, dass eine vorher definierte Auffüllgrenze im Lager erreicht wird.

Das Simulationsexperiment zeigt, dass die Lagerhaltungskosten durch die Eliminierung des Zwischenhändlers gesenkt werden können. Andererseits ist jedoch gleichzeitig ein Anstieg der Kosten für Nachlieferungen sowie eine Verschlechterung des Servicegrads zu beobachten. In manchen Fällen führen diese Effekte zu einer Verbesserung der Supply-Chain-Performance, in anderen Fälle zu einer Verschlechterung. Bei einem positiven Nachfragetrend sollte der Zwischenhändler nicht eliminiert werden, falls eine negative Kovarianz vorliegt, d. h., wenn z. B. die Nachfragen zweier Produkte derselben Produktfamilie komplementär verlaufen. Bei hohen Nachfrageschwankungen und einem geringen Nachfragetrend führt die Struktur ohne Zwischenhändler zu besseren Ergebnissen.

Zimmer (2001), Schneeweiss/Zimmer (2004)

In Zimmer (2001) und Schneeweiss/Zimmer (2004) wird ein dynamisches Modell zur dezentralen Koordination der Bestell- und Liefermengen zwischen einem Hersteller und seinem Lieferanten vorgestellt, das auf dem Prinzip der hierarchischen Planung mit einer reaktiven Antizipation basiert. Die Grundidee des Ansatzes besteht darin, dass der Hersteller die Auswirkungen seiner Entscheidungen auf den Lieferanten antizipiert und in seine Planung integriert – mit dem Ziel, die Supply-Chain-Kosten zu minimieren. Die Planung des Herstellers ist der des Lieferanten vorgelagert, weshalb der Hersteller die Top-Ebene und der Lieferant die Basisebene der hierarchischen Beziehung darstellen. Die reaktive Antizipation führt zwar zu einer Verbesserung der Supply-Chain-Performance im Vergleich zu anderen Ansätzen, ein gesamtoptimales Ergebnis kann jedoch nicht erzielt werden. Deshalb wird das Konzept um sog. Lenkkosten erweitert, mit denen der Hersteller

---

[27] Bezüglich der Nachfrageparameter werden folgende Variablen verändert: Nachfragevarianz (Schwankung der Endkundennachfrage), Korrelation über die Zeit (Nachfragetrend), Kovarianz (Verhältnis verschiedener Nachfrageprozesse). Dabei wird immer nur ein Parameter variiert.

den Lieferanten so beeinflussen kann, dass dieser seine Planungsentscheidungen im Sinne des übergeordneten Ziels trifft. Auf diese Weise berücksichtigt der Lieferant implizit die Auswirkungen seiner Entscheidungen auf die Top-Ebene, ohne über genaue Informationen aus dieser zu verfügen.

Der Planungsalgorithmus sieht vor, dass der Hersteller im ersten Schritt nach dem Eintreffen der Endkundenaufträge seine Kapazitäts-, Arbeitsablauf- und Bestellmengenplanung durchführt. Modelliert wird dieser Planungsschritt als Projektplanungsproblem mit einer beschränkten Ressource. Die Einplanung der Arbeitsschritte und Kapazitäten erfolgt mit dem Ziel, unter Berücksichtigung der vorgegebenen Endtermine die Kapazitätskosten zu minimieren. Dabei besteht die Möglichkeit zum Auf- bzw. Abbau von Kapazitäten. Nach der Übermittlung der Bestellungen an den Lieferanten plant dieser seine Produktions- und Liefermengen auf Basis der Bestellungen und verfügbaren Kapazitäten mit dem Ziel, seinen Deckungsbeitrag zu maximieren. Bei Lieferengpässen muss der Hersteller seine Planung entsprechend anpassen. Darüber hinaus entstehen ihm Strafkosten, falls er seine Endkundenaufträge nicht erfüllt. Bei der Implementierung wurde zur Komplexitätsreduzierung eine heuristische Vorgehensweise gewählt. Zwischen den beiden Unternehmen werden die Produktpreise und eine maximale Lieferzeit für die Gesamtbestellmenge des Herstellers vertraglich vereinbart. Als Steuerungsparameter können sowohl positive als auch negative Anreizfunktionen eingesetzt werden. Bei Konventionalstrafen handelt es sich um einen negativen Anreiz, bei dem der Lieferant einen bestimmten Betrag an den Hersteller zahlen muss, falls er zu spät oder gar nicht liefert. Ein positiver Anreiz für den Lieferanten entsteht, wenn er vom Hersteller für eine vollständige und pünktliche Anlieferung eine Prämie erhält.

Im Rahmen der hierarchischen Koordination werden zunächst mehrere Modelle in der Top-Ebene durchlaufen, bevor die Bestellmengen und Steuerungsmaßnahmen an die Basis-Ebene übermittelt werden. Anschließend entscheidet der Lieferant über seiner Liefermenge und der Hersteller passt seine Planung an. Zimmer stellt die dezentrale Entscheidungsfindung als wesentlichen Vorteil heraus, da auf diese Weise ein gesamtoptimales Verhalten ohne Verlust der Autonomie der einzelnen Unternehmen erreicht werden kann. Ferner besteht durch die Kombination aus Bestellung und Anreiz ein Flexibilitätsspielraum in der Kostenaufteilung der erwarteten Gesamtkosten der Supply Chain, was zu einer Erhöhung der Akzeptanz durch die Supply-Chain-Partner führt. In einer Fallstudie wird aufgezeigt, dass unterschätzte Kosten für Kapazitätserweiterungen beim Lieferanten zu einer Verschlechterung der Antizipationsgüte führen und demzufolge eine Übermittlung dieser Kosteninformationen an den Hersteller erfolgen sollte. Aus diesem Grund wird bei diesem Modell im Klassifizierungsschema auch die Übermittlung von Kosten für Kapazitätserweiterungen angekreuzt. Die Kosten für Nachlieferungen bezeichnen die optimale Steuerungsmaßnahme, die in den meisten Fällen als Konventionalstrafe für nicht oder zu spät gelieferte Produkte vom Hersteller an den Lieferanten weitergegeben wird.

4.4 Kritische Würdigung

Die Klassifizierung und anschließende Beschreibung der betrachteten Modelle führt zu dem Ergebnis, dass keiner der 17 Koordinationsansätze die für die Problemstellung erforderlichen auslaufspezifischen Kriterien (Abnahmeverpflichtungen, Verschrottungskosten) beinhaltet. Grundsätzlich wäre es jedoch möglich, ein Modell, das den Großteil der ande-

4.4 Kritische Würdigung

ren Anforderungen erfüllt, im Hinblick auf diese Auslaufspezifika zu erweitern. Im Folgenden werden die Modelle daher sukzessive anhand bestimmter Kriterien hinsichtlich ihrer Eignung für die vorliegende Problemstellung eingegrenzt.

Aus Sicht eines Automobilherstellers bestehen Supply Chains auf der Beschaffungsseite aus mehr als zwei Supply-Chain-Stufen und sehr vielen Vorprodukten. Koordinationsmodelle, die lediglich auf zwei Stufen oder ein Produkt ausgelegt sind, können unter Umständen ohne großen Aufwand auf mehrere Stufen bzw. mehrere Produkte erweitert werden. Die Klassifizierung zeigt jedoch, dass fünf Modelle (1, 4, 8, 10, 16) weder mehr als zwei Supply-Chain-Stufen noch mehr als ein Produkt berücksichtigen. In diesen Fällen ist eine Erweiterung beider Kriterien bereits wesentlich komplexer und aufwendiger, weshalb diese Modelle als nicht anwendbar für die Problemstellung eingestuft werden. Somit können die für die Problematik interessanten Modelle auf folgende reduziert werden: 2, 3, 5, 6, 7, 9, 11, 12, 13, 14, 15, 18.

Eine weitere Eingrenzung der Modelle kann durch die Betrachtung des Koordinationsprinzips erfolgen. Rein zentrale Koordinationsansätze können zwar grundsätzlich zur Auslaufsteuerung geeignet sein, werden in der Praxis der Automobilbranche aber aufgrund der Komplexität der Supply Chains und der rechtlichen Unabhängigkeit der Unternehmen nicht zur unternehmensübergreifenden Koordination eingesetzt. Werden die Ansätze mit zentraler Koordination (1, 3, 5, 9, 15, 16) nicht weiter betrachtet, bleiben die Modelle 2, 6, 7, 11, 12, 13, 14 und 18 übrig.

Bei acht Modellen (1, 3, 6, 9, 13, 15, 18) ist der Austausch von sensiblen Kosteninformationen nötig, was in der Praxis aufgrund von Hemmnissen zu Problemen führen kann. Wenn auch diese Modelle aus der weiteren Betrachtung ausgeschlossen werden, dann bleiben noch fünf Modelle für die weiteren Analysen zur Auswahl: 2, 7, 11, 12, 14. Diese Koordinationsmodelle werden nun einzeln bewertet:

Der Ansatz von Dudek (2004) (Modell 2) erscheint auf den ersten Blick sehr interessant hinsichtlich der vorliegenden Problematik. Die Fallstudie umfasst zwar nur eine zweistufige Supply Chain, der Autor erklärt jedoch, wie das Modell für Netzwerkstrukturen erweitert werden kann. Darüber hinaus können mehrere Produkte abgebildet werden und es findet kein Austausch von sensiblen Kosteninformationen, sondern lediglich von Kostendifferenzen zwischen den Unternehmen statt. Zudem handelt es sich um einen dezentralen Koordinationsansatz, der auf Programmen und Plänen basiert. Dennoch ist das Koordinationsmodell für die Auslaufkoordination in der Automobilbranche nicht geeignet, vor allem, weil der Ansatz auf Verhandlungen basiert. Bei einer bedarfssynchronen Fahrzeugproduktion bei Premiumherstellern ist es aufgrund des Perlenkettenprinzips und des fehlenden Vorproduktlagers beim OEM nicht möglich, dass dieser mit seinen Lieferanten über die Liefermengen verhandelt. Stattdessen müssen die Lieferanten immer genau die abgerufene Menge in der geforderten Reihenfolge produzieren und anliefern, damit der OEM die Fahrzeuge in der richtigen Reihenfolge produzieren und pünktlich an die Endkunden ausliefern kann. Ferner würde sich beim Ansatz von Dudek bei einer Supply Chain mit mehr als zwei Stufen auch der Bullwhip-Effekt negativ bemerkbar machen, weil vom OEM keine zentralen Bedarfsinformationen für die Lieferanten zur Verfügung gestellt werden.

Der Nachteil des Koordinationsmodells von Karabuk/Wu (2002) (Modell 7) besteht darin, dass es auf eine unternehmensinterne zweistufige Supply Chain ausgelegt ist und zur Kapazitätsplanung entwickelt wurde. Die Problemstellung erfordert jedoch eine unternehmensübergreifende und mehrstufige Sichtweise sowie die Koordination von Bedarfen und Beständen in der Supply Chain.

Nishi et al. (2005) (Modell 11) postulierten einen Ansatz mit simultaner Planung für eine zweistufige Supply Chain. Die Anzahl der Supply-Chain-Stufe könnte zwar grundsätzlich auf Werte größer 2 erhöht werden, eine Simultanplanung für alle Supply-Chain-Teilnehmer ist in der Automobilindustrie aufgrund der Komplexität und der Geheimhaltung sensibler Informationen jedoch kaum umsetzbar. Denkbar wäre diese Methode bei einer Supply Chain mit unterschiedlichen Standorten aus dem gleichen Unternehmen, da in diesem Fall nicht so viele Hemmnisse bzgl. des Austauschs von Informationen bestehen.

Der Ansatz von Rota et al. (2002) (Modell 12) erfüllt die meisten Anforderungen an ein Modell zur unternehmensübergreifenden Auslaufkoordination. So kann er beispielsweise für n Supply-Chain-Stufen und mehrere Produkte angewendet werden und es ist kein Austausch von Kosteninformationen erforderlich. Die dezentrale Koordination sowie die sukzessive Planung entsprechen der gängigen Praxis in der Automobilindustrie. Was dem Ansatz fehlt, ist jedoch die Berücksichtigung der Abnahmeverpflichtungen und Verschrottungskosten sowie die Möglichkeit, die Planung der Lieferanten in der Supply Chain mithilfe von Programmen zu beeinflussen. Ohne diese Kontrollfunktion kann nicht verhindert werden, dass die Lieferanten zu viel produzieren und die Supply-Chain-Performance somit im Falle von späteren Absenkungen der Bedarfsprognosen mit überschüssigem Material am Auslaufstichtag belasten.

Das Modell 17 in Zhang/Zhang (2007) weist zwar mehrere der geforderten Merkmalsausprägungen zur Supply-Chain-Koordination im Auslauf auf, hat allerdings einen anderen Fokus als die gegebene Problemstellung, da es vor allem der Analyse der Vor- und Nachteile eines Zwischenhändlers zwischen einem Händler und Hersteller unter verschiedenen Bedingungen dient.

Zusammenfassend ist keines der untersuchten 17 Koordinationsmodelle ohne größere Modifikationen bzw. Erweiterungen für eine Anwendung zur Supply-Chain-Koordination im Auslauf in der Automobilbranche geeignet. Folglich besteht diesbzgl. eine Lücke in der existierenden Literatur über Supply-Chain-Koordinationsmodelle. Das im folgenden Kapitel vorgestellte neue Koordinationsmodell auf Basis von Fortschrittszahlen soll diese Lücke schließen, indem es alle für eine Auslaufsteuerung nötigen Anforderungen erfüllt.

Kapitel 5

Modell zur Supply-Chain-Koordination im Auslauf in der Automobilindustrie

5.1 Eingrenzung der Aufgabenstellung

Das im Folgenden zu erstellende Koordinationsmodell soll für interorganisationale Supply Chains in der Automobilindustrie ausgelegt werden, im Speziellen für konvergierende Supply-Chain-Strukturen von Zulieferern auf der zweiten Supply-Chain-Stufe (Tier 2) bis zum Automobilhersteller. Lieferanten ab der dritten Belieferungsebene sowie das aus Sicht eines OEM divergierende Distributionsnetzwerk sind nicht mehr Gegenstand der Betrachtung, was mit der Begrenzung der Fallstudie in Kapitel 6 auf zwei Lieferantenebenen zu begründen ist. Das Modell soll jedoch so aufgebaut werden, dass es bei Bedarf auch für Supply-Chain-Konstellationen mit drei oder mehreren Lieferantenstufen erweiterbar ist.[1]

Im Hinblick auf die Planungsebenen des Supply Chain Managements ist der kurz- und mittelfristige Planungshorizont für den Serienauslauf relevant, da die maximalen Abnahmeverpflichtungszeiträume für Vorprodukte in der Automobilindustrie i. d. R. 3–4 Monate betragen.[2]

Wie in Abschnitt 2.3.5 dargestellt wurde, können Unsicherheiten in Supply Chains in quantitativen Modellen auf unterschiedliche Weise berücksichtigt werden, wobei für das in der vorliegenden Arbeit zu entwickelnde Modell keine stochastischen Einflüsse über Zufallszahlen modelliert werden müssen: Die Durchlaufzeiten im Beschaffungsnetzwerk werden mit Durchschnittswerten abgebildet, und im Rahmen der Simulation werden Unsicherheiten hinsichtlich der Bedarfe im Referenzszenario implizit berücksichtigt, da realitätsnahe, rollierende Bedarfsprognosen eines Automobilherstellers in Form von Lieferabrufen verwendet werden.

Das Haupteinsatzgebiet des Koordinationsmodells soll die Auslaufvariante 4 sein, also der gebündelte Auslauf aller Teile im Rahmen des Serienauslaufs einer Fahrzeugmodellvariante. Da in dieser Kategorie in der Praxis die höchsten Auslaufkosten auftreten, bestehen

---
[1]Vgl. Abschnitt 2.1.1.1, 2.1.3.
[2]Vgl. Abschnitt 2.2.1.

hier auch die größten Optimierungspotenziale.[3] Dabei liegt der Schwerpunkt auf den beiden Hauptprozessen Bedarfs- und Bestandsmanagement sowie Auslaufcontrolling.[4]

5.2 Fortschrittszahlen als Basis für das Modell

Das im Rahmen der vorliegenden Arbeit konzipierte Koordinationsmodell basiert auf dem Konzept der Fortschrittszahlen. Demzufolge wird in diesem Abschnitt nach der Beschreibung der Grundlagen zu Fortschrittszahlen und deren Einsatzgebieten aufgezeigt, wie das Fortschrittszahlenkonzept auf Supply Chains angewendet werden kann. In diesem Zusammenhang werden auch die Vorteile sowie Probleme und Grenzen von Fortschrittszahlen diskutiert.

5.2.1 Grundlagen

Beim FZ-Konzept handelt es sich um ein Prinzip zur Produktionsplanung und -steuerung, welches in den 90er-Jahren in der Automobilindustrie zur Lösung von Problemen bei den damals existierenden Produktionsplanungs- und Steuerungssystemen (PPS) eingeführt wurde.[5]

Die **Grundidee des FZ-Konzepts** beschreibt Gottwald (1982) folgendermaßen: „Im Sinne der Regel- und Kontrolltheorie wird das zu planende bzw. zu steuernde System nicht über Differentialgrößen, sondern abschnittsweise mit Integral-SOLL-Größen geführt und mit Integral-IST-Werten im Zustand gemessen."[6] Alle Bedarfe und Mengenleistungen werden demzufolge als Summen und nicht als Differenzen dargestellt.[7]

Im Folgenden werden zunächst die grundlegenden Begriffe im Kontext von Fortschrittszahlen erklärt, bevor im Anschluss daran die Modellierung eines Unternehmens mithilfe des FZ-Prinzips veranschaulicht und ein Überblick über die Literatur zu Fortschrittszahlen gegeben werden.

5.2.1.1 Begrifflichkeiten

Unter einer **Fortschrittszahl** versteht Heinemeyer (1994) die kumulative Darstellung von Mengen über die Zeit (Mengen-Zeit-Relationen), wobei als Mengeneinheit in den meisten Fällen „Stück" angegeben wird. Alternativ können Fortschrittszahlen jedoch auch auf Fertigungsplan-Stunden (Arbeitsinhalt-Zeit-Funktionen) oder auf Werte (Kapitalbindungs-Funktionen) bezogen sein.[8] Das Zeitraster zum Führen von Fortschrittszahlen kann frei gewählt werden, da die Umrechnung in ein anderes Zeitraster (z. B. von Tageswerten in Wochenwerte) ohne großen Aufwand durchgeführt werden kann.[9] In der Praxis der

---

[3]Vgl. Abschnitt 3.1.4.
[4]Vgl. Abschnitt 3.2.1.3.
[5]Vgl. Gottwald (1982, S. 6), Meyer/Schefenacker (1983), Koffler (1987, S. 147), Heinemeyer (1989, S. 11), Heinemeyer (1994, S. 223).
[6]Gottwald (1982, S. 7).
[7]Vgl. Heinemeyer (1984b, S. 102).
[8]Vgl. Heinemeyer (1994, S. 223).
[9]Vgl. Gottwald (1982, S. 17).

5.2 Fortschrittszahlen als Basis für das Modell

Automobilindustrie werden FZ i. d. R. auf Basis von Tagen geführt. Abbildung 5.1 veranschaulicht beispielhaft eine Fortschrittszahl als Funktion der Zeit. Dabei ist die Grafik so zu verstehen, dass die Zeiteinheiten auf der x-Achse das Ende eines Tages darstellen und die Fortschrittszahl folglich immer am Ende eines Tages aktualisiert wird. So erhöht sich in dem Beispiel die Fortschrittszahl am Ende von Tag 1 von 10 auf 20 Stück, am Tag 2 verändert sie sich nicht. Dieses Verständnis gilt auch für alle weiteren Abbildungen mit Fortschrittszahlen in dieser Arbeit.

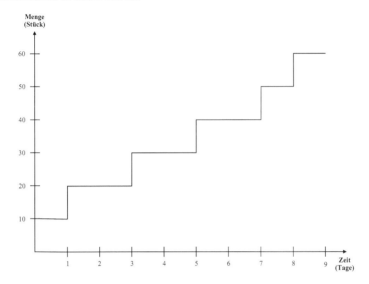

Abbildung 5.1: Fortschrittszahl als Funktion der Zeit
(Eigene Darstellung in Anlehnung an Glaser et al. (1992, S. 233))

Fortschrittszahlen können noch weiter in Ist-Fortschrittszahlen (IstFZ), Soll-Fortschrittszahlen (SollFZ) und Plan-Fortschrittszahlen (PlanFZ) differenziert werden. Folgende Definitionen für die drei FZ-Varianten wurden von Glaser et al. (1992) aus Sicht eines einzelnen Unternehmens gewählt:

„Eine **Soll-Fortschrittszahl** kennzeichnet die Menge eines Bauteils, ggfs. differenziert nach Vollzug einzelner Arbeitsgänge, die insgesamt – i. d. R. vom Jahresanfang ausgehend – bis zu einem bestimmten Zeitpunkt bzw. Termin (mindestens) zu disponieren bzw. bereitzustellen ist, damit ein vorgegebenes Absatzprogramm realisiert werden kann. Bezieht sich z. B. eine Soll-Fortschrittszahl auf den Abschluss des letzten Arbeitsvorgangs zur Erstellung eines Teils, so entspricht diese Zahl der Menge, die von dem betreffenden Teil bis zu einem bestimmten Zeitpunkt mindestens zu produzieren bzw. bis spätestens zu dem betrachteten Zeitpunkt zu erzeugen ist.

Eine **Ist-Fortschrittszahl** kennzeichnet die Menge eines Bauteils, die insgesamt bis zu einem bestimmten Zeitpunkt bzw. Termin tatsächlich disponiert bzw. bereitgestellt oder gefertigt worden ist. Eventuelle (direkte oder indirekte) Lagerbestände zum Jahresanfang sind in der Ist-Fortschrittszahl enthalten.

Die **Plan-Fortschrittszahl** kennzeichnet die Menge eines Teiles, die nach Planung der für das Teil verantwortlichen organisatorischen Einheit (Kontrollblock) bis zu einem bestimmten Zeitpunkt insgesamt disponiert wurde; diese Zahl bildet bei einem Eigenfertigungsteil die Summe aus aktueller Ist-Fortschrittszahl und sich aufgrund bereits geplanter bzw. veranlasster Fertigungsaufträge ergebender Teilemenge."[10]

Während Soll-Fortschrittszahlen sowohl für die Vergangenheit als auch für die Zukunft geführt werden, reicht der zeitliche Horizont der IstFZ, die sich aus tatsächlich produzierten bzw. gelieferten Mengen zusammensetzt, ausschließlich bis zur Gegenwart. Die PlanFZ setzt definitionsgemäß auf der aktuellen IstFZ auf und ermöglicht dadurch einen Blick in die Zukunft, wobei sie grafisch eine Fortsetzung der Kurve der IstFZ darstellt. Plan-Fortschrittszahlen sind jedoch nicht zwingend erforderlich und werden nur für den Fall verwendet, dass aufgrund bestimmter Gegebenheiten, wie z. B. Produktions- oder Verpackungslosgrößen, abweichend von der SollFZ geplant wird.

5.2.1.2 Abbildung eines Unternehmens mit Fortschrittszahlen

Mithilfe des FZ-Konzepts können alle Produktions- und (Zwischen-)Lagerprozesse eines Unternehmens abgebildet und gesteuert werden. Dabei wird davon ausgegangen, dass sich der Produktionsprozess eines Unternehmens in hierarchisch voneinander abhängige Bereiche aufteilen lässt. Jeder einzelne dieser Bereiche stellt ein Subsystem dar, welches durch die zentrale Vorgabe von Soll-Fortschrittszahlen und den Abgleich mit rückgemeldeten Ist-Fortschrittszahlen gesteuert werden kann.[11] Diese Subsysteme werden als **Kontrollblöcke** bezeichnet und stellen eine in sich geschlossene und zur Umwelt abgegrenzte Einheit dar. Zwischen dem Input und Output eines Kontrollblocks liegt eine Zeitspanne, die sog. „**Blockverschiebezeit**" bzw. „**Verschiebezeit**". Dabei handelt es sich um die mittlere Durchlaufzeit des dem Kontrollblock hinterlegten Arbeitsgangs oder um die mittlere Pufferzeit bzw. Bestandsreichweite eines Lagers. Optional kann zudem ein Puffer in die Verschiebezeit miteingeplant werden.[12] Bei jedem Kontrollblock wird für jedes Teil eine FZ für die Soll- und Ist-Werte am Ein- und Ausgang des Kontrollblocks zugeordnet (Eingangs-FZ und Ausgangs-FZ). Geführt werden diese Fortschrittszahlen an den sog. „**Zählpunkten (ZP)**" am Anfang und am Ende eines Kontrollblocks.[13] Über den Zustand zwischen Input und Output der Kontrollblöcke werden keine Aussagen getroffen, weshalb die Kontrollblöcke eine weitgehend autonome Organisationseinheit darstellen.[14] Für den Fall, dass die Planung des Inputs oder Outputs eines Kontrollblocks von der zentral vorgegebenen SollFZ abweicht, werden zusätzliche PlanFZ an den entsprechenden Zählpunkten geführt. Abbildung 5.2 zeigt einen Kontrollblock mit den angrenzenden Zählpunkten sowie mit den Eingangs- und Ausgangs-Fortschrittszahlen.

Die **Aggregationsebene zur Bildung von Kontrollblöcken** kann je nach Anforderungen definiert werden; bisher liegen hierfür keine operationalen Regeln vor. Eine Voraussetzung für die Abbildung eines Unternehmens mit Kontrollblöcken und FZ ist jedoch, dass sich der Leistungsaustausch nur in eine Richtung ohne Zyklen vollziehen darf.[15] Einzelarbeitsgänge (z. B. einzelne Montageschritte) müssen nicht mit Kontrollblöcken und FZ

---
[10] Glaser et al. (1992, S. 232–233).
[11] Vgl. Koffler (1987, S. 149–150).
[12] Vgl. Gottwald (1982, S. 10), Koffler (1987, S. 150), Glaser et al. (1992, S. 238), Heinemeyer (1994, S. 223).
[13] Vgl. Heinemeyer (1989, S. 12), Glaser et al. (1992, S. 235 u. 237).
[14] Vgl. Glaser et al. (1992, S. 235).
[15] Vgl. Glaser et al. (1992, S. 235).

5.2 Fortschrittszahlen als Basis für das Modell 127

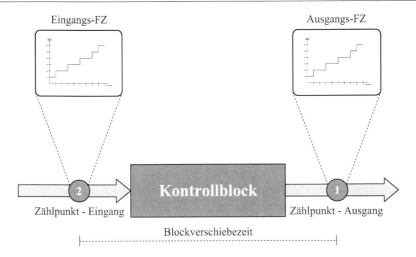

Abbildung 5.2: Kontrollblock und Blockverschiebezeit
(Eigene Darstellung in Anlehnung an Heinemeyer (1989, S. 12))

abgebildet werden.[16] Demzufolge kann ein Kontrollblock aus nur einer Maschine, einem Arbeitsplatz oder aus einer Gruppe von Maschinen bzw. Arbeitsplätzen bestehen.[17]
Bei der Abbildung von Lagern als eigene Kontrollblöcke gehen die Meinungen auseinander: Manche Autoren betonen, dass ein Lager nicht als Kontrollblock dargestellt werden muss, weil sich dessen Bestand aus der FZ-Differenz der angrenzenden Zählpunkte errechnen lässt. Dennoch schließen sie die Modellierung der Lager als Kontrollblöcke nicht aus, sondern erwähnen, dass dies durchaus möglich sei.[18] In der vorliegenden Arbeit werden Lager als Kontrollblöcke abgebildet, weil sie ebenso wie Produktionsbereiche als autonome Organisationseinheiten innerhalb eines Unternehmens betrachtet werden können. Abbildung 5.3 visualisiert eine mögliche Modellierung eines Unternehmens mithilfe von drei Kontrollblöcken: einem Wareneingangslager (WE), einem Produktionsbereich sowie einem Warenausgangslager (WA). Die Zählpunkte sind entgegen dem Materialfluss aufsteigend von 0 bis 3 nummeriert.

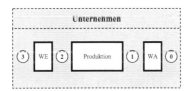

Abbildung 5.3: Abbildung eines Unternehmens mit Fortschrittszahlen
(Eigene Darstellung in Anlehnung an Heinemeyer (1989, S. 13))

---

[16]Vgl. Gottwald (1982, S. 10).
[17]Vgl. Koffler (1987, S. 151).
[18]Vgl. Gottwald (1982, S. 11), Koffler (1987, S. 151), Heinemeyer (1989, S. 14), Heinemeyer (1994, S. 224).

Eine wichtige Rolle spielt die **Normierung des FZ-Systems**. Alle Fortschrittszahlen müssen auf den gleichen Nullpunkt bezogen sein, um so eine Vergleichbarkeit aller FZ zu gewährleisten. In den meisten Fällen wird hierbei aus Sicht eines Unternehmens der Versand ausgewählt. Alternativ besteht die Möglichkeit, mit unternehmensübergreifenden Fortschrittszahlen zu arbeiten.[19] Darüber hinaus wird i. d. R. einmal pro Jahr eine sog. FZ-Umschlüsselung durchgeführt, indem von allen FZ der auf den Nullpunkt bezogene Verbrauch des Vorjahres abgezogen wird. Der Grund hierfür liegt darin, dass die FZ anderenfalls im Laufe der Zeit sehr hohe Werte annehmen würden und somit nur noch umständlich zu handhaben wären. Im Rahmen der Umschlüsselung errechnet man aus der Differenz der Ist-Fortschrittszahl und Verbrauchs-Fortschrittszahl einen rechnerischen Inventurwert, der durch einen Vergleich mit dem Ergebnis einer physischen Inventur Abweichungen zwischen den rechnerischen Werten und tatsächlichen Beständen im Lager aufzeigen kann. Bei Bedarf wird anschließend eine Korrektur der Ist-Fortschrittszahlen vorgenommen.[20]

Zum Abschluss werden nun noch einige **Praxisbeispiele** im Hinblick auf die Modellierung von Unternehmen mit Fortschrittszahlen aufgeführt: Heinemeyer (1989) veranschaulicht am Beispiel von Daimler-Benz (heute Daimler), wie die Motorenfertigung in einem Produktionswerk für Fahrzeugaggregate mithilfe des FZ-Konzepts abgebildet und gesteuert wird.[21] Ein weiteres Beispiel findet sich in Glaser et al. (1992), wo die Herstellung von Kurbelwellen in einer Maschinenbauunternehmung dargestellt wird.[22]

Im folgenden Abschnitt wird ein ausführlicher Überblick über die wichtigsten Veröffentlichungen zum Thema Fortschrittszahlen gegeben.

5.2.1.3 Literaturüberblick

Die älteste bekannte Veröffentlichung mit Bezug zu Fortschrittszahlen ist laut Heinemeyer (1986b) das Buch „Arbeitsverteilung und Terminwesen in Maschinenfabriken" von Hippler (1921).[23] Wie Abbildung 5.4 zeigt, wurde das FZ-Konzept damals bereits zur grafischen Termin- und Auftragsüberwachung eingesetzt.

Nach dieser gab es 60 Jahre lang keine nennenswerten FZ-Veröffentlichungen. Erst Anfang der 90er-Jahre gelang dem FZ-Konzept der Durchbruch, als es in der deutschen Automobilindustrie bei den großen OEM (z. B. Daimler-Benz, Opel, Volkswagen) und Zulieferern (z. B. Reitter und Schefenacker) als Planungs- und Steuerungskonzept eingesetzt wurde.[24] Infolgedessen setze ab dem Jahr 1982 eine Reihe von Veröffentlichungen über FZ ein. Besonders hervorzuheben ist in diesem Zusammenhang Heinemeyer, der im Zeitraum von 1982 bis 1984 mindestens acht Artikel zum Thema Fortschrittszahlen veröffentlicht hat und als aktivster Autor in diesem Umfeld einen wesentlichen Beitrag zur wissenschaftlichen Diskussion von FZ geleistet hat. Heinemeyer war Mitarbeiter bei Daimler-Benz und dort für die Einführung des FZ-Konzepts zur Planung und Steuerung der Fertigung von Fahrzeugaggregaten (Motoren, Achsen, Getriebe) verantwortlich. Diese werden von einem

---
[19]Vgl. Abschnitt 5.2.3.
[20]Vgl. Heinemeyer (1989, S. 16), Heinemeyer (1994, S. 225).
[21]Vgl. Heinemeyer (1989).
[22]Vgl. Glaser et al. (1992, S. 234–236).
[23]Vgl. Hippler (1921), Heinemeyer (1986b, S. 261).
[24]Vgl. Gottwald (1982, S. 6), Meyer/Schefenacker (1983), Koffler (1987, S. 147), Heinemeyer (1989, S. 11), Heinemeyer (1994, S. 223).

5.2 Fortschrittszahlen als Basis für das Modell

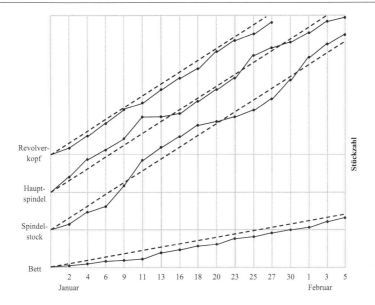

Abbildung 5.4: Beispiel für Fortschrittszahlen als Hilfsmittel für Terminüberwachung (Eigene Darstellung in Anlehnung an Hippler (1921, S. 18))

Aggregatewerk produziert, wobei jedes Aggregat in einem anderen Werksteil hergestellt wird. Kunde aus Sicht des Aggregatewerkes sind die Fahrzeugwerke von Daimler-Benz, in denen die Autos für die Endkunden produziert werden. Alle Veröffentlichungen von Heinemeyer weisen einen hohen Praxisbezug auf, wobei er nach der Beschreibung von FZ-Grundlagen zwischen den beiden FZ-Haupteinsatzgebieten Ermittlung des Teilebedarfs (Programmplanung, Teilebedarfsrechnung) sowie Fertigungssteuerung differenziert:

Im Rahmen des ersten Haupteinsatzgebietes wird bei der Programmplanung das mittelfristige Produktionsprogramm mit einem Planungshorizont von 12 Monaten für Fahrzeuge und Aggregate in Form von Fortschrittszahlen geführt. Bei der Teilebedarfsrechnung wird zwischen der Programm-Teilebedarfsrechnung und der Auftrags-Teilebedarfsrechnung differenziert. Die Programm-Teilebedarfsrechnung basiert auf der mittelfristigen Programmplanung und findet monatlich statt, wobei die Bedarfe mit einer Granularität von einer Woche für den Zeitraum von 9 Monaten geplant werden. Die Auftrags-Teilebedarfsrechnung ist Grundlage für die Montageeinplanung und findet täglich auf Tages-, Schicht- oder Impulsebene mit einem Horizont von 10 Arbeitstagen statt. Vorlaufzeiten werden bei der Teilebedarfsermittlung durch eine zeitliche Verschiebung der Fortschrittszahlen berücksichtigt.

Im Rahmen der Fertigungssteuerung wird die Produktion in Kontrollblöcke aufgeteilt, für die am Ein- und Ausgang jeweils eine Soll- und eine Ist-Fortschrittszahl geführt wird. Am Beispiel von Daimler-Benz zeigt der Autor, wie die allgemeine Kontrollblockstruktur und eine Kontrollblockhierarchie innerhalb eines Unternehmens gestaltet werden können. Mithilfe des FZ-Systems lassen sich anschließend folgende Werte bestimmen bzw. Aufgaben durchführen:

- Planwerte (Vorlauf, Plan-Bestand)
- Rechnerische Bestandsführung (Ist-Bestand)
- Programmkontrolle (Abgleich SollFZ/IstFZ)
- Nettobedarfsermittlung
- Verfügbarkeitskontrolle (Reichweitenrechnung)

Als Erfolgsfaktoren für den FZ-Einsatz werden folgende Punkte genannt:

- Ausreichende Anzahl von Zählpunkten (Rückmeldepunkten)
- Gute Qualität der Ist-Rückmeldungen
- Keine Überschreitung der geplanten Bestände
- Korrekte Ermittlung der Inventurbestände
- Korrekte Fertigungspläne
- Korrekte Stücklisten

Heinemeyer weist in diesem Zusammenhang darauf hin, dass zwischen der Eingangs-FZ eines Kontrollblocks und der Eingangs FZ des nachfolgenden Kontrollblocks ein Puffer in Arbeitstagen (Pufferzeit) oder in Stück (Pufferbestand) eingeplant werden muss, um dem Produktionsbereich einen Spielraum für individuelle Entscheidungen bzgl. der Produktionsmenge und -reihenfolge einzuräumen.[25]

Gottwald (1982) führt Fortschrittszahlen neben Kanban und der belastungsorientierten Auftragsfreigabe als ein einfaches und kostengünstiges Konzept zur Produktionssteuerung auf, um Probleme der damals gängigen Fertigungs- und Materialdispositionsverfahren zu vermeiden. Als wesentliche Stärke der FZ-Steuerung hebt er die Koordinationsfähigkeit verschiedener Produktionsabschnitte bzw. Unternehmen hervor. Ferner erläutert er die Modellierung von hierarchischen Produktionssystemen mithilfe von Kontrollblöcken, bei der die Produktion als mehrstufiger hierarchischer Produktionsprozess angesehen wird. Zur Veranschaulichung der Produktionshierarchien zieht er das Beispiel eines Unternehmens heran, das Getriebe fertigt. Ein Schwerpunkt der Veröffentlichung liegt in der FZ-basierten Teilebedarfsrechnung, die Gottwald anhand eines Beispiels mit Tabellen und Grafiken beschreibt. Auf eine mathematische Modellierung der Teilebedarfsermittlung verzichtet er. Ferner empfiehlt Gottwald, das FZ-Konzept vor allem für Serienaufträge sowie Produktionsstrukturen mit Fließfertigung einzusetzen.[26]

Ebenfalls 1982 erschienen ist eine Veröffentlichung von Baku/Meyer (1982) über den Einsatz von Fortschrittszahlen in der Automobilindustrie. Darin berichten die Autoren von steigenden Anforderungen der OEM an die Zulieferer hinsichtlich der Flexibilität bei Auftragsänderungen. Da zur Zeit dieser Veröffentlichung mehrere OEM das FZ-Konzept eingeführt hatten, haben sich auch zahlreiche Lieferanten dafür entschieden, ihre Fertigung

---

[25] Vgl. Heinemeyer (1982), Heinemeyer (1984a), Heinemeyer (1984b), Heinemeyer (1986a), Heinemeyer (1986b), Heinemeyer (1988), Heinemeyer (1989), Heinemeyer (1994).
[26] Vgl. Gottwald (1982).

mit Fortschrittszahlen zu steuern. Der Artikel enthält u. a. eine Beschreibung der Funktionalität der Software FORS, die damals von der Firma ACTIS entwickelt wurde und eine Produktionsplanung und -steuerung mithilfe von Fortschrittszahlen ermöglichte. Somit konnte die gesamte Fertigung und Planung eines Unternehmens über das FZ-Konzept gesteuert werden. Die 1st-Tier-Lieferanten konnten die Lieferabrufe der OEM als FZ übernehmen und darauf basierend ihre Produktions- und Bestellmengenplanung durchführen. Die LAB für die Sublieferanten konnten ebenfalls als Fortschrittszahlen erzeugt und übermittelt werden.[27] Ein Jahr später berichtete der Automobilzulieferer Reitter und Schefenacker in einem Artikel über die erfolgreiche Einführung des FZ-Prinzips auf Basis der in Baku/Meyer (1982) beschriebenen FORS-Software.[28]

Koffler (1987) befasst sich in erster Linie mit den Einsatzgebieten und Vorteilen des FZ-Konzepts. Bei der Beschreibung der Bedarfsermittlung mit Fortschrittszahlen stützt er sich im Wesentlichen auf Baku/Meyer (1982) und verwendet die gleichen Abbildungen bzw. Beispiele. Ein zu diesem Zeitpunkt neuer Aspekt ist jedoch die Diskussion der Kapazitätsterminierung auf FZ-Basis, indem Koffler die zentral ermittelten Soll-Fortschrittszahlen als Kapazitätsnachfrage interpretiert und diesen das Kapazitätsangebot als FZ entgegenstellt. Auf diese Weise können potenzielle Kapazitätsengpässe präventiv erkannt und bei Bedarf Änderungen der Pläne (z. B. Ändern der Produktionsreihenfolge) vorgenommen werden. Dabei stellt das FZ-Konzept keinen Planungsalgorithmus, sondern eine die Planung unterstützende Datenaufbereitung dar. Hinsichtlich der anzustrebenden Ziele des Einsatzes von Fortschrittszahlen differenziert Koffler in Kosten-, Zeit- und Sozialziele. Unter dem Gesichtspunkt der Kostenziele sieht er Potenziale zur Reduzierung der Rüstkosten, zur Minimierung von Zwischen- und Endlagerkosten sowie zur Minimierung der Kosten für die Anpassung von Produktionsplänen. Die Zeitziele bestehen in einer Minimierung der Durchlaufzeiten sowie in einer Beschleunigung des Kapazitätsabgleichs. Die sozialen Ziele betreffen vor allem die Mitarbeiter in FZ-gesteuerten Unternehmensbereichen, da diese über mehr Transparenz und bei ausreichend hohen Puffern auch über einen zunehmenden Entscheidungsspielraum bei der dezentralen Planung innerhalb der Kontrollblöcke verfügen.[29]

Glaser et al. (1992) vertiefen in ihrer Veröffentlichung vor allem die notwendigen Planungsschritte zur Ermittlung der Soll-Fortschrittszahlen in einem FZ-System – sowohl allgemein in mathematischer Form als auch anhand eines Beispiels. In beiden Fällen werden in einer ersten Stufe (mittelfristig) einmalig die Produktionskoeffizienten und Gesamtverschiebezeiten der Vorprodukte ermittelt. Anschließend erfolgt die kurzfristige Ermittlung der SollFZ der Vorprodukte auf Basis der Bedarfe der Endprodukte. Hervorzuheben ist die kritische Diskussion des Entscheidungsspielraums innerhalb der einzelnen Kontrollblöcke. Die Autoren veranschaulichen anhand eines Zahlenbeispiels, dass nur bei ausreichend hohen Puffern ein Freiraum für die dezentrale Planung besteht.[30] Da es sich bei Glaser (1994) lediglich um eine Zusammenfassung von Glaser et al. (1992) handelt, wird dieser neuere Artikel nicht nochmal explizit beschrieben.[31]

Ein exotisches, aber sehr aufschlussreiches Beispiel im Rahmen der Auseinandersetzung mit dem Thema FZ stellt der Fachroman „Komplexe Produkte einfach steuern. Das Kon-

---

[27] Vgl. Baku/Meyer (1982).
[28] Vgl. Meyer/Schefenacker (1983).
[29] Vgl. Koffler (1987, S. 147–170).
[30] Vgl. Glaser et al. (1992, S. 233–255).
[31] Vgl. Glaser (1994, S. 757–759).

zept Fortschrittszahlen" von Lohr (1996) dar. Der Autor ist ehemaliger Mitarbeiter der Firma ACTIS und gilt als Experte auf dem Gebiet der Fortschrittszahlen. In seinen Roman hat Lohr die Erfahrungen aus über 40 Praxisprojekten mit Fortschrittszahlen einfließen lassen, wobei er sich primär auf die Fertigungssteuerung mit FZ konzentriert. Haupteinsatzgebiete von FZ sind laut Lohr die Planung und Steuerung der Fertigung sowie die Simulation von kurzfristigen Bedarfsänderungen. Unter Planung versteht Lohr den Abgleich von Soll- und Ist-Fortschrittszahlen. Diese Sichtweise ist jedoch nur schwer nachzuvollziehen, da es sich bei diesem Abgleich nicht um die Erstellung von Plänen, sondern um die Kontrolle des Produktionsfortschritts handelt. Für die Steuerung mit Fortschrittszahlen ist eine Aufteilung des Unternehmens in verschiedene Regelkreise (z. B. Produktion, Einkauf/Beschaffung) erforderlich, die jeweils über Soll- und Ist-Fortschrittszahlen verfügen. Diese Regelkreise werden über einen zentralen Regelkreis der Materialwirtschaft synchronisiert, der eine aggregierte Sicht und die Schnittstelle zum Kunden darstellt. Lohr weist darauf hin, dass es bei der Festlegung der Verschiebezeiten wichtig sei, Puffer einzuplanen. Nur so verfügten die dezentralen, FZ-gesteuerten Bereiche über einen ausreichenden Planungsspielraum. Zur Veranschaulichung der Fertigungssteuerung mit Fortschrittszahlen dient Lohr das sog. „Fliegerspiel", in dem die Fertigung von Papierfliegern simuliert wird. Abschließend befasst sich der Autor im Detail mit den Vorteilen und Leistungsmerkmalen von FZ, die in der vorliegenden Arbeit in Abschnitt 5.2.3.1 teilweise mitaufgeführt sind.[32]

Im Jahre 1998 griff auch Zäpfel das Thema Fortschrittszahlen auf und hat sich im Rahmen von zwei inhaltlich großteils identischen Veröffentlichungen damit beschäftigt. Nach der Beschreibung von FZ-Grundlagen vertieft er die Ermittlung von Soll-Fortschrittszahlen und nutzt hierzu ein Gleichungssystem, das auf einer dynamischen Leontief-Produktionsfunktion basiert. Bedarfskoeffizienten und Verschiebezeiten sind in dem analytischen Modell integriert. Anhand eines Beispiels mit drei Kontrollblöcken zeigt Zäpfel die Vorgehensweise zum sukzessiven Auflösen der Gleichungen und weist darauf hin, dass die Wahl der Vorlaufzeiten bzw. Blockverschiebezeiten entscheidend für die erfolgreiche Anwendung des FZ-Konzepts sei.[33]

Kernler (2003) befasst sich in einem Buch zu den Themen Logistiknetzwerke und Supply Chain Management zwar kurz mit Fortschrittszahlen, verwendet diese jedoch vor allem dazu, die aus dem Konzept der belastungsorientierten Auftragsfreigabe bekannten Durchlaufdiagramme zu erklären. Dennoch sind die dargestellten Diagramme und Kennzahlen interessant und einzelne Ideen lassen sich auf das FZ-Konzept übertragen. So geht Kernler auf die grafische Ableitung von Informationen wie z. B. Bestandsreichweiten, Durchlaufzeiten und Planbeständen aus Fortschrittszahlen ein und stellt ferner eine Möglichkeit zur Kontrolle der Kapazitätsauslastung einer Versandabteilung mithilfe von FZ bzw. Durchlaufdiagrammen vor.[34]

Abschließend bleibt anzumerken, dass das FZ-Konzept an vielen Universitäten im Rahmen von Produktions- und Logistikvorlesungen gelehrt wird. Ein Beispiel hierfür ist Fleischmann (2007), welcher Fortschrittszahlen und deren Einsatzgebiete in einem Skript beschreibt und als Voraussetzungen für die Anwendung des FZ-Systems folgende Punkte nennt:

- Serienfertigung von Standardprodukten

---

[32]Vgl. Lohr (1996).
[33]Vgl. Zäpfel (1998, S. 43–48).
[34]Vgl. Kernler (2003, S. 134 ff.).

- Konvergierende Erzeugnisstruktur
- Primärbedarf nur für Endprodukte
- Kleine Losgrößen
- Laufender Abgleich der SollFZ mit der Ist-Auslieferung der Endprodukte

Hinsichtlich der Einsatzgebiete unterscheidet Fleischmann in die im folgenden Abschnitt ausführlich erläuterten Bereiche „Fortschrittszahlen als Informationssystem", „Bedarfsrechnung mit Fortschrittszahlen" sowie „Fortschrittszahlen als Steuerungssystem".[35]

5.2.2 Einsatzgebiete von Fortschrittszahlen

5.2.2.1 Fortschrittszahlen als Informationssystem

Beim Einsatz eines FZ-Systems können durch die Bildung von Differenzen aus Fortschrittszahlen zahlreiche logistische Kenngrößen für das Controlling der einzelnen Kontrollblöcke abgeleitet werden. In diesem Abschnitt werden die wesentlichen Kenngrößen (Bestandsinformationen, Vorsprung und Rückstand, Bedarfsinformationen) anhand eines einfachen Beispiels für ein Produkt an zwei aufeinanderfolgenden Zählpunkten bei einer linearen Produktstruktur erläutert. Zunächst werden jedoch die hierfür erforderlichen Indizes, Indexmengen, Daten und Variablen definiert.

Indizes

$m \in M$	Zählpunkte (entgegen dem Materialfluss)
$\alpha \in P$	Produkte
$t \in T$	Zeit in Tagen
$t^* \in T$	Gegenwartszeitpunkt (heute)

Indexmengen

$M = \{0, 1, 2, ...\}$	Indexmenge aller Zählpunkte
P	Indexmenge aller Produkte
$T = \{1, 2, 3, ...\}$	Indexmenge aller Tage

Daten

$IstFZ_{\alpha,m,t}$	Ist-Fortschrittszahl von Produkt α an Zählpunkt m zur Zeit t [ME]
$SollFZ_{\alpha,m,t}$	Soll-Fortschrittszahl von Produkt α an Zählpunkt m zur Zeit t [ME]

Variablen

$d^B_{\alpha,m,t^*,t}$	Bruttobedarf für Produkt α an Zählpunkt m im Zeitraum $[t^*, t]$ [ME]
$d^N_{\alpha,m,t^*,t}$	Nettobedarf für Produkt α an Zählpunkt m im Zeitraum $[t^*, t]$ [ME]
$b^I_{\alpha,m,m-1,t^*}$	Ist-Bestand für Produkt α im Abschnitt zwischen den Zählpunkten m und $(m-1)$ zur Zeit t^* [ME]

---

[35]Vgl. Fleischmann (2007, S. 98–108).

$b^S_{\alpha,m,m-1,t}$ Soll-Bestand für Produkt α im Abschnitt zwischen den Zählpunkten m und $(m-1)$ zur Zeit t [ME]

$\delta_{\alpha,m,t}$ Rückstand / Vorsprung für Produkt α gegen geplante Soll-Fortschrittszahl an Zählpunkt m zur Zeit t [ME]

Anhand von FZ-Differenzen können **Bedarfsinformationen** eines bestimmten Zeitraums für jedes Produkt α an jedem Zählpunkt m im FZ-System ermittelt werden. Zur Berechnung der **Bruttobedarfe** $d^B_{\alpha,m,t^*,t}$ werden Differenzen aus Soll-Fortschrittszahlen gebildet (5.1), für die **Nettobedarfe** $d^N_{\alpha,m,t^*,t}$ ist ein Abgleich von Soll- und Ist-Fortschrittszahlen erforderlich (5.2). Die Bedarfe beziehen sich dabei auf einen bestimmten Zeitraum, der beim Gegenwartszeitpunkt t^* beginnt und am Tag t in der Zukunft endet. Im Rahmen der Ermittlung der Nettobedarfe $d^N_{\alpha,m,t^*,t}$ ist eine Maximumfunktion nötig, um negative Nettobedarfe für den Fall auszuschließen, dass die $IstFZ_{\alpha,m,t^*}$ größer als die $SollFZ_{\alpha,m,t}$ ist.[36] Die Brutto- und Nettobedarfe sind in Abbildung 5.5 grafisch veranschaulicht.

$$d^B_{\alpha,m,t^*,t} = SollFZ_{\alpha,m,t} - SollFZ_{\alpha,m,t^*} \quad \forall\ \alpha \in P;\ m \in M;\ t,t^* \in T \text{ mit } t > t^* \quad (5.1)$$

$$d^N_{\alpha,m,t^*,t} = max(SollFZ_{\alpha,m,t} - IstFZ_{\alpha,m,t^*}; 0) \quad \begin{array}{l} \forall\ \alpha \in P;\ m \in M;\ t,t^* \in T \\ \text{mit } t > t^* \end{array} \quad (5.2)$$

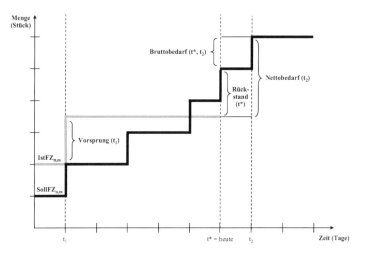

Abbildung 5.5: Bedarfsinformationen sowie Vorsprung und Rückstand (Eigene Darstellung in Anlehnung an Fleischmann (2007, S. 103))

Des Weiteren bietet ein FZ-System auch die Möglichkeit, den aktuellen **Rückstand bzw. Vorsprung** $\delta_{\alpha,m,t}$ hinsichtlich der Menge eines Produkts α an einem bestimmten Zählpunkt m zu ermitteln (vgl. Abbildung 5.5). Dadurch ist für jeden Zeitpunkt $t \leq t^*$ eine

---
[36] Vgl. Heinemeyer (1994, S. 231), Fleischmann (2007, S. 102–103).

5.2 Fortschrittszahlen als Basis für das Modell

Leistungs- bzw. Programmkontrolle der tatsächlichen $IstFZ_{\alpha,m,t}$ im Vergleich zur geplanten $SollFZ_{\alpha,m,t}$ möglich. Ein Rückstand liegt vor, wenn die $IstFZ_{\alpha,m,t}$ kleiner als die $SollFZ_{\alpha,m,t}$ ist, bei einem Vorsprung ist die $IstFZ_{\alpha,m,t}$ größer als die $SollFZ_{\alpha,m,t}$:[37]

$$\delta_{\alpha,m,t} = SollFZ_{\alpha,m,t} - IstFZ_{\alpha,m,t} \qquad \forall\ \alpha \in P,\ m \in M,\ t \in T \text{ mit } t \leq t^* \qquad (5.3)$$

Durch die Bildung von Differenzen aus den Ist-Fortschrittszahlen zweier aufeinanderfolgender Zählpunkte können **Bestandsinformationen** für diesen Abschnitt bestimmt werden. Der **Ist-Bestand** $b^I_{\alpha,m,m-1,t^*}$ zum Gegenwartszeitpunkt t^* wird durch die Differenz der Ist-Fortschrittszahlen an den beiden Zählpunkten m und $(m-1)$ ermittelt (5.4). Der **Soll-Bestand** $b^S_{\alpha,m,m-1}$ zu einem Zeitpunkt t in der Zukunft ergibt sich aus der Differenz der Soll-Fortschrittszahlen zweier benachbarter Zählpunkte (5.5).[38] Beide Bestandsinformationen sind in Abbildung 5.6 dargestellt.

$$b^I_{\alpha,m,m-1,t^*} = IstFZ_{\alpha,m,t^*} - IstFZ_{\alpha,m-1,t^*} \qquad \forall\ \alpha \in P,\ m \neq 0,\ t^* \in T \qquad (5.4)$$

$$b^S_{\alpha,m,m-1,t} = SollFZ_{\alpha,m,t} - SollFZ_{\alpha,m-1,t} \qquad \forall\ \alpha \in P,\ m \neq 0,\ t \in T \text{ mit } t \geq t^* \qquad (5.5)$$

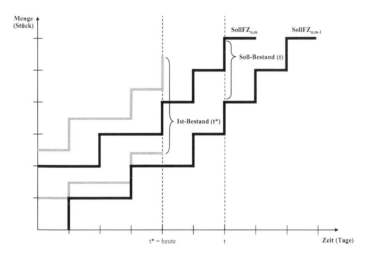

Abbildung 5.6: Soll- und Ist-Bestand
(Eigene Darstellung in Anlehnung an Fleischmann (2007, S. 103))

5.2.2.2 Bedarfsrechnung mit Fortschrittszahlen

Die zentrale Bedarfsrechnung spielt eine wesentliche Rolle beim Konzept der Fortschrittszahlen. Sie erfolgt bei einer allgemeinen Produktionsstruktur nicht klassisch über eine

---

[37] Vgl. Koffler (1987, S. 151–154), Heinemeyer (1994, S. 230–231), Fleischmann (2007, S. 102).
[38] Vgl. Heinemeyer (1994, S. 223 u. 230), Fleischmann (2007, S. 102–103).

mehrstufige Materialbedarfsrechnung und beinhaltet auch keine Brutto-Nettorechnung durch die Verrechnung von Beständen mit Bruttobedarfen. Stattdessen erfolgen eine unmittelbare Auflösung des Endkundenbedarfs auf alle (auch indirekte) Vorprodukte über Gesamtbedarfskoeffizienten und eine anschließende Verschiebung der SollFZ-Kurven um die zuvor ermittelten Gesamtverschiebezeiten.[39]

Der Begriff **Verschiebezeit** wurde bereits in Abschnitt 5.2.1.2 erläutert. Glaser et al. (1992) definieren die **Gesamtverschiebezeit** als „die Summe der teilebezogenen Verschiebezeiten der Kontrollblöcke, die dem für das betrachtete Teil verantwortlichen Kontrollblock nachgelagert sind, d. h. der Kontrollblöcke, die das Teil auf einem Auflösungsweg bis zur Fertigstellung der Enderzeugnisse noch zu durchlaufen hat"[40]. Diese Definition ist allerdings nur korrekt, wenn alle Lager- und Transportpuffer zwischen den Produktionsschritten als eigene Kontrollblöcke abgebildet werden. Sofern, wie von einigen Autoren empfohlen,[41] Lagerpuffer nicht als Kontrollblöcke modelliert werden, ist laut der Definition von Glaser et al. die Gesamtverschiebezeit zu kurz, da die Plan-Bestandsreichweiten der Lager nicht berücksichtigt werden. Aus diesem Grund wird in dieser Arbeit folgende Definition und Berechnungsmethode für die Gesamtverschiebezeit verwendet: Die Gesamtverschiebezeit ist die Summe der teilebezogenen Verschiebezeiten zwischen den Zählpunkten, die das Teil auf einem Auflösungsweg bis zur Fertigstellung der Enderzeugnisse zu durchlaufen hat.

Ein **Direktbedarfskoeffizient** – von Tempelmeier (2003) auch als mittelbarer Produktionskoeffizient bezeichnet – gibt an, wie viele Mengeneinheiten eines untergeordneten Erzeugnisses zur Herstellung einer Mengeneinheit eines direkt übergeordneten Erzeugnisses benötigt werden.[42] Bei einer mehrstufigen Erzeugnisstruktur kann ein Vorprodukt über eines oder mehrere Zwischenprodukte in ein Endprodukt einfließen. In diesem Fall gibt der **Gesamtbedarfskoeffizient** an, wie viele Mengeneinheiten des Vorprodukts benötigt werden, um eine Mengeneinheit des Endprodukts herzustellen. Der Gesamtbedarfskoeffizient kann somit durch die Multiplikation der einzelnen Direktbedarfskoeffizienten auf dem Weg des Vorprodukts in das Endprodukt berechnet werden.[43]

Im Folgenden wird die von Glaser et al. (1992) vorgeschlagene Vorgehensweise zur Bedarfsrechnung mit Fortschrittszahlen erläutert.[44] Dabei ist zu beachten, dass die Bedarfsrechnung nicht nur bei linearen, sondern auch bei divergierenden Erzeugnisstrukturen möglich ist.[45]

Vor der eigentlichen Bedarfsrechnung erfolgt die mittelfristige Festlegung der Gesamtbedarfskoeffizienten und Gesamtverschiebezeiten für alle Produkt-Zählpunktkombinationen. Das heißt, diese Berechnung muss nicht bei jeder Planungsperiode durchlaufen werden, sondern ist lediglich mittelfristig bei möglichen Änderungen der Erzeugnisstruktur bzw. Durchlaufzeiten anzupassen. Dabei ist besonders hervorzuheben, dass die einzelnen Verschiebezeiten zwischen den Zählpunkten eines Lieferanten nicht zentral vom OEM vorgegeben werden, sondern von den Lieferanten selbst ermittelt bzw. definiert und mit den

---

[39] Vgl. Fleischmann (2007, S. 104).
[40] Glaser et al. (1992, S. 237).
[41] Vgl. Abschnitt 5.2.1.2.
[42] Vgl. Tempelmeier (2003, S. 105).
[43] Vgl. Tempelmeier (2003, S. 131).
[44] Vgl. Glaser et al. (1992, S. 237 ff.).
[45] Die Beschreibung der Vorgehensweise erfolgt an dieser Stelle in allgemeiner Weise, die mathematische Darstellung folgt in Abschnitt 5.3.2 bei der Vorstellung des Koordinationsmodells.

5.2 Fortschrittszahlen als Basis für das Modell

anderen Supply-Chain-Akteuren abgestimmt werden. Dadurch wird sichergestellt, dass die Zulieferer ihren Handlungsspielraum in dem neuen Ansatz selbst mitgestalten können.

Im Rahmen der Bedarfsrechnung findet laufend eine kurzfristige, rollierende Bedarfsrechnung statt. Ausgangsbasis stellen die SollFZ der Produkte am Nullpunkt des FZ-Systems (i. d. R. Zählpunkt $m = 0$) dar. Auf Basis dieser Fortschrittszahlen werden die SollFZ für alle vorgelagerten Produkt-Zählpunkt-Kombinationen über die Gesamtbedarfskoeffizienten und Gesamtverschiebezeiten ermittelt. Dabei kann es sich um die gleichen Produkte wie am Zählpunkt $m = 0$ oder um Vorprodukte handeln, falls Produktionsabschnitte zwischen dem Endprodukt am Zählpunkt $m = 0$ und der gerade betrachteten Produkt-Zählpunkt-Kombination liegen. Im ersten Fall wäre der Gesamtbedarfskoeffizient 1, im zweiten Fall kann er auch größer sein. Im Rahmen der zentralen Berechnung der Soll-Fortschrittszahlen wird zuerst für jedes Vorprodukt getrennt nach Endprodukten, in die es verbaut wird, für die jeweiligen Zählpunkte eine eigene SollFZ berechnet. Dazu werden die gegebenen SollFZ vom Zählpunkt $m = 0$ mit den jeweiligen Gesamtbedarfskoeffizienten multipliziert und um die entsprechenden Gesamtverschiebezeiten verschoben. Liegt eine divergierende Produktionsstruktur vor und können Vorprodukte in mehrere Endprodukte verbaut werden, ist ein weiterer Schritt zur Berechnung der SollFZ der Vorprodukte erforderlich. Dabei werden die SollFZ der einzelnen Vorprodukt-/Endprodukt-Beziehungen zu einer aggregierten SollFZ pro Vorprodukt addiert. Auf diese Weise erhält man an einem bestimmten Zählpunkt für ein bestimmtes Vorprodukt zu einem bestimmten Zeitpunkt eine aggregierte SollFZ, unabhängig von der Anzahl der Endprodukte, zu deren Herstellung es benötigt wird. Das Ergebnis der einstufigen FZ-Bedarfsrechnung kann, wie in Abbildung 5.7 ersichtlich, als Mengen-Zeit-Graph dargestellt werden.

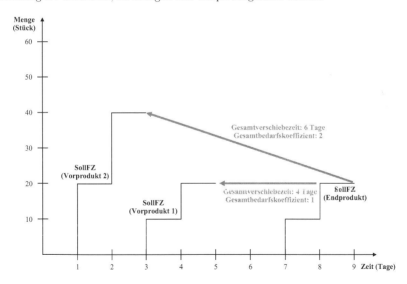

Abbildung 5.7: Mengen-Zeit-Graph
(Eigene Darstellung in Anlehnung an Glaser et al. (1992, S. 245))

Bei der FZ-Bedarfsrechnung sind einige Einschränkungen zu beachten. Die erste betrifft die Synchronisation der Soll- und Ist-Fortschrittszahlen am Nullpunkt des FZ-Systems.

Die Bedarfsrechnung ist nur korrekt, wenn ein laufender Abgleich der SollFZ am Zählpunkt mit der Ist-Auslieferung der Endprodukte stattfindet. Ferner besteht im Falle einer divergierenden Struktur oder bei Primärbedarf von Vorprodukten (z. B. Ersatzteilbedarf) die Gefahr, dass bei kurzem Planungshorizont ein zu niedriger Nettobedarf an einzelnen Zählpunkten ermittelt wird.[46] In solchen Konstellationen können auch Probleme bei der Allokation von Mengen in Engpasssituationen auftreten. Im Folgenden wird diese Problematik bei einer Mehrfachverwendung anhand eines einfachen Beispiels aufgezeigt, das in Abbildung 5.8 grafisch veranschaulicht ist: Produkt A, von dem bisher 100 ME produziert und ausgeliefert wurden (IstFZ), wird sowohl zur Produktion von Produkt B als auch von Produkt C verwendet – jeweils mit einem Direktbedarfskoeffizienten von 1. Produkt B hat einen kumulierten Bedarf (SollFZ) von 50 ME bei einem Bestand und einer IstFZ von 100 ME. Produkt C hat eine SollFZ von 50 ME bei einem Bestand und einer IstFZ von 0 ME. Für Produkt A ergibt sich somit ein aggregierter Bedarf von 100 ME (50 ME für Produkt B und 50 ME für Produkt C). Da bereits 100 ME von Produkt A produziert und versendet wurden, würde sich nach der FZ-Logik aus der Differenz der SollFZ und IstFZ ein errechneter Nettobedarf von 0 ME ergeben. Das Problem bei dieser Konstellation liegt nun darin, dass scheinbar keine Notwendigkeit besteht, zum jetzigen Zeitpunkt weitere Einheiten von Produkt A herzustellen. Die FZ-Bedarfsrechnung für das Produkt A zeigt nicht, dass alle ausgelieferten Einheiten von A ausschließlich in Produkt B verbaut wurden und keine Einheiten von Produkt C hergestellt werden können. Somit liegt bei der Produktion von Produkt C ein Engpass an dem notwendigen Vorprodukt A vor.

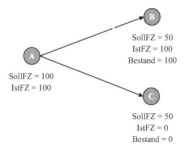

Abbildung 5.8: Beispiel für Probleme mit FZ-Prinzip bei Mehrfachverwendung

Das geschilderte Problem tritt auch in der Fallstudie in Kapitel 6 auf. Dort wird beschrieben, wie in der Simulationsstudie mit der Allokation im Engpassfall bei einer Mehrfachverwendung umgegangen werden kann.

5.2.2.3 Fortschrittszahlen als Steuerungssystem

Das Prinzip der Fortschrittszahlen verfolgt einen dezentralen Steuerungsansatz durch eine zentrale Bedarfsermittlung (SollFZ) mit Freiräumen für die Kontrollblöcke zur dezentralen Koordination von Plänen (PlanFZ) auf Basis der zentralen Vorgaben.[47]

Die am Nullpunkt des FZ-Systems für die Endprodukte ermittelten Bedarfe werden um Durchlauf- und Pufferzeiten verschoben und auf diese Weise an die entsprechenden Zähl-

---
[46]Vgl. Fleischmann (2007, S. 104).
[47]Vgl. Fleischmann (2007, S. 107).

punkte weitergegeben.[48] Im Gegensatz zur klassischen Materialbedarfsrechnung, in der jede Arbeitsstation konkrete Aufträge mit Terminvorgaben erhält, erhalten die Kontrollblöcke bzw. Zählpunkte bei einer FZ-Steuerung lediglich die Bruttobedarfe in Form der Soll-Fortschrittszahlen. Die zentrale Ermittlung der SollFZ hat den großen Vorteil, dass Bedarfsänderungen der Endprodukte am Nullpunkt des FZ-Systems an alle im Materialfluss vorgelagerten Kontrollblöcke ohne Verzögerungen und Verzerrungen weitergeleitet werden. Denn bei einer Anpassung der SollFZ der Endprodukte werden auch alle anderen SollFZ im System aktualisiert, wodurch sich das gesamte System jederzeit an den aktuellen Kundenbedarfen orientiert und somit schnell und flexibel auf Änderungen reagieren kann. Der Entscheidungsspielraum in Kontrollblöcken für Produktionsbereiche liegt in der Auftragsbildung (Losgröße), Auftragsfreigabe (Starttermin) sowie in der Festlegung der Maschinenbelegung. Werden auch andere Prozesse wie Lager bzw. Puffer über Kontrollblöcke abgebildet, kann der Kontrollblockverantwortliche eines Warenausgangslagers selbst entscheiden, wann er wie viel Material aus dem Lager an den nachfolgenden Kontrollblock im Materialfluss versendet. In einem Wareneingangslager können die Bestellmengen autonom geplant werden. In beiden Fällen müssen lediglich die zentralen Vorgaben eingehalten werden, während innerhalb des Kontrollblocks die Planungsfreiheiten liegen.[49]

Der Handlungsspielraum der einzelnen Planer wird jedoch durch zwei Aspekte eingeschränkt: zum einen durch die zentral vorgegebenen Bedarfe (SollFZ), die nicht unterschritten werden dürfen, zum anderen durch die Materialverfügbarkeit am Eingang eines Kontrollblocks. Letztere wird abgebildet durch die SollFZ am Ausgang des Vorgänger-Kontrollblockes und entspricht damit der Menge, die dieser Kontrollblock bis zum jeweiligen Zeitpunkt fertigzustellen hat. Erfüllt der vorgelagerte Kontrollblock die SollFZ-Mengen immer exakt bzw. existiert zwischen zwei aufeinanderfolgenden Kontrollblöcken kein Lager oder Puffer, so ist der nachfolgende Kontrollblock gezwungen, exakt nach der entsprechenden SollFZ am Ausgang seines Vorgängers zu planen. Diesem Problem kann begegnet werden, indem bei der Festlegung der Verschiebezeiten zwischen den Zählpunkten im FZ-System nicht nur die aus der Realität geschätzten bzw. ermittelten Durchlaufzeiten verwendet, sondern zusätzlich Pufferzeiten für individuelle Entscheidungen innerhalb der Kontrollblöcke eingeplant werden. Die planerische Freiheit hängt damit von diesen in die Verschiebezeiten eingeplanten Pufferzeiten ab. Durch entsprechend kurz gewählte Pufferzeiten kann eine Just-in-time-Steuerung erzwungen werden. Im Umkehrschluss bedeutet dies aber auch, dass größere Planungsfreiheiten zwangsläufig längere Pufferzeiten erfordern und somit zu höheren Pufferbeständen führen.[50]

5.2.3 Anwendung des Fortschrittszahlenkonzepts auf Supply Chains

In diesem Abschnitt wird begründet, warum das bisher primär unternehmensintern eingesetzte FZ-Prinzip auch unternehmensübergreifend zur Koordination in Supply Chains genutzt werden kann. Nach einer Diskussion der Gründe für den Einsatz von Fortschrittszahlen in Supply Chains wird aufgezeigt, wie eine Supply Chain mit Kontrollblöcken und

---

[48]Vgl. Abschnitt 5.2.2.2.
[49]Vgl. Gottwald (1982, S. 19 ff.), Heinemeyer (1989, S. 14 u. 40), Glaser et al. (1992, S. 235), Glaser (1994, S. 757–759), Heinemeyer (1994, S. 230 ff.), Fleischmann (2007, S. 107).
[50]Vgl. Glaser et al. (1992, S. 248 ff.), Glaser (1994, S. 758), Heinemeyer (1994, S. 230), Fleischmann (2007, S. 107).

Zählpunkten modelliert werden kann. Zuletzt werden die Nachteile und mögliche Grenzen einer FZ-Steuerung im Beschaffungsnetzwerk dargestellt.

5.2.3.1 Gründe für den Einsatz von Fortschrittszahlen in Supply Chains

Das Fortschrittszahlenkonzept weist zahlreiche Eigenschaften auf, die für einen Einsatz in Supply Chains sprechen. Die wichtigsten Vorteile in Bezug auf die Problemstellung der vorliegenden Arbeit sind die FZ-Steuerungsphilosophie (zentrale Bedarfsinformation als Basis für eine dezentrale Planung) sowie die Tatsache, dass Bedarfsänderungen bei den Endprodukten über die sofortige und zentrale Aktualisierung aller SollFZ an alle vorgelagerten Kontrollblöcke bzw. Zählpunkte ohne Verzögerungen und Verzerrungen weitergegeben werden. Dabei handelt es sich gleichzeitig um wesentliche Eigenschaften, die der Supply-Chain-Koordinationsansatz zur Auslaufsteuerung beinhalten soll.

Die folgende Aufzählung gibt einen Überblick über die Vorteile des FZ-Konzepts beim Einsatz zur **Bedarfsrechnung** und als **Informationssystem**:

- Einfache, einstufige Bedarfsrechnung[51]

- Hohe Transparenz der Bedarfssituation, da jederzeit der Brutto- bzw. Nettobedarf verfügbar ist[52]

- Unverzögerte und unverzerrte Weitergabe von Bedarfsänderungen bei den Endprodukten über sofortige und zentrale Aktualisierung aller SollFZ an alle vorgelagerten Kontrollblöcke bzw. Zählpunkte

- Einfache Ableitung von logistischen Kenngrößen durch Abgleich von Soll- und Ist-Fortschrittszahlen im FZ-System (Bedarfsinformationen, Bestandsinformationen, Rückstand/Vorsprung usw.)

- Reduzierung von Kosten für Anpassungsmaßnahmen (z. B. Vorziehen, Splitten, Überlappen von Aufträgen, zeitliche Anpassung) bei kurzfristigen Auftragsänderungen durch frühzeitige Erkennung von Bedarfsänderungen und demzufolge Möglichkeit zur schnellen Reaktion[53]

- Verbesserung der Kapazitätsauslastung: Kapazitätsengpässe oder Überkapazitäten können frühzeitig erkannt werden und die Abstimmung zwischen Kapazitätsnachfrage und Kapazitätsangebot wird durch FZ unterstützt[54]

- Reduzierung von Terminabweichungen: Übersichtliche Darstellung zeigt drohende Terminabweichungen frühzeitig an, wodurch die Planungssicherheit steigt und die Gefahr von Terminabweichungen reduziert wird[55]

Für die Verwendung von Fortschrittszahlen als **Steuerungssystem** sprechen folgende Vorteile:

---

[51] Vgl. Fleischmann (2007, S. 108).
[52] Vgl. Lohr (1996, S. 141).
[53] Vgl. Koffler (1987, S. 163).
[54] Vgl. Koffler (1987, S. 167).
[55] Vgl. Koffler (1987, S. 168).

- Koordination von dezentral mit unterschiedlichen Verfahren gesteuerten Bereichen in einem gemeinsamen Netz von Zählpunkten ausschließlich über Bedarfe[56]
- Möglichkeit zur Anbindung von Lieferanten bei bedarfssynchroner Beschaffung[57]
- Hoher Grad an Eigenverantwortung für Kontrollblockverantwortliche durch dezentralen Steuerungsansatz[58]
- Hohe Flexibilität bei der Abbildung von Unternehmen bzw. Supply Chains mit Kontrollblöcken durch flexiblen Aggregationsgrad

5.2.3.2 Abbildung einer Supply Chain mit Fortschrittszahlen

Bisher haben sich nur ACTIS (1985) und Kernler (2003) mit der Abbildung und Steuerung von Supply Chains mit dem FZ-Prinzip befasst, während sich die anderen bisher genannten Autoren im FZ-Umfeld primär auf die Modellierung einzelner Unternehmen beschränkten. ACTIS zeigt eine dreistufige Automobil-Supply-Chain mit einem OEM sowie jeweils einem 1st-Tier und 2nd-Tier-Lieferanten. Der Zusammenhang zwischen den drei Unternehmen ist als Kombination von drei FZ-Regelkreisen zu verstehen, die über den Austausch von Abruf- und Lieferfortschrittszahlen koordiniert werden. Kernler geht bei der Beschreibung der auf Fortschrittszahlen basierenden Durchlaufdiagramme auf die Abbildung von Logistiknetzwerken mithilfe von FZ ein und veranschaulicht dies an einem Beispiel mit einem Lieferanten, einem Großhändler sowie einem Händler. Beide Autoren befassen sich jedoch nicht mit Details der Modellierung von Supply Chains auf Basis von Fortschrittszahlen, sondern setzen sich lediglich mit der Grundidee anhand einfacher Beispiele auseinander.[59]

Das im Rahmen der vorliegenden Arbeit zu entwickelnde Koordinationsmodell soll aus Sicht eines Automobilherstellers drei Supply-Chain-Stufen im Beschaffungsnetzwerk abdecken: OEM, Tier 1 und Tier 2. Im Folgenden wird aufgezeigt, wie ein solches Netzwerk mit dem FZ-Prinzip modelliert werden kann:

Bei der Anwendung des FZ-Konzepts auf Supply Chains handelt es sich im Prinzip um eine Erweiterung der Abbildung einzelner Unternehmen mit Fortschrittszahlen. Dabei wird in einem ersten Schritt jedes Unternehmen mit Kontrollblöcken und Zählpunkten modelliert. Der Aggregationsgrad für die Bildung von Kontrollblöcken kann grundsätzlich frei gewählt werden. So wird in dieser Arbeit jedes Unternehmen mit drei Kontrollblöcken abgebildet: Wareneingangslager, Produktion, Warenausgangslager.

Die Verbindung zwischen den Unternehmen erfolgt über die Lieferabrufe der jeweiligen Kunden in einer Kunden-Lieferanten-Beziehung. Der Transport vom Lieferanten zum Kunden wird nicht über einen eigenen Kontrollblock abgebildet, stattdessen können die Soll- und Ist-Transportmengen über die Fortschrittszahlen an den angrenzenden Zählpunkten ermittelt werden. Die Zählpunkte werden ausgehend vom Nullpunkt des FZ-Systems entgegen dem Materialfluss in der Supply Chain von 0 aufsteigend durchnummeriert. Existieren mehrere Lieferanten auf einer Supply-Chain-Stufe, erhalten die Zählpunkte an den Kontrollblöcken auf dieser Supply-Chain-Ebene in jedem Unternehmen je-

---
[56]Vgl. Heinemeyer (1989, S. 40).
[57]Vgl. Fleischmann (2007, S. 108).
[58]Vgl. Gottwald (1982, S. 24).
[59]Vgl. ACTIS (1985, S. 6–7), Kernler (2003, S. 134 ff.).

weils die gleichen Nummern. Eine Differenzierung der FZ zwischen den Unternehmen ist durch die unterschiedlichen Produkte möglich. Ausgeschlossen hingegen sind divergierende Supply-Chain-Strukturen, bei denen Lieferanten auf der gleichen Supply-Chain-Stufe identische Produkte an einen Kunden liefern.

Abbildung 5.9 veranschaulicht das Modellierungsprinzip am Beispiel einer seriellen dreistufigen Supply Chain, wobei beim OEM nur die Beschaffungsseite betrachtet wird. Die Fertigprodukte des OEM sind nicht Betrachtungsgegenstand dieser Arbeit.

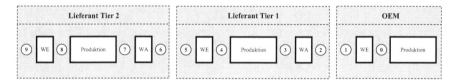

Abbildung 5.9: Abbildung einer Supply Chain mit Kontrollblöcken und Zählpunkten

Die Einsatzgebiete von Fortschrittszahlen (Informationssystem, Bedarfsrechnung, Steuerungssystem) gelten bei Supply Chains ebenso wie bei einzelnen Unternehmen. Das betrachtete FZ-System wird einfach um weitere Kontrollblöcke und Zählpunkte erweitert. In der Folge werden beispielsweise in der Bedarfsrechnung die Soll-Fortschrittszahlen nicht nur für ein einzelnes Unternehmen, sondern ausgehend vom Nullpunkt des Systems beim OEM für alle Unternehmen in der Supply Chain zentral berechnet und vorgegeben. Auf Basis dieser zentralen Bedarfsinformationen können die Lieferanten anschließend dezentral planen.

5.2.3.3 Probleme und Grenzen beim Einsatz von Fortschrittszahlen

Bisher wurden vor allem die Vorteile des FZ-Konzepts hervorgehoben. Der Einsatz von Fortschrittszahlen schafft jedoch auch Probleme bzw. stößt an Grenzen.

Fleischmann (2007) nennt in diesem Zusammenhang vor allem die **unkoordinierte Losbildung auf den einzelnen Stufen** im FZ-System sowie **verhältnismäßig hohe Bestände zwischen den Stufen** (mittlerer Bestand zwischen zwei Stufen mit mittlerer Losgröße).[60]

Ein weiteres Problem besteht in der **Ermittlung der Verschiebezeiten** in einem FZ-System: Für den erfolgreichen Einsatz von Fortschrittszahlen ist entscheidend, ob es gelingt, realistische Vorlaufzeiten bzw. Blockverschiebezeiten für die Kontrollblöcke zu bestimmen.[61] Unrealistische Verschiebezeiten haben zur Folge, dass alle Kontrollblöcke im FZ-System falsche bzw. ungenaue Vorgaben aus der zentralen FZ-Bedarfsrechnung erhalten und damit eine schlechte Planungsgrundlage aufweisen. Je stabiler die Produktionsprozesse eines Unternehmens sind, desto zuverlässiger lassen sich die Durchlaufzeiten für die Kontrollblöcke der Produktion schätzen. Die ermittelten Durchlaufzeiten sollten daher regelmäßig überprüft werden, um die Verschiebezeiten bei Bedarf anzupassen. Die Schätzung von Durchlaufzeiten stellt einen komplexen Vorgang dar, der in der vorliegenden Arbeit jedoch nicht explizit betrachtet wird. Neben der Schätzung der Durchlaufzeiten ist

---
[60]Vgl. Fleischmann (2007, S. 107).
[61]Vgl. Zäpfel (1998, S. 47).

auch die **Festlegung der in die Verschiebezeiten zusätzlich eingeplanten Puffer** schwierig. Denn je größer die Puffer gewählt werden, desto größer sind die planerischen Freiheiten der Lieferanten. Andererseits führen große Puffer auch zu höheren Beständen und damit zu steigenden Lagerhaltungskosten. Daher ist es wichtig, dass von den Unternehmen eine gemeinsame, kooperative Festlegung der Puffer bzw. Verschiebezeiten erfolgt.

Obwohl in der FZ-Literatur häufig vernachlässigt, spielt beim Einsatz von Fortschrittszahlen auch die **Berücksichtigung von Ausschuss und Schwund** eine wichtige Rolle. Bei Ausschuss handelt es sich um fehlerhafte Halb- oder Fertigprodukte, wobei die Fehler nicht nur in der Produktion eines Unternehmens, sondern z. B. auch durch eine unsachgemäße Behandlung bei der Lagerung oder beim Transport entstehen.[62] Somit ist eine Weiterverwendung des Materials für die folgenden Prozesse nicht möglich. Schwund – ein in der Praxis großes Problem – wird im Rahmen dieser Arbeit definiert als das ungeplante Verschwinden bzw. Fehlen von Vor-, Halb- oder Fertigprodukten. Die Gründe dafür können vielfältig sein: Diebstahl, Fehler beim physischen Abladen oder Einlagern von Produkten. Treten in einem FZ-System Ausschuss und Schwund auf, können diese bereits in der Bedarfsrechnung bei der Ermittlung der Soll-Fortschrittszahlen in Form eines prozentualen Zuschlags auf die relevanten Bedarfskoeffizienten als Zusatzbedarf berücksichtigt werden.[63] Voraussetzung für diese Vorgehensweise ist, ähnlich wie bei der Ermittlung der Verschiebezeiten, eine gute Schätzung des Ausschussfaktors. Alternativ könnten tatsächliche Schwundmengen im FZ-System berücksichtigt werden, indem nach der Feststellung von Schwund bei Inventuren die Ist-Fortschrittszahlen nach unten korrigiert werden.[64] Nachteilig an dieser Vorgehensweise ist jedoch, dass die zentral ermittelten SollFZ eigentlich zu niedrig sind, wenn bei der Planung (Bedarfsrechnung) der Schwund noch nicht berücksichtigt wurde. Darüber hinaus wäre eine häufige physische Bestandszählung notwendig, um eine laufende Korrektur der Ist-Fortschrittszahlen zu ermöglichen.

Weitere Einschränkungen wurden bereits im Rahmen der Beschreibung der Einsatzgebiete von Fortschrittszahlen in Abschnitt 5.2.2 erwähnt: Neben dem **geringeren Handlungsspielraum der Kontrollblöcke bei zu kleinen Puffer**n kann auch das Auftreten von **Mehrfachverwendungen** eines Produkts bei divergierenden Erzeugnisstrukturen zu Problemen führen. In diesem Zusammenhang gehen einige Autoren detailliert auf mögliche Produktions- und Auftragsstrukturen ein und empfehlen dabei den Einsatz des FZ-Konzepts vor allem bei Produktionsstrukturen mit Fließfertigung sowie Auftragsstrukturen für Groß-, Mittel- und Kleinserien. Bei einer Werkstattfertigung hingegen sollte keine FZ-Steuerung eingesetzt werden, da dort i. d. R. keine materialflussorientierte Betriebsmittelanordnung vorliegt.[65]

5.3 Beschreibung des Koordinationsmodells

Dieser Abschnitt enthält die Beschreibung des im Rahmen der vorliegenden Arbeit entwickelten Supply-Chain-Koordinationsmodells. Dabei werden zunächst die Grundidee und wesentlichen Merkmale erläutert, bevor anschließend die Bedarfsrechnung, Planung und das Kostenmodell beschrieben werden.

---

[62]Vgl. Joschke (1974, S. 196).
[63]Vgl. Tempelmeier (2003, S. 119).
[64]Vgl. Heinemeyer (1989, S. 32–33).
[65]Vgl. Koffler (1987, S. 187), Glaser et al. (1992, S. 245–247).

5.3.1 Grundidee und wesentliche Merkmale

Die Grundidee des Koordinationsmodells besteht in einem Ansatz mit zentraler Bedarfsinformation als Basis für eine dezentrale Planung der Lieferanten in der Supply Chain. Das FZ-Prinzip dient dabei als Rahmengerüst für den Informationsaustausch und die Koordination im Beschaffungsnetzwerk aus Sicht eines Automobilherstellers.

Hinsichtlich der Art der Informationsbereitstellung handelt es sich um ein Modell, das sowohl eine zentrale als auch dezentrale Informationsbereitstellung beinhaltet: Zentral, weil Bedarfsinformationen des OEM in Form von Soll-Fortschrittszahlen zentral für alle Lieferanten in dessen Beschaffungsnetzwerk zur Verfügung gestellt werden. Dezentral, da neben den zentralen Bedarfsinformationen auch dezentral zwischen den Zulieferern Lieferabrufe ausgetauscht werden.[66]

Auch im Hinblick auf die Koordinationsform liegt eine Mischform zwischen einer zentralen und dezentralen Koordination vor. Die zentrale Komponente entsteht dadurch, dass die zentral vorgegebenen SollFZ neben der Informationsfunktion auch eine Steuerungsfunktion wahrnehmen, indem sie für die Lieferanten einen Korridor für deren Planung vorgeben. Dabei ist zu beachten, dass die Planungsspielräume innerhalb dieses Korridors von den beteiligten Unternehmen gemeinsam festgelegt werden. Die Lieferanten planen anschließend dezentral auf Basis der zentral vorgegebenen Soll-Fortschrittszahlen.[67]

Durch die zentrale Informationsbereitstellung kann der Bullwhip-Effekt im Beschaffungsnetzwerk reduziert werden. Zum einen werden die Bedarfsinformationen nicht wie bei einer rein sukzessiven Planung durch Optimierungen innerhalb der Unternehmen auf den einzelnen Supply-Chain-Stufen verzerrt. Zum anderen kann auch die Informationsverzögerung reduziert werden, beispielsweise indem ein 2nd-TierLieferant nicht mehr darauf warten muss, aktualisierte Abrufinformationen seines direkten Kunden auf der Tier-1-Stufe zu erhalten. Stattdessen bekommt er die Informationen über mögliche Bedarfsänderungen beim Automobilhersteller ohne Zeitverzögerung.[68] Die bereitgestellten Informationen können von den Lieferanten jedoch nur so schnell verarbeitet und somit bei deren Planung berücksichtigt werden, wie dies deren Planungszyklus zulässt. Führt ein Lieferant z. B. nur einmal täglich über Nacht seine Planungsläufe durch, kann eine am gleichen Tag erhaltene Information erst zum Zeitpunkt des nächsten Planungslaufs verarbeitet werden. Der Ansatz ist dennoch sehr gut zur Vermeidung von Verschrottungskosten im Serienauslauf geeignet, da aufgrund der besseren Informationsversorgung eine schnellere Reaktion der Lieferanten auf Bedarfssenkungen des OEM möglich ist. Der von den Soll-Fortschrittszahlen gebildete Korridor an den Unternehmensgrenzen der Lieferanten verhindert zudem, dass z. B. ein 1st-Tier-Lieferant im Rahmen seiner Produktionsplanung die Bedarfe eines zu großen Zeitraums in der Zukunft zu Losen zusammenfasst. Ein weiterer Vorteil des Koordinationsmodells liegt in seiner praktischen Umsetzbarkeit, da es den Zulieferern Spielräume für eine dezentrale Planung und Optimierung lässt. Im Gegensatz dazu sind rein zentrale Ansätze in der Automobilindustrie aufgrund der komplexen Supply-Chain-Strukturen und mangelnder Akzeptanz bei den Zulieferern gescheitert. Zuletzt sei angemerkt, dass auch Verschrottungskosten in dem Modell berücksichtigt werden.

Der Ansatz ist grundsätzlich für Supply-Chain-Strukturen mit beliebig vielen Supply-Chain-Ebenen einsetzbar. Diese Arbeit beschränkt sich jedoch auf eine dreistufige Supply

---

[66]Vgl. Abschnitt 2.3.2.
[67]Vgl. Abschnitt 2.4.2.
[68]Vgl. Abschnitt 2.3.6 und 2.4.4.

5.3 Beschreibung des Koordinationsmodells

Chain, die aus einem Automobilhersteller sowie Lieferanten auf der ersten und zweiten Supply-Chain-Stufe besteht. Dabei können sich auf einer Stufe auch mehrere Unternehmen befinden, wobei das Beschaffungsnetzwerk eine konvergierende oder serielle Struktur aufweisen muss. Beim OEM werden nur Vorprodukte, bei den Lieferanten auch Fertigprodukte betrachtet. Da die Produktion der Unternehmen aggregiert als ein Kontrollblock modelliert wird, werden Zwischenprodukte innerhalb eines Unternehmens nicht berücksichtigt. Die Anzahl der Vor- und Fertigprodukte je Unternehmen ist nicht beschränkt und die Lieferanten werden jeweils mit den Kontrollblöcken Wareneingang, Produktion sowie Warenausgang abgebildet. Speziell beim OEM sind aufgrund der oben genannten Eingrenzung weniger Kontrollblöcke erforderlich. Bei allen Unternehmen befinden sich vor und nach den Kontrollblöcken Zählpunkte zur Führung der Fortschrittszahlen. Der Ausgangspunkt des FZ-Systems ist dabei Zählpunkt $m = 1$, da hier der Lieferabruf des OEM geführt wird und dieser die rechtlich bindende Bestellung bzw. Bedarfsvorschau für die Lieferanten darstellt. Die Transportmengen werden über die Zählpunkte zwischen Versand des Lieferanten und Wareneingang des Kunden ermittelt, daher werden für den Transport keine Kontrollblöcke benötigt. Demzufolge entspricht die dem Modell zugrunde liegende Supply Chain dem Beispiel aus Abschnitt 5.2.1.2, wobei das Modell jetzt auch konvergierende Strukturen zulässt. Zusammenfassend ist der Betrachtungsgegenstand in Abbildung 5.10 veranschaulicht.

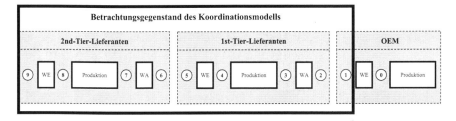

Abbildung 5.10: Betrachtungsgegenstand des Koordinationsmodells

5.3.2 Zentrale Bedarfsinformationen und Korridor

Die Bedarfsrechnung erfolgt zweistufig wie in Abschnitt 5.2.2.2 beschrieben, wofür die Kenntnis der Produkte und der Erzeugnisstruktur sowie der damit verbundenen Bedarfskoeffizienten und Verschiebezeiten vorausgesetzt wird.[69] Die zentralen Soll-Fortschrittszahlen bei den Lieferanten werden ausgehend vom Nullpunkt des FZ-Systems beim OEM (Zählpunkt $m = 1$) bis zum Zählpunkt $m = 9$ bei den 2nd-Tier-Lieferanten berechnet.[70] Die SollFZ am Zählpunkt $m = 1$ stellt den Input des FZ-Modells dar und wird bei Planänderungen des OEM rollierend aktualisiert. Ebenso werden bei Änderungen auch immer alle davon abgeleiteten SollFZ bei den Lieferanten neu berechnet. Die SollFZ werden nicht für alle Zählpunkte bei den Lieferanten ermittelt, sondern nur für die an den jeweiligen Unternehmensgrenzen: für die Zählpunkte $m = 2$ bzw. $m = 6$ am Versand sowie für die Zählpunkte $m = 5$ bzw. $m = 9$ am Wareneingang der 1st- bzw. 2nd-Tier-Lieferanten.

---
[69]Vgl. Abschnitt 5.2.2.2.
[70]Vgl. Abschnitt 5.3.1.

Abbildung 5.11 veranschaulicht die zentralen Soll-Fortschrittszahlen und den dadurch entstehenden Korridor an den Unternehmensgrenzen.

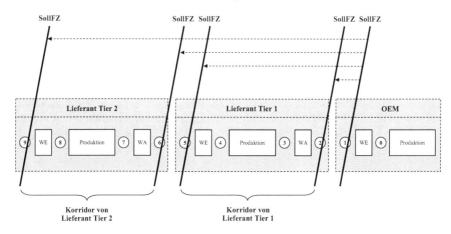

Abbildung 5.11: Zentrale Soll-Fortschrittszahlen und Korridor

Die Soll-Fortschrittszahlen erfüllen primär zwei Funktionen im Koordinationsmodell. Zum einen stellen sie unverzögerte und unverzerrte Bedarfsinformationen vom OEM dar, die von den Lieferanten als Basis für deren dezentrale Planung herangezogen werden können. Darüber hinaus bilden sie für jeden Lieferanten einen Korridor, der nicht verletzt werden darf. Nur unter dieser Bedingung funktioniert das FZ-Prinzip in der Supply Chain, wenn jeder Lieferant auf Basis der zentralen SollFZ plant. Einerseits erhalten die Zulieferer dadurch einen Planungsspielraum und können sich intern optimieren. Andererseits stellen die SollFZ auch eine Einschränkung dar, da ein Zulieferer beispielsweise nicht beliebig viel Material von seinem Lieferanten bestellen darf, weil seine Abrufmengen am Wareneingang durch die zentralen SollFZ beschränkt sind. Die der Bedarfsrechnung zugrunde liegenden Verschiebezeiten können neben den reinen durchschnittlichen Durchlaufzeiten auch Pufferzeiten beinhalten, die den Planungsspielraum der Lieferanten innerhalb des Korridors darstellen.[71] Indem die Verschiebezeiten im Modell gemeinsam von allen beteiligten Unternehmen abgestimmt werden, wird sichergestellt, dass die Lieferanten ihren Spielraum selbst beeinflussen können.

Nach der Definition der nötigen Indizes, Daten und Variablen werden im Folgenden die einzelnen Schritte der Bedarfsrechnung erläutert.

Indizes

$m, n \in M$	Zählpunkte (entgegen dem Materialfluss)
$i \in I$	Produkte: Vorprodukte 2nd-Tier-Lieferant
$j \in J$	Produkte: Fertigprodukte 2nd-Tier-Lieferant bzw. Vorprodukte 1st-Tier-Lieferant
$k \in K$	Produkte: Fertigprodukte 1st-Tier-Lieferant bzw. Vorprodukte OEM

---

[71] Vgl. Abschnitt 5.2.2.3.

5.3 Beschreibung des Koordinationsmodells

$\alpha, \alpha' \in P$ Produkte: unabhängig von Unternehmen bzw. Supply-Chain-Stufe
$t \in T$ Zeit in Tagen
$t^* \in T$ Tag, an dem eine Prognose für eine Fortschrittszahl erstellt wird

Indexmengen

$M = \{1, 2, ..., 9\}$ Indexmenge aller Zählpunkte
I Indexmenge der Vorprodukte 2nd-Tier-Lieferant
J Indexmenge der Fertigprodukte 2nd-Tier-Lieferant bzw. Vorprodukte 1st-Tier-Lieferant
K Indexmenge der Fertigprodukte 1st-Tier-Lieferant bzw. Vorprodukte OEM
$P := I \cup J \cup K$ Indexmenge aller Produkte in der gesamten Supply Chain
$T = \{1, 2, 3, ...\}$ Indexmenge aller Tage mit
$S \subseteq P \times M$ Indexmenge aller zulässigen Produkt-Zählpunkt-Kombinationen (α, m) mit $\alpha \in P$, $m \in M$
$V_\alpha^{dir} \subseteq P$ Menge aller direkten Vorgänger des Produkts $\alpha \in P$
$V_\alpha \subseteq P$ Menge aller direkten und indirekten Vorgänger des Produkts $\alpha \in P$
$V_{(\alpha,m)}^{dir} \subseteq S$ Menge aller direkten Vorgänger von Produkt α an Zählpunkt m mit $\alpha \in P$, $m \in M$
$V_{(\alpha,m)} \subseteq S$ Menge aller direkten und indirekten Vorgänger von Produkt α an Zählpunkt m mit $\alpha \in P$, $m \in M$

Daten

$SollFZ_{k,1,t^*,t}$ Soll-Fortschrittszahl von Produkt k an Zählpunkt $m = 1$, prognostiziert am Tag t^* für den Tag t (Lieferabruf des OEM am Nullpunkt des FZ-Systems) mit $t \geq t^*$ [ME]
$a_{\alpha,\alpha'}$ Direktbedarfskoeffizient zwischen den Produkten α und α' mit $\alpha \in V_{\alpha'}^{dir}$ [ME/ME]
$v_{\alpha,\alpha',m,n}$ Verschiebezeit zwischen Produkt α an Zählpunkt m und Produkt α' an Zählpunkt n mit $(\alpha, m) \in V_{(\alpha',n)}^{dir}$ [ZE]

Parameter für die Bedarfsrechnung, die mittelfristig festgelegt werden

$\tilde{a}_{\alpha,k}$ Gesamtbedarfskoeffizient zwischen den Produkten α und k [ME/ME]
$v_{\alpha,k,m,1}$ Gesamtverschiebezeit zwischen Produkt α an Zählpunkt m und Produkt k an Zählpunkt $m = 1$ mit $(\alpha, m) \in V_{(k,1)}$ [ZE]

Variablen für die Bedarfsrechnung

$SollFZ_{\alpha,m,t^*,t}$ Zentrale Soll-Fortschrittszahl für ein Produkt α an Zählpunkt $m \in \{2, 5, 6, 9\}$, prognostiziert am Tag t^* für den Tag t mit $t \geq t^*$ (aggregiert über alle Produkte $k \in K$) [ME]

Hinsichtlich der Definition der Indizes, Daten und Variablen sind folgende Anmerkungen zu beachten:

- Die Soll-Fortschrittszahlen für Produkte an Zählpunkt $m = 1$ stellen den Lieferabruf des OEM dar und werden als Daten deklariert, weil sie den Input für das FZ-System und die Basis für die Berechnung der Bedarfe an allen anderen Zählpunkten bilden.

- Aus Sicht der 1st-Tier- und 2nd-Tier-Lieferanten wird zwischen Vor- und Fertigprodukten unterschieden. Beim OEM werden ausschließlich Vorprodukte betrachtet.
- Die Indizes der Produkte werden jeweils einer bestimmten Supply-Chain-Stufe eindeutig zugewiesen. Daraus ergibt sich folgende Vorgänger-Nachfolger-Struktur, die auch in Abbildung 5.12 verdeutlicht wird:
  - Produkte i sind Vorprodukte der 2nd-Tier-Lieferanten und werden von diesen in deren Produkte j verbaut.
  - Die 2nd-Tier-Lieferanten versenden diese Produkte j an deren Kunden auf der 1st-Tier-Ebene. Aus Sicht der 1st-Tier-Lieferanten handelt es sich bei den Produkten j um Vorprodukte, die wiederum in Produkte k verbaut werden.
  - Die 1st-Tier-Lieferanten versenden diese Produkte k an deren Kunden, im vorliegenden Modell also an den OEM. Aus Sicht des OEM handelt es sich bei den Produkten k um Vorprodukte.
  - Allgemein wird im FZ-Modell angenommen, dass es sich bei Beständen in der Produktion eines Unternehmens noch um die Vorprodukte aus Sicht des Unternehmens handelt. Der Verbau der Vorprodukte in Endprodukte findet also erst am Ende der Produktion statt.
- Aufgrund der rollierenden Planung der Unternehmen und der daraus resultierenden Aktualisierung der Fortschrittszahlen werden bei den FZ die beiden Zeitindizes t^* und t verwendet. Zu jedem Prognosezeitpunkt t^* wird eine Soll-Fortschrittszahl für die Zukunft ermittelt, die für jeden Tag t in der Zukunft einen Wert für die SollFZ enthält.

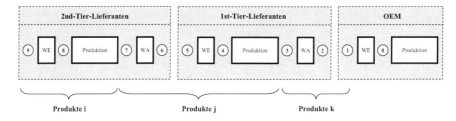

Abbildung 5.12: Zuordnung der Produkte zu den Unternehmen in der Supply Chain

Im Folgenden wird die Bedarfsermittlung im Koordinationsmodell auf Basis der Erläuterungen in Abschnitt 5.2.2.2 mathematisch beschrieben.

5.3.2.1 Berechnung der Gesamtbedarfskoeffizienten und Gesamtverschiebezeiten

Die einmalige Ermittlung der Gesamtbedarfskoeffizienten und Gesamtverschiebezeiten für jede Produkt-Zählpunktkombination erfolgt mittelfristig. Voraussetzung dafür ist die Kenntnis der Vorgänger-Nachfolger-Struktur der Produkte in der Supply Chain sowie aller Produkt-Zählpunkt-Kombinationen. Darüber hinaus werden die Verschiebezeiten zwischen zwei aufeinanderfolgenden Produkt-Zählpunkt-Kombinationen sowie die Direktbedarfskoeffizienten zweier aufeinanderfolgender Produkte benötigt.

5.3 Beschreibung des Koordinationsmodells

Berechnung Gesamtbedarfskoeffizient

Zunächst werden die Gesamtbedarfskoeffizienten $\tilde{a}_{k,k}$ zwischen zwei identischen Produkten k beim OEM gleich 1 gesetzt (5.6). Der Gesamtbedarfskoeffizient $\tilde{a}_{j,k}$ zwischen den Produkten j und k kann mit dem Direktbedarfskoeffizienten $a_{j,k}$ zwischen diesen gleichgesetzt werden, da das Produkt j ein direkter Vorgänger von k ist (5.7). Der Gesamtbedarfskoeffizient $\tilde{a}_{i,k}$ zwischen den Produkten i und k berechnet sich durch Multiplikation der Direktbedarfskoeffizienten zwischen i und j sowie j und k (5.8):

$$\tilde{a}_{k,k} = 1 \qquad \forall\, k \in K \tag{5.6}$$

$$\tilde{a}_{j,k} = a_{j,k} \qquad \forall\, k \in K,\, j \in V_k^{dir} \tag{5.7}$$

$$\tilde{a}_{i,k} = a_{i,j} * a_{j,k} \qquad \forall\, k \in K,\, j \in V_k^{dir},\, i \in V_j^{dir} \tag{5.8}$$

Berechnung Gesamtverschiebezeit

Die Gesamtverschiebezeiten $v_{\alpha,k,m,1}$ werden rekursiv berechnet: Zunächst werden die Gesamtverschiebezeiten $v_{k,k,1,1}$ zwischen zwei identischen Produkten k beim OEM an Zählpunkt $m = 1$ mit dem Wert 0 initialisiert. Im zweiten Schritt wird der Zählpunktindex m von 1 auf 2 erhöht, um im FZ-System entgegen dem Materialfluss einen Zählpunkt weiterzugehen. Die Schritte 3 und 4 werden anschließend mehrmals durchlaufen, wobei rekursiv für alle Produkt-Zählpunkt-Kombinationen (α, m) die jeweiligen Gesamtverschiebezeiten $v_{\alpha,k,m,1}$ zu den Produkten k am Zählpunkt $m = 1$ berechnet werden, falls die Produkte α Vorgänger der Produkte k sind. In einem dritten Schritt werden die einzelnen Verschiebezeiten auf dem Weg einer Produkt-Zählpunkt-Kombination (α, m) zu einem Produkt k an Zählpunkt $m = 1$ rekursiv aufsummiert, in Schritt 4 wird der Index für den Zählpunkt m um 1 erhöht. Am Ende des vierten Schrittes wird wieder auf Schritt 3 gesprungen, bis der Zählpunkt $m = 9$ erreicht wird. Der Ablauf des Algorithmus ist in Abbildung 5.13 veranschaulicht.

Initialisierung: $v_{k,k,1,1} = 0 \qquad \forall\, k \in K$
Setze $m = 2$
Solange $m \leq 9$
$\quad v_{\alpha,k,m,1} = v_{\alpha,\alpha',m,m-1} + v_{\alpha',k,m-1,1} \quad \forall\, k \in K;\, \alpha,\alpha' \in P$ mit $(\alpha', m-1) \subset V_k, (\alpha, m) \subset V_{\alpha',m-1}^{djr}$
Setze $m = m + 1$

Abbildung 5.13: Algorithmus zur Ermittlung der Gesamtverschiebezeit

5.3.2.2 Berechnung der zentralen Soll-Fortschrittszahlen

Ausgangsbasis für die zentrale Ermittlung der $SollFZ_{\alpha,m,t^*,t}$ ist der Lieferabruf des OEM für die Produkte k am Zählpunkt $m = 1$, dem Nullpunkt des dem Koordinationsmodell zugrunde liegenden FZ-Systems. Diese $SollFZ_{k,1,t^*,t}$ berechnen sich aus den Periodenbedarfen der Produkte k und stellen den Input für das FZ-Modell dar.

Bei der zentralen Berechnung der zentralen Soll-Fortschrittszahlen werden die gegebenen $SollFZ_{k,1,t^*,t}$ des Produkts k mit den jeweiligen Gesamtbedarfskoeffizienten $\tilde{a}_{\alpha,k}$ multipliziert und um die entsprechenden Gesamtverschiebezeiten $v_{\alpha,k,m,1}$ verschoben (5.9).

$$SollFZ_{\alpha,m,t^*,t} = \sum_{\substack{k \in K, \\ (\alpha,m) \in V_{(k,1)}}} \tilde{a}_{\alpha,k} * SollFZ_{k,1,t^*,t+v_{\alpha,k,m,1}} \quad \forall \alpha \in P;\ m \in \{2,5,6,9\};$$

$$(t + v_{\alpha,k,m,1}), t^* \in T$$
$$\text{mit } (\alpha, m) \in V_{(k,1)}$$
(5.9)

5.3.3 Dezentrale Planung der Lieferanten

Die Planung der Lieferanten im Beschaffungsnetzwerk erfolgt dezentral auf Basis der zentral ermittelten $SollFZ_{\alpha,m,t^*,t}$ bzw. des dadurch entstehenden Korridors.[72] Im Modell werden die kumulierten Pläne der Lieferanten als Plan-Fortschrittszahlen geführt, wobei diese Pläne aus Sicht eines Kontrollblocks innerhalb eines Lieferanten auch als Soll-Vorgaben interpretiert werden können.

Die Lieferanten können selbst entscheiden, welche Planungsmethoden bzw. -algorithmen sie für ihre Planung einsetzen. So können beispielsweise bei der Produktionsplanung Modelle zur Losgrößenoptimierung oder bei der Bestellmengenplanung auch Verfahren zur Bestellmengenoptimierung verwendet werden. Diese Planungsalgorithmen sind nicht Bestandteil des eigentlichen Koordinationsmodells. Zur Durchführung der Fallstudie in dieser Arbeit wird in Kapitel 6 beispielhaft ein einfaches Planungsmodell erläutert und in der Simulation eingesetzt. Im Folgenden wird allgemein beschrieben, an welchen Zählpunkten im FZ-System die Lieferanten welche Planungsschritte durchführen, wozu zunächst eine neue Variable für die Plan-Fortschrittszahl erforderlich ist:

Variablen

$PlanFZ_{\alpha,m,t^*,t}$ Plan-Fortschrittszahl für ein in Produkt α an Zählpunkt m, prognostiziert am Tag t^* für den Tag t mit $t \geq t^*$ [ME]

Abbildung 5.14 veranschaulicht grafisch die Planung der Lieferanten im Koordinationsmodell, bevor anschließend die Details erläutert werden.

5.3.3.1 Planung der 1st-Tier-Lieferanten

Aus Sicht eines 1st-Tier-Lieferanten erfolgt die Planung für die drei Zählpunkte $m \in \{3,4,5\}$. Für den Zählpunkt $m = 2$ ist keine Planung beim Lieferant erforderlich, weil für diesen Zählpunkt eine zentrale Soll-Fortschrittszahl vom OEM ermittelt wurde, die als Lieferabruf zu verstehen und genau einzuhalten ist. Im Folgenden wird die Planung eines 1st-Tier-Lieferanten an den einzelnen Zählpunkten erläutert:

---
[72]Vgl. Abschnitt 5.2.1.1 und 5.2.2.3 und 5.3.2.

5.3 Beschreibung des Koordinationsmodells

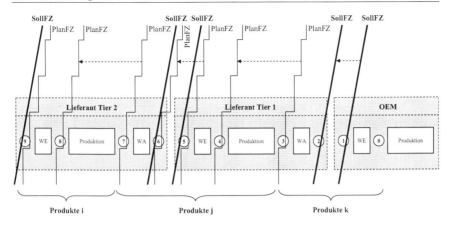

Abbildung 5.14: Dezentrale Planung im Koordinationsmodell

- $PlanFZ_{k,3,t^*,t}$: Die PlanFZ für die Produkte k am Zählpunkt $m = 3$ entspricht der geplanten Produktionsmenge an Fertigprodukten aus Sicht des 1st-Tier-Lieferanten. Der Entscheidungsspielraum liegt in der Auftragsbildung (Losgröße), Auftragsfreigabe (Starttermin) sowie in der Festlegung der Maschinenbelegung.

- $PlanFZ_{j,4,t^*,t}$: Die PlanFZ für die Produkte j am Zählpunkt $m = 4$ hängt von der geplanten Produktionsmenge für Fertigprodukte $PlanFZ_{k,3,t^*,t}$ ab und bezeichnet die benötigte Menge an Vorprodukten j, die zur Erfüllung des Produktionsprogramms des Produkts k am Zählpunkt $m = 3$ benötigt wird.

- $PlanFZ_{j,5,t^*,t}$: Die PlanFZ für die Produkte j am Zählpunkt $m = 5$ stellt die Bestellmenge und damit den Lieferabruf des 1st-Tier-Lieferanten in Richtung seiner Unterlieferanten auf der Tier-2-Ebene dar.

5.3.3.2 Planung der 2nd-Tier-Lieferanten

Die Planung der 2nd-Tier-Lieferanten setzt sich folgendermaßen zusammen:

- $PlanFZ_{j,6,t^*,t}$: Am Zählpunkt $m = 6$ gibt es sowohl eine vom OEM zentral ermittelte $SollFZ_{j,6,t^*,t}$ als auch eine vom Lieferabruf des 1st-Tier-Lieferanten ($PlanFZ_{j,5,t^*,t}$) abgeleitete $PlanFZ_{j,6,t^*,t}$. Die $SollFZ_{j,6,t^*,t}$ dient dem 2nd-Tier-Lieferanten als Basis für dessen Produktions- und Bestellmengenplanung und stellt eine gewisse Sicherheit dar, weil der 2nd-Tier somit weiß, dass die $SollFZ_{j,6,t^*,t}$ am Zählpunkt $m = 6$ an die $SollFZ_{j,5,t^*,t}$ am Zählpunkt $m = 5$ beim 1st-Tier-Lieferanten gekoppelt ist. Das hat zur Folge, dass der 1st-Tier-Lieferant auf keinen Fall mehr Material beim 2nd-Tier-Lieferanten abrufen darf, als dies durch die zentrale $SollFZ_{j,5,t^*,t}$ erlaubt ist. Die $PlanFZ_{j,6,t^*,t}$ entspricht dem um die Transportzeit $v_{j,j,5,6}$ zwischen den Zählpunkten $m = 5$ und $m = 6$ verschobenen Lieferabruf des 1st-Tier-Lieferanten ($PlanFZ_{j,5,t^*,t}$) und ist eigentlich kein Ergebnis der Planung des 2nd-Tier-Lieferanten, weil sie von diesem nicht beeinflusst werden kann und genau eingehalten werden muss.

- $PlanFZ_{j,7,t^*,t}$: Die PlanFZ für die Produkte j am Zählpunkt $m = 7$ entspricht der geplanten Produktionsmenge an Fertigprodukten aus Sicht des 2nd-Tier-Lieferanten. Der Entscheidungsspielraum liegt in der Auftragsbildung (Losgröße), Auftragsfreigabe (Starttermin) sowie in der Festlegung der Maschinenbelegung.

- $PlanFZ_{i,8,t^*,t}$: Die PlanFZ für die Produkte i am Zählpunkt $m = 8$ hängt von der geplanten Produktionsmenge für Fertigprodukte $PlanFZ_{j,7,t^*,t}$ ab und bezeichnet die benötigte Menge an Vorprodukten i, die zur Erfüllung des Produktionsprogramms des Produkts j am Zählpunkt $m = 7$ benötigt wird.

- $PlanFZ_{i,9,t^*,t}$: Die PlanFZ für die Produkte i am Zählpunkt $m = 9$ stellt die Bestellmenge und damit den Lieferabruf des 2nd-Tier-Lieferanten in Richtung seiner Unterlieferanten auf der Tier-3-Ebene dar.

5.3.3.3 Nebenbedingungen für die Planung der Lieferanten

Bei der Erstellung der Pläne müssen die Lieferanten aufgrund des Korridors bestimmte Rahmenbedingungen einhalten. Der Spielraum für die Planung der Lieferanten hängt von den beim Aufbau des FZ-Systems gewählten Puffern ab. Diese werden von allen beteiligten Unternehmen gemeinsam festgelegt, so dass jeder Lieferant die Möglichkeit hat, seinen Planungsspielraum individuell zu gestalten und sich dadurch trotz des zentral vorgegebenen Korridors intern optimieren zu können. Abbildung 5.15 veranschaulicht die durch den Korridor bewirkten Nebenbedingungen grafisch.

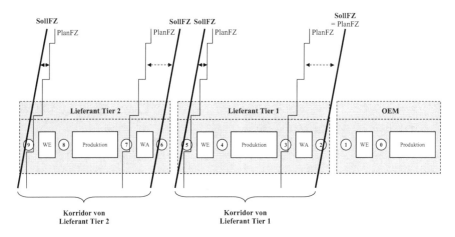

Abbildung 5.15: Nebenbedingungen für die Planung der Lieferanten durch Korridor

Nebenbedingung für die Produktionsplanung der Lieferanten

Die geplanten Produktionsmengen der Lieferanten ($PlanFZ_{\alpha,m,t^*,t}$ an den Zählpunkten $m = 3$ bzw. $m = 7$) dürfen die zentral vorgegebenen $SollFZ_{\alpha,m,t^*,t}$ an den Zählpunkten $m = 2$ bzw. $m = 6$ nicht unterschreiten (5.10). Ansonsten könnte nicht gewährleistet wer-

5.3 Beschreibung des Koordinationsmodells

den, dass die produzierte Menge für die Erfüllung des Lieferabrufs des jeweiligen Kunden ausreicht.

$$PlanFZ_{\alpha,m,t^*,t} \geq SollFZ_{\alpha,m-1,t^*,t} \quad \begin{aligned} &\forall \ \alpha \in J \cup K; \ m \in \{3,7\}; \ t,t^* \in T \\ &\text{mit } (\alpha,m) \in S \end{aligned} \quad (5.10)$$

Darüber hinaus sind bei der Produktionsplanung die Tageskapazitäten zu beachten:

Daten

r_α Tagesproduktionskapazität für ein Produkt α

Die geplanten Tagesproduktionsmengen für ein Produkt α dürfen nicht größer als dessen Tagesproduktionskapazität r_α sein (5.11):

$$PlanFZ_{\alpha,m,t^*,t} - PlanFZ_{\alpha,m,t^*,t-1} \leq r_\alpha \quad \begin{aligned} &\forall \ \alpha \in J \cup K; \ m \in \{3,7\}; \ t,t^* \in T \\ &\text{mit } (\alpha,m) \in S \end{aligned} \quad (5.11)$$

Nebenbedingung für die Lieferabruferstellung der Lieferanten

Die geplanten Bestellmengen der Lieferanten ($PlanFZ_{\alpha,m,t^*,t}$) an den Zählpunkten $m = 5$ bzw. $m = 9$) dürfen die zentral vorgegebenen $SollFZ_{\alpha,m,t^*,t}$ an den Zählpunkten $m = 5$ bzw. $m = 9$ nicht überschreiten (5.12). Da die Lieferabrufe auf Basis des Produktionsplans erstellt werden, muss bereits bei der Produktionsplanung darauf geachtet werden, dass die daraus abgeleiteten Lieferabrufe die zentralen Vorgaben nicht übertreffen.

$$PlanFZ_{\alpha,m,t^*,t} \leq SollFZ_{\alpha,m,t^*,t} \quad \begin{aligned} &\forall \ \alpha \in I \cup J; \ m \in \{5,9\}; \ t,t^* \in T \\ &\text{mit } (\alpha,m) \in S \end{aligned} \quad (5.12)$$

5.3.4 Verschrottungskosten

In Abschnitt 3.5 wurden folgende auslaufspezifische Kosten identifiziert und beschrieben: Kosten durch Überkapazitäten und Ablaufstörungen in der Produktion, Kosten durch Beschaffungsengpässe, Kosten durch veraltete Anlagen und Werkzeuge sowie Kosten durch Überschussmengen (Verschrottungskosten). Dabei wurde herausgestellt, dass es sich vor allem bei den Kosten durch Beschaffungsengpässe und Überschussmengen um Stellhebel zur Reduzierung der Auslaufkosten handelt.[73] Da für die auf Echtdaten basierende Fallstudie in Kapitel 6 keine Strafkostensätze für Unterlieferungen zwischen den Unternehmen zur Verfügung standen, wird an dieser Stelle das Modell für die Berücksichtigung von Verschrottungskosten allgemein beschrieben.

Im Hinblick auf die Kosten durch Überschussmengen werden als Hauptkostenfaktor ausschließlich die Verschrottungskosten im Sinne des verlorenen Wertes von verschrotteten

---
[73]Vgl. Abschnitt 3.5.3.

Produkten betrachtet, andere durch Überschüsse wie Lagerkosten oder Personalkosten verursachte Kosten werden nicht modelliert. Die Verschrottungskosten werden auf den Ebenen Produkt, Produktgruppe, Unternehmen und Supply Chain ermittelt, wobei sich die Bestimmung auf Unternehmensebene im Vergleich zu den anderen Aggregationsstufen schwieriger gestaltet. Dies liegt in der erforderlichen Berücksichtigung der Abnahmeverpflichtungen zwischen den Supply-Chain-Partnern begründet, die dazu führen können, dass nach dem Auslaufstichtag vorhandene Restbestände bei den einzelnen Firmen vor der Verschrottung zuerst noch anders verteilt werden müssen.

Zur Bündelung von Produkten in Produktgruppen wird ein neuer Index g mit der zugehörigen Indexmenge G eingeführt. Um die Aufteilung der Restbestände auf die jeweiligen Unternehmen im Modell abbilden zu können, sind weitere Indizes erforderlich. Da das Koordinationsmodell auf drei Supply-Chain-Stufen begrenzt ist, werden für die Unternehmen auf jeder Supply-Chain-Stufe eigene Indizes eingeführt: o für den OEM, v für 1st-Tier-Lieferanten sowie u für 2nd-Tier-Lieferanten. Diese Festlegung und die daraus resultierende Zuordnung der Produktindizes zu den Unternehmensindizes wird in Abbildung 5.16 veranschaulicht, bevor anschließend weitere Indizes, Daten und Variablen definiert und die Berechnung der Verschrottungskosten erläutert werden.

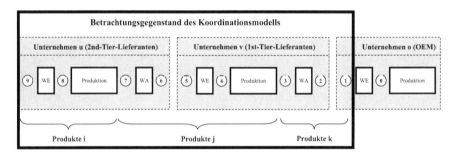

Abbildung 5.16: Indizes für die Unternehmen im Koordinationsmodell

Indizes

$g \in G$	Produktgruppe
$u \in U$	Lieferanten auf der Tier-2-Ebene
$v \in V$	Lieferanten auf der Tier-1-Ebene
$o \in O$	OEM
$\beta \in U \cup V \cup O$	Unternehmen: unabhängig von Supply-Chain-Stufe

Indexmengen

G	Indexmenge aller Produktgruppen
U	Indexmenge der 2nd-Tier-Lieferanen
V	Indexmenge der 1st-Tier-Lieferanen
O	Indexmenge der OEM (nur ein OEM zugelassen wegen Ausschluss einer divergierenden Supply Chain-Struktur)

5.3 Beschreibung des Koordinationsmodells

Daten

p_α	Einkaufspreis für Produkt α (Wert des Produkts, den die beteiligten Unternehmen bei Verhandlungen über Verschrottungskosten als Basis für die Berechnung der Kosten verwenden) [GE]
$\tau_{\alpha,\beta} \in T$	Tag, an dem die Abnahmefrist des OEM o gegenüber einem Lieferanten β für das Produkt α beginnt (zurückgerechnet vom Auslaufstichtag T_α) mit $\beta \in U \cup V$ [ZE]

Variablen

$b_{\alpha,m,m-1}$	Restbestand von Produkt α zwischen den zwei benachbarten Zählpunkten m und $(m-1)$ zum Auslaufstichtag T_α mit $m \in \{2,3,...,9\}$ [ME]
$b_{\alpha,\beta}$	Restbestand von Produkt α bei Lieferant β am Auslaufstichtag T_α mit $\beta \in U \cup V$ [ME]
b_α	Restbestand von Produkt α in gesamter Supply Chain zum Auslaufstichtag T_α [ME]
$X^{Max}_{\alpha,\beta}$	Maximale Abnahmemenge des Produkts α vom OEM o bei Lieferant β mit $\beta \in U \cup V$ [ME]
$X^+_{\alpha,\beta,o}$	Verschrottungsmenge des Produkts α beim OEM o aufgrund Abnahmeverpflichtung gegenüber Lieferant β mit $\beta \in U \cup V$ [ME]
$X^+_{\alpha,\beta}$	Verschrottungsmenge des Produkts α bei Unternehmen β [ME]
C^+_α	Verschrottungskosten für Produkt α in gesamter Supply Chain [GE]
C^+_g	Verschrottungskosten für Produktgruppe g in gesamter Supply Chain [GE]
C^+_β	Verschrottungskosten bei Unternehmen β [GE]
C^+	Verschrottungskosten in gesamter Supply Chain [GE]

Berechnung der Verschrottungskosten auf Produktebene

Die Berechnung der Verschrottungskosten C^+_α erfolgt in drei Schritten: Als Erstes werden die einzelnen Bestände der Produkte α am Auslaufstichtag T_α zwischen jeweils zwei Zählpunkten m und $(m-1)$ im gesamten FZ-System unter Berücksichtigung der Bedarfskoeffizienten ermittelt (5.13).[74]

$$b_{\alpha,m,m-1} = IstFZ_{\alpha,m,T_\alpha} - \sum_{\substack{\alpha' \in P, \\ (\alpha',m-1) \in S, \\ (\alpha,m) \in V_{(\alpha',m-1)}}} (a_{\alpha,\alpha'} * IstFZ_{\alpha',m-1,T_\alpha}) \quad (5.13)$$

$$\forall\, \alpha \in P;\ m \in \{2,3,...,9\} \text{ mit } (\alpha,m) \in S$$

Anschließend werden die Restbestände der Produkte α in der gesamten Supply Chain berechnet, wobei sich der Restbestand b_α aus den einzelnen Beständen $b_{\alpha,m,m-1}$ zwischen denjenigen Zählpunkten zusammensetzt, an denen das jeweilige Produkt im FZ-System geführt wird (5.14).

---
[74] Vgl. Abschnitt 5.2.2.1.

$$b_\alpha = \sum_{\substack{m \in \{2,3,\ldots,9\} \\ (\alpha,m) \in S}} b_{\alpha,m,m-1} \quad \forall\ \alpha \in P \tag{5.14}$$

Im letzten Schritt erfolgt die Berechnung der Verschrottungskosten für jedes Produkt α durch die Multiplikation des jeweiligen Restbestands b_α mit dem Einkaufspreis p_α (5.15).

$$C_\alpha^+ = b_\alpha * p_\alpha \quad \forall\ \alpha \in P \tag{5.15}$$

Berechnung der Verschrottungskosten auf Produktgruppenebene

Die Aggregation der Verschrottungskosten auf die Ebene Produktgruppe erfolgt durch Addition der Summe der Verschrottungskosten C_α^+ der einzelnen Produkte α einer Produktgruppe g:

$$C_g^+ = \sum_{\alpha \in g} C_\alpha^+ \tag{5.16}$$

Berechnung der Verschrottungskosten auf Supply-Chain-Ebene

Die Verschrottungskosten C^+ für die gesamte Supply Chain berechnen sich als Summe der Verschrottungskosten aller Produkte α in der Supply Chain.

$$C^+ = \sum_{\alpha \in P} C_\alpha^+ \tag{5.17}$$

Berechnung der Verschrottungskosten auf Unternehmensebene

Aufgrund von Abnahmeverpflichtungen gestaltet sich die Berechnung der Verschrottungskosten X_β^+ auf Unternehmensebene im Vergleich zu den anderen Aggregationsstufen komplexer. Die auf Basis der OEM-Bedarfe zentral ermittelten Soll-Fortschrittszahlen haben zur Folge, dass der OEM sowohl gegenüber den 1st-Tier- als auch gegenüber den 2nd-Tier-Lieferanten eine vertragliche Abnahmeverpflichtung eingehen muss. Im vorliegenden Koordinationsmodell sind die Abnahmeverpflichtungen des OEM an die zentral ermittelten SollFZ der Zählpunkte $m = 1$ und $m = 5$ gekoppelt: Am Zählpunkt $m = 1$ setzt die Abnahmeverpflichtung zu den 1st-Tier-Lieferanten auf, am Zählpunkt $m = 5$ die für 2nd-Tier-Lieferanten (vgl. Abbildung 5.17). Dabei sind jeweils unterschiedliche Abnahmefristen für Vor- und Fertigprodukte aus Sicht der Lieferanten zu beachten. Das stellt einen wichtigen Unterschied im Vergleich zur heutigen Realität dar, wo ausschließlich Abnahmevereinbarungen in direkten Lieferanten-Kundenbeziehungen getroffen werden, also z. B. zwischen dem OEM und seinen 1st-Tier-Lieferanten oder zwischen einem Lieferanten auf der ersten Supply-Chain-Stufe und dessen Unterlieferanten.

Auf der Unternehmensebene wird zwischen dem sog. **Restbestand am Auslaufstichtag** $b_{\alpha,\beta}$ sowie der **tatsächlichen Verschrottungsmenge** $X_{\alpha,\beta}^+$ unterschieden. Der Restbestand $b_{\alpha,\beta}$ bezeichnet die Menge eines Produkts α, die am Auslaufstichtag T_α in einem Unternehmen β als Überschuss vorhanden ist. Da Bestände beim OEM o nicht explizit

5.3 Beschreibung des Koordinationsmodells

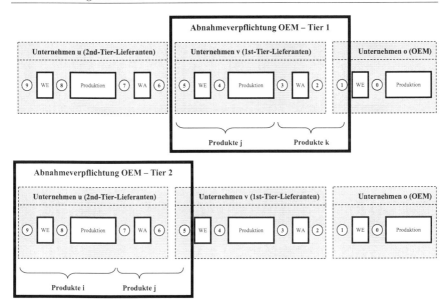

Abbildung 5.17: Abnahmeverpflichtung des OEM gegenüber Lieferanten

betrachtet werden, kann ein Restbestand im vorliegenden Modell nur bei Lieferanten u und v auftreten. Vereinbarte Abnahmeverpflichtungen können dazu führen, dass der OEM nach dem Auslaufstichtag einen Anteil der Restbestände der Lieferanten abnehmen und selbst verschrotten muss. Demzufolge ist die Verschrottungsmenge $X^+_{\alpha,\beta}$ die Menge eines Produkts α, die nach der Verrechnung von Mengen aufgrund der Abnahmeverpflichtungen pro Unternehmen β zur Verschrottung verbleibt. Sie kann also im Gegensatz zum Restbestand $b_{\alpha,\beta}$ auch beim OEM o vorhanden sein. Ein möglicher Weiterverkauf von überschüssigem Material unter dem Einkaufspreis wird nicht berücksichtigt. Die Berechnung der Verschrottungskosten auf Unternehmensebene X^+_β erfolgt in 5 Schritten:

Schritt 1: Berechnung der maximalen Abnahmemengen des OEM von den Lieferanten

Im ersten Schritt wird berechnet, wie viele Mengeneinheiten der unterschiedlichen Produkte der OEM aufgrund seiner Abnahmeverpflichtungen gegenüber den Lieferanten auf der ersten und zweiten Supply-Chain-Stufe maximal abnehmen muss. Dabei muss aus Sicht der Lieferanten jeweils zwischen maximalen Abnahmemengen für Fertig- und Vorprodukte differenziert werden, da für diese i. d. R. unterschiedliche Abnahmefristen bestehen. Bezugspunkt für die Abnahmevereinbarung zwischen dem OEM o und seinen 1st-Tier-Lieferanten v sind die zentral ermittelten $SollFZ_{k,1,t^*,T_k}$ für die Produkte k am Zählpunkt $m = 1$ (vgl. Schritt 1.1), bei den Abnahmeverpflichtungen zwischen dem OEM o und Tier 2-Lieferanten u sind es die $SollFZ_{j,5,t^*,T_j}$ für die Produkte j am Zählpukt $m = 5$ (vgl. Schritt 1.2).

Eine wesentliche Rolle im Rahmen der Berechnung der maximalen Abnahmemengen eines

Produkts α spielt die rollierende Prognose der $SollFZ_{k,1,t^*,T_k}$ bzw. $SollFZ_{j,5,t^*,T_j}$ im Abnahmezeitraum (Zeitraum von Beginn der Abnahmeverpflichtungen τ_α bis zum Auslaufstichtag T_α). Innerhalb des Abnahmezeitraums wird die $SollFZ_{k,1,t^*,T_k}$ bzw. $SollFZ_{j,5,t^*,T_j}$ an jedem Tag t^* für alle Tage in der Zukunft rollierend aktualisiert. Dabei erreicht die Prognose dieser Fortschrittszahlen, egal an welchem Tag t^* sie durchgeführt wird, ihren maximalen Wert immer am Auslaufstichtag T_α, also dem letzten Tag mit Bedarfen für das Produkt. Dies ist durch die Tatsache begründet, dass an einem bestimmten Tag prognostizierte Fortschrittszahlen kumulierte Tagesbedarfe darstellen und nicht sinken können. Im Folgenden werden diese Soll-Fortschrittszahlen auch als End-Fortschrittszahlen bzw. EndFZ bezeichnet.

Die folgenden beiden Unterschritte verlaufen nach dem gleichen Prinzip: An den für die Abnahmeverpflichtung relevanten Zählpunkten erfolgt jeweils ein Abgleich der maximal prognostizierten $SollFZ_{k,1,t^*,T_k}$ bzw. $SollFZ_{j,5,t^*,T_j}$ im Abnahmezeitraum und der entsprechenden Ist-Fortschrittszahlen am Auslaufstichtag. Dabei muss über die Verwendung der Bedarfskoeffizienten berücksichtigt werden, dass die Abnahmeregelung auch für Vorprodukte eines Lieferanten gilt. Das so erzielte Ergebnis weist aus, wie viele Mengeneinheiten eines Produkts der OEM im schlechtesten Fall abnehmen muss, falls die Lieferanten noch über so viel oder mehr Restbestand des Produkts verfügen. Eine zweite Maximumfunktion stellt sicher, dass keine negativen Abnahmemengen entstehen können.

Schritt 1.1: Maximale Abnahmemenge des OEM von 1st-Tier-Lieferanten:

Die maximal abzunehmende Menge $X_{\alpha,v}^{Max}$ des OEM o von den 1st-Tier-Lieferanten v hängt von der zentralen $SollFZ_{k,1,t^*,T_k}$ am Zählpunkt $m=1$ für die Produkte k ab und bezieht sich auf die Fertigprodukte k und Vorprodukte j der Lieferanten:

$$X_{\alpha,v}^{Max} = \max\left(\sum_{k \in K}\left(\left(\max_{\substack{t^* \in [\tau_k; T_k], \\ m=\{1\}}} SollFZ_{k,1,t^*,T_k} - IstFZ_{k,1,T_k}\right) * a_{\alpha,k}\right); 0\right) \quad (5.18)$$

$$\forall\, \alpha \in J \cup K,\ v \in V$$

Schritt 1.2: Maximale Abnahmemenge des OEM von 2nd-Tier-Lieferanten:

Die maximal abzunehmende Menge $X_{\alpha,u}^{Max}$ des OEM o von den 2nd-Tier-Lieferanten u hängt von der zentralen $SollFZ_{j,5,t^*,T_j}$ am Zählpunkt $m=5$ für die Produkte j ab und bezieht sich auf die Fertigprodukte j und Vorprodukte i der Lieferanten:

$$X_{\alpha,u}^{Max} = \max\left(\sum_{j \in J}\left(\left(\max_{\substack{t^* \in [\tau_j; T_j], \\ m=\{5\}}} SollFZ_{j,5,t^*,T_j} - IstFZ_{j,5,T_j}\right) * a_{\alpha,j}\right); 0\right) \quad (5.19)$$

$$\forall\, \alpha \in I \cup J,\ u \in U$$

Schritt 2: Berechnung der Restbestände bei den Lieferanten

Bevor die tatsächlichen Verschrottungsmengen der Produkte α bei den Unternehmen β berechnet werden können, sind im zweiten Schritt die Restbestände $b_{\alpha,\beta}$ der Produkte

5.3 Beschreibung des Koordinationsmodells

α am Auslaufstichtag T_α bei den Lieferanten u und v zu ermitteln. Der OEM o hat am Auslaufstichtag T_α keinen Restbestand, weil die Bestände des OEM im Koordinationsmodell nicht explizit betrachtet werden. Aus Sicht eines Lieferanten setzt sich dessen Fertigproduktbestand im FZ-System aus dem Bestand im Warenausgangslager sowie dem Transportbestand zusammen, während der Bestand an Vorprodukten aus dem Bestand im Wareneingangslager und in der Produktion besteht. Daher befindet sich aus Lieferantensicht der Bestand eines Vor- oder Fertigprodukts immer zwischen drei benachbarten Zählpunkten, wie in Abbildung 5.17 bereits dargestellt wurde und in Formel 5.20 modelliert ist. Dieser Logik folgend befindet sich bei einem 2nd-Tier-Lieferanten u der Restbestand an dessen Vorprodukten i zwischen den Zählpunkten $m = 9$ und $m = 7$ bzw. der Restbestand an dessen Fertigprodukten j zwischen den Zählpunkten $m = 7$ und $m = 5$. Bei den 1st-Tier-Lieferanten v liegen die Restbestände an Vorprodukten j zwischen den Zählpunkten $m = 5$ und $m = 3$ bzw. der Restbestand an Fertigprodukten k zwischen den Zählpunkten $m = 3$ und $m = 1$.

$$b_{\alpha,\beta} = b_{\alpha,m,m-1} + b_{\alpha,m-1,m-2} \quad \begin{array}{l} \forall\, (\alpha,\beta) \in \{I \times U\} \cup \{J \times U\} \cup \\ \cup\, \{J \times V\} \cup \{K \times V\}, \\ m \in \{3,5,7,9\} \text{ mit } (\alpha,m) \in S \end{array} \quad (5.20)$$

Schritt 3: Berechnung der Verschrottungsmenge des OEM (tatsächlich von den Lieferanten abzunehmende Menge)

Im dritten Schritt wird bestimmt, wie viele Mengeneinheiten aus den Restbeständen $b_{\alpha,\beta}$ bei den Lieferanten u und v durch den OEM o tatsächlich abgenommen und verschrottet werden müssen. Das Resultat sind die tatsächlichen Abnahmemengen bzw. die Verschrottungsmengen des OEM $X^+_{\alpha,\beta,o}$. Für jede Beziehung aus den Abnahmeverpflichtungen wird geprüft, ob die im ersten Schritt ermittelte maximale Abnahmemenge des OEM $X^{Max}_{\alpha,\beta}$ kleiner oder gleich dem im zweiten Schritt berechneten Restbestand bei den Lieferanten $b_{\alpha,\beta}$ ist. Ist dies der Fall, muss der OEM nur die maximale Abnahmemenge $X^{Max}_{\alpha,\beta}$ übernehmen und verschrotten. Für den Fall, dass der Restbestand $b_{\alpha,\beta}$ kleiner als die maximale Abnahmemenge ist, muss der OEM den gesamten Restbestand $b_{\alpha,\beta}$ abnehmen. Zur Modellierung kann eine Minimumfunktion herangezogen werden:

$$X^+_{\alpha,\beta,o} = \min(X^{Max}_{\alpha,\beta}; b_{\alpha,\beta}) \quad \begin{array}{l} \forall\, (\alpha,\beta) \in \{I \times U\} \cup \{J \times U\} \cup \\ \cup\, \{J \times V\} \cup \{K \times V\} \end{array} \quad (5.21)$$

Dabei ist zu beachten, dass sich die gesamte Abnahmemenge $X^+_{j,w}$ des OEM für das Produkt j aus Teilen des Restbestands der 2nd-Tier-Lieferanten $X^+_{j,u,w}$ sowie aus Teilen der Restbestände der 1st-Tier-Lieferanten $X^+_{j,v,w}$ zusammensetzen kann. Aus diesem Grund ist ein weiterer Aggregationsschritt erforderlich (5.22):

$$X^+_{\alpha,o} = \sum_{\beta \in U \cup V} X^+_{\alpha,\beta,o} \quad \forall\, \alpha \in P \quad (5.22)$$

Schritt 4: Berechnung der Verschrottungsmengen der Lieferanten

Die Verschrottungsmengen $X^+_{\alpha,\beta}$ der Lieferanten u und v können nun berechnet werden, indem von den ursprünglichen Restbeständen $b_{\alpha,\beta}$ (vgl. 2. Schritt) die im dritten Schritt ermittelten tatsächlichen Abnahme- bzw. Verschrottungsmengen $X^+_{\alpha,\beta,o}$ des OEM abgezogen werden:

$$X^+_{\alpha,\beta} = b_{\alpha,\beta} - X^+_{\alpha,\beta,o} \qquad \begin{aligned}\forall\,(\alpha,\beta) &\in \{I \times U\} \cup \{J \times U\} \cup \\ &\cup \{J \times V\} \cup \{K \times V\}\end{aligned} \qquad (5.23)$$

Schritt 5: Berechnung der Verschrottungskosten pro Unternehmen

Im letzten Schritt werden die Verschrottungskosten für jedes Unternehmen β in der Supply Chain ermittelt. Hierzu werden die im dritten und vierten Schritt berechneten Verschrottungsmengen $X^+_{\alpha,\beta}$ mit den Einkaufspreisen p^E_α multipliziert:

$$C^+_\beta = \sum_{\substack{\alpha \in P, \\ (\alpha,\beta) \in \{I \times U\} \cup \{J \times U\} \cup \\ \cup \{J \times V\} \cup \{K \times V\} \cup \{I \times O\} \cup \\ \cup \{J \times O\} \cup \{K \times O\}}} X^+_{\alpha,\beta} * p^E_\alpha \qquad \forall\,\beta \in U \cup V \cup O \qquad (5.24)$$

Kapitel 6

Simulationsstudie zur Bewertung des Koordinationsmodells

6.1 Grundlagen der Simulation

Die im Folgenden erläuterten Simulationsgrundlagen umfassen neben Begriffsdefinitionen auch eine Darstellung der möglichen Simulationsarten sowie eine Vorgehensweise zur strukturierten Durchführung von Simulationsstudien.

6.1.1 Begrifflichkeiten

In der Literatur finden sich zahlreiche Definitionen für den Begriff Simulation, die an dieser Stelle jedoch nicht alle explizit aufgeführt werden.[1] Stattdessen wird in der vorliegenden Arbeit auf die VDI-Richtlinie 3633 zurückgegriffen. Demnach ist **Simulation** „das Nachbilden eines Systems mit seinen dynamischen Prozessen in einem experimentierfähigen Modell, um zu Erkenntnissen zu gelangen, die auf die Wirklichkeit übertragbar sind. Im weiteren Sinne wird darunter das Vorbereiten, Durchführen und Auswerten gezielter Experimente mit einem Simulationsmodell verstanden"[2]. In diesem Zusammenhang wird ein **Simulationsexperiment** als „die gezielte empirische Untersuchung des Verhaltens eines Modells durch wiederholte Simulationsläufe mit systematischer Parametervariation"[3] definiert. Bei **Simulationsläufen** handelt es sich um „die Nachbildung des Verhaltens eines Systems mit einem spezifizierten ablauffähigen Modell über einen bestimmten (Modell-) Zeitraum, auch Simulationszeit genannt, wobei gleichzeitig die Werte untersuchungsrelevanter Zustandsgrößen erfasst und ggf. statistisch ausgewertet werden"[4]. Schließlich versteht man unter einem **Simulationsmodell** die physische oder mathematische Abbildung eines realen Systems, welches das Experimentieren mit dem Modell ermöglicht.[5]

Im Rahmen der Erklärung von Simulationsmodellen unterscheidet Fleischmann (2007) exogene und endogene Größen: **Exogene Größen** stellen den Input des Simulationsmodells dar und umfassen feste Daten (Parameter), Entscheidungsgrößen und möglicherweise

---
[1]Vgl. Banks (1998, S. 3–4), Neumann/Morlock (2004, S. 698), Domschke/Drexl (2005, S. 223).
[2]Verein Deutscher Ingenieure (1993, S. 3).
[3]Verein Deutscher Ingenieure (1993, S. 3).
[4]Verein Deutscher Ingenieure (1993, S. 3).
[5]Vgl. Fleischmann (2007, S. 37).

auch Zufallszahlen zur Berücksichtigung von Unsicherheit. **Endogene Größen** setzen sich aus den **Zustandsgrößen** im Simulationsmodell sowie aus den am Ende eines Simulationslaufs berechneten **Ergebnisgrößen** zusammen.[6] Zustandsvariablen bzw. Zustandsgrößen werden von Banks (1998) beschrieben als „the collection of all information needed to define what is happening within a system to a sufficient level [...] at a given point in time"[7]. Der Zusammenhang zwischen exogenen und endogenen Größen ist in Abbildung 6.1 grafisch dargestellt.

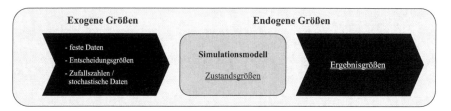

Abbildung 6.1: Exogene und endogene Größen in Simulationsmodellen (Eigene Darstellung in Anlehnung an Fleischmann (2007, S. 36))

Im Rahmen von Simulationsexperimenten dienen **Sensitivitätsanalysen** dazu, das Verhalten der Ergebnisgrößen bei der Modifikation von Parametern bzw. exogenen Variablen zu untersuchen. Als Bezugspunkt dient ein Basisszenario, bei dem die Ausprägungen aller Parameter bekannt sind und eine Entscheidung unter Sicherheit unterstellt wird. Die Durchführung von Sensitivitätsanalysen kann auf zwei Weisen erfolgen: Bei der **systematischen Parametervariation** wird geprüft, wie sich eine Ergebnisgröße bei der Modifikation mehrerer oder eines Parameter(s) gegenüber dem Basisszenario ändert. Im Rahmen der **Berechnung kritischer Werte oder Wertekombinationen** hingegen wird untersucht, welchen Wert ein Parameter bzw. welche Werte eine Menge von Parametern annehmen dürfen, ohne dass ein vorgegebenes Ergebnis für eine Ergebnisgröße über- oder unterschritten wird. Nicht betrachtete Parameter behalten ihre Werte aus dem Basisszenario. Ein wesentlicher Vorteil der systematischen Parametervariation liegt in dem geringen Aufwand bei einer leichten Nachvollziehbarkeit durch die Entscheider. Von Nachteil ist die in den meisten Fällen unrealistische Annahme, dass nicht untersuchte Parameter konstant sind. Grundsätzlich besteht auch die Möglichkeit, mehrere Parameter gleichzeitig zu variieren, dies führt jedoch zu Schwierigkeiten bei der Interpretation der Ergebnisse. In der vorliegenden Arbeit wird eine Simulationsstudie mit systematischer Parametervariation durchgeführt, deren Vorgehensweise im Folgenden kurz dargestellt wird:

- Schritt 1: Für alle unabhängigen exogenen Variablen (Parameter, Entscheidungsvariablen) werden Basiswerte zur Definition des Basisszenarios festgelegt. Bei stochastischen Parametern kann z. B. derjenige Wert zugewiesen werden, der vom Entscheider mit der größten Wahrscheinlichkeit erwartet wird.

- Schritt 2: Für jeden Parameter wird ein Intervall mit möglichen Ausprägungen festgelegt, bevor anschließend die Auswirkungen der isolierten Variation aller Parameter auf die Ergebnisgrößen untersucht werden.

---

[6]Vgl. Fleischmann (2007, S. 36–37).
[7]Banks (1998, S. 6).

6.1 Grundlagen der Simulation

- Schritt 3: Zur Veranschaulichung der Auswirkungen der Variation der Parameter kann eine grafische Aufbereitung der Ergebnisse durchgeführt werden.[8]

6.1.2 Simulationsmodelle

Abbildung 6.2 gibt einen Überblick über die unterschiedlichen Arten von Simulationsmodellen, wobei die Unterscheidung zwischen deterministischen und stochastischen Modellen im Rahmen aller aufgeführten Varianten möglich ist.

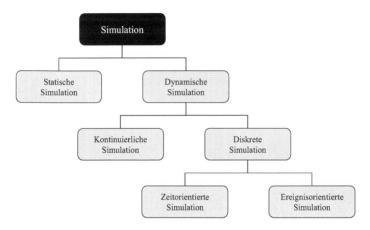

Abbildung 6.2: Arten von Simulationsmodellen
(Eigene Darstellung in Anlehnung an Göbel (1995, S. 61))

Grundsätzlich wird nach statischen und dynamischen Simulationsmodellen unterschieden: Bei **statischen Modellen** spielt der zeitliche Fortschritt keine Rolle oder es wird nur ein bestimmter Zeitpunkt betrachtet, während bei **dynamischen Modellen** die Entwicklung über die Zeit einen wichtigen Bestandteil der Simulation darstellt.[9]

Dynamische Simulationsmodelle können weiter in kontinuierliche und diskrete Modelle differenziert werden: Bei **kontinuierlichen Modellen** verändern sich die Zustandsvariablen kontinuierlich über die Zeit, bei **diskreten** entwickeln sie sich diskontinuierlich bzw. sprunghaft. So steigt beispielsweise der Bestand in einem Lager beim Eingang einer neuen Lieferung sprunghaft an.[10]

Eine diskrete Simulation lässt sich wiederum in Modelle mit periodenorientierter Zeitführung (zeitorientierte Simulation) und solche mit ereignisorientierter Zeitführung (ereignisorientierte Simulation) unterteilen. Bei der **zeitorientierten Simulation** wird die Simulationsuhr, also die betrachteten Zeitpunkte, immer um eine vordefinierte Zeiteinheit erhöht. Nach jeder dieser Erhöhungen wird geprüft, ob seit dem letzten Zeitpunkt Veränderungen der Zustandsvariablen aufgetreten sind. Bei einem Lager würde z. B. am Ende jeder Zeiteinheit der neue Lagerbestand berechnet, wobei alle Warenein- und -ausgänge

---
[8]Vgl. Klein/Scholl (2004, S. 317–318).
[9]Vgl. Law/Kelton (2000, S. 5).
[10]Vgl. Liebl (1995, S. 9), Law/Kelton (2000, S. 6).

zwischen dem letzten und dem aktuellen Zeitpunkt auf der Simulationsuhr berücksichtigt würden. Eine explizite Betrachtung der einzelnen Ereignisse und Bestandsveränderungen findet dabei jedoch nicht statt. Demgegenüber wird im Fall einer **ereignisorientierten Simulation** ermittelt, zu welchen Zeitpunkten Ereignisse eintreten, und die Simulationsuhr wird entsprechend sukzessive auf die Zeitpunkte mit Ereignissen aktualisiert. Dabei kommt es jeweils zu einer Veränderung der Zustandsvariablen durch das eingetretene Ereignis. Am Beispiel des Lagerbestands würde bei jedem Warenein- oder -ausgang (Ereignisse) eine Veränderung der Zustandsvariable Lagerbestand auftreten.[11]

Schließlich besteht bei allen genannten Simulationsarten die Möglichkeit, zwischen deterministischen und stochastischen Modellen zu unterscheiden: In **deterministischen Modellen** treten keine unsicheren bzw. unvorhergesehenen Ereignisse auf, d. h., Stochastik wird bei diesen Modellen nicht berücksichtigt. **Stochastische Simulationsmodelle** hingegen ermöglichen die Berücksichtigung von Unsicherheit durch Stochastik.[12] Liegen keine Echtdaten vor, wird die Stochastik i. d. R. durch die Generierung von Zufallszahlen abgebildet.

6.1.3 Ablauf einer Simulationsstudie

Mit möglichen Vorgehensweisen zur Durchführung von Simulationsstudien befassen sich viele Autoren.[13] In diesem Abschnitt wird ein Vorgehen vorgestellt, welches sich vor allem an den Vorschlägen von Law/Kelton (2000), Göbel (2005) und Kaczmarek (2006) orientiert und das in Abschnitt 6.2 auch für die eigene Simulationsstudie herangezogen wird. Abbildung 6.3 veranschaulicht die nachfolgend beschriebenen Simulationschritte grafisch.

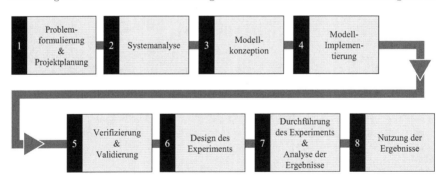

Abbildung 6.3: Ablauf einer Simulationsstudie

6.1.3.1 Schritt 1: Problemformulierung und Projektplanung

Zu Beginn einer Simulationsstudie ist im ersten Schritt eine exakte Identifizierung und Beschreibung des zugrunde liegenden Problems sowie eine Definition der mit der Simulation verbundenen Ziele erforderlich. Dieser Schritt ist wichtig, da von der Problemformulierung

---

[11] Vgl. Law/Kelton (2000, S. 6–11), Domschke/Drexl (2005, S. 225), Fleischmann (2007, S. 41).
[12] Vgl. Law/Kelton (2000, S. 6).
[13] Vgl. Liebl (1995), Banks (1998), , Law/Kelton (2000), Göbel (2005), Kaczmarek (2006).

die Größe bzw. Komplexität des Simulationsmodells und der Umfang der zu beschaffenden Daten abhängt. Um die Ziele im Rahmen der vorgegebenen Zeit und Ressourcen erreichen zu können, ist darüber hinaus eine Projektplanung und -organisation für die Simulationsstudie zu erstellen.[14]

6.1.3.2 Schritt 2: Systemanalyse

Unter dem Schritt Systemanalyse werden mehrere Teilschritte zusammengefasst, die später für die Konzeption des Simulationsmodells benötigt werden: Im ersten Teilschritt erfolgt, unter Berücksichtigung der im ersten Schritt definierten Ziele, die Abgrenzung des Untersuchungsbereichs gegenüber der Umwelt. Der zweite Teilschritt dient der Identifizierung der wesentlichen Einflussfaktoren für das Simulationsmodell. Anschließend werden im dritten Teilschritt die Messgrößen bzw. Ergebnisgrößen zur Leistungsmessung ermittelt, bevor in einem letzten Teilschritt die Daten gesammelt und aufbereitet werden. Dabei sollte vor allem der Qualität der Daten eine hohe Aufmerksamkeit geschenkt werden, weil diese einen großen Einfluss auf die Güte und Aussagekraft der Simulationsergebnisse hat. Ferner sollten nach Möglichkeit betriebliche Echtdaten verwendet werden.[15]

6.1.3.3 Schritt 3: Modellkonzeption

Als Basis für die anschließende Implementierung stellt die Konzeption des Simulationsmodells einen der wichtigsten Schritte im Verlauf eines Simulationsprojekts dar. Wesentlicher Bestandteil ist die Beschreibung und Spezifikation der Funktionsweise des Simulationsmodells inkl. der Wirkungszusammenhänge der Elemente des Modells sowie der Annahmen, die für das Modell getroffen werden.[16]

6.1.3.4 Schritt 4: Modellimplementierung

In diesem Schritt wird das Konzept des Simulationsmodells mithilfe einer allgemeinen Programmiersprache (z. B. C oder Fortran) oder von speziellen computerbasierten Simulationswerkzeugen (z. B. Arena) implementiert. Das implementierte Modell dient später als Instrument zur Durchführung des Simulationsexperiments.[17]

6.1.3.5 Schritt 5: Verifizierung und Validierung

Bei der im 5. Schritt durchzuführenden Verifizierung handelt es sich um die Prüfung, ob das konzeptionelle Modell korrekt in Form des Computermodells umgesetzt wurde (Fehlerbehebung in der Software). Im Rahmen einer Validierung ist ferner zu prüfen, ob das Simulationsmodell (konzeptionell oder implementiert) eine geeignete Abbildung der Realität im Hinblick auf die Ziele der Simulation darstellt.[18]

---

[14] Vgl. Law/Kelton (2000, S. 83–86), Göbel (2005, S. 65–67), Kaczmarek (2006, S. 195–204).
[15] Vgl. Göbel (2005, S. 65–66).
[16] Vgl. Law/Kelton (2000, S. 85), Kaczmarek (2006, S. 197).
[17] Vgl. Law/Kelton (2000, S. 85–86), Göbel (2005, S. 66), Kaczmarek (2006, S. 199).
[18] Vgl. Law/Kelton (2000, S. 264–265), Göbel (2005, S. 66).

6.1.3.6 Schritt 6: Design des Experiments

Das Design beinhaltet neben der Definition der unterschiedlichen Simulationsszenarien (Initialwerte für die exogenen Daten und Zustandsvariablen) im Falle von Sensitivitätsanalysen auch die Festlegung der Dauer eines Simulationslaufs sowie die Anzahl der durchzuführenden Simulationsläufe innerhalb eines Szenarios. Falls beispielsweise mit anhand von Zufallszahlen erzeugten stochastischen exogenen Daten gearbeitet wird, ist es sinnvoll, ein Szenario mit mehreren Simulationsläufen anhand jeweils unterschiedlicher Inputdaten zu untersuchen.[19]

6.1.3.7 Schritt 7: Durchführung des Experiments und Analyse der Ergebnisse

Bei der Durchführung des Experiments werden die definierten Simulationsläufe innerhalb der unterschiedlichen Szenarien ausgeführt. Bei der Verwendung von Zufallszahlen als exogene Daten und mehreren Simulationsläufen innerhalb eines Szenarios sollte die Simulationszeit so gewählt werden, dass ein stationärer Systemzustand erreicht wird. Die Analyse der Ergebnisse umfasst die Aufbereitung, Auswertung und Interpretation der Simulationsergebnisse.[20]

6.1.3.8 Schritt 8: Nutzung der Ergebnisse

Werden durch die Simulationsstudie Erkenntnisse gewonnen, die eine Verbesserung der zugrunde liegenden realen Prozesse versprechen, sollten die Ergebnisse den verantwortlichen Entscheidern bzw. Auftraggebern der Simulationsstudie vorgestellt werden. Gelingt es, die Entscheider zu überzeugen, können die Verbesserungen in der Realität implementiert und anschließend in ihrer Wirkung kontrolliert werden.[21]

6.2 Durchführung der Simulationsstudie

Dieser Abschnitt befasst sich mit der Bewertung des im letzten Kapitel vorgestellten Supply-Chain-Koordinationsmodells. Die Simulationsstudie erfolgt entsprechend der in Abschnitt 6.1.3 beschriebenen Vorgehensweise, wobei die Nutzung der Ergebnisse in Kapitel 7 im Rahmen des Ausblicks beschrieben wird.

6.2.1 Problemformulierung und Projektplanung

Das Ziel der Simulationsstudie besteht in der Analyse des Nutzens des im Rahmen dieser Arbeit vorgestellten Supply-Chain-Koordinationsmodells im Auslauf einer Fahrzeugmodellvariante. Dabei soll der Nutzen auf unterschiedlichen Aggregationsebenen (Produkt, Produktgruppe, Unternehmen, Supply Chain) bewertet werden. Die Bewertung des neuen Ansatzes (Modell II) erfolgt anhand eines Vergleichs mit einem Ansatz mit sukzessiver Planung (Modell I). Beide Modelle werden im Rahmen von Simulationsszenarien unter

---

[19] Vgl. Law/Kelton (2000, S. 86), Göbel (2005, S. 66–67), Kaczmarek (2006, S. 199).
[20] Vgl. Law/Kelton (2000, S. 86), Göbel (2005, S. 67), Kaczmarek (2006, S. 199–200 u. 202–203).
[21] Vgl. Law/Kelton (2000, S. 86), Göbel (2005, S. 67), Kaczmarek (2006, S. 204).

6.2 Durchführung der Simulationsstudie

unterschiedlichen Rahmenbedingungen (Variation von Einflussfaktoren) anhand vorher definierter Ergebnisgrößen miteinander verglichen. Um die Fallstudie unter realistischen Bedingungen durchführen zu können, wird die in Abbildung 6.4 dargestellte reale Supply-Chain-Konstellation aus der Automobilindustrie mit Echtdaten verwendet. Aus Geheimhaltungsgründen werden die Daten in der Fallstudie jedoch anonymisiert bzw. verfälscht. Die Supply Chain besteht aus drei Ebenen mit einem OEM, einem 1st-Tier-Lieferanten sowie zwei 2nd-Tier-Lieferanten. Sie weist eine konvergierende Struktur auf und als Belieferungsform wird zwischen allen Unternehmen eine zweistufige Lagerhaltung eingesetzt. Die Lieferanten produzieren – sofern möglich – in Losgrößen, die zeitliche Granularität für Bestellungen, die Produktion und den Versand von Produkten beträgt jeweils einen Tag.

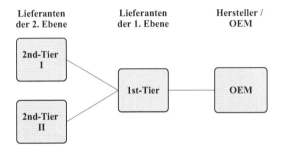

Abbildung 6.4: Überblick über die Supply-Chain-Struktur der Simulationsstudie

Abbildung 6.5 veranschaulicht die Grundstruktur der Erzeugnisse in Form einer vereinfachten Variantenstückliste.[22]

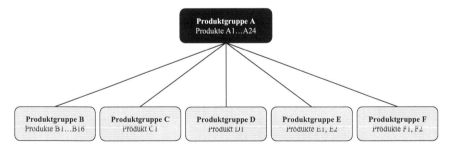

Abbildung 6.5: Variantenstückliste der Produkte

Aus Sicht des OEM wird eine Produktgruppe[23] A betrachtet, die sich aus 24 Produkten bzw. Produktvarianten A1–A24 zusammensetzt und vom 1st-Tier-Lieferanten produziert und ausgeliefert wird. Diese Gruppe kann einer beim OEM auslaufenden Fahrzeugmodellvariante zugeordnet werden. Aus Sicht des 1st-Tier-Lieferanten setzen sich dessen Fertigprodukte A1–A24 aus unterschiedlichen Vorprodukten B–F zusammen, die wiederum

---
[22] Vgl. Fleischmann (2004b, S. 12).
[23] In der Automobilindustrie werden Produktgruppen auch als Teilefamilien bezeichnet.

eigene Produktgruppen mit Varianten darstellen. Zur Veranschaulichung der Erzeugnisstruktur eignen sich aufgrund der hohen Zahl an Produkten keine grafischen Darstellungsformen. Stattdessen bietet sich die Baukastenstückliste an, bei der für jedes Produkt die Vorgängerprodukte mit den jeweiligen Direktbedarfskoeffizienten in einer tabellarischen Form dargestellt werden (vgl. Abbildung 6.6).[24]

Produkt	Menge und Vorgängerprodukte
A1	1 B15, 1 C1, 1 D1, 1 E1, 1 F1
A2	1 B1, 1 C1, 1 D1, 1 E1, 1 F1
A3	1 B2, 1 C1, 1 D1, 1 E1, 1 F1
A4	1 B16, 1 C1, 1 D1, 1 E1, 1 F1
A5	1 B3, 1 C1, 1 D1, 1 E1, 1 F1
A6	1 B4, 1 C1, 1 D1, 1 E1, 1 F1
A7	1 B5, 1 C1, 1 D1, 1 E1, 1 F1
A8	1 B6, 1 C1, 1 D1, 1 E1, 1 F2
A9	1 B7, 1 C1, 1 D1, 1 E1, 1 F2
A10	1 B8, 1 C1, 1 D1, 1 E1, 1 F2
A11	1 B9, 1 C1, 1 D1, 1 E1, 1 F2
A12	1 B9, 1 C1, 1 D1, 1 E1, 1 F2
A13	1 B10, 1 C1, 1 D1, 1 E1, 1 F2
A14	1 B11, 1 C1, 1 D1, 1 E1, 1 F2
A15	1 B12, 1 C1, 1 D1, 1 E1, 1 F1
A16	1 B14, 1 C1, 1 D1, 1 E1, 1 F1
A17	1 B15, 1 C1, 1 D1, 1 E2, 1 F1
A18	1 B16, 1 C1, 1 D1, 1 E2, 1 F1
A19	1 B4, 1 C1, 1 D1, 1 E2, 1 F1
A20	1 B6, 1 C1, 1 D1, 1 E2, 1 F2
A21	1 B9, 1 C1, 1 D1, 1 E2, 1 F1
A22	1 B12, 1 C1, 1 D1, 1 E2, 1 F1
A23	1 B13, 1 C1, 1 D1, 1 E2, 1 F1
A24	1 B14, 1 C1, 1 D1, 1 E2, 1 F2

Abbildung 6.6: Baukastenstückliste für die Simulationsstudie

Als Simulationszeitraum für die Fallstudie wurden 103 Simulationstage gewählt, wobei diese Festlegung durch folgende Faktoren beeinflusst wurde:

- Verfügbarkeit der Echtdaten: Die Echtdaten für die Simulationsstudie waren nur für einen begrenzten Zeitraum vor dem Auslaufstichtag der untersuchten Fahrzeugmodellvariante verfügbar.

- Abnahmefristen des OEM für Fertigprodukte (A1–A24) und Vorprodukte (B1–B16, C1, D1, E1–E2, F1–F2): Da sie zur Berechnung des Startdatums der Simulation benötigt werden, spielt die Länge der Abnahmefristen eine wesentliche Rolle im Hinblick auf die Simulationsdauer. Aufgrund der Eingrenzung auf die Auslaufphase ist es ausreichend, in der Simulation den Zeitraum vom Beginn der Abnahmeverpflichtungen bis zum Auslaufstichtag der betrachteten Teile zu berücksichtigen.

---

[24]Vgl. Tempelmeier (2003, S. 105–110), Fleischmann (2004b, S. 8).

6.2 Durchführung der Simulationsstudie

- Spätester Auslaufstichtag der Produkte A1–A24: Dieser Zeitpunkt bestimmt das Ende des Simulationszeitraums. In der Simulationsstudie wurden auf den spätesten Auslauftermin der Produkte noch fünf Tage aufgeschlagen, um den Lieferanten im Fall von Rückständen am Auslaufstichtag noch einige Tage Zeit zu geben, um diese wieder auszugleichen. Dieser Fall kann auch in der Realität in der Automobilindustrie auftreten.

- Frühester Auslaufstichtag der Produkte A1–A24: Ausgehend von diesem Datum kann durch Abzug der Abnahmefristen für die Vorprodukte der Startzeitpunkt für die Simulation ermittelt werden.

In Abbildung 6.7 ist zu erkennen, dass beim Automobilhersteller nicht alle Produkte A1–A24 am gleichen Simulationstag auslaufen. Das liegt daran, dass manche Produkte früher als andere das letzte Mal in der übergeordneten, auslaufenden Fahrzeugmodellvariante verbaut werden.

Produkt	A16	A23	A24	A15	A11	A12	A5	A18	A4	A21	A13	A19
Aulauftag	65	66	66	74	76	77	78	78	84	84	86	87
Produkt	A22	A7	A1	A14	A20	A2	A6	A9	A17	A8	A10	A3
Aulauftag	88	90	92	92	92	93	93	93	94	96	96	98

Abbildung 6.7: Auslauftage der Produkte in Simulation

Bei der Projektplanung wurde die in Abschnitt 6.1.3 beschriebene Vorgehensweise zur Durchführung von Simulationsstudien gewählt und darauf basierend ein Projektplan erstellt. Das Projektteam bestand aus Auslauf- und Supply-Chain-Experten der beteiligten Unternehmen.

6.2.2 Systemanalyse

6.2.2.1 Abgrenzung des Untersuchungsbereichs

Eine Abgrenzung des Untersuchungsbereichs gegenüber der Umwelt wurde zum Teil bereits in Abschnitt 6.2.1 durchgeführt, indem eine konkrete Supply-Chain-Konstellation mit vier Unternehmen aus der Automobilindustrie sowie ein begrenzter Umfang an auslaufenden Produkten beim OEM (Produktgruppe A mit den Produkten A1–A24) für die Fallstudie ausgewählt wurden.

Die Problemstellung wird nun, wie in Abbildung 6.8 dargestellt, weiter eingeschränkt, indem bei den beiden 2nd-Tier-Lieferanten keine Wareneingangslager für die Vorprodukte, sondern nur die Produktionsbereiche und Warenausgangslager betrachtet werden. Der Grund dafür liegt in der fehlenden Verfügbarkeit von Daten der Vorprodukte dieser Zulieferer. Beim OEM endet die Betrachtung beim Wareneingangslager, die Herstellung von Fertigprodukten (Fahrzeugen) wird aufgrund der Komplexität der Automobilfertigung nicht berücksichtigt. Ausgangspunkt für die Simulation sind die echten Lieferabrufe des OEM am Zählpunkt $m = 1$ des FZ-Modells.

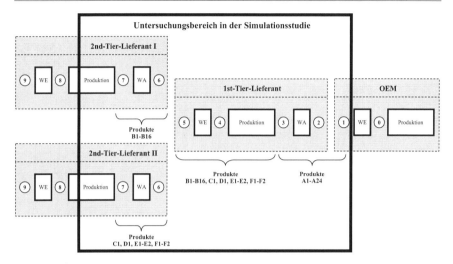

Abbildung 6.8: Untersuchungsbereich der Simulationsstudie

6.2.2.2 Identifizierung der Einflussfaktoren

Im Folgenden werden die wesentlichen Einflussfaktoren im Simulationsmodell beschrieben:

- **Bedarfe des OEM (Lieferabruf):** Die echten Lieferabrufe des OEM am Zählpunkt $m = 1$ stellen eine wichtige Inputgröße für das Simulationsmodell dar, da die Lieferanten in der Supply Chain auf dieser Basis planen. Dabei wird wie in der Realität eine rollierende Bedarfsplanung aller beteiligten Unternehmen unterstellt, d. h., Änderungen bzw. Aktualisierungen der Lieferabrufe des OEM führen zu einem Update der Planungen der Lieferanten. Der LAB-Horizont endet am Auslaufstichtag der jeweiligen Produkte, die Granularität der Bedarfe ist täglich und der Planungs- bzw. Versendezyklus täglich oder größer.

- **Produktionskapazitäten der Lieferanten:** In der Realität verfügen Lieferanten nicht über unbegrenzte Produktionskapazitäten, weshalb es erforderlich ist, in der Simulationsstudie auch realistische Kapazitäten zu berücksichtigen. Bei Tagen mit Kapazitätsengpässen bestehen grundsätzlich zwei Handlungsalternativen: Zum einen kann die Tageskapazität erhöht werden, zum anderen können geplante Produktionsmengen auf andere Tage mit freier Kapazität vorgezogen werden. In dieser Arbeit wird nur die zweite Möglichkeit betrachtet.

- **Planungszyklus der Lieferanten:** Der Planungszyklus sagt aus, wie häufig die Lieferanten ihre Planungen durchführen bzw. aktualisieren. Bei einem Planungszyklus von einem Tag können die Planungsschritte, sofern dies erforderlich ist, täglich durchgeführt werden. Auf diese Weise kann z. B. schnell auf Änderungen der Lieferabrufe des Kunden reagiert werden. Bei längeren Planungszyklen dauert es entsprechend länger, bis Lieferanten auf Änderungen der Planungsinputdaten reagieren können. Im Auslauf spielt der Planungszyklus demzufolge eine wichtige Rolle, weil bei Bedarfssenkungen eine schnelle Anpassung der Pläne erforderlich ist, um Überschussmaterial zu verhindern.

- **Produktionslosgrößen der Lieferanten:** Im vorliegenden Supply-Chain-Szenario versuchen die Lieferanten, die Produkte in von ihnen vorgegebenen Losgrößen oder Vielfachen davon zu produzieren. Die Losgrößen haben daher ebenso einen Einfluss auf die Produktions- und anschließende Bestellmengenplanung der Zulieferer.

- **Abnahmeverpflichtungen:** Anhand der Fristen der Abnahmeverpflichtungen für Fertig- und Vorprodukte wird festgelegt, wie entstehende Überschusskosten nach dem Auslauf auf die unterschiedlichen Supply-Chain-Partner verteilt werden.

Die verfügbaren Produktionskapazitäten und die optimalen Losgrößen der Lieferanten werden in der Simulationsstudie als feste Inputdaten angesehen und orientieren sich an Echtwerten. Die drei anderen genannten Einflussfaktoren werden später bei der Durchführung der Simulation im Rahmen von unterschiedlichen Szenarien variiert, um ihren Einfluss auf die Simulationsergebnisse zu analysieren.

6.2.2.3 Festlegung der Ergebnisgrößen zur Leistungsmessung

Mess- bzw. Ergebnisgrößen werden benötigt, um den neuen Koordinationsansatz im Vergleich zu einer sukzessiven Planung in unterschiedlichen Simulationsszenarien zu bewerten. Dabei werden die Ergebnisgrößen in dieser Simulationsstudie auf bis zu vier Aggregationsebenen ermittelt: Produkt, Produktgruppe, Unternehmen, Supply Chain. Das Bewertungssystem setzt sich aus monetären und nichtmonetären Größen zusammen und die Ergebnisgrößen werden den vier Kategorien Lieferperformance, Produktion, Lagerhaltung sowie Überschuss zugeordnet. Abbildung 6.9 gibt einen Überblick über die eingesetzten Ergebnisgrößen sowie deren Zuordnung zu den unterschiedlichen Ergebniskategorien und Aggregationsstufen.

	Ebene Produkt	Ebene Produktgruppe	Ebene Unternehmen	Ebene Supply Chain
Lieferperformance:				
γ-Servicegrad [%]	γ_α	γ_g		
Produktion:				
Anzahl Rüstvorgänge [ME]	Z_α	Z_g		
Lagerhaltung:				
Ø-Lagerbestand [ME]	$b^*_{\alpha,m,m-1}$	$b^*_{g,m,m-1}$		
Überschuss:				
Verschrottungskosten [GE]	C^+_α	C^+_g	C^+_β	C^+

Abbildung 6.9: Übersicht über die Ergebnisgrößen in der Simulationsstudie

Zur mathematischen Beschreibung der Ergebnisgrößen werden folgende zusätzliche Daten und Variablen benötigt:

Daten

$t^L_{\alpha,m,m-1} \in T$	Zeitpunkt des letzten Zu- bzw. Abgangs von Produkt α in einem Lager zwischen den zwei benachbarten Zählpunkten m und $(m-1)$ mit $m \in \{3,5,7\}$, $(\alpha, m) \in S$ [ZE]
$x_{\alpha,g}$	Anzahl der Produkte α in Produktgruppe g mit $\alpha \in g$ [ME]

Variablen

f_α	Summe der Fehlmengen für Produkt α im Simulationszeitraum [ME]
γ_α	γ-Servicegrad von Produkt α [%]
γ_g	γ-Servicegrad von Produktgruppe g [%]
$z_{\alpha,m,t} \in \{0,1\}$	Binärvariable: $z_{\alpha,m,t} = \begin{cases} 1 & \text{falls } IstFZ_{\alpha,m,t} > IstFZ_{\alpha,m,t-1} \\ 0 & \text{sonst} \end{cases}$ mit $m \in \{3,7\}$, $t > 0$, $(\alpha, m) \in S$
Z_α	Summe der Rüstvorgänge für Produkt α im Simulationszeitraum [ME]
Z_g	Summe der Rüstvorgänge für Produktgruppe g im Simulationszeitraum [ME]
$b^*_{\alpha,m,m-1}$	Durchschnittlicher Lagerbestand von Produkt α zwischen den beiden benachbarten Zählpunkten m und $(m-1)$ mit $m \in \{3,5,7\}$, $(\alpha, m) \in S$ [ME]
$b^*_{g,m,m-1}$	Durchschnittlicher Lagerbestand von Produktgruppe g zwischen den beiden benachbarten Zählpunkten m und $(m-1)$ mit $m \in \{3,5,7\}$, $g \in G$ [ME]

Kategorie Lieferperformance: γ-Servicegrad

Da die zur Berechnung von Unterlieferungskosten erforderlichen Kostensätze nicht verfügbar waren, werden in der Fallstudie zur Bewertung der Lieferperformance keine Kosten verwendet. Stattdessen wird die Güte der Auslieferungen durch eine nichtmonetäre Größe beurteilt, den γ-Servicegrad. Mit dieser Kennzahl wird sowohl die Höhe der Fehlmenge als auch die jeweilige Wartezeit bis zur Aufarbeitung von Rückständen gemessen.[25] Je höher der γ-Servicegrad, desto besser ist die Lieferperformance. Für die Berechnung der Tagesfehlmengen f_α (6.2) wird sich folgender vereinfachender Schreibweise bedient:

$$(x)^+ \text{ steht für } \begin{cases} x & \text{falls } x > 0 \\ 0 & \text{falls } x \leq 0 \end{cases} \quad (6.1)$$

Somit kann die Summe der Tagesfehlmengen f_α im Simulationszeitraum mit der Formel 6.2 ermittelt werden:

$$f_\alpha = \sum_{t=1}^{T_\alpha} (SollFZ_{\alpha,m,t} - IstFZ_{\alpha,m,t})^+ \quad \forall\ \alpha \in P,\ m \in \{1,5\} \text{ mit } (\alpha, m) \in S \quad (6.2)$$

Der γ-Servicegrad wird nach dem Prinzip von Formel 6.3 bestimmt:[26]

---

[25] Vgl. Tempelmeier (2005, S. 29).
[26] Vgl. Tempelmeier (2005, S. 29).

6.2 Durchführung der Simulationsstudie

$$\gamma_\alpha = 1 - \frac{\text{Durchschnittliche Fehlmenge pro Periode}}{\text{Durchschnittlicher Tagesbedarf}} \quad (6.3)$$

Dabei ist jedoch zu beachten, dass der γ-Servicegrad nach dieser Formel theoretisch auch negativ sein kann, weil Rückstände bis zu ihrer Behebung über mehrere Tage anhalten können. In diesem Fall wird die Rückstandsmenge für die Durchschnittsberechnung mehrfach gezählt, und bei Schwachläufern kann der Fall eintreten, dass die durchschnittliche Fehlmenge größer als der durchschnittliche Tagesbedarf wird. Daher wird die Formel 6.3 für diese Arbeit angepasst, um negative γ-Servicegrade auszuschließen:

$$\begin{aligned}\gamma_\alpha &= (1 - \frac{\frac{f_\alpha}{T_\alpha}}{\frac{SollFZ_{\alpha,m,T_\alpha}}{T_\alpha}})^+ \\ &= (1 - \frac{f_\alpha}{SollFZ_{\alpha,m,T_\alpha}})^+ \end{aligned} \quad (6.4)$$

$$\forall\ \alpha \in P,\ m \in \{1,5\}\ \text{mit}\ (\alpha, m) \in S$$

Die Berechnung des γ-Servicegrades auf Produktgruppenebene g erfolgt zuletzt:

$$\gamma_g = 1 - \frac{\sum\limits_{\alpha \in g} f_{\alpha,m}}{\sum\limits_{\alpha \in g} SollFZ_{\alpha,m,T_\alpha}} \quad \forall\ g \in G,\ m \in \{1,5\}\ \text{mit}\ (\alpha, m) \in S \quad (6.5)$$

Kategorie Produktion: Anzahl der Rüstvorgänge

Bei der Bewertung der Produktionssteuerung der Lieferanten werden keine monetären Größen wie Produktionskosten ermittelt, da deren Berechnung die Kenntnis der Rüstkosten voraussetzt; diese wurden von den beteiligten Unternehmen jedoch aufgrund ihrer Brisanz nicht zur Verfügung gestellt. Die Produktion eines Produkts α bei einem Lieferanten wird daher in der Fallstudie durch die Anzahl der Rüstvorgänge Z_α im Betrachtungszeitraum bewertet. Ein einzelner Rüstvorgang $z_{\alpha,m,t}$ liegt vor, wenn an einem Tag t von einem Produkt α mindestens eine Mengeneinheit produziert wird. Hintergrund der Wahl dieser Messgröße ist die Annahme, dass für jeden Produktionstag eines Produkts α Rüstkosten anfallen, die unabhängig von der zu produzierenden Stückzahl sind. Wird ein Produkt an zwei aufeinanderfolgenden Tagen produziert, ist am zweiten Tag trotzdem ein neuer Rüstvorgang erforderlich. Mit steigender Anzahl der Produktionstage steigen also auch die damit verbundenen Rüstvorgänge und Rüstkosten. Demzufolge sollte das Ziel verfolgt werden, die benötigten Stückzahlen an möglichst wenigen Tagen zu produzieren.

Die einzelnen Rüstvorgänge der Produkte α werden mithilfe der Binärvariablen $z_{\alpha,m,t}$ bestimmt, wobei diese an jedem Tag t mit einer Erhöhung der $IstFZ_{\alpha,m,t}$ im Vergleich zur $IstFZ_{\alpha,m,t-1}$ auf 1 gesetzt wird. Zur Ermittlung der Summe der Rüstvorgänge Z_α werden alle Produktionstage des Produkts, also die einzelnen Binärvariablen $z_{\alpha,m,t}$ vom Simulationsstart bis zum Auslaufstichtag, addiert:

$$Z_\alpha = \sum_{t=1}^{T_\alpha} z_{\alpha,m,t} \quad \forall\ \alpha \in P,\ m \in \{1,5\}\ \text{mit}\ (\alpha, m) \in S \quad (6.6)$$

Die Aggregation der Rüstvorgänge auf der Ebene der Produktgruppe erfolgt durch Addition der Summen der Rüstvorgänge Z_α der einzelnen Produkte α einer Produktgruppe g:

$$Z_g = \sum_{\alpha \in g} Z_\alpha \qquad (6.7)$$

Kategorie Lagerhaltung: Durchschnittlicher Lagerbestand

Als Messgröße zur Bewertung der Lagerhaltung dient der durchschnittliche Lagerbestand $b^*_{\alpha,m,m-1}$ in den Wareneingangs- und -ausgangslagern der Zulieferer. Ziel sollten möglichst niedrige durchschnittliche Lagerbestände sein, um die Lagerkosten während der Simulation gering zu halten und das Überschussrisiko bei fallenden Bedarfsprognosen zu minimieren. Andererseits dürfen die Bestände nicht zu niedrig sein, weil dadurch das Risiko von Lieferengpässen bei kurzfristigen Bedarfserhöhungen vergrößert würde.

Die Tagesbestände $b_{\alpha,m,m-1,t}$ im Lagerzeitraum können – wie in Abschnitt 5.2.2.1 beschrieben – folgendermaßen ermittelt werden:

$$b_{\alpha,m,m-1,t} = IstFZ_{\alpha,m,t} - IstFZ_{\alpha,m-1,t} \qquad \forall\ \alpha \in P,\ m \in \{3,5,7\},\ t \in T$$
$$\text{mit } (\alpha,m) \in S \qquad (6.8)$$

Der durchschnittliche Lagerbestand $b^*_{\alpha,m,m-1}$ zwischen zwei Zählpunkten m und $(m-1)$ errechnet sich als Quotient aus der Summe der täglichen Bestände im Lagerzeitraum $b_{\alpha,m,m-1,t}$ und dem Lagerzeitraum, der vom Start der Simulation bis zum letzten Tag mit einer Lagerbewegung reicht und somit durch $t^L_{\alpha,m,m-1}$ ausgedrückt werden kann:

$$b^*_{\alpha,m,m-1} = \frac{\sum_{t=1}^{t^L_{\alpha,m,m-1}} b_{\alpha,m,m-1,t}}{t^L_{\alpha,m,m-1}} \qquad \forall\ \alpha \in P,\ m \in \{3,5,7\} \text{ mit } (\alpha,m) \in S \qquad (6.9)$$

Die Aggregation der durchschnittlichen Lagerbestände der Produkte α auf die Ebene Produktgruppe erfolgt durch Addition der durchschnittlichen Lagerbestände $b^*_{\alpha,m,m-1}$ aller Produkte α einer Produktgruppe g:

$$b^*_{g,m,m-1} = \sum_{\alpha \in g} b^*_{\alpha,m,m-1} \qquad \forall\ m \in \{3,5,7\} \text{ mit } (\alpha,m) \in S \qquad (6.10)$$

Kategorie Überschuss: Verschrottungskosten

Die relevanten Restbestände können auf Basis der Formel 5.14 ermittelt werden. Dabei sind nicht nur die Restbestände in Wareneingangs- und -ausgangslagern, sondern alle zwischen den Zählpunkten $m = 7$ bis $m = 1$ (Betrachtungsgegenstand der Simulationsstudie), zu berücksichtigen:

$$b_\alpha = \sum_{\substack{m \in \{2,3,\ldots,7\} \\ (\alpha,m)\ \in\ S}} b_{\alpha,m,m-1} \qquad \forall\ \alpha \in P \qquad (6.11)$$

6.2 Durchführung der Simulationsstudie

Die Verschrottungskosten sollten möglichst gering sein und können auf den Ebenen Produkt, Produktgruppe, Unternehmen und Supply Chain ermittelt werden.[27]

6.2.2.4 Datensammlung und Datenaufbereitung

Unter Daten sind in diesem Zusammenhang die exogenen Inputgrößen für das Simulationsmodell in der Fallstudie zu verstehen. Dabei werden zum großen Teil Echtdaten von den beteiligten Unternehmen verwendet, da diese zu Ergebnissen mit einer höheren Aussagekraft führen, als dies bei reinen Spieldaten der Fall wäre. Der Nachteil dieses Vorgehens ist der verhältnismäßig hohe Aufwand. So mussten über einen Zeitraum von mehreren Monaten alle Lieferabrufe der Produkte A1–A24 beschafft und für die Simulationsstudie aufbereitet werden. Da sich die Bedarfsprognose in den Lieferabrufen in vielen Fällen täglich ändert, handelt es sich um eine große Datenmenge, deren detaillierte Darstellung den Rahmen der vorliegenden Arbeit übersteigen würde. Durch die Verwendung von Echtdaten konnte auf die Generierung von Zufallszahlen verzichtet werden: Die echten LAB beinhalten den Faktor Unsicherheit bereits, da sie sich in der Realität aufgrund unsicherer Umwelteinflüsse (z. B. Auftragsänderungen durch Endkunden) häufig ändern.[28] Verwaltet wurden die Daten in Form von Microsoft Excel-Tabellen und in einer Microsoft Access-Datenbank.

Die Transportzeiten zwischen den Unternehmen und die Produktionskapazitäten der Lieferanten sind in Abbildung 6.10 veranschaulicht. Dabei ist zu beachten, dass in der Fallstudie innerhalb eines Unternehmens alle Produkte auf einer einzigen Fertigungslinie produziert werden. Demzufolge handelt es sich um aggregierte Kapazitäten für die Produktion aller betrachteten Produkte eines Unternehmens.

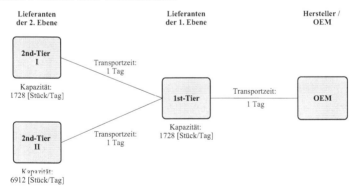

Abbildung 6.10: Produktionskapazitäten und Transportzeiten

In Abschnitt 6.2.1 wurden bereits die Supply-Chain- und die Erzeugnisstruktur beschrieben. Abbildung 6.11 gibt einen Überblick über die wichtigsten Produktdaten; darin sind neben den Lieferanten bzw. Herstellern auch die jeweiligen Einkaufspreise, Losgrößen und geplanten Sicherheitsbestände (Reichweite in Tagen) dargestellt:[29]

---

[27] Die Formeln hierzu wurden bereits in Abschnitt 5.3.4 beschrieben und werden daher an dieser Stelle nicht nochmals dargelegt.
[28] Vgl. Abschnitt 2.3.5.
[29] Abkürzungen: RW = Reichweite, WE = Wareneingangslager, WA = Wareneingangslager.

Produkt	Lieferant	Preis [Euro]	Losgröße [Stück]	RW WA 1st-Tier [Tage]	RW WE 1st-Tier [Tage]	RW WA 2nd-Tier [Tage]	RW WE 2nd-Tier [Tage]
A1	1st-Tier	460,80	64	2			
A2	1st-Tier	460,80	64	2			
A3	1st-Tier	460,80	64	2			
A4	1st-Tier	460,80	64	2			
A5	1st-Tier	460,80	64	2			
A6	1st-Tier	460,80	64	2			
A7	1st-Tier	460,80	64	2			
A8	1st-Tier	460,80	64	2			
A9	1st-Tier	460,80	64	2			
A10	1st-Tier	460,80	64	2			
A11	1st-Tier	460,80	64	2			
A12	1st-Tier	460,80	64	2			
A13	1st-Tier	460,80	64	2			
A14	1st-Tier	460,80	64	2			
A15	1st-Tier	460,80	64	2			
A16	1st-Tier	460,80	64	2			
A17	1st-Tier	463,20	96	2			
A18	1st-Tier	463,20	96	2			
A19	1st-Tier	463,20	96	2			
A20	1st-Tier	463,20	96	2			
A21	1st-Tier	463,20	96	2			
A22	1st-Tier	463,20	96	2			
A23	1st-Tier	463,20	96	2			
A24	1st-Tier	463,20	96	2			
B1	2nd-Tier I	2,00	500		10	5	10
B2	2nd-Tier I	2,00	500		5	1	10
B3	2nd-Tier I	2,00	500		10	5	10
B4	2nd-Tier I	2,00	500		5	1	10
B5	2nd-Tier I	2,00	500		10	5	10
B6	2nd-Tier I	2,00	500		5	1	10
B7	2nd-Tier I	2,00	500		5	1	10
B8	2nd-Tier I	2,00	500		5	1	10
B9	2nd-Tier I	2,00	500		10	5	10
B10	2nd-Tier I	2,00	500		10	5	10
B11	2nd-Tier I	2,00	500		10	5	10
B12	2nd-Tier I	2,00	500		10	5	10
B13	2nd-Tier I	2,00	500		10	5	10
B14	2nd-Tier I	2,00	500		10	5	10
B15	2nd-Tier I	2,00	500		10	5	10
B16	2nd-Tier I	2,00	500		10	5	10
C1	2nd-Tier II	97,00	100		3	1	10
D1	2nd-Tier II	95,00	100		3	1	10
E1	2nd-Tier II	115,00	100		3	1	10
E2	2nd-Tier II	117,00	100		10	5	10
F1	2nd-Tier II	75,00	100		3	1	10
F2	2nd-Tier II	75,00	100		3	1	10

Abbildung 6.11: Produktdaten für die Simulationsstudie

6.2.3 Modellkonzeption

In der Simulationsstudie werden alle Szenarien anhand von zwei unterschiedlichen Koordinationsmodellen untersucht, die als Modell I und Modell II bezeichnet werden. Beim **Modell I** handelt es sich um ein Modell für eine in der Automobilindustrie gängige sukzessive Planung in Supply Chains, das zum Vergleich mit dem in der vorliegenden Arbeit neu entwickelten **Modell II** dient.

Im Rahmen der Konzeption wird im Folgenden zunächst die für die Problemstellung verwendete Simulationsart eingeordnet, bevor im Anschluss die wichtigsten Annahmen für die Simulationsstudie erläutert werden. Danach wird die Funktionsweise des Simulationsmodells im Detail beschrieben, wobei als erstes erklärt wird, welche Gemeinsamkeiten die Simulation bei Modell I und Modell II aufweist. Darauf aufbauend folgt dann die Beschreibung der Unterschiede in der Planung in beiden Koordinationsmodellen.

6.2.3.1 Einordnung des Simulationsmodells

Für die vorliegende Problemstellung wurde ein dynamisches Simulationsmodell konzipiert. Konkret handelt es sich dabei um ein diskretes, zeitorientiertes Modell mit stochastischen Lieferabrufen des OEM. Als Input für die Simulation werden zwar keine Zufallszahlen erzeugt, die verwendeten echten Bedarfsprognosen des OEM unterliegen in der Realität jedoch einer stochastischen Verteilung. Somit kann von einer stochastischen Simulation gesprochen werden, auch wenn bei einem bestimmten Simulationsszenario bei mehreren Simulationsläufen immer das gleiche Ergebnis berechnet wird.

6.2.3.2 Annahmen für die Simulationsstudie

Im Rahmen der Konzeption des Simulationsmodells wurden folgende Annahmen getroffen:

- **5-Tage-Arbeitswoche:** Das Modell basiert auf der Annahme einer 5-Tage-Arbeitswoche, d. h., an Samstagen und Sonntagen wird nicht gearbeitet. Bei der Beschaffung und Aufbereitung der echten Lieferabrufe des OEM werden im Falle von Tagesbedarfen an Wochenenden diese Mengen auf die Fortschrittszahlen am darauffolgenden Montag umgelegt. Ebenso wenig werden Feiertage abgebildet.

- **Planungszyklus:** Im Simulationsmodell beträgt der minimale Planungszyklus einen Tag, d. h., die Lieferanten können höchstens einmal täglich ihre Planung aktualisieren. Im neuen Modell II wird bei jedem Szenario eine tägliche Planung vorausgesetzt, da nur auf diese Weise der Vorteil des schnelleren und unverzerrten Austauschs von Bedarfsinformationen voll genutzt werden kann. Im Modell I kann der Planungszyklus variiert werden. Ferner wird aus Gründen der Einfachheit angenommen, dass der Planungszyklus innerhalb einer Supply-Chain-Ebene identisch ist.

- **Planungshorizont:** Der Planungshorizont eines Produkts umfasst den Zeitraum vom aktuellen Simulationstag bis zum Auslaufstichtag eines Produkts.

- **Losgrößenmodell für Produktionsplanung:** Die Produktionsplanung der Lieferanten erfolgt mithilfe eines einfachen Losgrößenmodells, das in den folgenden Abschnitten noch eingehend beschrieben wird. Grundsätzlich wird dabei versucht, in vorgegebenen Mindestlosgrößen oder einem Vielfachen davon zu produzieren. Basis der nächtlichen Planung ist jeweils der bekannte Datenstand des Vortags. Demzufolge kann der für einen bestimmten Tag erstellte Plan an diesem Tag nicht mehr verändert werden, weil die nächste Planung frühestens in der folgenden Nacht stattfindet. Bei der Erstellung der Produktionspläne erfolgt zunächst keine Prüfung der Verfügbarkeit der benötigten Vorprodukte. Stattdessen wird die gewünschte Produktionsmenge eingeplant und später beim Update der Ist-Werte geprüft, ob die gewünschten Soll-Werte erreicht werden können. Beim neuen Modell spielt hierbei der Korridor eine wesentliche Rolle.

- **Auswirkung von Unterlieferungen:** Durch den Abgleich von Soll- und Ist-Fortschrittszahlen am Wareneingang eines Unternehmens werden Rückstände bzw. Unterlieferungen in der Simulation identifiziert. Im Modell wird jedoch nicht zwischen unterschiedlichen Konsequenzen von Unterlieferungen wie z. B. Sonderfahrten oder Bandstillständen differenziert. Solche Ereignisse hängen in der Realität von einer Vielzahl von Faktoren ab, die aufgrund ihrer Komplexität nicht betrachtet werden.

- **Berücksichtigung von höherer Gewalt:** Mögliche Arbeitsniederlegungen, Maschinendefekte und Ähnliches werden im Modell nicht abgebildet.

- **Schwund und Ausschuss:** Schwund und Ausschuss werden aufgrund fehlender Echtdaten nicht berücksichtigt.

- **Weiterverkauf von Überschussmaterial:** In der Simulation können die Unternehmen überschüssiges Material nach dem Auslauf nicht weiterverkaufen, d. h., Restbestände müssen verschrottet werden.

6.2.3.3 Allgemeiner Ablauf der Simulation

Abbildung 6.12 zeigt den allgemeinen Simulationsablauf, der sich aus den beiden Hauptschritten „Initialisierung beim Simulationsstart" sowie „Ablauf pro Simulationstag" zusammensetzt. Unter Simulationstagen werden in diesem Zusammenhang alle Tage im Simulationszeitraum verstanden. Ausgehend vom Startdatum der Simulation (Simulationstag $t^* = 1$) wird jeder einzelne Tag im Simulationszeitraum in aufsteigender Reihenfolge durchlaufen, um an jedem dieser Tage auf Basis der aktuellen exogenen Daten die Zustandsvariablen im Simulationsmodell zu berechnen.

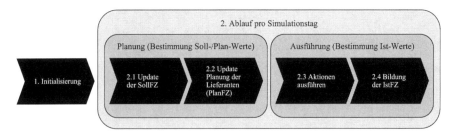

Abbildung 6.12: Allgemeiner Ablauf der Simulation

Schritt 1: Initialisierung beim Simulationsstart

Zu Beginn der Simulation müssen die Soll-, Plan- und Ist-Fortschrittszahlen des Simulationsmodells initialisiert werden. Hierzu werden zuerst alle exogenen Daten ins Simulationsmodell eingespielt und die Gesamtverschiebezeiten und -bedarfskoeffizienten berechnet. Darauf basierend wird ein Initialplan für alle Zählpunkte in der Supply Chain erstellt. Auf Basis dieser Soll- und Plan-Fortschrittszahlen werden anschließend die IstFZ initialisiert, indem sie mit den SollFZ bzw. PlanFZ zum Simulationsstartzeitpunkt gleichgesetzt werden.

Schritt 2: Ablauf pro Simulationstag

Nach der Initialisierung wird, ausgehend vom Starttag $t^* = 1$, der Simulationszeitraum aufsteigend durchlaufen, wobei an jedem Simulationstag t^* die exogenen und endogenen Größen aktualisiert werden, sofern dies erforderlich ist. Grundsätzlich kann dieser Schritt in die beiden Kategorien Planung (Bestimmung der Soll- und Plan-Werte) und Ausführung (Bestimmung der Ist-Werte) unterteilt werden.

Die **Planung zur Ermittlung der Soll- und Plan-Fortschrittszahlen** erfolgt dabei flussaufwärts in der Supply Chain und setzt sich aus folgenden Schritten zusammen:

- **Schritt 2.1: Update der Soll-Fortschrittszahlen:** Die Soll-Fortschrittszahlen bzw. LABs des OEM an Zählpunkt $m = 1$ stellen eine exogene Größe und die Basis für die Planung in der Supply Chain dar. Da es sich beim OEM um eine rollierende Planung mit einem Zyklus von einem Tag handelt, kann es vorkommen, dass sich diese Bedarfsprognosen an jedem Simulationstag ändern. Nach dem Update der Soll-Fortschrittszahlen an Zählpunkt $m = 1$ werden im Modell II anschließend noch die zentralen Soll-Fortschrittszahlen für die Zählpunkte $m = 2$, $m = 5$ und $m = 6$ berechnet.

- **Schritt 2.2: Update der Planung der Lieferanten:** Auf Basis der aktuellsten Bedarfsinformation führen die Lieferanten in der Supply Chain ihre Planung durch. Dabei werden die Bestellmengen sowie die Eingangs- und Ausgangsmengen der Produktion geplant. Die geplanten Versandmengen ergeben sich aus den Lieferabrufen des jeweiligen Kunden. Als Ergebnis dieses Schrittes erhält man die Plan-Fortschrittszahlen der Lieferanten.

Die **Ausführung der Pläne zur Bestimmung der Ist-Werte** erfolgt flussabwärts in der Supply Chain und besteht ebenfalls aus zwei Schritten:

- **Schritt 2.3: Aktionen ausführen/Bildung von Ist-Tagesmengen:** Im Anschluss an die Planung erfolgt am Ende jedes Simulationstags die Ausführung der Pläne. Dabei werden ausgehend vom Zählpunkt $m = 7$ flussabwärts die Ist-Tagesmengen für alle Zählpunkte ermittelt. Diese können von den geplanten Werten abweichen, falls am jeweils vorgelagerten Zählpunkt nicht ausreichend Material zur Ausführung des Plans verfügbar ist. Im Falle einer Mehrfachverwendung von knappen Produkten wird dabei im Simulationsmodell kein spezieller Verteilungsalgorithmus eingesetzt. Stattdessen werden die Bedarfe an einem nachgelagerten Zählpunkt Schritt für Schritt abgearbeitet, indem die Folgeprodukte alphabetisch bedient werden, bis keine Produkte vom Vorgängerzählpunkt mehr verfügbar sind.

- **Schritt 2.4: Bildung der IstFZs:** Aus den im letzten Schritt ermittelten Ist-Tageswerten werden zuletzt die Ist-Fortschrittszahlen für alle Zählpunkte aktualisiert.

Die Besonderheiten von Modell I und II liegen im Bereich der Planung (Schritt 2.2) und werden in den nächsten beiden Abschnitten dargestellt.

6.2.3.4 Besonderheiten der Simulation von Modell I

Das zum Vergleich mit dem neuen Koordinationsmodell entwickelte Modell I basiert auf dem Konzept der sukzessiven Planung in Supply Chains, das in der Praxis der Automobilindustrie sehr verbreitet ist.[30] Nach dem Update der Lieferabrufe des OEM am Zählpunkt $m = 1$ erfolgt flussaufwärts von den Zählpunkten $m = 2$ bis $m = 7$ die Planung der Lieferanten. Die einzelnen Schritte sind in Abbildung 6.13 veranschaulicht.

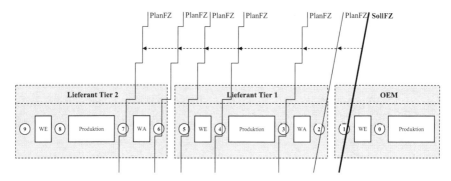

Abbildung 6.13: Ablauf der sukzessiven Planung in Modell I

Planung der 1st-Tier-Lieferanten

Aus Sicht eines 1st-Tier-Lieferanten erfolgt die Planung für die drei Zählpunkte $m \in \{3, 4, 5\}$, mit denen das Unternehmen im Modell abgebildet wird:

- $PlanFZ_{k,3,t^*,t}$: Die PlanFZ für die Produkte k am Zählpunkt $m = 3$ entspricht der geplanten Produktionsmenge an Fertigprodukten aus Sicht des 1st-Tier-Lieferanten. Der Entscheidungsspielraum liegt in der Auftragsbildung (Losgröße), Auftragsfreigabe (Starttermin) sowie in der Festlegung der Maschinenbelegung. Details zu diesem Planungsmodell folgen an späterer Stelle in diesem Abschnitt.

- $PlanFZ_{j,4,t^*,t}$: Die PlanFZ für die Produkte j am Zählpunkt $m = 4$ hängt von der geplanten Produktionsmenge für Fertigprodukte $PlanFZ_{k,3,t^*,t}$ ab und bezeichnet die benötigte Menge an Vorprodukten j, die zur Erfüllung des Produktionsprogramms des Produkts k am Zählpunkt $m = 3$ benötigt wird. Die Berechnung der $PlanFZ_{j,4,t^*,t}$ erfolgt wie in Abschnitt 5.2.2.2 beschrieben.

---
[30] Vgl. Abschnitt 2.4.4.

- $PlanFZ_{j,5,t^*,t}$: Die PlanFZ für die Produkte j am Zählpunkt $m = 5$ stellt die Bestellmenge und damit den Lieferabruf des 1st-Tier-Lieferanten in Richtung seiner Unterlieferanten auf der Tier-2-Ebene dar. Die Berechnung der $PlanFZ_{j,5,t^*,t}$ erfolgt wie in Abschnitt 5.2.2.2 beschrieben. Für die Ermittlung der Lieferabrufe bzw. Bestellmengen des 1st-Tier-Lieferanten wird kein eigenes Planungsmodell verwendet. Stattdessen versucht er, einen vorgegebenen Sicherheitsbestand im Wareneingangslager zu erhalten.

Planung der 2nd-Tier-Lieferanten

Eine eigene Planung der 2nd-Tier-Lieferanten erfolgt für nur für den Zählpunkt $m = 7$:[31]

- $PlanFZ_{j,7,t^*,t}$: Die PlanFZ für die Produkte j am Zählpunkt $m = 7$ entspricht der geplanten Produktionsmenge an Fertigprodukten aus Sicht des 2nd-Tier-Lieferanten. Der Entscheidungsspielraum liegt in der Auftragsbildung (Losgröße), Auftragsfreigabe (Starttermin) sowie in der Festlegung der Maschinenbelegung.[32] Im Modell wird davon ausgegangen, dass ein 2nd-Tier-Lieferant beliebig viele Vorprodukte von seinen Unterlieferanten bestellen kann.

Produktionsplanung der 1st-Tier- und 2nd-Tier-Lieferanten

Die Planung der Produktionsmengen ($PlanFZ_{k,3,t^*,t}$ und $PlanFZ_{j,7,t^*,t}$) erfolgt mithilfe eines einfachen Losgrößenmodells, welches versucht, tägliche Produktionsmengen in von den Lieferanten vorgegebenen Losgrößen oder einem Vielfachen davon einzuplanen. Dabei wird die Planung pro Produkt α rollierend in einem bestimmten Planungszyklus durchgeführt, d. h., dass an jedem Simulationstag t^*, an dem aufgrund des Planungszyklus geplant wird, ausgehend von diesem Tag t^* für alle zukünftigen Tage t im Simulationszeitraum ein täglicher Produktionsplan erstellt wird. Aus den geplanten Tagesproduktionsmengen wird anschließend eine Plan-Fortschrittszahl berechnet. Folgende Begriffe werden zur Beschreibung der Produktionsplanung neu eingeführt:

- **Soll-Tagesproduktionsmenge:** Die Basis für die Produktionsplanung an den Zählpunkten $m = 3$ und $m = 7$ stellen die um den jeweils angestrebten Sicherheitsbestand (Verschiebezeit) im Warenausgangslager verschobenen $PlanFZ_{k,2,t^*,t}$ und $PlanFZ_{j,6,t^*,t}$ dar. Dadurch entstehen die Soll-Fortschrittszahlen $SollFZ_{k,3,t^*,t}$ und $SollFZ_{j,7,t^*,t}$, aus denen die Soll-Tagesproduktionsmengen abgeleitet werden.

- **Plan-Tagesproduktionsmenge:** Bei der Plan-Tagesproduktionsmenge eines Produkts α handelt es sich um diejenige Menge, die ein Lieferant an einem Tag t produzieren möchte. Diese kann aufgrund der Bildung von Produktionslosen oder knappen Produktionskapazitäten von der Soll-Tagesproduktionsmenge abweichen.

- **Verfügbare Tageskapazität:** Die Produkte α einer Produktgruppe g werden jeweils auf der gleichen Fertigungslinie hergestellt. Deshalb müssen sie sich die tägliche

---

[31] Die PlanFZ für die Produkte j am Zählpunkt $m = 6$ entspricht dem um die Transportzeit $v_{j,j,5,6}$ zwischen den Zählpunkten $m = 5$ und $m = 6$ verschobenen Lieferabruf $PlanFZ_{j,5,t^*,t}$ des 1st-Tier-Lieferanten.
[32] Details zu diesem Planungsmodell folgen an späterer Stelle in diesem Abschnitt.

Produktionskapazität der Linie teilen. Bei der Planung wird dieser Aspekt berücksichtigt, indem die Planung für die Produkte α einer Gruppe g sukzessive und alphabetisch aufsteigend nach Produktnamen durchgeführt wird. Nach der Einplanung jedes Produkts α wird die noch verfügbare Tageskapazität entsprechend reduziert.

Im Folgenden werden die wichtigsten Funktionen und Besonderheiten der Planung in Modell I zur Ermittlung der Plan-Tagesproduktionsmengen erläutert:

- Grundsätzlich wird versucht, Plan-Tagesproduktionsmengen zu bestimmen, die der jeweiligen Mindestlosgröße oder einem Vielfachen davon entsprechen. Dies liegt daran, dass durch die Bildung von Produktionslosen Rüstvorgänge und damit auch Rüstkosten eingespart werden können.

- Entspricht eine Soll-Tagesproduktionsmenge an einem Tag t genau der Mindestlosgröße oder einem Vielfachen davon, so wird geprüft, ob die verfügbare Tageskapazität am Tag t für die Produktion der Soll-Produktionsmenge ausreicht.

    – Ist die verfügbare Tageskapazität größer oder gleich der Soll-Tagesproduktionsmenge am Tag t, dann wird die Plan-Tagesproduktionsmenge mit der Soll-Tagesproduktionsmenge gleichgesetzt.

    – Ist die verfügbare Tageskapazität am Tag t kleiner als die Soll-Tagesproduktionsmenge, wird die Plan-Tagesproduktionsmenge für den Tag t auf jeden Fall auf die verfügbare Tageskapazität gesetzt. Darüber hinaus wird versucht, die Differenz aus der Soll-Tagesproduktionsmenge und der verfügbaren Kapazität an einem anderen, vorgelagerten Tag einzuplanen.

- Entspricht eine Soll-Tagesproduktionsmenge an einem Tag t nicht der Mindestlosgröße oder einem Vielfachen davon, so wird versucht, als Plan-Tagesproduktionsmenge die Menge einzuplanen, welche ausgehend von der Soll-Tagesproduktionsmenge das nächste Vielfache der Mindestlosgröße ergibt. Die Differenz aus beiden Mengen wird in dieser Arbeit als Auffüllmenge bezeichnet. Beträgt z.B. die Mindestlosgröße 100 ME für den Tag t und die Soll-Tagesproduktionsmenge 80 ME, dann wird versucht, am Tag t 100 ME als Plan-Tagesproduktionsmenge einzuplanen. Die Auffüllmenge entspricht in diesem Fall 20 ME. Für dieses Vorgehen werden die Soll-Tagesproduktionsmengen der Folgetage von t bis T_α untersucht, um zu prüfen, ob in der Zukunft noch Soll-Tagesproduktionsmengen existieren, die vorproduziert werden können.

    – Ist die Summe dieser zukünftigen Soll-Tagesproduktionsmengen größer oder gleich der Auffüllmenge am Tag t, so wird die Auffüllmenge aus zukünftigen Soll-Tagesproduktionsmengen auf den Tag t vorgezogen. Es kann jedoch nur so viel vorgezogen werden, wie die verfügbare Tageskapazität am Tag t erlaubt.

    – Reichen die zukünftigen Soll-Tagesproduktionsmengen bis T_α nicht zum Auffüllen auf eine Losgröße am Tag t aus, so wird der gesamte zukünftige Bedarf (Summe der Soll-Tagesproduktionsmengen) für den Tag t eingeplant, um zusätzliche Rüstvorgänge einzusparen. Dabei ist allerdings auch die verfügbare Tageskapazität von Tag t als Restriktion zu beachten.

6.2 Durchführung der Simulationsstudie

Abschließend sei angemerkt, dass die beschriebene Produktionsplanung in Modell I eine Vorproduktion ohne zeitliche Einschränkung erlaubt. Das bedeutet, dass z. B. bei Schwachläufern mit geringen Tagesbedarfen möglicherweise bereits zu Beginn der Simulation der gesamte Bedarf aller zukünftigen Perioden zusammengefasst und auf einmal produziert wird. Auf diese Weise kann die Anzahl der Rüstvorgänge zwar minimiert werden, andererseits wird der Bestand dadurch jedoch erhöht und das Verschrottungsrisiko steigt, da die Bedarfsprognosen in späteren Perioden noch fallen können und bereits hergestellte Produkte dann evtl. verschrottet werden müssen. Abbildung 6.14 veranschaulicht anhand eines Beispiels die Funktionsweise der Produktionsplanung eines Lieferanten in Modell I bei einer Mindestlosgröße von 50 ME und einem täglichen Planungszyklus. Dabei erfolgt die Planung ausgehend vom aktuellen Simulationstag t^* für den Zeitraum $t = t^* + 1$ bis $t = t^* + 13$. Der Begriff „Tagesproduktionsmenge" wird in der Tabelle durch den Begriff „Tagesmenge" abgekürzt, die Tage $t = t^* + 1$ bis $t = t^* + 13$ mit den Ziffern 1 bis 13.

Tag	1	2	3	4	5	6	7	8	9	10	11	12	13
Tageskapazität	100	100	100	100	100	100	100	100	100	100	100	100	100
SollFZ	10	20	20	20	100	100	160	160	230	280	290	300	450	460
Soll-Tagesmenge	10	10	0	0	80	60	0	70	50	10	10	150	10
Plan-Tagesmenge	100	0	0	0	0	100	0	50	50	0	0	150	10
PlanFZ	100	100	100	100	100	200	200	250	300	300	300	450	460

Abbildung 6.14: Beispiel für die Produktionsplanung in Modell I

6.2.3.5 Besonderheiten der Simulation von Modell II

Der grundsätzliche Ablauf der Planung im Modell II wurde bereits im Abschnitt 5.3 erklärt und wird an dieser Stelle nicht nochmal wiederholt.[33] Demzufolge werden die zentralen Soll-Fortschrittszahlen im ersten Schritt für die Zählpunkte $m = 1$, $m = 5$ und $m = 6$ ermittelt. Darauf basierend planen die Lieferanten wie in Abbildung 6.15 veranschaulicht.

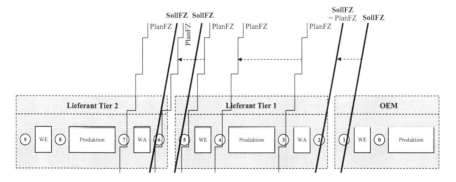

Abbildung 6.15: Ablauf der dezentralen Planung in Modell II

---
[33]Der einzige Unterschied zwischen der allgemeinen Beschreibung von Modell II in Abschnitt 5.3 und der Umsetzung in der Simulation besteht darin, dass der Betrachtungsgegenstand in der Simulationsstudie nicht wie im allgemeinen Modell am Zählpunkt $m = 9$, sondern bereits am Zählpunkt $m = 7$ endet. Dies gilt jedoch auch für das Modell I.

Die Planung der Produktionsmengen ($PlanFZ_{k,3,t^*,t}$ und $PlanFZ_{j,7,t^*,t}$) erfolgt im Modell II grundsätzlich anhand des gleichen Losgrößenmodells wie bei Modell I. Einen wesentlichen Unterschied stellen jedoch die zentralen Soll-Fortschrittszahlen und der damit verbundene Korridor dar. Dieser Korridor stellt eine zusätzliche Restriktion hinsichtlich der Vorproduktion von zukünftigen Soll-Tagesbedarfsmengen dar. Bei den 1st-Tier-Lieferanten wird dieser Zeitraum durch die zentrale $SollFZ_{j,5,t^*,t}$ eingeschränkt. Der maximale Zeitraum für eine Vorproduktion bei den 2nd-Tier-Lieferanten wird in der Simulation als fester Parameter definiert, da in der Fallstudie am Zählpunkt $m = 9$ keine Fortschrittszahlen mehr geführt werden. Darüber hinaus ist zu beachten, dass der Planungszyklus bei Modell II immer täglich ist, während er bei Modell I auch länger sein kann.

Abbildung 6.16 zeigt am gleichen Beispiel wie bei Modell I die Funktionsweise der Produktionsplanung eines Lieferanten in Modell II. Zusätzlich zur Mindestlosgröße von 50 ME gilt in Modell II in diesem Beispiel die Einschränkung, dass der Lieferant aufgrund des Korridors maximal 3 Tage vorproduzieren und damit nur die Soll-Tagesmengen von 3 Tagen zu einem Los zusammenfassen darf.

Tag	1	2	3	4	5	6	7	8	9	10	11	12	13
Tageskapazität	100	100	100	100	100	100	100	100	100	100	100	100	100
SollFZ	10	20	20	20	100	160	160	230	280	290	300	450	460
Soll-Tagesmenge	10	10	0	0	80	60	0	70	50	10	10	150	10
Plan-Tagesmenge	20	0	0	0	100	50	0	100	30	0	0	150	10
PlanFZ	20	20	20	20	120	170	170	270	300	300	300	450	460

Abbildung 6.16: Beispiel für die Produktionsplanung in Modell II

6.2.4 Modellimplementierung

Das Simulationsmodell wurde mithilfe der Programmiersprache „Visual Basic for Applications (VBA)" in Form eines Systems mit zwei Softwarekomponenten implementiert: einer Simulationskomponente und einer Analysekomponente. Dabei wurde das Konzept der „Offline-Auswertung" verwendet, bei dem die Auswertung und Aufbereitung der Simulationsergebnisse nicht während der Simulation, sondern erst nach dem Ende der Simulation erfolgen.[34] Abbildung 6.17 veranschaulicht die Systemarchitektur grafisch.

6.2.4.1 Simulationskomponente

Die Simulationskomponente besteht aus einer Microsoft Access-Datenbank zur Datenverwaltung und einem VBA-Quellcode für die Simulation. Die Datenbank ermöglicht das Einspielen von echten LAB über Tabellen sowie die manuelle Eingabe der anderen exogenen Daten. Ferner dient sie der Verwaltung aller exogenen Daten und der in der Simulation berechneten Zustandsvariablen. Der VBA-Quellcode enthält den Algorithmus für den Ablauf der Simulation und die hierfür nötigen Berechnungen, wobei sowohl in der Datenbank als auch im Quellcode zwischen Modell I und II differenziert wird.

---
[34]Vgl. Verein Deutscher Ingenieure (1997, S. 18).

6.2 Durchführung der Simulationsstudie

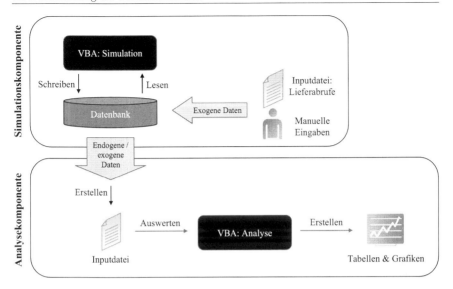

Abbildung 6.17: Systemarchitektur des implementierten Simulationsmodells

6.2.4.2 Analysekomponente

Die Analyse der Simulationsläufe wird mithilfe von Microsoft Excel durchgeführt. Ein ebenfalls in VBA programmiertes Programm ermöglicht die Ermittlung der Ergebnisgrößen und die Aufbereitung aller wichtigen Simulationsergebnisse. Im ersten Schritt werden nach der Simulation folgende exogene und endogene Daten aus der Simulationskomponente in eine Inputdatei für die Analysekomponente exportiert:

- Exogene Daten: unternehmensspezifische Daten (z. B. Anzahl und Namen der Unternehmen, Supply-Chain-Struktur), produktspezifische Daten (z. B. Produktnamen, Planungsparameter), Erzeugnisstruktur/Stückliste

- Endogene Daten (Zustandsvariablen): Soll-, Plan- und Ist-Fortschrittszahlen aller Produkt-Zählpunkt-Kombinationen $(\alpha, m) \in S$ im Simulationsmodell

Im zweiten Schritt werden die Ergebnisgrößen berechnet und Tabellen und Grafiken für folgende Informationen erzeugt:

- Zeitlicher Verlauf der täglichen **tatsächlichen Lieferabrufmengen der Produkte** α an den Zählpunkten $m = 1$ und $m = 5$ mit $\alpha \in P$, $(\alpha, m) \in S$

- Zeitlicher Verlauf der täglich **prognostizierten End-Fortschrittszahl der Produkte** α an den Zählpunkten $m = 1$ und $m = 5$ mit $\alpha \in P$, $(\alpha, m) \in S$

- Zeitlicher Verlauf der tatsächlichen **Soll-, Plan- und Ist-Fortschrittszahlen der Produkte** α an allen Zählpunkten im Simulationsmodell von $m = 2$ bis $m = 7$ mit $\alpha \in P$, $(\alpha, m) \in S$

- Zeitlicher Verlauf der **Ist-Tagesproduktionsmengen der Produkte** α an den Zählpunkten $m = 3$ und $m = 7$ mit $(\alpha, m) \in S$ mit $\alpha \in P$, $(\alpha, m) \in S$

- Zeitlicher Verlauf der täglichen **Ist-Bestände der Produkte** α zwischen den Zählpunkten $m = 2$ und $m = 3$, $m = 4$ und $m = 5$, $m = 6$ und $m = 7$ mit $\alpha \in P$, $(\alpha, m) \in S$

Als Beispiel für die grafischen Auswertungen ist in Abbildung 6.18 die Entwicklung der prognostizierten End-Fortschrittszahl im Verhältnis zur tatsächlichen EndFZ am Ende der Simulation für ein Produkt dargestellt.

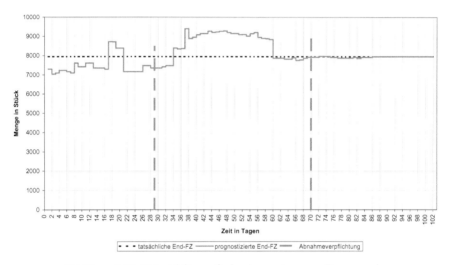

Abbildung 6.18: Beispiel für grafische Auswertung zur Prognose der End-Fortschrittszahlen (Produkt A6)

Auf der x-Achse ist der Simulationszeitraum in Tagen abgetragen, auf der y-Achse die prognostizierte EndFZ sowie die tatsächliche EndFZ in Stück. Darüber hinaus sind die Stichtage für die Wirkung der Abnahmeverpflichtungen für Vor- und Fertigprodukte als vertikale, gestrichelte Linien eingezeichnet. Die prognostizierten EndFZ können ermittelt werden, indem an jedem Simulationstag der maximale Wert der prognostizierten SollFZ bestimmt wird. Dabei handelt es sich dann um die zu diesem Zeitpunkt in der Simulation bekannte EndFZ. In dem vorliegenden Beispiel beginnt ab dem Simulationstag $t^* = 29$ die Frist zur Abnahme von Vorprodukten. Ferner kann man erkennen, dass die Prognose der EndFZ der Fertigprodukte am Simulationstag $t^* = 34$ über die tatsächliche EndFZ steigt und erst am Tag $t^* = 60$ wieder darunter sinkt. Die Folge davon ist, dass der Lieferant die zur Differenz aus der tatsächlichen EndFZ und der prognostizierten EndFZ der Endprodukte am Tag $t^* = 37$ notwendigen Vorprodukte dem Kunden (OEM) nach dem Auslauf als Verschrottungsmaterial in Rechnung stellen könnte, weil dessen Bedarfsprognose innerhalb der Abnahmefrist für die Vorprodukte zu hoch war.

Die Analysekomponente ermöglicht nicht nur die Bewertung einzelner Simulationsläufe, sondern auch den Vergleich der Ergebnisse aus unterschiedlichen Simulationsszenarien

6.2 Durchführung der Simulationsstudie

im Rahmen der Sensitivitätsanalyse. So kann beispielsweise untersucht werden, welche Auswirkungen eine Änderung des Planungszyklus auf die Ergebnisgrößen hat.

6.2.5 Verifizierung und Validierung

Im Rahmen der Verifizierung und Validierung des Simulationsmodells wurden verschiedene von Law/Kelton (2000) empfohlene Techniken eingesetzt.

Für die **Verifizierung** des Computermodells wurden fünf Techniken eingesetzt, die bei der Implementierung des Simulationskonzepts die Identifizierung und Beseitigung von Fehlern ermöglicht haben:

- Technik 1: Statt zuerst das ganze Simulationsmodell zu programmieren und dann mit den Verifizierungstests zu beginnen, wurden sukzessive einzelne, kleinere Programmbausteine programmiert und auf Fehler untersucht.

- Technik 2: Der Programmcode wurde gemeinsam mit einer Expertengruppe Zeile für Zeile durchgegangen und verifiziert (Structured Walk-through). Dabei wurde dieser Prozess nach jeder Zeile erst fortgesetzt, sobald alle Teilnehmer der Gruppe der Korrektheit des Quellcodes zugestimmt hatten.

- Technik 3: Die Simulation wurde mit unterschiedlichen Inputdaten ausgeführt, und nach jedem Simulationslauf wurde geprüft, ob die Simulationsergebnisse logisch nachvollziehbar sind.

- Technik 4: Jeder Rechenschritt der Simulation wurde einzeln ausgewertet und die Ergebnisse wurden mit manuellen Rechnungen verglichen (Tracing). Dieses Vorgehen ist zwar sehr effektiv, jedoch auch sehr aufwendig. Daher wurde für diese Technik ein einfaches Testbeispiel aufgesetzt.

- Technik 5: Die Simulation wurde unter vereinfachten Annahmen ausgeführt, um charakteristische Grundeffekte erkennen und verifizieren zu können.[35]

Bei der **Validierung** wurde anhand folgender Techniken geprüft, ob das Simulationsmodell eine geeignete Darstellung der Realität im Hinblick auf die Ziele der Simulation darstellt:

- Technik 6: Die Sammlung von qualitativ hochwertigen Informationen und Daten hatte einen sehr hohen Stellenwert. Daher wurden zahlreiche Gespräche und Workshops mit Experten der beteiligten Unternehmen durchgeführt. Ferner wurde das Ziel verfolgt, in der Simulation möglichst immer mit Echtdaten zu rechnen. Durch Abzüge aus den Logistiksystemen der Unternehmen und die Auswertung von archivierten Echtdaten konnte dieses Ziel zum Großteil erreicht werden.

- Technik 7: Es fanden regelmäßige Gespräche mit den zuständigen Managern der beteiligten Unternehmen statt, um den Projektfortschritt und das Simulationsmodell zu besprechen.

---
[35] Vgl. Law/Kelton (2000, S. 269–273).

- Technik 8: Die einzelnen Funktionen des Simulationsmodells und die dem Modell zugrunde liegenden Annahmen wurden schriftlich beschrieben und anschließend im Rahmen eines „Structured Walk-through" validiert.

- Technik 9: Durch den Einsatz quantitativer Techniken wurden die einzelnen Modellfunktionen validiert. So konnten beispielsweise die wesentlichen Einflussfaktoren auf die Ergebnisgrößen mithilfe einer Sensitivitätsanalyse bestätigt werden.

- Technik 10: Die Simulationsergebnisse wurden mit echten Ergebnisdaten aus dem realen Auslauf verglichen. Da die Ergebnisse aus der Realität denen aus der Simulation ähnlich sind, kann das Simulationsmodell als valide bezeichnet werden.[36]

6.2.6 Design des Experiments

Für das Simulationsexperiment werden unterschiedliche Szenarien definiert, um mithilfe einer systematischen Parametervariation die Auswirkungen der Veränderung einzelner Parameter auf die Ergebnisgrößen in Modell I und Modell II zu untersuchen.[37] Insgesamt beinhaltet das Experiment ein Grund- bzw. Basisszenario sowie drei weitere Szenarien für die Sensitivitätsanalyse, im Rahmen derer die drei Einflussfaktoren Abnahmeverpflichtungsfrist, Planungszyklus der Lieferanten sowie die Lieferabrufe des OEM variiert werden (vgl. Abbildung 6.19).

	Abnahme-verpflichtung [Monate]	Planungszyklus der Lieferanten [Tage]	Lieferabrufe des OEM
Szenario 1	1+2	1	Original
Szenario 2	1+1	1	Original
Szenario 3	1+2	3	Original
Szenario 4	1+2	1	Modifiziert

Abbildung 6.19: Übersicht über die Simulationsszenarien

Pro Szenario ist jeweils nur ein Simulationslauf für Modell I und Modell II erforderlich, da die exogenen Größen nicht über Zufallszahlen generiert werden. Bei den Lieferabrufen des OEM handelt es sich zwar um Werte, die in der Realität stochastischen Einflüssen ausgesetzt sind, in der Simulation werden jedoch keine anderen Bedarfe über Zufallszahlen erzeugt.[38]

6.2.6.1 Szenario 1: Grundszenario

Das erste Szenario stellt das Grundszenario dar, in dem die drei Einflussfaktoren nicht variiert, sondern mit den tatsächlichen Werten aus der Realität initialisiert werden. Demzufolge werden in diesem Szenario die Simulationsläufe für die Modelle I und II mit einer Abnahmeverpflichtungsfrist von 1+2, einem täglichen Planungszyklus bei den Lieferanten sowie den echten Lieferabrufen des OEM durchgeführt.

---

[36]Vgl. Law/Kelton (2000, S. 273–279).
[37]Vgl. Abschnitt 6.1.1.
[38]Vgl. Abschnitt 6.1.3.5.

6.2.6.2 Szenario 2: Variation der Abnahmeverpflichtungsfristen

Beim Szenario 2 werden die Auswirkungen einer Reduzierung der Abnahmefrist für Fertigprodukte von 3 auf 2 Monaten untersucht, was einer Änderung von 1+2 auf 1+1 entspricht. In diesem Zusammenhang ist zu beachten, dass diese Variation keine Auswirkungen auf die Zustandsvariablen in der Simulation hat und auch bei den Ergebnisgrößen nur die Verschrottungskosten beeinflusst. Der Grund hierfür liegt darin, dass eine andere Abnahmeverpflichtung in der Fallstudie keine direkten Auswirkungen auf die Planung der Unternehmen hat, sondern ausschließlich auf die Zuordnung von Überschussmaterial nach dem Auslauf und somit auf die Verschrottungskosten der Firmen. Dennoch ist dieses Szenario aus Sicht eines OEM sehr interessant, da auf diese Weise Einsparungspotenziale durch eine Verkürzung der Abnahmeverpflichtungsfristen quantifiziert werden können.

6.2.6.3 Szenario 3: Variation des Planungszyklus der Lieferanten

Das neue Koordinationsmodell (Modell II) setzt einen täglichen Planungszyklus der Lieferanten voraus, um die Vorteile der unverzerrten und unverzögerten Bedarfsvorschau in der Supply Chain nutzen zu können. Beim Modell I mit der sukzessiven Planung kann auch in größeren Zyklen geplant werden. Dabei ist es in der Automobilindustrie, abhängig von den Teilen und der Belieferungsform, durchaus möglich, dass Lieferanten ihre Produktions- und Bestellmengenplanung z. B. nur alle 3 Tage aktualisieren. Aus diesem Grund findet im dritten Szenario ein Vergleich zwischen dem Modell I mit einem Planungszyklus von drei Tagen und dem Modell II mit einem Planungszyklus von einem Tag statt. Somit kann analysiert werden, welchen Vorteil das neue Modell im Vergleich zu einer sukzessiven Planung mit längeren Planungszyklen bringt.

6.2.6.4 Szenario 4: Variation der Bedarfe des OEM (LAB)

Das letzte Simulationsszenario dient der Abbildung einer Senkung des Fahrzeugproduktionsprogramms beim OEM und der daraus resultierenden Senkung der Lieferabrufe für die zur Herstellung der Fahrzeuge erforderlichen Vorprodukte. Solche Situationen können in der Realität beispielsweise bei der Stornierung von Aufträgen von Großkunden auftreten, falls diese sich entscheiden, anstatt der auslaufenden Fahrzeugmodellvariante die Nachfolgevariante zu bestellen. Einen anderen Fall stellt die Entscheidung des Managements beim OEM dar, die Nachfolgemodellvariante schneller als ursprünglich geplant anlaufen zu lassen und somit den Auslauf zu verkürzen und das Produktionsprogramm für die alten Modellvarianten zu reduzieren, um auf diese Weise möglichst schnell die neuen Modelle produzieren zu können.

Im vorliegenden Experiment wurde zur Abbildung eines solchen Effekts ein Stichtag festgelegt, ab dem sich die prognostizierten Tagesbedarfe aller zu diesem Zeitpunkt noch nicht ausgelaufenen Produkte α aus dem LAB des OEM am Zählpunkt $m = 1$ um 30 % reduzieren. Im Fall ungerader Ergebnisse wird aufgerundet. Die genaue Vorgehensweise zur Variation der Lieferabrufe ist die folgende:

- Schritt 1: Festlegung eines Simulationstages, ab dem die Tagesbedarfe aus den echten Lieferabrufen des OEM gesenkt werden sollen: $t^* = 90$. Dieser Zeitpunkt wurde gemeinsam mit Auslaufexperten der beteiligten Unternehmen festgelegt.

- Schritt 2: Ermittlung aller Produkte $\alpha \in P$ am Zählpunkt $m = 1$ beim OEM, die zum Zeitpunkt $t^* = 90$ noch nicht ausgelaufen sind.

- Schritt 3: Ableitung der prognostizierten Soll-Tagesbedarfsmengen der im 2. Schritt ermittelten Produkte aus den Soll-Fortschrittszahlen dieser Produkte am Zählpunkt $m = 1$ für alle Lieferabrufe ab dem Zeitpunkt $t^* = 90$.

- Schritt 4: Reduzierung aller Soll-Tagesbedarfsmengen aus dem 3. Schritt um jeweils 30 %. Bei ungeraden Ergebnissen wird aufgerundet.

- Schritt 5: Hier wird der 3. Schritt umgekehrt, indem aus den reduzierten Soll-Tagesbedarfsmengen wieder die Soll-Fortschrittszahlen berechnet werden, die dann die neuen Lieferabrufe des OEM am Zählpunkt $m = 1$ darstellen.

6.2.7 Durchführung des Experiments und Analyse der Ergebnisse

Dieser Abschnitt widmet sich der Aufbereitung und Analyse der Simulationsergebnisse. Die vorab durchzuführenden Simulationsläufe erfolgen wie in den letzten Abschnitten beschrieben und werden an dieser Stelle nicht nochmal erläutert.

Das Grundszenario wird im Vergleich zu den anderen Szenarien am ausführlichsten analysiert. Es dient zum einen dem detaillierten Vergleich der Ergebnisse von Modell I und Modell II sowie der Diskussion der Ursachen bestimmter Effekte, die durch die unterschiedlichen Koordinationmechanismen hervorgerufen werden. Im Rahmen der Szenarien 2-4 wird der Fokus auf die Analyse der Auswirkungen der entsprechenden Parametervariationen gelegt.

6.2.7.1 Ergebnisse Szenario 1: Grundszenario

Szenario 1 wird durch folgende Eigenschaften bestimmt:

- Abnahmeverpflichtung [Monate]: 1+2
- Planungszyklus der Lieferanten in Modell I [Tage]: 1
- Lieferabrufe des OEM: Original

Abbildung 6.21 zeigt die Simulationsergebnisse von Szenario 1 im Überblick. Dabei werden jeweils die Resultate von Modell I und II sowie die absolute und prozentuale Differenz dieser Ergebnisse zum Vergleich der beiden Ansätze dargestellt. Beim γ-Servicegrad wird die absolute Differenz in Prozentpunkten angegeben, eine zusätzliche prozentuale Differenz ergibt in diesem Fall keinen Sinn. Stehen in der Spalte der Differenz keine Werte, dann war der entsprechende Wert im Modell I null und im Modell II größer null, was einer prozentualen Differenz von plus unendlich entsprechen würde.

6.2 Durchführung der Simulationsstudie

Produkt	Verschrottungskosten [Euro] Modell I	Verschrottungskosten [Euro] Modell II	Verschrottungskosten [Euro] Diff. abs	Verschrottungskosten [Euro] Diff. rel	Gamma-Servicegrad Modell I	Gamma-Servicegrad Modell II	Gamma-Servicegrad Diff. abs	Anzahl Rüstvorgänge [Stück] Modell I	Anzahl Rüstvorgänge [Stück] Modell II	Anzahl Rüstvorgänge [Stück] Diff. abs	Anzahl Rüstvorgänge [Stück] Diff. rel	durchschn. Bestand [Stück] Modell I	durchschn. Bestand [Stück] Modell II	durchschn. Bestand [Stück] Diff. abs	durchschn. Bestand [Stück] Diff. rel
A1	0,00	460,80	460,80	0,00%	97,23%	95,82%	-1,41%	40	43	3	7,50%	242	210	-32	-13,22%
A2	460,80	460,80	0,00	0,00%	97,82%	98,64%	0,82%	52	54	2	3,85%	299	298	-1	-0,33%
A3	0,00	0,00	0,00	0,00%	99,07%	97,48%	-1,58%	71	71	0	0,00%	462	462	0	0,00%
A4	0,00	0,00	0,00	0,00%	96,03%	93,77%	-2,27%	11	16	5	45,45%	75	56	-19	-25,33%
A5	0,00	0,00	0,00	0,00%	91,91%	93,62%	1,70%	9	16	7	77,78%	60	39	-21	-35,00%
A6	460,80	460,80	0,00	0,00%	97,58%	98,35%	0,77%	59	60	1	1,69%	589	587	-2	-0,34%
A7	0,00	0,00	0,00	0,00%	85,34%	84,77%	-0,58%	25	26	1	4,00%	119	114	-5	-4,20%
A8	1.843,20	1.843,20	0,00	0,00%	97,31%	96,72%	-0,59%	70	70	0	0,00%	408	404	-4	-0,98%
A9	0,00	0,00	0,00	0,00%	99,96%	99,96%	0,00%	63	63	0	0,00%	376	375	-1	-0,27%
A10	0,00	0,00	0,00	0,00%	97,49%	97,33%	-0,16%	75	75	0	0,00%	500	496	-4	-0,80%
A11	45.619,20	6.588,80	-29.030,40	-63,64%	100,00%	100,00%	0,00%	2	2	0	0,00%	159	132	-27	-16,98%
A12	0,00	0,00	0,00	0,00%	95,12%	96,95%	1,83%	4	10	6	150,00%	101	84	-17	-16,83%
A13	0,00	0,00	0,00	0,00%	94,22%	96,25%	2,04%	33	32	-1	-3,03%	178	172	-6	-3,37%
A14	460,80	460,80	0,00	0,00%	96,22%	96,22%	0,00%	39	39	0	0,00%	292	270	-22	-7,53%
A15	26.265,60	4.147,20	-22.118,40	-84,21%	100,00%	100,00%	0,00%	1	1	0	0,00%	89	45	-44	-49,44%
A16	0,00	0,00	0,00	0,00%	96,60%	80,00%	-16,60%	5	13	8	160,00%	53	43	-10	-18,87%
A17	463,20	463,20	0,00	0,00%	96,39%	93,94%	-2,45%	43	41	-2	-4,65%	1.034	1.022	-12	-1,16%
A18	17.601,60	6.021,60	-11.580,00	-65,79%	100,00%	94,18%	-5,82%	3	9	6	200,00%	122	78	-44	-36,07%
A19	0,00	0,00	0,00	0,00%	98,29%	95,48%	-2,81%	25	25	0	0,00%	314	289	-25	-7,96%
A20	0,00	0,00	0,00	0,00%	95,43%	92,10%	-3,34%	39	41	2	5,13%	310	319	9	2,90%
A21	0,00	0,00	0,00	0,00%	94,86%	95,12%	0,26%	11	20	9	81,82%	141	121	-20	-14,18%
A22	0,00	0,00	0,00	0,00%	90,37%	90,37%	0,00%	6	9	3	50,00%	81	71	-10	-12,35%
A23	6.021,60	0,00	-6.021,60	-100,00%	100,00%	0,00%	-100,00%	1	5	4	400,00%	37	17	-20	-54,05%
A24	4.632,00	0,00	-4.632,00	-100,00%	100,00%	98,93%	-1,07%	4	12	8	200,00%	102	76	-26	-25,49%
B1	4,00	4,00	0,00	0,00%	100,00%	100,00%	0,00%	16	15	-1	-6,25%	588	574	-14	-2,38%
B2	116,00	116,00	0,00	0,00%	95,43%	96,02%	0,59%	24	21	-3	-12,50%	522	485	-37	-7,09%
B3	0,00	0,00	0,00	0,00%	96,76%	95,44%	-1,32%	2	8	6	300,00%	29	43	14	48,28%
B4	28,00	2,00	-26,00	-92,86%	85,96%	98,30%	12,34%	12	9	-3	-25,00%	767	711	-56	-7,30%
B5	314,00	38,00	-276,00	-87,90%	95,29%	96,33%	1,04%	19	21	2	10,53%	319	182	-137	-42,95%
B6	0,00	0,00	0,00	0,00%	100,00%	100,00%	0,00%	4	6	2	50,00%	683	675	-8	-1,17%
B7	4,00	4,00	0,00	0,00%	97,01%	97,22%	0,21%	26	26	0	0,00%	428	430	2	0,47%
B8	116,00	116,00	0,00	0,00%	97,66%	96,37%	-1,29%	16	15	-1	-6,25%	724	698	-26	-3,59%
B9	30,00	0,00	-30,00	-100,00%	95,43%	97,91%	-2,09%	2	8	6	300,00%	368	200	-168	-45,65%
B10	0,00	0,00	0,00	0,00%	97,64%	98,98%	1,34%	12	12	0	-8,33%	343	266	-77	-22,45%
B11	0,00	0,00	0,00	0,00%	98,00%	99,26%	1,26%	12	11	-1	-8,33%	449	382	-67	-14,92%
B12	258,00	18,00	-240,00	-93,02%	100,00%	100,00%	0,00%	1	2	1	100,00%	154	66	-88	-57,14%
B13	8,00	18,00	10,00	125,00%	0,00%	46,67%	46,67%	1	1	0	0,00%	1	15	14	1400,00%
B14	218,00	60,00	-158,00	-72,48%	100,00%	100,00%	0,00%	3	3	0	0,00%	126	126	0	0,00%
B15	0,00	0,00	0,00	0,00%	88,73%	90,74%	2,01%	16	16	0	0,00%	442	465	23	5,20%
B16	60,00	14,00	-46,00	-76,67%	100,00%	100,00%	0,00%	1	4	3	300,00%	226	106	-120	-53,10%

Abbildung 6.20: Übersicht über die Simulationsergebnisse von Szenario 1 (1)

Produkt	Verschrottungskosten [Euro] Modell I	Modell II	Diff. abs.	Diff. rel.	Gamma-Servicegrad Modell I	Modell II	Diff. abs.	Anzahl Rüstvorgänge [Stück] Modell I	Modell II	Diff. abs.	Diff. rel.	durchschn. Bestand [Stück] Modell I	Modell II	Diff. abs.	Diff. rel.
C1	0,00	97,00	97,00		84,83%	90,05%	5,21%	86	84	-2	-2,33%	1.678	1.544	-134	-7,99%
D1	0,00	95,00	95,00		84,83%	90,05%	5,21%	86	84	-2	-2,33%	1.678	1.544	-134	-7,99%
E1	0,00	115,00	115,00		85,90%	91,95%	6,05%	87	83	-4	-4,60%	1.363	1.283	-80	-5,87%
E2	0,00	0,00	0,00	0,00%	79,52%	90,13%	10,60%	60	61	1	1,67%	398	353	-45	-11,31%
F1	0,00	0,00	0,00	0,00%	84,79%	89,53%	4,75%	82	82	0	0,00%	841	784	-57	-6,78%
F2	3.525,00	2.700,00	-825,00	-23,40%	83,32%	90,13%	6,82%	78	78	0	0,00%	1.042	841	-201	-19,29%

Gruppe	Verschrottungskosten [Euro] Modell I	Modell II	Diff. abs.	Diff. rel.	Gamma-Servicegrad Modell I	Modell II	Diff. abs.	Anzahl Rüstvorgänge [Stück] Modell I	Modell II	Diff. abs.	Diff. rel.	durchschn. Bestand [Stück] Modell I	Modell II	Diff. abs.	Diff. rel.
Gruppe A	103.828,80	30.907,20	-72.921,60	-70,23%	97,26%	96,52%	-0,73%	691	753	62	8,97%	6.145	5.780	-365	-5,94%
Gruppe B	1.040,00	276,00	-764,00	-73,46%	97,05%	96,39%	-0,65%	174	180	6	3,45%	6.169	5.424	-745	-12,08%
Gruppe C	0,00	97,00	97,00		84,83%	90,05%	5,21%	86	84	-2	-2,33%	1.678	1.544	-134	-7,99%
Gruppe D	0,00	95,00	95,00		84,83%	90,05%	5,21%	86	84	-2	-2,33%	1.678	1.544	-134	-7,99%
Gruppe E	0,00	115,00	115,00		84,69%	91,60%	6,91%	147	144	-3	-2,04%	1.761	1.636	-125	-7,10%
Gruppe F	3.525,00	2.700,00	-825,00	-23,40%	84,07%	89,83%	5,76%	160	160	0	0,00%	1.883	1.624	-259	-13,75%

Unternehmen	Verschrottungskosten [Euro] Modell I	Modell II	Diff. abs.	Diff. rel.
OEM	21.218,60	14.375,80	-6.842,80	-32,25%
1st-Tier	87.175,20	19.814,40	-67.360,80	-77,27%
2nd-Tier I	0,00	0,00	0,00	0,00%
2nd-Tier II	0,00	0,00	0,00	0,00%
Supply Chain	108.393,80	34.190,20	-74.203,60	-68,46%

Abbildung 6.21: Übersicht über die Simulationsergebnisse von Szenario 1 (2)

Verschrottungskosten

Die in der gesamten Supply Chain auftretenden Verschrottungskosten können um 68,46 % von 108.393,80 Euro auf 34.190,20 Euro reduziert werden, d. h., hinsichtlich der Verschrottungskosten erzielt das neue Modell II wesentlich bessere Ergebnisse als Modell I. Von diesem Vorteil profitieren vor allem der OEM und der 1st-Tier-Lieferant: Bei Ersterem sinken die Verschrottungskosten um 32,25 %, beim 1st-Tier-Lieferanten gar um 77,27 %. Bei den beiden 2nd-Tier-Lieferanten treten keine Verschrottungskosten auf, weil deren Überschussmengen am Auslaufstichtag aufgrund der Abnahmeverpflichtungen vom 1st-Tier-Lieferanten bzw. OEM abgenommen werden müssen.

Im Rahmen der Analyse der Ergebnisse auf Produktgruppenebene zeigt sich, dass bei den Gruppen A und B im Verhältnis zu den anderen Gruppen sehr große Einsparpotenziale entstehen. Von den Gesamteinsparungen in der Supply Chain (108.393,80 Euro) sind alleine 103.828,80 Euro auf die Reduzierung der Überschussmengen der Gruppe A zurückzuführen. Bei der Produktgruppe B können ebenfalls 73,46 % der noch in Modell I anfallenden Verschrottungskosten vermieden werden. Aufgrund des geringen Einzelpreises der Produkte von 2 Euro in der Gruppe B macht sich diese Reduzierung mit insgesamt 764 Euro im Vergleich zu den 103.828,80 Euro von Gruppe A jedoch kaum bemerkbar. Bei der Produktgruppe F ist die Situation ähnlich. Bei den Gruppen C, D und E tritt in Modell II jeweils ein Stück Überschuss auf, was zu einer Verschlechterung im Vergleich zu Modell I führt, wo jeweils überhaupt keine Überschüsse anfallen.

Aus Sicht der Unternehmen und gesamten Supply Chain ist der neue Ansatz folglich hervorragend zur Reduzierung von Verschrottungskosten im Auslauf geeignet. Die Hauptgründe hierfür liegen in der zentralen, unverzögerten Bedarfsinformation an die Lieferanten, wodurch eine schnellere Reaktion bei einer Senkung der prognostizierten Bedarfe des OEM ermöglicht wird. Ferner verhindert der zentrale Korridor eine zu große Vorproduktion, so dass bei späteren Bedarfssenkungen Überschüsse vermieden werden können. Dieser Effekt bringt vor allem bei Schwachläufern Vorteile im Vergleich zu einer konventionellen, sukzessiven Planung in der Supply Chain. Eine zur detaillierten Untersuchung der Ursachen der Vorteile von Modell II durchgeführte Analyse auf Produktebene zeigt, dass die größten Einsparungen in Gruppe A auf die Produkte A11, A15, A18, A23 und A24 zurückzuführen sind. Bei der Gruppe B sind es die Produkte B4, B5, B9, B12, B14 und B16.

Der Unterschied zwischen Modell I und II bzgl. der Verschrottungskosten soll nun exemplarisch anhand des Produkts A18 mit einem Preis von 463,20 Euro erläutert werden, bei dem die Kosten von 17.601,60 Euro auf 6.021,60 Euro reduziert werden können, was einer Einsparung von 11.580,00 Euro bzw. 65,79 % entspricht. Einen wesentlichen Einfluss auf die Höhe der Überschussmengen und Verschrottungskosten hat die vom OEM prognostizierte EndFZ während der Auslaufphase im Vergleich zur tatsächlichen EndFZ eines Produkts am Auslaufstichtag. Abbildung 6.22 verschaulicht diesen Zusammenhang grafisch für das Produkt A18.

Dabei ist zu erkennen, dass die tatsächliche EndFZ 275 Stück beträgt. Im Zeitraum der Abnahmeverpflichtung für Fertigprodukte ab dem Simulationstag $t^* = 55$ beträgt die maximal prognostizierte EndFZ für das Produkt jedoch 291 Stück, was dazu führt, dass der OEM dem 1st-Tier-Lieferanten die Differenz von 16 Stück abnehmen muss, falls dieser die Differenz bereits produziert hat. Sollte der 1st-Tier-Lieferant am Auslaufstichtag noch mehr als 16 Teile Überschuss haben, muss er die Verschrottungskosten für diese Produkte

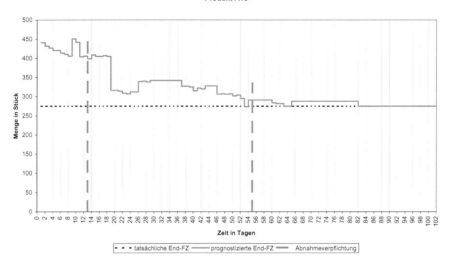

Abbildung 6.22: Tatsächliche und prognostizierte End-Fortschrittszahlen für Produkt A18

selbst tragen. Die Ursache für den Vorteil von Modell II kann durch einen Vergleich der Produktionsmengen in Modell I und II aufgezeigt werden, der in Abbildung 6.23 dargestellt ist.

6.2 Durchführung der Simulationsstudie

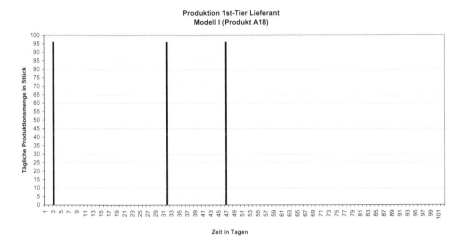

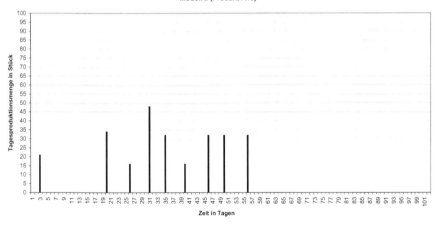

Abbildung 6.23: Tägliche Produktionsmengen für Produkt A18 (Modell I und II)

Im Modell I werden die (prognostizierten) Soll-Tagesbedarfsmengen aus den Lieferabrufen des OEM zu drei Losen von je 96 Stück zusammengefasst. Entscheidend für die höheren Verschrottungskosten ist das letzte Los am Simulationstag $t^* = 47$, an dem die prognostizierte EndFZ 307 Stück beträgt. Da in den ersten beiden Losen an den Tagen 3 und 32 bereits 192 Stück von Produkt A18 produziert werden, ergibt die Differenz einen Restbedarf bis zum Auslaufstichtag von 115 Stück. Diese Menge ist über mehrere Bedarfstage verteilt und größer als die Mindestlosgröße von 96 Stück, weshalb die Bedarfe mehrerer Tage zu einem weiteren Los von 96 Stück zusammengelegt werden. Wie Abbildung 6.22 illustriert, wird die prognostizierte EndFZ nach dem Tag $t^* = 47$ jedoch noch von 307 auf 275 Stück gesenkt. Auf diese Absenkung der Bedarfe des OEM kann der 1st-Tier-Lieferant im Modell I nicht mehr rechtzeitig reagieren, weil er bereits das dritte Los mit 96 Stück produziert hat. Demzufolge werden durch die drei Lose insgesamt 288 Teile produziert, was zu einem Überschuss von 13 Stück führt. Dazu kommen 25 weitere überschüssige Teile, die dem Initialbestand zum Beginn der Simulation entsprechen. Insgesamt gibt es also 38 Überschussteile, wovon 16 Stück vom OEM abgenommen und die restlichen 22 Stück vom 1st-Tier-Lieferanten verschrottet werden müssen.

Bei Modell II verhindert der Korridor auf Basis der zentralen Soll-Fortschrittszahlen, dass der 1st-Tier-Lieferant ohne Einschränkung Tagesbedarfe in der Zukunft zu Losen zusammenfassen kann, da dieser nur drei Tagesbedarfe im Voraus produzieren darf. Das Ergebnis ist eine auf 9 Tage verteilte Produktion, wobei jeweils kleinere Mengen als die Losgröße von 96 Stück produziert werden. Diese Vorgehensweise stellt bzgl. der Auslaufproblematik einen großen Vorteil dar, da auf diese Weise bei Bedarfsreduzierungen in der Zukunft besser reagiert werden kann als bei Modell I. Der Lieferant produziert in diesem Fall am Simulationstag $t^* = 56$ das letzte Mal und kann deshalb – anders als bei Modell I – auch noch die Bedarfssenkungen im Zeitraum von Tag 47 bis 55 bei seiner Planung berücksichtigen.

Gamma-Servicegrad

Während der γ-Servicegrad für die Produktgruppen A und B in Modell I und II ungefähr gleich ist, führt der neue Ansatz bei allen anderen Gruppen zu einer deutlichen Verbesserung zwischen 5,21 % und 6,91 %. Zur Erklärung dieser Ergebnisse werden im Folgenden die Auswirkungen des neuen Koordinationsmodells auf den γ-Servicegrad erläutert:

Der γ-Servicegrad für die Produktgruppen C–F in der Lieferbeziehung zwischen den beiden 2nd-Tier-Lieferanten und dem 1st-Tier-Lieferanten ist in Modell II deutlich höher als in Modell I. Dieser positive Effekt resultiert vor allem daraus, dass die 2nd-Tier-Lieferanten in Modell II von der direkten und unverzögerten Weitergabe der Bedarfe des OEM profitieren und somit schneller auf zukünftige Bedarfsänderungen reagieren können. Der Korridor grenzt zudem auf Basis der zentralen Soll-Fortschrittszahlen die Möglichkeiten des 1st-Tier-Lieferanten ein, so dass dieser keine zu großen Mengen im Voraus produzieren und die dafür benötigten Vorprodukte bei seinen Lieferanten bestellen darf.

Negativ kann sich die Reduzierung der durchschnittlichen Bestände der Produktgruppen A und B in Modell II um 5,95 % bis 13,75 % im Vergleich zu Modell I auf den Servicegrad auswirken. Hinsichtlich der Lagerhaltungskosten stellt diese Bestandsreduzierung zwar einen Vorteil dar, im Hinblick auf die Lieferperformance führt sie jedoch dazu, dass die Lieferanten im Falle sehr kurzfristiger Bedarfserhöhungen möglicherweise zu niedrige Bestände an Fertigprodukten vorhalten, um den Mehrbedarf des Kunden zu erfüllen.

Ein Beispiel hierfür ist das Produkt A23, bei dem der γ-Servicegrad gar von 100 % in Modell I auf 0 % in Modell II fällt. Der Wert von 0 % ergibt sich aus der Berechnung des γ-Servicegrades anhand der Formel 6.4: Ist die Summe der kumulierten Fehlmengen größer oder gleich der tatsächlichen EndFZ eines Produkts, dann beträgt der γ-Servicegrad 0 %. Bei Produkt A23 treten an 4 Tagen Fehlmengen auf: zweimal 8 und zweimal 3 Stück, also in Summe eine kumulierte Fehlmenge von 22 Stück. Die tatsächliche EndFZ beträgt 15 Stück und ist somit kleiner als die Summe der einzelnen Fehlmengen im Betrachtungszeitraum. Die Ursache für diese schlechte Lieferperformance in Modell II liegt im Abrufverhalten des OEM im Zusammenspiel mit dem neuen Koordinationsprinzip: Am Simulationstag $t^* = 63$ wurde für den Tag $t = 65$ noch eine SollFZ von 7 Stück prognostiziert ($SollFZ_{A23,1,63,65} = 7$), was gleichzeitig der prognostizierten EndFZ für das Produkt

A23 entsprach. In dem Fall hat der OEM sehr kurzfristig am Simulationstag $t^* = 64$ die SollFZ für den Tag $t = 65$ und die prognostizierte EndFZ von 7 auf 15 Stück erhöht ($SollFZ_{A23,1,64,65} = 15$), was bei einem Schwachläufer wie Produkt A23 einer Bedarfserhöhung um mehr als 100 % entspricht. Zu diesem Zeitpunkt waren die Ist-Fortschrittszahlen für Produkt A23 am Zählpunkt $m = 1$ in Modell I und Modell II mit jeweils 6 Stück zwar identisch, die Bestände im Warenausgangslager des 1st-Tier-Lieferanten waren jedoch sehr unterschiedlich. In Modell I betrug der Bestand 22 Stück, in Modell II nur 1 Stück. Der Grund hierfür liegt darin, dass der 1st-Tier-Lieferant in Modell I aufgrund der zu Beginn des Simulationszeitraums höheren prognostizierten EndFZ (vgl. Abbildung 6.24) bereits zu Beginn des Simulationszeitraums mehr Einheiten von Produkt A23 im Voraus produziert hat als in Modell II, wo dies durch den Korridor verhindert wurde. In der Folge kann der 1st-Tier-Lieferant in Modell I die kurzfristige Bedarfserhöhung direkt aus seinem Bestand an Fertigprodukten abdecken, während er in Modell II nur 1 Stück auf Lager hat und in einen mehrtägigen Lieferrückstand gerät, der letztendlich zu dem γ-Servicegrad von 0 % führt.

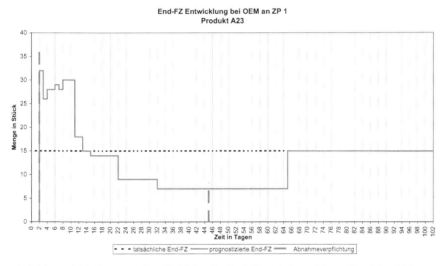

Abbildung 6.24: Prognose des OEM für die End-Fortschrittszahl von Produkt A23 am Zählpunkt $m = 1$

Anzahl der Rüstvorgänge

Hinsichtlich der Anzahl der Rüstvoränge weist Modell II bei den Gruppen A und B schlechtere Ergebnisse auf als in Modell I. So wird bei der Gruppe A an 753 anstatt wie bei Modell I an 691 Tagen produziert, was zu einem Anstieg der Rüstvorgänge um 62 bzw. 8,97 % führt und beim 1st-Tier-Lieferanten eine Erhöhung der Produktionskosten verursacht. Für die 2nd-Tier-Lieferanten wirkt sich der neue Ansatz nicht so nachteilig aus: Bei der Gruppe B wird zwar sechsmal mehr gerüstet, was einem Anstieg von 3,45 % entspricht. Für die Gruppen C, D und E erweist sich das Modell II jedoch als etwas besser, indem die Anzahl der Rüstvorgänge um jeweils 2 um insgesamt 6 reduziert werden kann. Bei der Gruppe F ändert sie sich nicht. Anschauliche Beispiele für den Anstieg der Anzahl der Rüstvorgänge bei Gruppe A sind die Produkte A18 und A24. Abbildung 6.25 veranschaulicht den Unterschied zwischen Modell I und II für das Produkt A24.

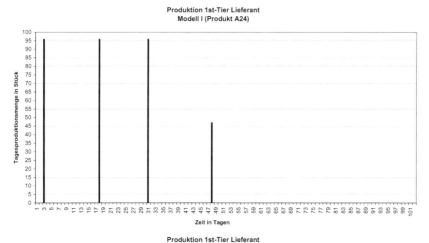

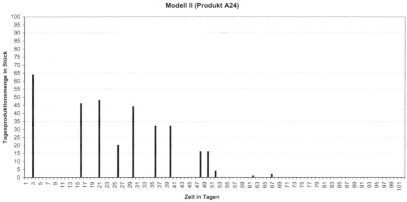

Abbildung 6.25: Tägliche Produktionsmengen für Produkt A24 (Modell I und II)

In Modell I produziert der 1st-Tier-Lieferant insgesamt 335 Stück von Produkt A24, wobei die Produktion auf 4 Tage verteilt ist. An 3 Tagen wird jeweils die Mindestlosgröße von 96 Stück produziert, am letzten Produktionstag sind es noch 47 Stück. Diese Tagesproduktionsmengen entstehen jeweils durch die Zusammenfassung von mehreren Tagesbedarfen aus den Lieferabrufen des OEM ohne Beschränkungen des betrachteten Zeitraums in der Zukunft. Im Rahmen von Modell II verhindert der Korridor eine Zusammenfassung von Bedarfen, die mehr als 3 Tage in der Zukunft des Tages liegen, für den geplant wird. Deshalb wird weniger im Voraus produziert und die Bedarfsmengen des OEM werden an mehreren Tagen in kleineren Mengen hergestellt, was zu einem Anstieg der Rüstvorgänge von 4 auf 12 im Vergleich zu Modell I führt.

Durchschnittlicher Bestand

Der durchschnittliche Bestand kann für alle Produktgruppen durch den neuen Koordinationsansatz deutlich gesenkt werden, was zu einer Reduzierung der davon abhängigen Bestands- bzw. Lagerhaltungskosten in der gesamten Supply Chain führt. Die Potenziale zur Bestandsreduzierung liegen je nach Produktgruppe zwischen 5,94 % (Gruppe A) und 13,75 % (Gruppe F). Die Gründe für diesen Vorteil wurden in den vorangehenden Ausführungen in diesem Abschnitt bereits erläutert: Der Korridor auf Basis der zentralen SollFZ verhindert eine zu große Vorproduktion, was zu kleinen täglichen Produktionsmengen und mehr Produktionstagen führt. Weil weniger Produkte im Voraus produziert werden, müssen auch weniger Produkte gelagert werden. Abbildung 6.26 veranschaulicht den Bestandsverlauf im Warenausgangsbereich des 1st-Tier-Lieferanten für das Produkt A18. Die Darstellung zeigt deutlich, dass der durchschnittliche Bestand von 122 Stück in Modell I auf 78 Stück in Modell II gesenkt werden kann.

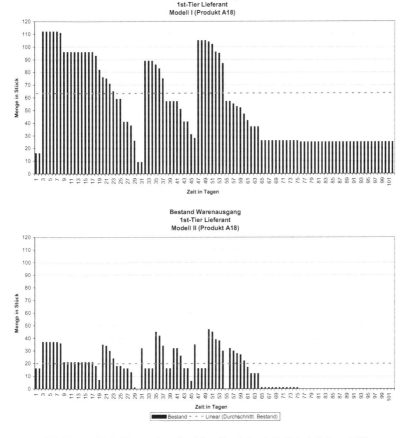

Abbildung 6.26: Bestandsverlauf für Produkt A18 (Modell I und II)

Fazit / Wesentliche Erkenntnisse

Zusammenfassend kann im Rahmen der Analyse der Simulationsergebnisse von Szenario 1 festgestellt werden, dass der neue Ansatz (Modell II) vor allem hinsichtlich der Verschrottungskosten, des γ-Servicegrades und der durchschnittlichen Bestände Verbesserungspotenziale im Vergleich zu einer sukzessiven Planung wie in Modell I bietet.

Dieser Mehrwert entsteht durch die zentralen Soll-Fortschrittszahlen im neuen Koordinationsansatz. Dadurch erhalten die 2nd-Tier-Lieferanten unverzögert und unverzerrt Bedarfsinformationen vom OEM sowie durch den Korridor die zusätzliche Sicherheit, dass die 1st-Tier-Lieferanten nicht mehr bestellen, als dies, abhängig von den OEM-Bedarfen, durch den Korridor vorgegeben wird. Dabei ist hervorzuheben, dass die Lieferanten selbst die Verschiebezeiten zur Festlegung des Korridors an ihrem Unternehmen mitbestimmen können. Darüber hinaus ist der γ-Servicegrad bei Modell II bei vier von sechs Produktgruppen deutlich besser als in Modell I. Bei den Produktgruppen A und B bleibt er nahezu unverändert, wobei hier ein Vorteil für Modell II durch kurzfristige Bedarfserhöhungen des OEM verhindert wurde. Ferner ist zu erkennen, dass die Steigerung der Anzahl der Produktionstage und Rüstvorgänge in der Supply Chain vor allem auf den 1st-Tier-Lieferanten zurückzuführen ist. Die Erhöhung der Rüstvorgänge beim 2nd-Tier I wird durch die Senkung der Produktionstage beim 2nd-Tier II wieder ausgeglichen.

Eine eindeutige Aussage hinsichtlich der Vorteilhaftigkeit des neuen Ansatz kann an dieser Stelle nicht getroffen werden, da hierzu alle vier Bewertungskategorien mit Kosten betrachtet werden müssten. Aus Gründen der Geheimhaltung ist dies in der vorliegenden Fallstudie jedoch nicht möglich, da von den beteiligten Unternehmen keine Rüstkosten-, Lagerhaltungs- und Unterlieferungskostensätze kommuniziert wurden. Nur die Überschüsse werden anhand der Verschrottungskosten monetär bewertet.

6.2.7.2 Ergebnisse Szenario 2

Szenario 2 wird durch folgende Eigenschaften bestimmt:

- Abnahmeverpflichtung [Monate]: 1+1

- Planungszyklus der Lieferanten in Modell I [Tage]: 1

- Lieferabrufe des OEM: Original

Die Modifizierung der Abnahmeverpflichtungsfrist von 1+2 auf 1+1 bedeutet, dass in diesem Szenario für Fertigprodukte eine Abnahmefrist von 1 Monat und für Vorprodukte eine Frist von 2 Monaten gilt. Somit wird die Abnahmefrist für Vorprodukte im Vergleich zu Szenario 1 um einen Monat reduziert. **Diese Änderung wirkt sich nur auf die Verteilung der Verschrottungskosten zwischen den Unternehmen aus,**[39] **alle anderen Ergebnisse aus Szenario 1 bleiben unverändert.** Die Analyse der Ergebnisse von Szenario 2 führt zu zwei wesentlichen Erkenntnissen:

---

[39]Vgl. Abschnitt 5.3.4.

Erkenntnis 1: Modell II ermöglicht auch in Szenario 2 bei einer Abnahmefrist von 1+1 eine deutliche Reduzierung der Verschrottungskosten

In den Abbildungen 6.27 und 6.28 sind die Verschrottungskosten auf Unternehmens- und Supply-Chain-Ebene aus den Szenarien 1 und 2 zum Vergleich dargestellt. Die Ergebnisse zeigen, dass der neue Ansatz gegenüber Modell I auch in Szenario 2 bei einer Abnahmefrist von 1+1 zu einer deutlichen Reduzierung der Verschrottungskosten zwischen 30,06 % und 83,03 % pro Unternehmen führt.

Die Gründe für diesen Vorteil entsprechen denen, die bereits bei der Beschreibung der Ergebnisse von Szenario 1 in Abschnitt 6.2.7.1 genannt wurden. Beim OEM und 1st-Tier-Lieferanten sind die Unterschiede im Vergleich zu Szenario 1 nur gering. Beim 2nd-Tier-Lieferanten I hingegen treten im Vergleich zu Szenario 1 im Szenario 2 Verschrottungskosten auf, die mit dem neuen Modell II jedoch um 83,03 % von 436 Euro auf 74 Euro reduziert werden können. Die Verschrottungskosten auf Supply-Chain-Ebene verändern sich durch die Modifizierung der Abnahmefrist nicht.

Unternehmen	Verschrottungskosten [Euro]			
	Modell I	Modell II	Diff. abs.	Diff. rel.
OEM	21.218,60	14.375,80	-6.842,80	-32,25%
1st-Tier	87.175,20	19.814,40	-67.360,80	-77,27%
2nd-Tier I	0,00	0,00	0,00	0,00%
2nd-Tier II	0,00	0,00	0,00	0,00%
Supply Chain	108.393,80	34.190,20	-74.203,60	-68,46%

Abbildung 6.27: Verschrottungskosten in Szenario 1

Unternehmen	Verschrottungskosten [Euro]			
	Modell I	Modell II	Diff. abs.	Diff. rel.
OEM	20.396,60	14.265,80	-6.130,80	-30,06%
1st-Tier	87.561,20	19.850,40	-67.710,80	-77,33%
2nd-Tier I	436,00	74,00	-362,00	-83,03%
2nd-Tier II	0,00	0,00	0,00	0,00%
Supply Chain	108.393,80	34.190,20	-74.203,60	-68,46%

Abbildung 6.28: Verschrottungskosten in Szenario 2

Erkenntnis 2: Eine Verkürzung der Abnahmefrist von 1+2 auf 1+1 führt zu einer Verschiebung der Verschrottungskosten vom OEM zu den Lieferanten

Die zweite Erkenntnis kann mithilfe von Abbildung 6.29 veranschaulicht werden, die zeigt, dass eine Verkürzung der Abnahmefrist von 1+2 auf 1+1 zu einer Verschiebung der Verschrottungskosten flussaufwärts in der Supply Chain vom OEM zu den Lieferanten führt.

Daraus lässt sich schließen, dass eine Verkürzung der Abnahmefrist für den OEM auf jeden Fall vorteilhaft ist – unabhängig vom gewählten Koordinationsansatz. Der Effekt tritt sowohl bei Modell I als auch bei Modell II auf. Der Vorteil aus der Fristverkürzung fällt für den OEM in Modell I mit 3,87 % jedoch deutlich größer aus als in Modell II mit nahezu zu vernachlässigenden 0,77 %. Die Einsparungen beim OEM werden in Richtung der Lieferanten verschoben, so dass bei beiden Modellen beim 1st-Tier-Lieferanten wie beim 2nd-Tier-Lieferanten I zusätzliche Verschrottungskosten entstehen.

Unternehmen	Modell I: Verschrottungskosten [Euro]			
	Modell I Szenario 1 (1+2)	Modell I Szenario 2 (1+1)	Diff. abs.	Diff. rel.
OEM	21.218,60	20.396,60	-822,00	-3,87%
1st-Tier	87.175,20	87.561,20	386,00	0,44%
2nd-Tier I	0,00	436,00	436,00	
2nd-Tier II	0,00	0,00	0,00	0,00%
Unternehmen	Modell II: Verschrottungskosten [Euro]			
	Modell II Szenario 1 (1+2)	Modell II Szenario 2 (1+1)	Diff. abs.	Diff. rel.
OEM	14.375,80	14.265,80	-110,00	-0,77%
1st-Tier	19.814,40	19.850,40	36,00	0,18%
2nd-Tier I	0,00	74,00	74,00	
2nd-Tier II	0,00	0,00	0,00	0,00%

Abbildung 6.29: Vergleich der Potenziale für den OEM durch eine Verkürzung der Abnahmefrist für Vorprodukte in Modell I und II

Fazit / Wesentliche Erkenntnisse

Die in Szenario 1 festgestellte Vorteilhaftigkeit von Modell II gegenüber Modell I hinsichtlich der Verschrottungskosten bestätigt sich auch in Szenario 2 bei einer Abnahmefrist von 1+1. Ferner zeigt sich, dass bei einer heute üblichen sukzessiven Planung in Supply Chains (Modell I) eine Verkürzung der Abnahmefrist für Vorprodukte zu einer Verschiebung der Verschrottungskosten vom OEM zu den Lieferanten führt. Somit kann ein Fahrzeughersteller alleine durch die Anpassung der vertraglichen Rahmenbedingungen und ohne den Einsatz neuer Koordinationsmechanismen wie in Modell II bereits Potenziale im Hinblick auf die Auslaufkosten erschließen.

In der Praxis ist bei einer Verkürzung der Abnahmefristen durch einen OEM jedoch mit Widerständen von Lieferanten zu rechnen, da die Summe der Verschrottungskosten in der Supply Chain gleich bleibt und die Einsparungen auf der Seite des OEM zu Mehrkosten bei den Lieferanten führen.

6.2.7.3 Ergebnisse Szenario 3

Szenario 3 wird durch folgende Eigenschaften bestimmt:

- Abnahmeverpflichtung [Monate]: 1+2
- Planungszyklus der Lieferanten in Modell I [Tage]: 3
- Lieferabrufe des OEM: Original

Die Verlängerung des Planungszyklus der Lieferanten von einem auf 3 Tage in Modell I hat keinen Einfluss auf die Ergebnisse von Modell II, da der Planungszyklus bei Modell II unabhängig vom Szenario immer 1 Tag beträgt.[40] In Modell I dagegen führt die Parametervariation zu größeren Änderungen.

Daher erfolgt die Analyse der Ergebnisse von Szenario 3 in zwei Teilen: Im ersten Teil werden die Auswirkungen der Erhöhung des Planungszyklus auf die Ergebnisse von Mo-

---
[40]Vgl. Abschnitt 6.2.6.3.

dell I untersucht. Der zweite Teil dient dem Vergleich von Modell I und II in Szenario 3, auf dessen Basis diskutiert werden kann, ob Modell II auch vorteilhaft ist, wenn der Planungszyklus in Modell I verlängert wird. Die Basis für die folgenden Ausführungen bilden die Abbildungen 6.30 und 6.31. Erstere zeigt die Simulationsergebnisse von Szenario 3 auf Produktebene im Überblick und in Abbildung 6.31 werden die Ergebnisse von Szenario 1 und 3 auf Ebene der Produktgruppen, Unternehmen und Supply Chain gegenübergestellt.

Produkt	Verschrottungskosten [Euro]			Gamma-Servicegrad (%)			Anzahl Rüstvorgänge [Stück]			durchschn. Bestand [Stück]		
	Modell I	Modell II	Diff. rel.	Modell I	Modell II	Diff. abs.	Modell I	Modell II	Diff. rel.	Modell I	Modell II	Diff. rel.
A1	0,00	460,80		94,34%	95,82%	1,49%	39	43	10,26%	239	210	-12,13%
A2	460,80	460,80	0,00%	96,47%	98,64%	2,16%	59	54	-8,47%	294	298	1,36%
A3	0,00	0,00	0,00%	95,49%	97,48%	1,99%	73	71	-2,74%	467	462	-1,07%
A4	0,00	0,00	0,00%	88,67%	93,77%	5,10%	10	16	60,00%	70	56	-20,00%
A5	0,00	0,00	0,00%	84,26%	93,62%	9,36%	9	16	77,78%	56	39	-30,36%
A6	460,80	460,80	0,00%	95,81%	98,35%	2,54%	66	60	-9,09%	575	587	2,09%
A7	0,00	0,00	0,00%	73,57%	84,77%	11,19%	23	26	13,04%	112	114	1,79%
A8	460,80	1.843,20	300,00%	97,87%	96,72%	-1,14%	71	70	-1,41%	406	404	-0,49%
A9	460,80	-460,80	-100,00%	98,82%	99,96%	1,14%	68	63	-7,35%	368	375	1,90%
A10	13.824,00	0,00	-100,00%	96,90%	97,33%	0,43%	77	75	-2,60%	499	496	-0,60%
A11	45.619,20	16.588,80	-63,64%	100,00%	100,00%	3,00%	2	2	0,00%	159	132	-16,98%
A12	1.382,40	-1.382,40	-100,00%	95,73%	96,95%	1,22%	3	10	233,33%	103	84	-18,45%
A13	0,00	0,00	0,00%	81,63%	96,25%	14,62%	33	32	-3,03%	171	172	0,58%
A14	460,80	460,80	0,00%	94,70%	96,22%	1,52%	42	39	-7,14%	274	270	-1,46%
A15	26.265,60	4.147,20	-84,21%	100,00%	100,00%	0,00%	1	1	0,00%	88	45	-48,86%
A16	12.902,40	0,00	-100,00%	80,00%	80,00%	-20,00%	4	13	225,00%	68	43	-36,76%
A17	463,20	463,20	0,00%	93,87%	93,94%	0,07%	41	41	0,00%	1.029	1.022	-0,68%
A18	17.601,60	6.021,60	-65,79%	100,00%	94,18%	-5,82%	3	9	200,00%	122	78	-36,07%
A19	0,00	0,00	0,00%	99,15%	95,48%	-3,67%	25	25	0,00%	298	289	-3,02%
A20	0,00	0,00	0,00%	92,74%	92,10%	-0,64%	40	41	2,50%	311	319	2,57%
A21	0,00	0,00	0,00%	87,28%	95,12%	7,84%	11	20	81,82%	140	121	-13,57%
A22	0,00	0,00	0,00%	80,00%	90,37%	10,37%	5	9	80,00%	74	71	-4,05%
A23	5.095,20	-5.095,20	-100,00%	60,00%	0,00%	-60,00%	1	5	400,00%	34	17	-50,00%
A24	5.558,40	-5.558,40	-100,00%	100,00%	98,93%	-1,07%	4	12	200,00%	101	76	-24,75%
B1	0,00	4,00		99,83%	100,00%	0,17%	9	8	-11,11%	609	574	-5,75%
B2	0,00	0,00	0,00%	92,86%	95,44%	2,58%	18	17	-5,56%	482	485	0,62%
B3	0,00	0,00	0,00%	73,19%	98,30%	25,11%	7	9	28,57%	30	43	43,33%
B4	28,00	2,00	-92,86%	92,71%	96,33%	3,61%	19	21	10,53%	787	711	-9,66%
B5	306,00	38,00	-87,58%	99,13%	100,00%	0,87%	4	6	50,00%	310	182	-41,29%
B6	0,00	2,00		94,53%	97,22%	2,69%	25	26	4,00%	659	675	2,43%
B7	76,00	4,00	-94,74%	94,14%	96,37%	2,23%	11	15	36,36%	436	430	-1,38%
B8	52,00	116,00	123,08%	91,25%	96,02%	4,77%	21	21	0,00%	719	698	-2,92%
B9	24,00	-24,00	-100,00%	100,00%	97,91%	-2,09%	2	8	300,00%	385	200	-48,05%
B10	0,00	0,00	0,00%	92,29%	98,98%	6,70%	10	12	20,00%	325	266	-18,15%
B11	0,00	0,00	0,00%	96,40%	99,26%	2,85%	10	11	10,00%	436	382	-12,39%
B12	270,00	18,00	-93,33%	71,26%	100,00%	28,74%	2	2	100,00%	149	66	-55,70%
B13	8,00	18,00	125,00%	99,13%	100,00%	0,87%	3	1	-66,67%	0	15	
B14	180,00	60,00	-66,67%	100,00%	100,00%	0,00%	1	3	200,00%	280	126	-55,00%
B15	0,00	2,00		76,21%	90,74%	14,53%	17	16	-5,88%	472	465	-1,48%
B16	60,00	14,00	-76,67%	100,00%	100,00%	0,00%	1	4	300,00%	227	106	-53,30%
C1	0,00	97,00		78,64%	90,05%	11,41%	84	84	0,00%	1.653	1.544	-6,59%
D1	0,00	95,00		78,64%	90,05%	11,41%	84	84	0,00%	1.653	1.544	0,00%
E1	0,00	115,00		81,13%	91,95%	10,82%	82	83	1,22%	1.338	1.283	-4,11%
E2	0,00	0,00	0,00%	62,98%	90,13%	27,14%	58	61	5,17%	366	353	-3,55%
F1	0,00	0,00	0,00%	74,25%	89,53%	15,28%	81	82	1,23%	828	784	-5,31%
F2	900,00	2.700,00	200,00%	79,74%	90,13%	10,39%	77	78	1,30%	903	841	-6,87%

Abbildung 6.30: Übersicht über die Simulationsergebnisse von Szenario 3

6.2 Durchführung der Simulationsstudie

Szenario 1 (Planungszyklus der Lieferanten in Modell I: 1 Tag)

Gruppe	Verschrottungskosten [Euro] Modell I	Modell II	Diff. abs.	Diff. rel.	Gamma-Servicegrad (%) Modell I	Modell II	Diff. abs.	Anzahl Rüstvorgänge [Stück] Modell I	Modell II	Diff. abs.	Diff. rel.	durchschn. Bestand [Stück] Modell I	Modell II	Diff. abs.	Diff. rel.
Gruppe A	103.828,80	30.907,20	-72.921,60	-70,23%	97,26%	96,52%	-0,73%	691	753	62	8,97%	6.145	5.780	-365	-5,94%
Gruppe B	1.040,00	276,00	-764,00	-73,46%	97,05%	96,39%	-0,65%	174	180	6	3,45%	6.169	5.424	-745	-12,08%
Gruppe C	0,00	97,00	97,00		84,83%	90,05%	5,21%	86	84	-2	-2,33%	1.678	1.544	-134	-7,99%
Gruppe D	0,00	95,00	95,00		84,83%	90,05%	5,21%	86	84	-2	-2,33%	1.678	1.544	-134	-7,99%
Gruppe E	0,00	115,00	115,00		84,69%	91,60%	6,91%	147	144	-3	-2,04%	1.761	1.636	-125	-7,10%
Gruppe F	3.525,00	2.700,00	-825,00	-23,40%	84,07%	89,83%	5,76%	160	160	0	0,00%	1.883	1.624	-259	-13,75%

Unternehmen	Verschrottungskosten [Euro] Modell I	Modell II	Diff. abs.	Diff. rel.
OEM	21.218,60	14.375,80	-6.842,80	-32,25%
1st-Tier	87.175,20	19.814,40	-67.360,80	-77,27%
2nd-Tier I	0,00	0,00	0,00	0,00%
2nd-Tier II	0,00	0,00	0,00	0,00%
Supply Chain	108.393,80	34.190,20	-74.203,60	-68,46%

Szenario 3 (Planungszyklus der Lieferanten in Modell I: 3 Tage)

Gruppe	Verschrottungskosten [Euro] Modell I	Modell II	Diff. abs.	Diff. rel.	Gamma-Servicegrad (%) Modell I	Modell II	Diff. abs.	Anzahl Rüstvorgänge [Stück] Modell I	Modell II	Diff. abs.	Diff. rel.	durchschn. Bestand [Stück] Modell I	Modell II	Diff. abs.	Diff. rel.
Gruppe A	131.016,00	30.907,20	-100.108,80	-76,41%	95,05%	96,52%	1,48%	710	753	43	6,06%	6.061	5.780	-281	-4,64%
Gruppe B	1.004,00	276,00	-728,00	-72,51%	91,93%	96,39%	4,46%	159	180	21	13,21%	6.306	5.424	-882	-13,99%
Gruppe C	0,00	97,00	97,00		78,64%	90,05%	11,40%	84	84	0	0,00%	1.653	1.544	-109	-6,59%
Gruppe D	0,00	95,00	95,00		78,64%	90,05%	11,40%	84	84	0	0,00%	1.653	1.544	-109	-6,59%
Gruppe E	0,00	115,00	115,00		77,71%	91,60%	13,90%	140	144	4	2,86%	1.703	1.636	-67	-3,93%
Gruppe F	900,00	2.700,00	1.800,00	200,00%	76,93%	89,83%	12,90%	158	160	2	1,27%	1.731	1.624	-107	-6,18%

Unternehmen	Verschrottungskosten [Euro] Modell I	Modell II	Diff. abs.	Diff. rel.
OEM	33.768,80	14.375,80	-19.393,00	-57,43%
1st-Tier	99.151,20	19.814,40	-79.336,80	-80,02%
2nd-Tier I	0,00	0,00	0,00	0,00%
2nd-Tier II	0,00	0,00	0,00	0,00%
Supply Chain	132.920,00	34.190,20	-98.729,80	-74,28%

Abbildung 6.31: Vergleich der Simulationsergebnisse von Szenario 1 und 3

Vergleich von Modell I in Szenario 1 und 3 (Analyse der Auswirkungen der Verlängerung des Planungszyklus in Modell I)

Die Verlängerung des Planungszyklus wirkt sich insgesamt negativ auf die Simulationsergebnisse von Modell I aus. So steigen die **Verschrottungskosten** für den OEM und den 1st-Tier-Lieferanten in Szenario 3 im Vergleich zu Szenario 1 deutlich an, da der längere Planungszyklus die Reaktionszeit auf Bedarfssenkungen von einem auf 3 Tage erhöht. Auf der Supply-Chain-Ebene führt dies zu einem Anstieg um 24.526,20 Euro bzw. 22,63 % von 108.393,80 Euro auf 132.920,00 Euro, wobei dieser Effekt vor allem auf die Erhöhung der Verschrottungskosten der Produktgruppe A um 27.187,20 Euro bzw. 26,18 % von 103.828,80 Euro auf 131.016,00 Euro zurückzuführen ist. Innerhalb der Gruppe A wiederum sind primär die Produkte A10 und A16 für die Verschlechterung der Situation verantwortlich. Der γ-**Servicegrad** sinkt bei einem Zyklus von 3 Tagen bei allen Produktgruppen deutlich, was an der verlängerten Reaktionszeit auf in diesem Fall kurzfristige Bedarfserhöhungen des Fahrzeugherstellers liegt. Die **Anzahl der Rüstvorgänge** steigt produktgruppenübergreifend um 17 Rüstvorgänge. Dabei ist bei der vom 1st-Tier-Lieferanten produzierten Gruppe A eine Erhöhung von 691 auf 710 Rüstvorgängen zu beobachten, während bei allen anderen Produktgruppen die Anzahl der Rüstvorgänge im Vergleich zu Szenario 1 sinkt und sich somit die Situation der 2nd-Tier-Lieferanten durch den längeren Planungszyklus verbessert. Auch der **durchschnittliche Bestand** kann im Vergleich zu Szenario 1 bei allen Produktgruppen außer B stark gesenkt werden.

Vergleich von Modell I und II in Szenario 3

Anhand des Vergleichs von Modell I und II in Szenario 3 kann diskutiert werden, ob Modell II auch bei einem längeren Planungszyklus der Lieferanten in Modell I vorteilhaft ist. Hinsichtlich der **Verschrottungskosten** erzielt Modell II auch in Szenario 3 wesentlich bessere Ergebnisse als Modell I. Der OEM kann seine Verschrottungskosten um 19.393 Euro bzw. 57,43 % reduzieren, der 1st-Tier-Lieferant sogar um 79.336,80 Euro bzw. 80,02 %. Auf Supply-Chain-Ebene beträgt das Einsparungspotenzial 98.729,80 Euro bzw. 74,28 %. Wie Abbildung 6.31 zu entnehmen ist, fällt der Vorteil von Modell II in Szenario 3 somit noch deutlicher als bereits in Szenario 1 aus. Auch hinsichtlich des γ-**Servicegrades** führt Modell II zu besseren Ergebnissen als Modell I, da der längere Planungszyklus von 3 Tagen in Modell I bei allen Produktgruppen zu einem schlechteren Servicegrad als noch in Szenario 1 führt. Im Hinblick auf die **Anzahl der Rüstvorgänge** gelten grundsätzlich die gleichen Aussagen wie bei Szenario 1, wobei der dort aufgezeigte Vorteil von Modell I im Vergleich zu Modell II im dritten Szenario nicht mehr so groß ist, weil in Modell I in Szenario 3 insgesamt 17 zusätzliche Rüstvorgänge im Vergleich zu Szenario 1 erforderlich sind. Der **durchschnittliche Bestand** aller Produktgruppen kann in Szenario 3 durch den Einsatz von Modell II zwischen 3,93 % und 13,99 % reduziert werden.

Fazit / Wesentliche Erkenntnisse

Die Analyse der Auswirkungen der Planungszyklusverlängerung auf die Ergebnisse von Modell I (Vergleich zwischen Szenario 1 und Szenario 3) hat gezeigt, dass sich ein längerer Planungszyklus hinsichtlich der betrachteten Ergebnisgrößen nachteilig auswirkt. Dies liegt vor allem an der längeren Reaktionszeit auf Bedarfsschwankungen des OEM, wodurch zusätzliche Überschüsse (Anstieg der Verschrottungskosten) oder auch Unterlieferungen (Verschlechterung des γ-Servicegrades) in der Supply Chain entstehen können. Dieser Effekt wird auch im Rahmen des Vergleichs der Ergebnisse von Modell I und II in Szenario 3 offensichtlich: Bis auf die Anzahl der Rüstkosten führt Modell II bei allen Ergebnisgrößen zu einem besseren Ergebnis als der Ansatz einer sukzessiven Planung in Modell I. Demzufolge sollten Lieferanten mit einer in Modell I sukzessiven Planung nach Möglichkeit auf Modell II umstellen, da dieser Ansatz sowohl bei kurzen als auch bei längeren Planungszyklen einen Vorteil bietet. Ist diese Umstellung nicht möglich, können bereits durch eine Verkürzung der Planungszyklen Verbesserungen in Modell I erzielt werden.

6.2.7.4 Ergebnisse Szenario 4

Das Szenario 4 wird durch folgende Eigenschaften bestimmt:

- Abnahmeverpflichtung [Monate]: 1+2
- Planungszyklus der Lieferanten in Modell I [Tage]: 1
- Lieferabrufe des OEM: Modifiziert

Im Rahmen der Veränderung der Lieferabrufe des OEM werden die prognostizierten Soll-Tagesbedarfe aller ab dem Simulationstag $t^* = 90$ noch nicht ausgelaufenen Produkte aus dem LAB des OEM am Zählpunkt $m = 1$ um 30 % reduziert.[41] Dabei handelt es sich um die Produkte A1, A2, A3, A6, A8, A9, A10, A14 und A17.[42] Darstellung 6.32 veranschaulicht die Ergebnisse von Szenario 4 auf Produktebene, während Abbildung 6.33 die Resultate von Szenario 1 und 4 auf Ebene der Produktgruppen, Unternehmen und Supply Chain gegenüberstellt.

---

[41] Vgl. Abschnitt 6.2.6.4.
[42] Vgl. Abbildung 6.7.

Produkt	Verschrottungskosten [Euro]			Gamma-Servicegrad			Anzahl Rüstvorgänge [Stück]				durchschn. Bestand [Stück]			
	Modell I	Modell II	Diff. abs.	Diff. rel.	Modell I	Modell II	Diff. abs.	Modell I	Modell II	Diff. abs.	Diff. rel.	Modell I	Modell II	Diff. abs.	Diff. rel.
A1	0,00	0,00	0,00	0,00%	97,63%	96,22%	-1,41%	40	42	2	5,00%	241	215	-26	-10,79%
A2	460,80	460,80	0,00	0,00%	97,92%	98,83%	0,91%	52	53	1	1,92%	299	300	1	0,33%
A3	0,00	0,00	0,00	0,00%	99,12%	97,55%	-1,57%	70	71	1	1,43%	466	467	1	0,21%
A4	0,00	0,00	0,00	0,00%	96,03%	93,77%	-2,27%	11	16	5	45,45%	75	56	-19	-25,33%
A5	0,00	0,00	0,00	0,00%	91,91%	93,62%	1,70%	9	16	7	77,78%	60	39	-21	-35,00%
A6	460,80	460,80	0,00	0,00%	97,58%	98,33%	0,74%	59	60	1	1,69%	589	583	-6	-1,02%
A7	0,00	0,00	0,00	0,00%	85,24%	84,77%	-0,58%	25	26	1	4,00%	119	114	-5	-4,20%
A8	10.137,60	11.059,20	921,60	9,09%	97,78%	97,13%	-0,65%	64	65	1	1,56%	413	410	-3	-0,73%
A9	0,00	0,00	0,00	0,00%	100,00%	100,00%	0,00%	63	63	0	0,00%	376	375	-1	-0,27%
A10	2.764,80	2.764,80	0,00	0,00%	97,56%	97,56%	0,00%	73	73	0	0,00%	509	509	0	0,00%
A11	8.294,40	6.451,20	-1.843,20	-22,22%	100,00%	100,00%	0,00%	2	2	0	0,00%	159	132	-27	-16,98%
A12	45.619,20	16.588,80	-29.030,40	-63,64%	95,12%	96,95%	1,83%	4	10	6	150,00%	101	84	-17	-16,83%
A13	0,00	0,00	0,00	0,00%	94,22%	96,36%	2,14%	33	32	-1	-3,03%	178	176	-2	-1,12%
A14	1.382,40	1.382,40	0,00	0,00%	96,36%	96,36%	0,00%	38	38	0	0,00%	296	273	-23	-7,77%
A15	26.265,60	4.147,20	-22.118,40	-84,21%	100,00%	100,00%	0,00%	1	1	0	0,00%	89	45	-44	-49,44%
A16	0,00	0,00	0,00	0,00%	96,60%	80,00%	-16,60%	5	13	8	160,00%	53	43	-10	-18,87%
A17	463,20	3.242,40	2.779,20	600,00%	96,76%	94,00%	-2,75%	43	41	-2	-4,65%	1.035	1.021	-14	-1,35%
A18	17.601,60	6.021,60	-11.580,00	-65,79%	98,29%	94,18%	-5,82%	3	9	6	200,00%	122	78	-44	-36,07%
A19	0,00	0,00	0,00	0,00%	98,29%	95,48%	-2,81%	25	25	0	0,00%	314	289	-25	-7,96%
A20	0,00	0,00	0,00	0,00%	95,64%	92,05%	-3,59%	39	41	2	5,13%	317	319	2	0,63%
A21	0,00	0,00	0,00	0,00%	94,86%	95,12%	0,26%	11	20	9	81,82%	141	121	-20	-14,18%
A22	0,00	0,00	0,00	0,00%	90,37%	90,37%	0,00%	6	9	3	50,00%	81	71	-10	-12,35%
A23	6.021,60	0,00	-6.021,60	-100,00%	100,00%	0,00%	-100,00%	1	5	4	400,00%	37	17	-20	-54,05%
A24	4.632,00	0,00	-4.632,00	-100,00%	100,00%	98,93%	-1,07%	4	12	8	200,00%	102	76	-26	-25,49%
B1	0,00	10,00	10,00		100,00%	100,00%	0,00%	8	8	0	0,00%	588	574	-14	-2,38%
B2	0,00	30,00	30,00		96,78%	95,45%	-1,34%	3	9	6	200,00%	499	499	-34	-6,38%
B3	0,00	0,00	0,00	0,00%	85,96%	98,30%	12,34%	12	9	-3	-25,00%	29	43	14	48,28%
B4	28,00	2,00	-26,00	-92,86%	96,29%	93,33%	-2,96%	19	21	2	10,53%	767	711	-56	-7,30%
B5	314,00	38,00	-276,00	-87,90%	100,00%	100,00%	0,00%	4	6	2	50,00%	319	182	-137	-42,95%
B6	4,00	0,00	-4,00	-100,00%	97,12%	97,28%	0,15%	23	23	0	0,00%	741	711	-30	-4,05%
B7	2,00	2,00	0,00	0,00%	97,70%	96,39%	-1,31%	15	14	-1	-6,67%	442	444	2	0,45%
B8	122,00	130,00	8,00	6,56%	95,43%	96,02%	0,59%	24	21	-3	-12,50%	724	698	-26	-3,59%
B9	30,00	0,00	-30,00	-100,00%	100,00%	97,91%	-2,09%	2	8	6	300,00%	368	200	-168	-45,65%
B10	0,00	0,00	0,00	0,00%	97,64%	98,98%	1,34%	12	12	0	0,00%	343	266	-77	-22,45%
B11	2,00	2,00	0,00	0,00%	98,00%	99,26%	1,26%	12	11	-1	-8,33%	471	387	-84	-17,83%
B12	258,00	18,00	-240,00	-93,02%	100,00%	100,00%	0,00%	1	2	1	100,00%	154	66	-88	-57,14%
B13	8,00	18,00	10,00	125,00%	0,00%	46,67%	46,67%	1	1	0	0,00%	1	15	14	1400,00%
B14	218,00	60,00	-158,00	-72,48%	97,12%	96,39%	-4,05%	3	3	0	0,00%	126	126	0	0,00%
B15	22,00	10,00	-12,00	-54,55%	88,74%	90,75%	2,01%	15	15	0	0,00%	501	521	20	3,99%
B16	60,00	14,00	-46,00	-76,67%	84,86%	90,08%	5,22%	1	4	3	300,00%	226	106	-120	-53,10%
C1	1.649,00	291,00	-1.358,00	-82,35%	84,86%	90,08%	5,22%	81	80	-1	-1,23%	1.880	1.683	-197	-10,48%
D1	1.615,00	285,00	-1.330,00	-82,35%	84,86%	90,08%	5,22%	81	80	-1	-1,23%	1.880	1.683	-197	-10,48%
E1	920,00	1.150,00	230,00	25,00%	85,93%	91,97%	6,04%	81	79	-2	-2,47%	1.528	1.379	-149	-9,75%
E2	702,00	0,00	-702,00	-100,00%	79,51%	90,13%	10,61%	60	61	1	1,67%	410	353	-57	-13,90%
F1	825,00	375,00	-450,00	-54,55%	84,81%	89,55%	4,74%	79	78	-1	-1,27%	943	854	-89	-9,44%
F2	4.425,00	3.675,00	-750,00	-16,95%	83,31%	90,13%	6,82%	78	78	0	0,00%	1.042	876	-166	-15,93%

Abbildung 6.32: Übersicht über die Simulationsergebnisse von Szenario 4

Szenario 1 (Originalbedarfe des OEM)

Gruppe	Verschrottungskosten [Euro] Modell I	Modell II	Diff. abs.	Diff. rel.	Gamma-Servicegrad (%) Modell I	Modell II	Diff. abs.	Anzahl Rüstvorgänge [Stück] Modell I	Modell II	Diff. abs.	Diff. rel.	durchschn. Bestand [Stück] Modell I	Modell II	Diff. abs.	Diff. rel.
Gruppe A	103.828,80	30.917,20	-72.921,60	-70,23%	97,26%	96,52%	-0,73%	691	753	62	8,97%	6.145	5.780	-365	-5,94%
Gruppe B	1.040,00	276,00	-764,00	-73,46%	97,05%	96,39%	-0,65%	174	180	6	3,45%	6.169	5.424	-745	-12,08%
Gruppe C	0,00	97,00	97,00		84,83%	90,05%	5,21%	86	84	-2	-2,33%	1.678	1.544	-134	-7,99%
Gruppe D	0,00	95,00	95,00		84,83%	90,05%	5,21%	86	84	-2	-2,33%	1.678	1.544	-134	-7,99%
Gruppe E	0,00	115,00	115,00		84,69%	91,60%	6,91%	147	144	-3	-2,04%	1.761	1.636	-125	-7,10%
Gruppe F	3.525,00	2.700,00	-825,00	-23,40%	84,07%	89,83%	5,76%	160	160	0	0,00%	1.883	1.624	-259	-13,75%

Unternehmen	Verschrottungskosten [Euro] Modell I	Modell II	Diff. abs.	Diff. rel.	Gamma-Servicegrad (%) Modell I	Modell II	Diff. abs.	Anzahl Rüstvorgänge [Stück] Modell I	Modell II	Diff. abs.	Diff. rel.	durchschn. Bestand [Stück] Modell I	Modell II	Diff. abs.	Diff. rel.
OEM	21.218,60	14.375,80	-3.842,80	-32,25%											
1st-Tier	87.175,20	19.314,40	-67.360,80	-77,27%											
2nd-Tier I	0,00	0,00	0,00	0,00%											
2nd-Tier II	0,00	0,00	0,00	0,00%											
Supply Chain	108.393,80	34.190,20	-74.203,60	-68,46%											

Szenario 4 (Bedarfssenkung beim OEM ab Simulationstag 90)

Gruppe	Verschrottungskosten [Euro] Modell I	Modell II	Diff. abs.	Diff. rel.	Gamma-Servicegrad (%) Modell I	Modell II	Diff. abs.	Anzahl Rüstvorgänge [Stück] Modell I	Modell II	Diff. abs.	Diff. rel.	durchschn. Bestand [Stück] Modell I	Modell II	Diff. abs.	Diff. rel.
Gruppe A	124.104,00	52.579,20	-71.524,80	-57,63%	97,39%	96,65%	-0,74%	681	743	62	9,10%	6.175	5.811	-364	-5,89%
Gruppe B	1.078,00	304,00	-774,00	-71,80%	96,66%	96,41%	-0,26%	168	174	6	3,57%	6.334	5.549	-785	-12,39%
Gruppe C	1.649,00	291,00	-1.358,00	-82,35%	84,86%	90,08%	5,22%	81	80	-1	-1,23%	1.880	1.683	-197	-10,48%
Gruppe D	1.615,00	285,00	-1.330,00	-82,35%	84,86%	90,08%	5,22%	81	80	-1	-1,23%	1.880	1.683	-197	-10,48%
Gruppe E	1.622,00	1.150,00	-472,00	-29,10%	84,72%	91,62%	6,90%	141	140	-1	-0,71%	1.938	1.732	-206	-10,63%
Gruppe F	5.250,00	4.050,00	-1.200,00	-22,86%	84,08%	89,83%	5,75%	157	156	-1	-0,64%	1.985	1.730	-255	-12,85%

Unternehmen	Verschrottungskosten [Euro] Modell I	Modell II	Diff. abs.	Diff. rel.	Gamma-Servicegrad (%) Modell I	Modell II	Diff. abs.	Anzahl Rüstvorgänge [Stück] Modell I	Modell II	Diff. abs.	Diff. rel.	durchschn. Bestand [Stück] Modell I	Modell II	Diff. abs.	Diff. rel.
OEM	48.142,80	38.844,80	-9.298,00	-19,31%											
1st-Tier	87.175,20	19.814,40	-67.360,80	-77,27%											
2nd-Tier I	0,00	0,00	0,00	0,00%											
2nd-Tier II	0,00	0,00	0,00	0,00%											
Supply Chain	135.318,00	58.659,20	-76.658,80	-56,65%											

Abbildung 6.33: Vergleich der Simulationsergebnisse von Szenario 1 und 4

Vergleich der Ergebnisse in Szenario 1 und 4 (Analyse der Auswirkungen der Bedarfssenkung)

Die Absenkung der Bedarfsprognosen ab dem Simulationstag $t^* = 90$ führt in beiden Koordinationsansätzen zu einem erheblichen Anstieg der **Verschrottungskosten** in der Supply Chain: Bei Modell I steigen sie von von 108.393,80 Euro auf 135.318,00 Euro, bei Modell II von 34.190,20 Euro auf 58.659,20 Euro. Dieser Effekt ist in erster Linie durch die auf Mindestlosgrößen basierende Produktionsplanung der Lieferanten zu begründen. Das heißt, falls die Bedarfsprognosen des OEM kurz vor dem Auslaufstichtag gesenkt werden, wurden die bis dahin bekannten täglichen Restbedarfe bis zum Auslaufstichtag häufig bereits zu Losen zusammengefasst und im Voraus produziert. In diesem Fall treten zusätzliche Überschüsse und Verschrottungskosten auf, die jedoch aufgrund des sehr kurzen Zeitraums zwischen dem Tag der Bedarfsänderungen (Simulationstag $t^* = 90$) und den Auslaufstichtagen der zu diesem Zeitpunkt noch laufenden Produkte ausschließlich vom OEM getragen werden müssen. Wie in Abbildung 6.7 zu sehen ist, laufen die letzten Produkte alle zwischen den Simulationstagen $t^* = 92$ und $t^* = 98$ aus. Durch den Anstieg der Verschrottungskosten beim OEM und die gleich bleibenden Verschrottungskosten der Lieferanten sinkt der Vorteil des OEM in Modell II im Vergleich zu Modell I bei dieser Ergebnisgröße in Szenario 3 von 32,25 % auf 19,31 %. Gleichzeitig steigen die γ-**Servicegrade** aller Produktgruppen in Modell I und II an. Aufgrund des kurzen Zeitraums zwischen dem Simulationstag $t^* = 90$ und den Auslaufstichtagen der Produkte ist die Verbesserung jedoch nur marginal. Bei der **Anzahl der Rüstvorgänge** wirkt sich die Bedarfsreduzierung positiv auf die Ergebnisse beider Modelle aus, indem aufgrund dessen, dass wegen der niedrigeren Bedarfe an weniger Tagen produziert und gerüstet werden muss, die nötigen Rüstvorgänge für alle Produktgruppen reduziert werden. Die Bedarfssenkung führt in Szenario 3 sowohl bei Modell I als auch II zu niedrigeren **durchschnittlichen Beständen** als in Szenario 1. Diese Verbesserung kommt zustande, weil bei geringeren Bedarfen weniger Produkte (im Voraus) produziert und demzufolge auch weniger Produkte gelagert werden müssen.

Vergleich von Modell I und II in Szenario 4

Hinsichtlich der **Verschrottungskosten** führt der neue Ansatz wiederum zu einem großen Vorteil im Vergleich zu Modell I. Auf Supply-Chain-Ebene können diese um 76.658,80 Euro bzw. 56,65 % von 135.318,00 Euro auf 58.659,20 Euro mehr als halbiert werden. Die Gründe dafür wurden bereits bei den Ausführungen zu Szenario 1 anhand konkreter Beispiele erläutert.[43] Die Verbesserung auf Ebene der Produktgruppen beträgt zwischen 22,86 % und 82,35 %. Bei den drei anderen Ergebnisgrößen (γ-**Servicegrad, Anzahl Rüstvorgänge, Durschnittlicher Bestand**) ähneln die Resultate in Szenario 4 denen aus Szenario 1, weshalb auch hier keine zusätzlichen, tiefergehenden Analysen erforderlich sind. Die wesentlichen Effekte und Zusammenhänge können ebenso den Ausführungen zu Szenario 1 entnommen werden.

---

[43] Vgl. Abschnitt 6.2.7.1.

Fazit / Wesentliche Erkenntnisse

Besonders aufschlussreich ist der Vergleich der Ergebnisse aus Szenario 1 und 4, um die Auswirkungen der Bedarfssenkung kurz vor dem jeweiligen Auslaufdatum von Produkten zu analysieren. So bringt die Absenkung der Bedarfsprognosen in Szenario 4 zwar unabhängig vom Modell Vorteile hinsichtlich der Lieferperformance, der Anzahl der Rüstvorgänge und der Bestandsniveaus, die auslaufspezifischen Verschrottungskosten steigen jedoch stark an und müssen aufgrund der späten Bedarfsänderung vollständig vom OEM getragen werden. Aus diesem Zusammenhang lässt sich schließen, dass die Fahrzeughersteller speziell im Auslauf zur Vermeidung von Verschrottungskosten einen sehr großen Wert auf genaue und stabile Bedarfsprognosen legen sollten. Der Abgleich der Ergebnisse von Modell I und II in Szenario 4 bringt im Vergleich zu Szenario 1 keine neuen Erkenntnisse.

Kapitel 7

Zusammenfassung und Ausblick

7.1 Zusammenfassung

In Kapitel 2 wurden die für diese Arbeit wichtigsten Details zum Thema Supply-Chain-Koordination in der Automobilindustrie beschrieben. Dabei wurde neben der Aufbereitung der existierenden Theorie ein Schwerpunkt auf den Praxisbezug gelegt, indem etwa der Informationsaustausch zwischen einem deutschen OEM und dessen Lieferanten sowie die SCM-Prozesse von Daimler dargestellt wurden.

Im Rahmen von Kapitel 3 konnte aufgezeigt werden, dass die Auslaufproblematik bisher in der Wissenschaft keine ausreichende Beachtung gefunden hat. Aus diesem Grund wurde die Theorie konsolidiert und erweitert, so dass ein wesentlicher Beitrag zur wissenschaftlichen Diskussion des Auslaufs entstanden ist. Ausgehend vom Produktlebenszyklusmodell wurde die Serienauslaufphase im Fertigungszyklus eines Automobilherstellers analysiert und die Rahmenbedingungen sowie die Grundproblematik aus Sicht eines OEM erläutert. Den Abschluss des Kapitels bildet die Diskussion der Auslaufkosten, die zuvor in keiner der betrachteten Veröffentlichungen ähnlich umfassend durchgeführt wurde.

In Kapitel 4 wurde ein neues Klassifizierungsschema für Modelle zur Koordination in Supply Chains eingeführt, das neben ausgewählten Merkmalen bestehender Klassifzierungen auch neue Auslaufkriterien beinhaltet und anhand dessen existierende Koordinationsmodelle aus der Literatur hinsichtlich ihrer Eignung für die vorliegende Problemstellung überprüft werden können. Die Analyse und Bewertung von 17 ausgewählten SCM-Modellen aus dem Zeitraum 2001 bis 2007 hat gezeigt, dass bisher keine geeigneten Ansätze für die Supply-Chain-Koordination im Auslauf existieren. So konnte z. B. kein einziges Modell gefunden wurden, in dem Verschrottungskosten und Abnahmeverpflichtungen berücksichtigt werden.

Kapitel 5 beinhaltet die Konzeption und mathematische Modellierung des neuen Koordinationsmodells auf Basis von Fortschrittszahlen, das alle für die Supply-Chain-Koordination im Auslauf im Beschaffungsnetzwerk der Automobilindustrie nötigen Zusammenhänge und Informationen abbildet. Da bisher keine ähnlichen FZ-basierten Modelle als Orientierungshilfe existierten, stellte der Aufbau des mehrstufigen Koordinationsmodell mit Fortschrittszahlen eine große Herausforderung dar. Das Modell kann mehrstufige Supply Chains mit mehreren Produkten auf allen Supply-Chain-Ebenen abbilden und berücksichtigt ferner Verschrottungskosten, deren Zuordnung zu den verantwortlichen Unternehmen sich als sehr komplex erwiesen hat. Die wesentlichen Eigenschaften des Modells stellen die zentrale Bereitstellung von Bedarfsinformationen über Fortschrittszahlen sowie die dezentrale Planung im Beschaffungsnetzwerk im Rahmen eines Korridors an den Unternehmensgrenzen dar. Dabei ist wichtig, dass die Lieferanten bei der Festlegung des Korridors mitwirken und somit ihren Planungsspielraum selbst bestimmen können.

In Kapitel 6 wurde die Simulationsstudie zur Bewertung des neuen Modells beschrieben, wobei im Anschluss an die Erklärung der wichtigsten Simulationsgrundlagen eine strukturierte Vorgehensweise zur Durchführung des Experiments vorgestellt wurde. Um aussagekräftige und praxisrelevante Ergebnisse zu erhalten, wurde für die Fallstudie bewusst eine reale Supply Chain mit Echtdaten ausgewählt. Denn in der Literatur über Supply-Chain-Koordinationsmodelle wird ein Großteil der Simulationsstudien ausschließlich mit fiktiven Konstellationen und zufällig generierten Daten durchgeführt, wodurch der Bezug zur Praxis häufig verlorengeht. Die Implementierung des Simulationsprototypen erfolgte mit der Programmiersprache VBA, wobei der Prototyp eine Simulations- wie auch eine Analysekompenente beinhaltet. In der Fallstudie wurde der neue Koordinationsansatz in einer konkreten Supply-Chain-Konstellation sowohl unter den realen Bedingungen (Szenario 1) als auch bei geänderten Einflussfaktoren (Szenario 2-4) analysiert und bewertet. Eine große Herausforderung stellte in diesem Zusammenhang die Beschaffung und Aufbereitung der Echtdaten dar: Manche Daten wurden aus Gründen der Geheimhaltung von den Unternehmen nicht zur Verfügung gestellt, andere waren nicht mehr verfügbar. Ferner mussten technische Herausforderungen gelöst werden, weil die Daten aus zahlreichen, unterschiedlichen Systemen exportiert werden mussten.

Die Ergebnisse der Simulationsstudie lassen darauf schließen, dass in diesem konkreten Fallbeispiel die Situation in der Auslaufphase durch den Einsatz des neuen Koordinationsansatzes verbessert werden kann. Hauptgrund hierfür sind die zentral ermittelten Soll-Fortschrittszahlen, die sowohl eine unverzögerte und unverzerrte Weitergabe von Bedarfsinformationen in der Supply Chain sicherstellen als auch in Form eines Korridors eine Koordinationsform ermöglichen, welche eine zu große Vorproduktion von zukünftigen Bedarfen mit der Gefahr von Überschüssen verhindert. Dabei behält die Koordination einen dezentralen Charakter, weil die Lieferanten selbst ihren Spielraum durch die gemeinsame Festlegung der Verschiebezeiten zur Bildung des Korridors festlegen können. Die wichtigsten Erkenntnisse aus der Sensitivitätsanalyse in den Szenarien werden im Folgenden nochmal zusammengefasst:

- Szenarioübergreifend konnte festgestellt werden, dass vor allem die Verschrottungskosten durch den neuen Ansatz stark reduziert werden können. Darüber hinaus bringt Modell II auch Vorteile bzgl. der Lieferperformance und der Höhe der durchschnittlichen Bestände. Ein Nachteil besteht im Anstieg der Anzahl der Rüstvorgänge, weil der zentrale Korridor den Zeitraum für eine Vorproduktion einschränkt und in Modell II aufgrund dessen an mehreren Tagen als in Modell I produziert wird.

- Szenario 2 hat gezeigt, dass bereits eine Verkürzung der Abnahmefrist von 1+2 auf 1+1 innerhalb von Modell I vorteilhaft ist.

- Szenario 3 hat gezeigt, dass ein kurzer Planungszyklus aufgrund einer Reduzierung der Reaktionszeit auf Bedarfsschwankungen zu besseren Ergebnissen führt als ein langer Planungszyklus.

- Szenario 4 hat gezeigt, dass OEM insbesondere in der Auslaufphase großen Wert auf eine gute Bedarfsprognose legen sollten, um zusätzliche Verschrottungskosten zu vermeiden.

7.2 Ausblick

Obwohl die Untersuchung einer realen Supply-Chain-Konstellation mit Echtdaten zahlreiche Vorteile bietet,[1] besteht der Nachteil bei dieser Vorgehensweise in der fehlenden Allgemeingültigkeit der Ergebnisse. Das heißt, die erzielten Erkenntnisse gelten nur für diese konkrete Supply Chain. Um allgemein gültige Aussagen über die Vorteilhaftigkeit von Modell II zu erlangen, sind weitere Untersuchungen erforderlich. Diese Arbeit hat die Basis hierfür gelegt, indem der neue Koordinationsansatz konzipiert, beschrieben, implementiert und anhand eines konkreten Praxisfalls im Rahmen einer Simulationsstudie bewertet wurde. Im Rahmen zukünftiger Forschungsarbeiten zum Modell II sollten weitere Konstellationen untersucht werden, indem z. B. die Supply-Chain- oder die Erzeugnisstruktur verändert bzw. andere Bedarfsszenarien durch die Generierung von OEM-Lieferabrufen über Zufallszahlen generiert werden. Darüber hinaus würde die monetäre Bewertung aller betrachteten Ergebnisgrößen eine eindeutige Bewertung erleichtern.

Aufgrund der fehlenden Allgemeingültigkeit der Ergebnisse ist ein flächendeckender Einsatz des neuen Koordinationsmodells für alle Lieferanten eines OEM nach dem derzeitigen Stand der Erkenntnisse aus dieser Arbeit noch nicht zu empfehlen. Ferner wären die Überzeugung aller Lieferanten zur Mitarbeit, die Datenbeschaffung, die Integration der Zulieferer sowie die Koordination während des Auslaufs bei der großen Zahl von Lieferanten eines OEM sehr aufwendig und komplex. Bei Produkten mit verhältnismäßig niedrigem Wert lohnt sich dieser Aufwand i. d. R. nicht. Stattdessen könnte das neue Modell in der vorliegenden Supply-Chain-Konstellation gezielt bei ausgewählten Lieferanten eingesetzt werden, die hochwertige Teile bzw. Komponenten an den OEM liefern oder möglicherweise bereits in Auslaufprojekten der Vergangenheit hohe Verschrottungskosten verursacht haben. Identifiziert werden können solche Umfänge durch die Durchführung von ABC-Analysen oder die Analyse der Kosten vergangener Auslaufprojekte. Eine Entscheidungsmatrix zur Auswahl von Lieferanten und Produkten, die im Auslauf eine besonders genaue und gute Steuerung mithilfe des Modells II erfordern, würde dieser Idee Rechnung tragen.

Aber auch ohne den Einsatz des neuen Koordinationsansatzes können in der Praxis Sofortmaßnahmen ergriffen werden: So könnte eine Möglichkeit aus Sicht eines OEM in der Verkürzung der Abnahmefrist bestehen. Szenario 2 hat gezeigt, dass im vorliegenden Fall bereits bei einer heute üblichen sukzessiven Planung wie in Modell I bereits die Verkürzung der Abnahmefrist für Vorprodukte zu einer Reduzierung der Verschrottungskosten des OEM führt. Für Lieferanten, die aufgrund der Änderung der vertraglichen Rahmenbedingungen Mehrkosten zu erwarten haben, sind bei einer solchen Maßnahme jedoch geeignete Anreize zu schaffen. Eine weitere Sofortmaßnahme für Fahrzeughersteller könnte die Konzentration auf eine stabile und gute Bedarfsplanung in der Auslaufphase darstellen, zu deren Gelingen eine enge Zusammenarbeit zwischen der Planung im Vertrieb und den Produktionswerken erforderlich ist.

---

[1] Vgl. Abschnitt 7.1.

Literaturverzeichnis

Ackermann, Ingmar: Supply Chain Management in der Automobilindustrie. Band 98, Planung, Organisation und Unternehmungsführung. Lohmar u. a.: Eul, 2004.

ACTIS: FORS. Fortschrittszahlensystem für Automobilzulieferer. Leistungsbeschreibung. Ort unbekannt: ACTIS, 1985.

Alderson, Wroe: Marketing Behavior and Executive Action. A Functionalist Approach to Marketing Theory. Homewood, Illinois: Erwin, 1957.

Alicke, Knut: Planung und Betrieb von Logistiknetzwerken. Unternehmensübergreifendes Supply Chain Management. 2. Auflage. Berlin u. a.: Springer, 2005.

Alicke, Knut/Graf, Hartmut/Putzlocher, Stefan: Unternehmensübergreifendes Supply Chain Management realisiert Multi-Tier-Collaboration. In **Busch, Axel/ Dangelmaier, Wilhelm (Hrsg.):** Integriertes Supply Chain Management. Theorie und Praxis effektiver unternehmensübergreifender Geschäftsprozesse. 2. Auflage. Wiesbaden: Gabler, 2004, 485–497.

Anthony, R.N.: Planning and Control Systems. A Framework for Analysis. Boston: Division of Research, Harvard Univiversity, 1965.

Aurich, J.C./Naab, Christoph/Barbian, Peter: Systematisierung des Serienauslaufs in der Produktion. ZwF, 100 2005, Nr. 5, 257–260.

Aviv, Yossi: The Effect of Collaborative Forecasting on Supply Chain Performance. Management Science, 47 2001, Nr. 10, 1326–1343.

Aviv, Yossi: Collaborative Forecasting and its Impact on Supply Chain Performance. In **Simchi-Levi, David/Wu, S.D./Shen, Z.-J. (Hrsg.):** Handbook of Quantitative Supply Chain Analysis. Modeling in the E-Business Era. Boston u. a.: Kluwer Academic Publishers, 2004, 393–446.

Back-Hock, Andrea: Lebenszyklusorientiertes Produktcontrolling. Ansätze zur computergestützten Realisierung mit einer Rechnungswesen-Daten- und -Methodenbank. Berlin u. a.: Springer, 1988.

Baku, K./Meyer, B.E.: Wirtschaftliche Fertigungsorganisation für Automobilzulieferer. ZwF, 77 1982, Nr. 10, 476–480.

Banks, Jerry: Principles of Simulation. In **Banks, Jerry (Hrsg.):** Handbook of Simulation. Principles, Methodology, Advances, Applications, and Practice. New York u. a.: John Wiley & Sons, 1998.

Beamon, B.M.: Supply Chain Design and Analysis. Models and Methods. International Journal of Production Economics, 55 1998, Nr. 3, 281–294.

Bechtel, Christian/Jayaram, Jayanth: Supply Chain Management. A Strategic Perspective. International Journal of Logistics Management, 8 1997, Nr. 1, 15–34.

Becker, Jochen: Modell des Produktlebenszyklus. Grundlagen, Anwendungen, Perspektiven. Thexis, 17 2000, Nr. 2, 2–5.

Becker, Torsten: Supply Chain Prozesse. Gestaltung und Optimierung. In **Busch, Axel/Dangelmaier, Wilhelm (Hrsg.):** Integriertes Supply Chain Management. Theorie und Praxis effektiver unternehmensübergreifender Geschäftsprozesse. 2. Auflage. Wiesbaden: Gabler, 2004, 65–89.

Bergmann, Isabelle: Koordinationsmodelle im Supply Chain Management. Diplomarbeit, Lehrstuhl für Produktion und Logistik, Universität Augsburg, 2005.

Bhatnagar, Rohit/Chandra, Pankaj/Goyal, S.K.: Models for Multi-Plant Coordination. European Journal of Operational Research, 67 1993, Nr. 2, 141–160.

Bock, Dieter et al.; (BVL), Bundesvereinigung Logistik (Hrsg.): Studie: Supply Chain Collaboration. Unternehmensübergreifende Zusammenarbeit. Bremen: KAT International AG, 2003.

Booz Allen Hamilton (Hrsg.): Management of New Products. New York u. a., 1960.

Bowersox, D.J.: Physical Distribution Development, Current Status, and Potential. Journal of Marketing, 33 1969, Nr. 1, 63–70.

Busch, Axel/Dangelmaier, Wilhelm: Integriertes Supply Chain Management. Ein koordinationsorientierter Überblick. In **Busch, Axel/Dangelmaier, Wilhelm (Hrsg.):** Integriertes Supply Chain Management. Theorie und Praxis effizienter unternehmensübergreifender Geschäftsprozesse. 2. Auflage. Wiesbaden: Gabler, 2004, 1–21.

Cachon, G.P./Lariviere, M.A.: Contracting to Assure Supply. How to Share Demand Forecasts in a Supply Shain. Management Science, 47 2001, Nr. 5, 629–646.

Chen, Fangruo: Information Sharing and Supply Chain Coordination. In **De Kok, A.D./Graves, S.C. (Hrsg.):** Handbook in Operations Research & Management Science. Amsterdam u. a.: Elsevier, 2003, 341–421.

Chopra, Sunil/Meindl, Peter: Supply Chain Management. Strategy, Planning, and Operations. 2. Auflage. Upper Saddle River, New Jersey: Pearson Prentice-Hall, 2004.

Christopher, Martin: Logistics and Supply Chain Management. Strategies for Reducing Cost and Improving Service. London u.´: Financial Times Pitman, 1998.

Clark, K.B./Fujimoto, Takahiro: Product Development Performance. Strategy, Organization, and Management in the World Auto Industry. Boston, Massachusetts: Harvard Business School Press, 1991.

Cooper, M.C./Lambert, D.M./Pagh, J.D.: Supply Chain Management. More Than a New Name for Logistics. The International Journal of Logistics Management, 8 1997, Nr. 1, 1–14.

Corsten, Daniel/Gabriel, Christoph: Supply Chain Management erfolgreich umsetzen. Grundlagen, Realisierung und Fallstudien. Berlin u. a.: Springer, 2004.

Corsten, Hans/Gössinger, Ralf: Einführung in das Supply-Chain-Management. München u. a.: Oldenbourg, 2001, Lehr- und Handbücher der Betriebswirtschaftslehre.

Croom, Simon/Romano, Pietro/Giannakis, Mihalis: Supply Chain Management. An Analytical Framework for Critical Literature Review. European Journal of Purchasing & Supply Management, 6 2000, Nr. 1, 67–83.

Daimler AG: CORE-Programm zur nachhaltigen Steigerung der Wettbewerbsfähigkeit erfolgreich abgeschlossen. 2007, abgerufen am 12.10.2007 ⟨URL: http://www.daimler.com/dccom/0-5-7145-49-954078-1-0-0-0-0-0-11979-0-0-0-0-0-0-0.html⟩.

Dannenberg, Jan: Von der Technik zum Kunden. Herausforderungen und Handlungsfelder der Automobilindustrie entlang der automobilen Wertschöpfungskette. In **Gottschalk, Bernd/Kalmbach, Ralf/Dannenberg, Jan (Hrsg.):** Markenmanagement in der Automobilindustrie. Die Erfolgsstrategien internationaler Top-Manager. 2. Auflage. Wiesbaden: Gabler, 2005, 33–58.

Dean, Joel: Pricing Policies for new Products. HBR, 28 November 1950, 45–55.

Deutsches Institut für Normung (Hrsg.): Deutsche Norm, DIN 24 420, Ersatzteillisten, Allgemeines, Teil 1. Berlin, 1976.

Diez, Willi: Modellzyklen als produktpolitisches Entscheidungsproblem. zfbf, 42 1990, Nr. 3, 263–275.

Dombrowski, Uwe/Bauer, Andreas/Bothe, Tim: Lebenszyklusorientiertes Ersatzteilmanagement. Industrie Management, 18 2002, Nr. 2, 55–59.

Domschke, Wolfgang/Drexl, Andreas: Einführung in Operations Research. 6. Auflage. Berlin, Heidelberg: Springer, 2005, Springer-Lehrbuch.

Dudek, Gregor: Collaborative Planning in Supply Chains. A Negotiation-Based Approach. Band 533, Lecture Notes in Economics and Mathematical Systems. Berlin u. a.: Springer, 2004.

Dudek, Gregor/Stadtler, Hartmut: Supply Chain Coordination by Model-Based Negotiation. In **Domschke, Wolfgang/Kolisch, Rainer/Stadtler, Hartmud (Hrsg.):** Schriften zur quantitativen Betriebswirtschaftslehre. Technische Universität Darmstadt, 2003, 1, 1–27.

Dudek, Gregor/Stadtler, Hartmut: Negotiation-based Collaborative Planning between Supply Chain Partners. European Journal of Operational Research, 163 2005, 668–687.

Dudek, Gregor/Stadtler, Hartmut: Negotiation-based Collaborative Planning in divergent Two-Tier Supply Chains. European Journal of Operational Research, 45 2007, Nr. 2, 465–484.

Eisenbarth, Marc: Erfolgsfaktoren des Supply Chain Managements in der Automobilindustrie. Band 2955, Europäische Hochschulschriften, Reihe 5, Volks- und Betriebswirtschaft. Frankfurt am Main u. a.: Lang, 2003.

Erengüc, S.S./Simpson, N.C./Vakharia, A.J.: Integrated Production/Distribution Planning in Supply Chains. An invited Review. European Journal of Operational Research, 115 1999, 219–236.

Ferber, Sonja: Strategische Kapazitäts- und Investitionsplanung in der globalen Supply Chain eines Automobilherstellers. Aachen: Shaker, 2005, Berichte aus der Betriebswirtschaft.

Fickel, Ina: Konzeption eines Modellauslaufs – dargestellt anhand der Abhängigkeiten vom Anlaufprozess bei einem Automobilhersteller. Hochschule Karlsruhe, 2005, unveröffentlichte Diplomarbeit.

Fleischmann, Bernhard: Begriffliche Grundlagen. In **Arnold, Dieter et al. (Hrsg.):** Handbuch Logistik. 2. Auflage. Berlin u. a.: Springer, 2004a, A 1–3 – A 1–12.

Fleischmann, Bernhard: Vorlesung Materialwirtschaft, Kapitel 3. Lehrstuhl für Produktion und Logistik, Universität Augsburg. 2004b.

Fleischmann, Bernhard: Vorlesung Grundlagen der Produktion und der Logistik (ABWL), Lehrstuhl für Produktion und Logistik, Universität Augsburg. 2007.

Fleischmann, Bernhard/Meyr, Herbert: Supply Chain Planning. In **Sebastian, H.-J./Grünert, Tore (Hrsg.):** Logistik Management - Supply Chain Management und E-Business. Stuttgart u.': Teubner, 2001.

Fleischmann, Bernhard/Meyr, Herbert: Planning Hierarchy, Modeling and Advanced Planning Systems. In **De Kok, A.D./Graves, S.C. (Hrsg.):** Handbook in Operations Research & Management Science. Amsterdam u.': Elsevier, 2003, 457–523.

Fleischmann, Bernhard/Meyr, Herbert/Wagner, Michael: Advanced Planning. In **Stadtler, Hartmut/Kilger, Christoph (Hrsg.):** Supply Chain Management and Advanced Planning. Concepts, Models, Software and Case Studies. 4. Auflage. Berlin u. a.: Springer, 2007, 81–106.

Forrester, J.W.: Industrial Dynamics. A major Breakthrough for Decision Makers. HBR, 36 July–August 1958, 37–66.

Forrester, J.W.: A Problem in Industrial Dynamics. HBR, 37 1959, Nr. 2, 100–110.

Forrester, J.W.: Industrial Dynamics. Cambridge, Massachusetts: MIT Press, 1961.

Freitag, Michael: Managementansatz zur Optimierung der Supply Chain im Unternehmensnetzwerk der Vaillant Hepworth Group. In **Busch, Axel/Dangelmaier, Wilhelm (Hrsg.):** Integriertes Supply Chain Management. Theorie und Praxis effektiver unternehmensübergreifender Geschäftsprozesse. 2. Auflage. Wiesbaden: Gabler, 2004, 237–257.

Frese, Erich: Grundlagen der Organisation. Konzept – Prinzipien – Strukturen. 8. Auflage. Wiesbaden: Gabler, 2000.

Fugate, Brian/Sahin, Funda/Mentzer, J.T.: Supply Chain Management Coordination Mechanisms. Journal of Business Logistics, 27 2006, Nr. 2, 129–162.

Ganeshan, Ram et al.: A Taxonomic Review of Supply Chain Management. Quantitative Models for Supply Chain Management. In **Tayur, Sridhar/Ganeshan, Ram/ Magazine, Michael (Hrsg.):** Quantitative Models for Supply Chain Management. Band 17. Dordrecht: Kluwer Academic Publishers, 1999, 839–879.

Gaonkar, Roshan/Viswanadham, Nukala: Collaboration and Information Sharing in Global Contract Manufacturing Networks. IEEE/ASME Transactions on Mechatronics, 6 2001, Nr. 4, 366–376.

Gavirneni, Srinagesh: Information Flows in Capacitated Supply Chains with Fixed Ordering Costs. Management Science, 48 2002, Nr. 5, 644–651.

Göbel, Christof: Flexible interorganisatorische Kopplung von Geschäftsprozessen. Simulative Flexibilitätsanalyse am Beispiel einer Automotive Supply Chain. Berlin: Logos, 2005.

Gjerdrum, J./Shah, N./Papageorgiou, L.G.: Fair Transfer Price and Inventory Holding Policies in Two-Enterprise Supply Chains. European Journal of Operational Research, 143 2002, 582–599.

Glaser, Horst: Steuerungskonzepte von PPS-Systemen. In **Corsten, Hans (Hrsg.):** Handbuch Produktionsmanagement. Strategie, Führung, Technologie, Schnittstellen. Wiesbaden: Gabler, 1994, 748–761.

Glaser, Horst/Geiger, Werner/Rohde, Volker: PPS. Produktionsplanung und -steuerung. Grundlagen – Konzepte – Anwendungen. 2. Auflage. Wiesbaden: Gabler, 1992.

Günther, H.-O./Tempelmeier, Horst: Produktion und Logistik. 6. Auflage. Berlin u. a.: Springer, 2005.

Gottschalk, Bernd/Kalmbach, Ralf/Dannenberg, Jan: Markenmanagement in der Automobilindustrie. Die Erfolgsstrategien internationaler Top-Manager. Wiesbaden: Gabler, 2005.

Gottwald, M.K.: Produktionssteuerung mit Fortschrittszahlen. In **Technologie, Gesellschaft für Management und (Hrsg.):** Neue PPS-Lösungen. München: gfmt, 1982, o. S..

Göpfert, Ingrid: Einführung, Abgrenzung und Weiterentwicklung des Gegenstand des Supply Chain Management. In **Busch, Axel/Dangelmaier, Wilhelm (Hrsg.):** Integriertes Supply Chain Management. Theorie und Praxis effektiver unternehmensübergreifender Geschäftsprozesse. 2. Auflage. Wiesbaden: Gabler, 2004, 25–45.

Graf, Hartmut: Supplier-Managed-Inventory als Standard-Belieferungsform. In **BVL, Bundesvereinigung Logistik (Hrsg.):** 19. Deutscher Logistik-Kongress. München: Huss, 2002, B4–4–1 – B4–4–12.

Graf, Hartmut: Erfolgreiche Umsetzung innovativer Methoden in Logistikprozessen als Wettbewerbsfaktor. In **Dangelmaier, Wilhelm/Kaschula, Daniel/Neumann, Juliane (Hrsg.):** Supply Chain Management in der Automobil- und Zulieferindustrie. Band 12, Paderborn: Fraunhofer-ALB, 2004, 67–78.

Graf, Hartmut: Ganz legale Steuer-Tricks. Logistik Heute, 28 2006, Nr. 3, 26–29.

Graf, Hartmut/Putzlocher, Stefan: E-Supply bei DaimlerChrysler. Kooperation über sechs Stufen. Logistik Heute, 2000, Nr. 4, 44–47.

Graf, Hartmut/Putzlocher, Stefan: DaimlerChrysler. Integrierte Beschaffungsnetzwerke. In **Corsten, Daniel/Gabriel, Christoph (Hrsg.):** Supply Chain Management erfolgreich umsetzen. Grundlagen, Realisierung und Fallstudien. 2. Auflage. Berlin u. a.: Springer, 2004, 55–71.

Graves, S.C./Willems, S.P.: Supply Chain Design. Safety Stock Placement and Supply Chain Configuration. In **De Kok, A.G./Graves, S.C. (Hrsg.):** Handbooks in Operations Research & Management Science. Band 11, Amsterdam u. a.: Elsevier, 2003, 95–132.

Groll, Marcus; Weber, Jürgen (Hrsg.): Koordination im Supply Chain Management. Die Rolle von Macht und Vertrauen. Band 4, Gabler Edition Wissenschaft. Wiesbaden: Deutscher Universitäts-Verlag, 2004.

Götz, Armin: Mit Salamitaktik zu neuer Größe. Automobil-Produktion, 2007, Nr. 10, 20–22.

Hagen, Markus: Methoden, Daten- und Prozessmodell für das Ersatzteilmanagement in der Automobilelektronik. 2003 ⟨URL: http://deposit.ddb.de/cgi-bin/dokserv?idn=970102518&dok_var=d1&dok_ext=pdf&filename=970102518.pdf⟩, abgerufen am 08.01.2008.

Hahn, Dietger/Laßmann, Gert: Produktionswirtschaft. Controlling industrieller Produktion. Heidelberg: Physica, 1993.

Hanssmann, Fred: Optimal Inventory Location and Control in Production and Distribution Networks. Operations Research, 7 1959, Nr. 4, 483–498.

Harjes, I.-M.: Stiefkind Serien-Auslauf. Automobil Industrie, 2006, Nr. 5, 56–57.

Hax, A.C./Meal, H.C.: Hierarchical Integration of Production Planning and Scheduling. In **Geisler, M.A. (Hrsg.):** Logistics. Band 1, Amsterdam u. a.: North-Holland, 1975.

Heinemeyer, Wolfgang: Teile- und Aggregatesteuerung. In **Technologie, Gesellschaft für Management und (Hrsg.):** Neue PPS-Lösungen. München: gfmt, 1982, 138–164.

Heinemeyer, Wolfgang: Fortschrittszahlen als Instrument zur Fertigungsplanung und -steuerung bei der Daimler-Benz AG. In **Technologie, Gesellschaft für Management und (Hrsg.):** Produktivität - Flexibilität durch Logistik. Lösungen für die Praxis. Tagungsband. München: gfmt, 1984a, 844–881.

Literaturverzeichnis

Heinemeyer, Wolfgang: Fortschrittszahlen. Ein Ansatz zur Steuerung in der Serienfertigung. In Fachseminar Statistisch orientierte Fertigungssteuerung. Grundlagen, Systeme, Anwendungserfahrungen. Hannover, 1984b, 98–127.

Heinemeyer, Wolfgang: Die Funktion der Durchlaufzeit im Fortschrittszahlensystem mit einstufiger Produktdokumentation. In **Technologie, Gesellschaft für Management und (Hrsg.):** Planen und Steuern der Produktion. Bausteine für eine computerunterstützte Fertigung. Tagungsbericht. München: gfmt, 1986a, 445–470.

Heinemeyer, Wolfgang: Just-in-time mit Fortschrittszahlen. In **Wildemann, Horst (Hrsg.):** Just-in-time. Produktion und Zulieferung. Passau, 1986b, 257–290.

Heinemeyer, Wolfgang: Produktionsverbundsteuerung mit Fortschrittszahlen. In **Wildemann, Horst (Hrsg.):** Just-in-time Produktion und Zulieferung. Tagungsbericht. München: gfmt, 1988, 579–624.

Heinemeyer, Wolfgang: Produktionsplanung und Steuerung mit Fortschrittszahlen für interdependente Fertigungs- und Montageprozesse. In RKW-Handbuch Logistik. Integrierter Material- und Warenfluss in Beschaffung, Produktion und Absatz. Berlin: Schmidt, 1989, 1–46.

Heinemeyer, Wolfgang: Die Fortschrittszahlen als logistisches Konzept in der Automobilindustrie. In **Corsten, Hans (Hrsg.):** Handbuch Produktionsmanagement. Strategie, Führung, Technologie, Schnittstellen. Wiesbaden: Gabler, 1994, 222–236.

Herold, Lothar: Kundenorientierte Prozesssteuerung in der Automobilindustrie. Die Rolle von Logistik und Logistikcontrolling im Prozess. Wiesbaden: Deutscher Universitäts-Verlag, 2005, Gabler Edition Wissenschaft.

Höft, Uwe: Lebenszykluskonzepte. Grundlage für das strategische Marketing- und Technologiemanagement. Band 46, Technological economics. Berlin: Schmidt, 1992.

Hillier, F.S./Lieberman, G.J.: Operations Research. Einführung. München u. a.: Oldenbourg, 2002, Internationale Standardlehrbücher der Wirtschafts- und Sozialwissenschaften.

Hippler, Willy: Arbeitsverteilung und Terminwesen in Maschinenfabriken. Berlin: Springer, 1921.

Huang, G.Q./Lau, Jason S.K./Mak, K.L.: The Impacts of Sharing Production Information on Supply Chain Dynamics. A Review of the Literature. International Journal of Production Research, 41 2003, Nr. 7, 1483–1517.

Inness, John: Erfolgreicher Produktwechsel. Landsberg: Moderne Industrie, 1995.

Jania, Thilo: Änderungsmanagement auf Basis eines integrierten Produkt- und Prozessmodells mit dem Ziel einer durchgängigen Komplexitätsbewertung. Paderborn: HNI, 2005.

Jehle, Egon/Kaczmarek, Michael: Organisation der Planung und Steuerung in Supply Chains. Dortmund, 2003 (03022). – Technical Report.

Joschke, Heinz: Praktisches Lehrbuch der Betriebswirtschaft. 5. Auflage. München: Moderne Industrie, 1974, 514 S..

Jost, Peter-J.: Organisation und Koordination. Eine ökonomische Einführung. Wiesbaden: Gabler, 2000.

Kaczmarek, Michael: Modellbasierte Gestaltung von Supply Chains. Ein prozess- und simulationsorientierter Ansatz. Hamburg: Kovac, 2006, Logistik-Management in Forschung und Praxis 10.

Karabuk, Suleyman/Wu, S.D.: Dezentralizing Semiconductor Capacity Planning via Internal Market Coordination. IIE Transactions, 34 2002, 743–759.

Karaesmen, Fikri/Buzacott, J.A./Dallery, Yves: Integrating Advance Order Information in Make-to-Stock Production Systems. IIE Transactions, 34 2002, 649–662.

Kemminger, Jörg: Lebenszyklusorientiertes Kosten- und Erlösmanagement. Wiesbaden: Deutscher Universitäts-Verlag, 1999, Gabler Edition Wissenschaft.

Kernler, Helmut: Logistiknetze. Mit Supply Chain Management erfolgreich kooperieren. Heidelberg: Hüthig, 2003.

Kieser, Alfred/Kubicek, Herbert: Organisation. 3. Auflage. Berlin u. a.: De-Gruyter-Lehrbuch, 1992.

Kilger, Christoph/Reuter, Boris/Stadtler, Hartmut: Collaborative Planning. In **Stadtler, Hartmut/Kilger, Christoph (Hrsg.):** Supply Chain Management and Advanced Planning. Concepts, Models, Software and Case Studies. 4. Auflage. Berlin u. a.: Springer, 2007, 263–283.

Klein, Robert/Scholl, Armin: Planung und Entscheidung. Konzepte, Modelle und Methoden einer modernen betriebswirtschaftlichen Entscheidungsanalyse. München: Vahlen, 2004, Vahlens Handbücher der Wirtschafts- und Sozialwissenschaften.

Klenter, Guido: Zeit - Strategischer Erfolgsfaktor von Industrieunternehmen. Band 9, Duisburger Betriebswirtschaftliche Schriften. Hamburg: S + W Steuer- und Wirtschaftsverlag, 1995.

Koffler, J.R.: Neuere Systeme zur Produktionsplanung und -steuerung. Belastungsorientierte Auftragsfreigabe, Fortschrittszahlenkonzept, Kanban-Prinzipien. Band 48, Hochschulschriften zur Betriebswirtschaftslehre. München: Florentz, 1987.

Kotler, Philip/Bliemel, Friedhelm: Marketing-Management. Analyse, Planung und Verwirklichung. Stuttgart: Schäffer-Poeschel, 2001.

Kouvelis, Panos/Chambers, Chester/Wang, Haiyan: Supply Chain Management Research and Production and Operations management. Review, Trends, and Opportunities. Production and Operations Management, 15 2006, Nr. 3, 449–469.

Köth, Claus-Peter: Keine Harmonie pur. Automobil Industrie, 2007, Nr. 10, 42–43.

Kuder, Martin: Kundengruppen und Produktlebenszyklus. Dynamische Zielgruppenbildung am Beispiel der Automobilindustrie. Wiesbaden: Deutscher Universitäts-Verlag, 2005, Gabler Edition Wissenschaft.

Kuhn, Axel (Hrsg.): Fast ramp up. Schneller Produktionsanlauf von Serienprodukten. Dortmund: Verlag Praxiswissen, 2002.

Kuhn, Axel/Hellingrath, Bernd: Supply Chain Management. Optimierte Zusammenarbeit in der Wertschöpfungskette. Berlin u. a.: Springer, 2002.

Kurek, Rainer: Erfolgsstrategien für Automobilzulieferer. Wirksames Management in einem dynamischen Umfeld. Berlin u. a.: Springer, 2004.

Laick, Thomas: Hochlaufmanagement. Sicherer Produktionshochlauf durch zielorientierte Gestaltung und Lenkung des Produktionsprozesssystems. Band 47, FBK Produktionstechnische Berichte. Kaiserslautern: Universität, Lehrstuhl für Fertigungstechnik und Betriebsorganisation, 2003.

Lambert, Douglas et al.: Supply Chain Management. Implementation Issues and Research Opportunities. International Journal of Logistics Management, 9 1998, Nr. 2, 1–19.

Lambert, Douglas/Pohlen, T.L.: Supply Chain Metrics. The International Journal of Logistics Management, 12 2001, Nr. 1, 1–19.

Law, A.M./Kelton, W.D.: Simulation Modeling and Analysis. 3. Auflage. Boston u. a.: McGraw-Hill, 2000, McGraw-Hill Series in Industrial Engineering and Management Science.

Lederle, H.: Planung Verrechnung und Kontrolle der Forschungs- und Entwicklungskosten in der Automobilindustrie. In **Kilger, Wolfgang (Hrsg.):** Rechnungswesen und EDV. Band 6, Heidelberg: Physica, 1985, 189–205.

Lee, H.L./Padmanabhan, V./Whang, Seungjin: Information Distortion in a Supply Chain. The Bullwhip Effect. Management Science, 43 1997, Nr. 4, 546–558.

Lee, H.L./So, K.C./Tang, C.S.: The Value of Information Sharing in a Two-Level Supply Chain. Management Science, 46 2000, Nr. 5, 626–643.

Li, Gang et al.: Comparative Analysis on Value of Information Sharing in Supply Chains. Supply Chain Management. An International Journal, 10 2005, Nr. 1, 34–46.

Li, Xiuhiu/Wang, Qinan: Coordination Mechanisms of Supply Chain Systems. European Journal of Operational Research, 179 2007, 1–16.

Liebl, Franz: Simulation. Problemorientierte Einführung. 2. Auflage. München, Wien: Oldenbourg, 1995.

Lihong, Dong: Analyze on Demand Information Sharing to the Bullwhip Effect in a Simple Supply Chain. IEEE International Conference on Service Systems and Service Management ICSSSM 2006, 2 2006, 1421–1426.

Liker, Jeffrey/Choi, Thomas: Fordernde Liebe. Supply Chain Management. Harvard Business Manager, 2005, Nr. 3, 60–72.

Lindemann, Felix: Quo vadis Supply Chain Management. In **Alicke, Knut (Hrsg.):** Planung und Betrieb von Logistiknetzwerken. 2. Auflage. Berlin u. a.: Springer, 2005, 283–325.

Lohr, Dietmar: Komplexe Produkte einfach steuern. Das Konzept Fortschrittszahlen. Düsseldorf: VDI, 1996.

Mag, Wolfgang: Planung. In **Bitz, M. et al. (Hrsg.):** Vahlens Kompendium der Betriebswirtschaftslehre. München: Vahlen, 1990, 1–56.

Manager Magazin: Griff zur Reißleine. 2007, abgerufen am 12.10.2007 ⟨URL: http://www.manager-magazin.de/unternehmen/artikel/0,2828,508268,00.html⟩.

Mercer Management Consulting (Hrsg.): Future Automotive Industry Structure (FAST) 2015 – die neue Arbeitsteilung in der Automobilindustrie. Band 32, Materialien zur Automobilindustrie. Frankfurt am Main: VDA, 2004.

Meyer, B. E./Schefenacker, R.: Erfahrungen mit einem EDV-gestützten Fortschrittszahlensystem für Automobilzulieferer. ZwF, 78 1983, Nr. 4, 170–172.

Meyr, Herbert: Kurz- und mittelfristige Planung in der Automobilindustrie zwischen Heute und Morgen. 2004a, Working Paper.

Meyr, Herbert: Supply Chain Planning in the German Automotive Industry. OR Spectrum, 26 2004b, Nr. 4, 447–470.

Meyr, Herbert/Rohde, Jens/Stadtler, Hartmut: Basics for Modelling. In **Stadtler, Hartmut/Kilger, Christoph (Hrsg.):** Supply Chain Management and Advanced Planning. Concepts, Models, Software and Case Studies. 2. Auflage. Berlin u. a.: Springer, 2002, 45–70.

Meyr, Herbert/Stadtler, Hartmut: Types of Supply Chains. In **Stadtler, Hartmut/Kilger, Christoph (Hrsg.):** Supply Chain Management and Advanced Planning. Concepts, Models, Software and Case Studies. 4. Auflage. Berlin u. a.: Springer, 2007, 65–80.

Min, Hokey/Zhou, Gengui: Supply Chain Modelling. Past, Present and Future. Computers & Industrial Engineering, 43 2002, 231–249.

Munson, C.L./Rosenblatt, M.J.: Coordinating a Three-Level Supply Chain with Quantity Discounts. IIE Transactions, 33 2001, 371–384.

Narasimhan, Ram/Mahapatra, Santosh: Decision Models in Global Supply Chain Management. Industrial Marketing Management, 33 2004, 21–27.

Neumann, Klaus/Morlock, Martin: Operations Research. 2. Auflage. München u. a.: Hanser, 2004.

Nishi, Tatsushi/Konishi, Masami/Shinozaki, Ryuichi: An Augmented Lagrangian Approach for Decentralized Supply Chain Planning for Multiple Companies. IEEE International Conference on Systems, Man and Cybernetics ICSMC 2005, 2 2005, 1168–1173.

Ohl, Stefan: Prognose und Planung variantenreicher Produkte am Beispiel der Automobilindustrie. Düsseldorf: VDI Verlag, 2000.

Oliver, R.K./Webber, M.D.: Supply Chain Management. Logistics Catches Up with Strategy (Nachruck von Outlook (1982)). In **Christopher, Martin (Hrsg.):** Logistics – The Strategic Issues. London u. a., 1992, 63–75.

Ostertag, Ralph/Fleischmann, Bernhard/Sonntag, Sandra: Review of Supply Chain Coordination Models for Supplier Integration. 2008, Working Paper.

Ostertag, Ralph/Riehl, Jürgen/Eisenschmid, Matthias: Mehr-Weg statt Einbahnstraße. Logistik Heute, 28 Juni 2006, Nr. 6, 32–33.

Patton, Arch: Stretch your Product Earnings. Top Managements Stake in a Product Life Cycle. The Management Review, 48 1959, Nr. 6, 9–14.

Petrovic, Dobrila: Simulation of Supply Chain Behaviour and Performance in an Uncertain Environment. International Journal of Production Economics, 71 2001, 429–438.

Petrovic, Dobrila/Roy, Rajat/Petrovic, Radivoj: Supply Chain Modelling Using Fuzzy Sets. International Journal of Production Economics, 59 1999, 443–453.

Pfeiffer, Werner/Bischof, Peter: Produktlebenszyklen als Basis der Unternehmensplanung. ZfB, 44 1974, Nr. 10, 635–666.

Pfeiffer, Werner/Bischof, Peter: Überleben durch Produktplanung auf Basis von Produktlebenszyklen. FB/IB, 24 1975, Nr. 6, 343–348.

Pfeiffer, Werner/Bischof, Peter: Produktlebenszyklen. Instrument jeder strategischen Produktplanung. In **Steinmann, Horst (Hrsg.):** Planung und Kontrolle. Probleme der strategischen Unternehmensführung. München: Vahlen, 1981, 133–166.

Pfeiffer, Werner et al.: Technologie-Portfolio zum Management strategischer Zukunftsgeschäftsfelder. Band 7, Innovative Unternehmensführung. Göttingen: Vandenhoeck & Ruprecht, 1982.

Pfeiffer, Werner/Schneider, Walter/Dögl, Rudolf: Technologie-Portfolio-Management. In **Staudt, Erich (Hrsg.):** Das Management von Innovationen. Frankfurt am Main: Frankfurter Allgemeine Zeitung, 1986, Frankfurter Zeitung: Blick durch die Wirtschaft, 107–124.

Pfohl, H.-C.: Ersatzteil-Logistik. ZfB, 61 1991, Nr. 9, 1027–1044.

Piller, F.T./Waringer, Daniela: Modularisierung in der Automobilindustrie – Neue Formen und Prinzipien. Modular Sourcing, Plattformkonzept und Fertigungssegmentierung als Mittel des Komplexitätsmanagementskur. Aachen: Shaker, 1999, Berichte aus der Betriebswirtschaft.

Queiser, Hartmut/Gottmann, Ines/Maier, Michael: Trouble-Shooting ade. Logistik Heute, 28 Juni 2006, Nr. 6, 34–35.

Riezler, Stephan: Lebenszyklusrechnung. Instrument des Controlling strategischer Projekte. Band 48, Bochumer Beiträge zur Unternehmungsführung und Unternehmensforschung. Wiesbaden: Gabler, 1996.

Risse, Jörg: Time-to-Market-Management in der Automobilindustrie. Ein Gestaltungsrahmen für ein logistikorientiertes Anlaufmanagement. Bern u. a.: Haupt, 2003.

Rohde, Jens/Meyr, Herbert/Wagner, Michael: Die Supply Chain Planning Matrix. PPS Management, 5 2000, Nr. 1, 10–15.

Romberg, Andreas/Haas, Martin: Der Anlaufmanager. Effizient arbeiten mit Führungssystem und Workflow. Stuttgart: LOG X, 2005.

Rose, Bernhard: Teure Kostentreiber. Automobil Industrie, 2005, Nr. 1-2, 16–18.

Rota, Karine/Thierry, Caroline/Bel, Gerard: Supply Chain Management. A Supplier Perspective. Production Planning & Control, 13 2002, Nr. 4, 370–380.

Sahin, Funda/Robinson, E.P.: Flow Coordination and Information Sharing in Supply Chains. Review, Implications, and Directions for Future Research. Decision Sciences, 33 2002, Nr. 4, 505–536.

Sarmah, S.P./Acharya, D./Goyal, S.K.: Buyer Vendor Coordination Models in Supply Chain Management. European Journal of Operational Research, 175 2006, 1–15.

Schertler, Walter: Unternehmensorganisation. Lehrbuch der Organisation und strategischen Unternehmensführung. 6. Auflage. München: Oldenbourg, 1995.

Schäfer, Erich: Grundlagen der Marktforschung. Marktuntersuchung und Marktbeobachtung. Köln: Westdeutscher Verlag, 1953.

Schmahls, Thomas: Beitrag zur Effizienzsteigerung während Produktionsanläufen in der Automobilindustrie. Band 33, Wissenschaftliche Schriftenreihe des Institutes für Betriebswissenschaften und Fabriksysteme. Chemnitz: IBF, 2001.

Schmieder, Matthias/Thomas, Sven: Plattformstrategien und Modularisierung in der Automobilentwicklung. Aachen: Shaker, 2005.

Schmitz, Michael: Just-In-Time (JIT). In **Arnold, Dieter et al. (Hrsg.):** Handbuch Logistik. 2. Auflage. Berlin u. a.: Springer, 2004, B 2–20 – B 2–22.

Schneeweiss, Christoph/Zimmer, Kirstin: Hierarchical Coordination Mechanisms within the Supply Chain. European Journal of Operational Research, 153 2004, 687–703.

Scholl, Armin: Robuste Planung und Optimierung. Grundlagen – Konzepte und Methoden – Experimentelle Untersuchungen. Heidelberg: Physica, 2001.

Schreyögg, Georg: Organisation. Grundlagen moderner Organisationsgestaltung. 3. Auflage. Wiesbaden: Gabler, 1999.

Schulte-Zurhausen, Manfred: Organisation. 3. Auflage. München: Vahlen, 2002.

Siegwart, Hans/Senti, Richard: Product Life Cycle Management. Die Gestaltung eines integrierten Produktlebenszyklus. Stuttgart: Schäffer-Poeschel, 1995.

Silver, E.A./Pyke, D.F./Peterson, Rein: Inventory Management and Production Planning and Scheduling. 3. Auflage. New York u. a.: John Wiley & Sons, 1998.

Sonntag, Sandra: Koordinationsmodelle für die Lieferantenanbindung. Überblick über die Literatur ab 2001. Diplomarbeit, Lehrstuhl für Produktion und Logistik, Universität Augsburg, Augsburg, 2007.

Stadtler, Hartmut: Was bedeutet ... Supply Chain Management und Supply Chain Planning. OR News, 1999, Nr. 5, 35–37.

Stadtler, Hartmut: Supply Chain Management and Advanced Planning. EURO / INFORMS 2003, Juli 2003.

Stadtler, Hartmut: A Framework for Collaborative Planning and State-of-the-Art. 2007a, Working Paper.

Stadtler, Hartmut: Supply Chain Management – An Overview. In **Stadtler, Hartmut/Kilger, Christoph (Hrsg.):** Supply Chain Management and Advanced Planning. Concepts, Models, Software and Case Studies. 4. Auflage. Berlin u. a.: Springer, 2007b, 9–35.

Stautner, Ulrich: Kundenorientierte Lagerfertigung im Automobilvertrieb. Ergänzende Ansätze zum Supply Chain Management. Wiesbaden: Deutscher Universitäts-Verlag, 2001, Gabler Edition Wissenschaft.

Sterman, J.D.: Modeling Managerial Behaviour. Misperceptions of Feedback in a Dynamic Decisions Making Experiment. Management Science, 35 1989, Nr. 3, 321–339.

Stölzle, Wolfgang/Heusler, K.F./Karrer, Michael: Erfolgsfaktor Bestandsmanagement. Konzept, Anwendung und Perspektiven. Zürich: Versus, 2004.

Stölzle, Wolfgang/Karrer, Michael: Von der Unternehmens- zur Supply Chain Performance. Ein konzeptioneller Beitrag für das Management von Supply Chains. In **Spengler, Thomas/Voss, Stefan/Kopfer, Herbert (Hrsg.):** Logistik Management. Prozesse, Systeme, Ausbildung. Heidelberg: Physica, 2004, 235–254.

Sucky, Eric: Koordination in Supply Chains. Spieltheoretische Ansätze zur Ermittlung integrierter Bestell- und Produktionspolitiken. Wiesbaden: Deutscher Universitäts-Verlag, 2004, Gabler Edition Wissenschaft.

Swaminathan, J.M./Tayur, S.R.: Models for Supply Chains in e-Business. Management Science, 49 2003a, Nr. 8, 1387–1406.

Swaminathan, J.M./Tayur, S.R.: Tactical Planning Models for Supply Chain Management. In **De Kok, A.G./Graves, S.C. (Hrsg.):** Handbooks in Operations Research & Management Science. Band 11, Amsterdam u. a.: Elsevier, 2003b, 423–454.

Tan, K.C.: A Framework of Supply Chain Management Literature. European Journal of Purchasing & Supply Management, 2001, Nr. 7, 39–48.

Tempelmeier, Horst: Materiallogistik. Modelle und Algorithmen für die Produktionsplanung und -steuerung und das Supply Chain Management. 5. Auflage. Berlin u. a.: Springer, 2003.

Tempelmeier, Horst: Bestandsmanagement in Supply Chains. Norderstedt: Books on Demand, 2005.

Thomas, D.J./Griffin, P.M.: Coordinated Supply Chain Management. European Journal of Operational Research, 94 1996, 1–15.

Thonemann, Ulrich: Operations Management. Konzepte, Methoden und Anwendungen. München u. a.: Pearson Studium, 2005, Wi – Wirtschaft. BWL, Produktion & Logistik.

Thorn, Jens: Taktisches Supply Chain Planning. Planungsunterstützung durch deterministische und stochastische Optimierungsmodelle. Band 65, Bochumer Beiträge zur Unternehmensführung und Unternehmensforschung. Frankfurt am Main u. a.: Lang, 2002.

Tinbergen, Jan: Einführung in die Ökonometrie. Wien u. a.: Humboldt-Verlag, 1952.

Verband der Automobilindustrie (Hrsg.): VDA-Empfehlung 4916. Daten-Fern-Übertragung von Produktionssynchronen Abrufen (PAB). Frankfurt, 1991.

Verband der Automobilindustrie (Hrsg.): VDA-Empfehlung 4905. Daten-Fern-Übertragung von Lieferabrufen. 4. Auflage. Frankfurt, 1996a.

Verband der Automobilindustrie (Hrsg.): VDA-Empfehlung 4915. Daten-Fern-Übertragung von Feinabrufen. 2. Auflage. Frankfurt, 1996b.

Verein Deutscher Ingenieure: VDI-Richtlinie: VDI 3633. Blatt 1. Simulation von Logistik-, Materialfluss- und Produktionssystemen. Grundlagen. In **Verein Deutscher Ingenieure (Hrsg.):** VDI-Handbuch Materialfluss und Fördertechnik. Berlin: Beuth, 1993, 8.

Verein Deutscher Ingenieure: VDI-Richtlinie: VDI 3633. Blatt 3. Simulation von Logistik-, Materialfluss- und Produktionssystemen. Experimentplanung und -auswertung. In **Verein Deutscher Ingenieure (Hrsg.):** VDI-Handbuch Materialfluss und Fördertechnik. Berlin: Beuth, 1997, 8.

Vidal, C.J./Goetschalckx, Marc: Strategic Production-Distribution Models. A Critical Review with Emphasis on Global Supply Chain Models. European Journal of Operational Research, 98 1997, 1–18.

Voigt, Kai-Ingo/Thiell, Marcus: Fast Ramp-up. Handlungs- und Forschungsfeld für Innovations- und Produktionsmanagement. In **Wildemann, Horst (Hrsg.):** Synchronisation von Produktentwicklung und Produktionsprozess. Produktreife – Produktneuanläufe – Produktionsauslauf. München: TCW, 2005, 9–39.

Von Lanzenauer, C.H./Pilz-Glombik, Karsten: Coordinating Supply Chain Decisions. An Optimization Model. OR Spectrum, 24 2002, Nr. 1, 59–78.

Wagner, Michael: Bestandsmanagement in Produktions- und Distributionssystemen. Aachen: Shaker, 2003, Berichte aus der Betriebswirtschaft.

Waller, D.L.: Operations Management. A Supply Chain Approach. 2. Auflage. London u. a.: Thomson, 2003.

Wangenheim, Sascha von: Planung und Steuerung des Serienanlaufs komplexer Produkte. Dargestellt am Beispiel der Automobilindustrie. Band 2385, Europäische Hochschulschriften. Reihe 5, Volks- und Betriebswirtschaft. Frankfurt am Main u. a.: Lang, 1998.

Literaturverzeichnis

Weber, Jürgen: Logistik- und Supply Chain Controlling. 5. Auflage. Stuttgart: Schäffer-Poeschel, 2002.

Weber, Jürgen/Bacher, Andreas/Groll, Marcus: Supply Chain Controlling. In **Busch, Axel/Dangelmaier, Wilhelm (Hrsg.):** Integriertes Supply Chain Management. Theorie und Praxis effektiver unternehmensübergreifender Geschäftsprozesse. 2. Auflage. Wiesbaden: Gabler, 2004, 147–167.

Weber, Max: Wirtschaft und Gesellschaft. Grundriss der verstehenden Soziologie. 5. Auflage. Mohr, 1972.

Werner, Hartmut: Elektronische Supply Chains (E-Supply Chains). In **Busch, Axel/Dangelmaier, Wilhelm (Hrsg.):** Integriertes Supply Chain Management. 2. Auflage. Wiesbaden: Gabler, 2004, 417–433.

Weyer, Matthias: Das Produktionssteuerungskonzept Perlenkette und dessen Kennzahlensystem. Karlsruhe: Helmesverlag, 2002.

Wildemann, Horst: Entwicklungstrends in der Automobil- und Zulieferindustrie. München: TCW, 2004a.

Wildemann, Horst: Änderungsmanagement. Leitfaden zur Einführung eines effizienten Managements technischer Änderungen. Band 4, TCW-Verlag, Leitfaden. München: TCW, 2004b.

Wildemann, Horst: Anlaufmanagement. Leitfaden zur Verkürzung der Hochlaufzeit und Optimierung der An- und Auslaufphase von Produkten. Band 76, TCW-Verlag, Leitfaden. München: TCW, 2005.

Wolters, Heiko: Modul- und Systembeschaffung in der Automobilindustrie. Gestaltung der Kooperation zwischen europäischen Hersteller- und Zulieferunternehmen. Wiesbaden: Deutscher Universitäts-Verlag, 1995, Gabler Edition Wissenschaft.

Yu, Zhenxin/Yan, Hong/Cheng, T.C. Edwin: Benefits of Information Sharing with Supply Chain Partnerships. Industrial Management + Data Systems, 101 2001, Nr. 3/4, 114–119.

Zehbold, Cornelia: Lebenszykluskostenrechnung. Wiesbaden: Gabler, 1995, krp-Edition.

Zhang, Cheng/Zhang, Chonghong: Design and Simulation of Demand Information Sharing in a Supply Chain. Simulation Modelling Practice and Theory, 15 2007, 32–46.

Zimmer, Kirstin: Koordination im Supply Chain Management. Ein hierarchischer Ansatz zur Steuerung der unternehmensübergreifenden Planung. Wiesbaden: Deutscher Universitäts-Verlag, 2001, Gabler Edition Wissenschaft.

Zäpfel, Günther: Grundlagen und Möglichkeiten der Gestaltung dezentraler PPS-Systeme. In **Corsten, Hans/Gössinger, Ralf (Hrsg.):** Dezentrale Produktionsplanungs- und -steuerungs-Systeme. Eine Einführung in zehn Lektionen. Stuttgart u. a.: Kohlhammer, 1998, 13–52.